Theory
Model
Methodology

개정판

Strategic Human Resource Development

HRD 개인개발 · 경력개발 · 조직개발 전략

㈜휴먼이케이션 경영학박사 이홍민 지음

㈜중앙경제

HRD 전략

개인개발 · 경력개발 · 조직개발

초 판 인 쇄 | 2013년 2월 1일
개정판 발행 | 2017년 4월 14일

지 은 이 | 이 홍 민
펴 낸 이 | 김 남 진
펴 낸 곳 | (주)중앙경제
편집 · 디자인 | 한 지 희

주 소 | 서울시 중구 다산로11길 19 백석빌딩 신관 4층
전 화 | 02-2231-7293
팩 스 | 02-2235-5344
홈 페 이 지 | www.elabor.co.kr
출 판 등 록 | 80. 6. 21 제 2-66호

I S B N | 978-89-7017-374-0 (93320)
정 가 | 30,000원

Strategic Human Resource Development

HRD 전략

개인개발 · 경력개발 · 조직개발

(주)중앙경제

머리말

디지털시대로 패러다임이 전환되면서 핵심인재가 조직의 성장과 경쟁력을 결정하는 중요한 핵심요소로 부각되고 있다. 디지털시대에는 창의적 인재가 새로운 비즈니스모델을 만들어 내고 이제까지 경험하지 못했던 문제에 해답을 제시하면서 조직을 이끌어 나간다.

날로 치열해지는 경영환경 속에서 인재를 확보하고 효율적으로 개발(development) 하는 일은 조직의 생존과 지속성장을 위한 절대 과제이다.

인적자원개발(HRD)도 T&D에서 Learning & Performance로의 전환이 이루어 졌다. 즉, T&D(훈련과 개발)에서 현업학습과 성과(WLP : workplace learning & performance)로 변한 것이다. HRD는 잠재된 · 미발견된 역량을 발견하고 발휘될 수 있도록 도와 주는 것이다.

조직은 HRD활동을 통하여 조직의 핵심역량(core competency)을 확보하고 조직 속의 개인은 자신의 역량(competency)을 지속적으로 향상시킴으로써 조직에 공헌하고 조직 속에서 성장을 꾀할 수 있다. 즉, 조직과 개인은 상생관계로서 더욱 시너지 효과를 낼 수 있어야 한다.

HRD는 조직의 성과에 초점을 맞추어야 하며, 성과지향적인 개발(development)이라야 가치를 가질 수 있다고 할 수 있다. 즉, 직무현장의 문제를 조직구성원의 역량개발과 연계시켜야 하며, 조직의 최고경영자들의 철학과 요구에도 부응하여야 한다.

HRD 투자는 조직의 신용도와 직결된다. 여유가 없는 조직이 HRD에 투자할 수 있는가? 조직구성원들은 조직시민(기업시민)이며, 조직의 간부들을 교육강사로 활용하는 것이 간부들 개발의 첩경이 될 수 있다. 조직구성원들은 경영철학, 시장, 고객, 유통경로를 모두 알아야 하며 또한 Job 프라이드를 가져야 한다.

HRD의 추세는 직무분석 기반에서 역량모형으로의 단계를 거쳐 경영성과지표와의 연계성으로 변화하고 있으며, 또한 핵심인재를 조직 내에서 양성하는 것이 선진기업들의 공통된 모습이다.

최근에는 성과개선에 기반을 둔 역량개발이 강조됨에 따라 성과개선모형과 역량모형 연계가 이루어 지고 있으며, 또한 성과는 조직문화와 밀접한 관련을 가지고 있기 때문에 조직문화의 진단을 통한 성과개선이 강조되고 있다. 이와 더불어 성과향상을 위한 팀빌딩 방안도 잘 설정하여야 한다.

HRD는 깊이 있는 학습과 검증된 방법론, 전문가에 의해 추진되어야 할 중요한 영역인 것이다. 내용적인 측면에서도 성인학습자들을 대상으로 하기 때문에 성인교육의 특성을 감안하여 자기주도적 학습이 이루어 질 수 있도록 학습자들의 니즈를 반영하여 교육내용을 설계하여야 교육성과를 달성할 수 있다.

많은 조직들에서 연간 전체 매출액 상당부분의 예산을 HRD에 투자하고 있다. HRD 효과를 어떻게 낼 것인가에 대한 진지한 고민과 통찰이 필요한 이유이다.

본서는 이러한 취지의 해결책들의 다양한 영역을 종합적 각도에서 다루고 있다.

본서의 특징은 각 Chapter 마다 HRD 각 분야의 핵심 기초이론을 간략히 소개하고 이를 바탕으로 현업실무에 적용할 수 있도록 프로세스 측면에서 서술하였다.

본서는 Part1에서 Part7까지로 구성되어 있다.

'Part1. 전략적 HRD의 가치' 는 HRD의 서론부분에 해당한다. Chapter1은 HRD의 역할로서 HRD에 대한 시각과 발전과정, 경영학적 가치와 접근방법에 대하여 기술하였으며, Chapter2는 조직의 HRD 전략으로서 전략경영의 연계, HRD의 전략과 전략적 실행에 대하여 제시하였다.

'Part2. 핵심인재 선발과 역량진단' 은 HRD의 첫 단추를 선발에 초점을 맞추고 있다. Chapter3은 핵심인재 선발로 핵심인재의 요건, 선발과 적재적소, 평가센터(assessment center)와 개발센터(development center)에 대해서 기술하였으며,

Chapter4는 역량모델 및 역량진단으로 역량모델, 역량진단, 역량진단의 인재개발 활용에 대해서 제시하였다.

'Part3. 요구분석과 교육과정 개발'은 교육공학과 요구분석 및 교수체제설계로 구성하였다. Chapter5는 교육공학으로 교육공학의 가치와 교수매체, e-Learning에 대해서 기술하였다. Chapter6은 요구분석 및 교수체제설계(ISD)로 교수설계 방법론에 대해서 기술하였다. Chapter7은 역량기반의 커리큘럼(CBC)에 대한 프로세스 및 방법론을 제시하였다. Chapter8은 데이컴(DACUM)으로 데이컴의 조건과 프로세스, 방법론에 대해서 제시하였다.

'Part4. 개인개발'은 개인학습과 집단학습 그리고 교수기법에 대해서 다루었다. Chapter9는 집단학습으로 Action Learning, Work-Out Town Meeting, OJT, 고성과 학습 시스템에 대해서 기술하였다. Chapter10의 개인학습에서는 계층별 · 리더십 개발, 멘토링과 코칭, 평생학습에 대해서 프로그램을 제시하였다. Chapter11의 교수법 및 교안작성법에서는 사내강사의 자격요건, 교수기법 · 교수계획, 교안작성법과 강의Skill에 대해서 실무적인 내용을 제시하였다.

'Part5. 경력개발'은 조직차원의 경력개발프로그램(CDP)과 승계계획을 제시하였다. Chapter12는 경력개발프로그램의 제도와 설계 · 운영에 대하여 기술하였다. Chapter13은 승계계획은 승계계획의 관리, 역량규명, 승계계획 프로그램에 대해서 소개하였다.

'Part6. 조직개발'은 조직개발의 방법론과 성과 향상을 위한 팀빌딩과 변화관리의 실행 방법을 제시하였다. Chapter14는 조직개발의 적용으로 조직개발의 방법론과 고려해야 할 요소에 대해서 기술하였다. Chapter15의 조직심리학의 적용은 개발에 있어서 심리학적 측면을 다루고 있으며, 직무만족과 조직몰입에 대해서도 다루었다. Chapter16의 성과향상을 위한 팀빌딩은 조직의 성과달성에 기반이 되는 팀빌딩의 방법과 갈등관리에 대해서 기술하였다. Chapter17의 변화관리는 변화관리의 프로세스와 효과적인 변화관리의 방법에 대해서 제시하였다.

'Part7. 전략적 HRD와 성과관리' 는 인적자원개발을 성과와 어떻게 연계할 것인가를 제시하였다. Chapter18의 조직문화와 조직의 효과성에서는 조직문화의 유형과 조직의 효과성, 조직문화와 조직성과간의 관계를 살펴보았다. Chapter19는 성과개선과 HRD 효과 측정으로 HRD 평가모델과 교육효과 측정 및 평가방법에 대해서 제시하여 개발의 효과를 어떻게 밝혀낼 것인가를 설명하였다.

본서가 기업 및 공기업 · 정부조직의 HRD 담당자 · 책임자들과 조직의 일반 리더들에게 인재개발의 현업 Guide가 되어 유용하게 활용 되었으면 한다. 그리고 전략적인 HRD 업무에 접근하는 계기가 되어 궁극적으로는 조직의 경영성과를 달성하는데 도움이 되기를 바라는 마음이다.

2017. 4

하나님의 은혜에 감사하며

㈜휴먼이퀘이션 대표컨설턴트 경영학박사 **이 홍 민**

CONTENTS

Part 1. 전략적 HRD의 가치

Part 2. 핵심인재 선발과 역량진단

Part 3. 요구분석과 교육과정 개발

PART 1. 전략적 HRD의 가치

Strategic Human Resource Development

一沐三捉　啐啄同時
切磋琢磨　青出於藍

역량있는 인재를 얻기 위해서는 선발에 최선을 다해야 하고(일목삼착), 학습은 안(멘티의 노력)과 밖(멘토의 올바른 지도)에서 함께해야 잘 이루어진다(줄탁동시).
핵심인재를 만들기 위해서는 자르고 · 썰고 · 쪼고 · 갈아야 하며(절차탁마), 이로서 스승보다 더 훌륭한 인재가 만들어진다(청출어람).

- Chapter 1. HRD의 역할
- Chapter 2. 조직의 HRD 전략

PART 1. 전략적 HRD의 가치

HRD의 역할

Chapter 1

1. HRD를 어떻게 볼 것인가?
2. HRD의 발전과정
3. HRD의 경영학적 가치
4. HRD의 접근방법

Strategic Human Resource Development

1. HRD를 어떻게 볼 것인가?

인적자원개발(human resource development)은 조직의 효과성을 증대시키기 위한 역동적이고 발전적인 실천 활동이다.

HRD의 역할은 조직의 Vision, Mission, 전략을 달성하기 위한 성과관리 영역까지의 Alignment를 통하여 조직의 경영활동을 촉진하고, 조직구성원들의 행동의 원칙인 Core Value를 실행에 옮길 수 있도록 하는 것이 중요하다. HRD는 조직의 성과를 달성하는데 요구되어지는 필요한 역량과 현재 조직구성원들의 역량수준간의 Gap에 대하여 전략적으로 개발하는 활동이다.

HRD 영역을 왜 Skill로 보며, Knowledge로 보지 못할까? 이것은 HRD 전문가들의 책임이자 풀어야 할 과제이다. HRD 영역은 Skill뿐만 아니라 깊이 있는 학습과 검증된 방법론, 전문가에 의해 추진되어야 할 중요한 영역인 것이다. 많은 조직들에서 연간 전체 매출액의 일정 퍼센트의 예산을 HRD에 투자하고 있다. HRD에서 효과를 어떻게 낼 것인가에 대한 진지한 고민과 통찰이 필요한 이유이다.

HRD는 Vision으로부터 조직의 성과관리까지의 연계선상에서 이루어져야 한다.

[표1-1] T&D Paradigm Change

Training(교육훈련)	Learning(학습)
• 타율 · 획일화 - 가르치는 강사 중심 - 소품종 대량교육과정	• 자율 · 다양화 - 배우는 학습자 중심 - 다품종 소량교육과정
• 중앙집중화 - 교육부문 주도 - 공통내용 중심	• 분산화(탈중심화) - 현장중심 자발적 학습 - 정보통신 네트워크를 통한 개별화된 학습
• 닫힌 교육 - 집합교육과정 중심 - 자체교육 중심 - Theoritical Oriented - One-Way Communication - Off-JT에 의존 - 문제해결형	• 열린 교육 - 비정규적 현장학습 확대 - 세계적 Outsourcing 확대 - Practical/Job Oriented - Interaction - SDP/OJT 확대 - 기회선점형

1983년 ASTD(american society for training and development : 미국산업훈련협회)에서 “초우량기업을 위한 모형(model for excellence)” 조사연구를 실시하였다. 이 조사연구를 맥레이건(Patricia A. McLagan)이 Project Management로서 역할을 하였으며, 그녀는 McLagan International의 설립자 겸 CEO로서 인적자원분야를 보다 바람직하게 이해하기 위한 시도로 HR Wheel을 개발하였다. 10개 영역(area)으로 크게 HRD와 HRM으로 구분하였다. HRD를 개인과 조직의 효과성 향상을 위하여 개인개발, 경력개발, 조직개발을 통합적으로 활용하는 것으로 정의하였다. HRM은 조직설계, HR계획, 선발, 보상 등으로 구분하여 설명하고 있다.

[그림1-1] 맥레이건 HR Wheel 모형

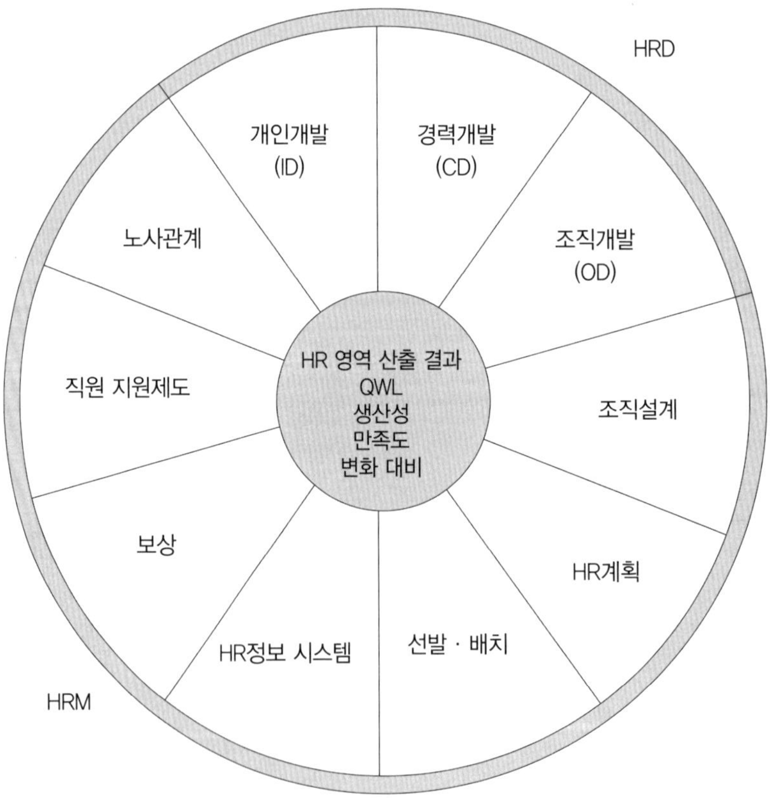

2. HRD의 발전과정

정보화 및 지식사회의 조직경영관리는 새로운 지식과 기술의 진전으로 조직의 경쟁력 확보를 위해서는 전략적인 인적자원의 개발이 필요하게 되었다. 19세기 산업혁명 시기로부터 오늘에 이르기까지 HRD의 발전과정을 살펴보면 다양한 시대적 상황들을 반영하고 있다는 것을 발견할 수 있다.

● 19세기(산업혁명 시기)

산업화가 진행되면서 직무수행에 요구되는 훈련이 수행되어 졌으며, 생산활동이 소집단에서 대규모적으로 이루어져 전문적인 업무에 대한 교육이 요구되어졌다. 1824년 Rensselaer Polytechnic이라는 공과대학이 설립되었는데, 농업, 교육, 상업, 회계, 출판과 다양한 분야의 강의가 개설되었다. 1884년에 뉴욕에 Cooper Union, 1886년 신시내티, 클리브랜드, 시카고 등에 사립 Manual Training School이 세워졌고 필라델피아, 발티모아, 오마하 등에 공립학교가 설립되었다.

이시기에는 기업들이 Factory School의 설립을 추진하였다. 1872년에 Hoe and Company이 최초로 설립되었으며, 1888년에 General Electric에서 설립되고 점차 많은 기업들이 설립하게 되었다.

● 1910년대

제1차 세계대전(1914~1919년)으로 교육훈련의 필요성이 부각되었으며, Allen은 보고, 말하고, 행하고, 확인하는 4가지 단계의 방법을 채택하면서 제1차 세계대전을 해결할 수 있는 것은 직업교육훈련이 가장 이상적인 방법이라고 여겨 이 기간에 많은 교육훈련이 이루어졌다. Ford 자동차의 경우 새로운 생산라인을 설치 함으로써 전문화된 직무에 대한 훈련이 강하게 요구되기 시작했다.

● 1920년대

제1차 세계대전으로 인한 인명피해로 경제적 손실을 회복하기 위해 교육훈련에 대한 절실한 필요성을 느끼게 되고 각 대학은 산업교육프로그램 개발을 실시해 기업의 구성원들에 대한 교육효과와 이에 따른 효용성이 입증되기 시작하였다.

전자제품의 소비가 급증하면서 판매사원을 교육훈련 시키는 방문판매 훈련이 활발하게 이루어 졌다.

● 1930년대

대공황(1929~1939년)으로 인하여 미국의 경우 가장 큰 불황으로 많은 조직들은 교육훈련프로그램을 중지하게 되어 교육훈련의 침체기를 맞이하게 되었다. 1939년 제2차 세계대전은 히틀러가 오스트리아 침공으로 국방무기를 생산하기 위해 많은 노동력의 필요에 의해 실업자가 다시 일자리를 찾게 되고 숙련공 양성을 위한 교육훈련이 다시 활성화되기 시작했다.

● 1940년대

제2차 세계대전(1939~1945년)의 시기로 전쟁으로 인하여 많은 인력들이 입대하였고, 미숙련공들도 군입대하여 기능훈련(용접, 기계공)을 받았으며, 군입대로 인한 대체인력으로 미숙련공, 여성들이 산업현장에서 근무하였으며, 생산성을 높이기 위해 Role Playing이 사용되었다. 감독자들은 The National Defeuse Advisory Commission에 의해 1940년에 개발된 작업관계, 작업방법, 안전관리 등의 TWI 훈련을 받았다.

1943년에는 ASTD(american society for training and development)가 창립되어 산업교육의 중요한 역할을 시작하였다.

● 1960년대

1960년대에 들어오면서 교육훈련 전문지들이 등장하기 시작하였다. 그 대표적인 것이 The Training and Development Journal이다. 또한 ASTD가 지원하여 1967년에 Mcgrow-Hill이 The Training and Development Hand Book을 발간하였다.

이론을 갖춘 교육훈련 전문가가 필요하다는 인식이 생겨났고 Instruction이 Program화 되어 사용되고 시청각 교육훈련에도 관심을 갖기 시작하였다.

● 1970년대

1970년대에 접어들면서 ASTD는 Professional Development Manual for Trainers를 발간하였고 교육담당자들은 교육 Needs, 교육평가, 동기부여, 훈련방법들에 대한 고민과 방법들을 개발하기 위한 노력을 기울이기 시작하였다. 1970년대 괄목할 만한 현상은 조직개발(OD)로서 교육담당자들은 OD에 대한 관심과 OD전문가가 되기 위해 동기가 부여되었던 시기 이다. 교육공학적인 측면에서는 VTR 활용, 카세트, 컴퓨터 프로그램 등 커다란 변화를 가져왔다.

● 1980년대

행동과학(behavioral science)에 근거한 경영관리 교육훈련이 전문가들에 의해 실시되었다. 특히 CDP(career development program)에 대한 새로운 견해가 등장하였으며, 이는 전생애에 걸친 개발이 조직의 성과와 연관되어 중요성이 부각되기 시작하였다.

경력개발프로그램이 등장하면서 조직과 개인의 측면에서 양립할 수 있는 인적자원 개발이 가능하게 된 시기가 도래하였다.

● 1990~2000년대

HRD는 T&D에서 Learning & Performance로의 전환이 이루어 졌다. 즉, T&D(훈련과 개발)에서 현업학습과 성과(WLP : workplace learning & performance)로 변한 것이다.

[표1-2] 대한민국의 산업교육 발전과정

년 대	내 용
1970년대	– 비정형 OJT(one the job training) – 강연식 신입사원교육 – 유명인 초빙 백화점식 나열식 – 직업훈련 본격화
1980년대	– OJT(one the job training)의 체계 강화 – 직업훈련의 강화 – 미국 · 일본의 정형적 program 도입 MTP(management training program : 관리자훈련) TWI(training within industry : 감독자훈련)

년 대	내 용
1980년대	MBO(management by objectives : 목표관리) – OD(organization development : 조직개발)에 관심
1990년대	– 변화의 가속화 · 신인간 · 조직구조 변화 Team제 연봉제 – 관리에서 창조로 – 노사관계 강화, 평생교육 – 학습조직(learning organization)
2000년대	– WLP(workplace learning & performance) – HPI(수행 개선) 프로세스 – 개인의 요구와 조직의 요구 간의 균형 – 조직내 지식자본의 형성

3. HRD의 경영학적 가치

조직경영에 있어서 Vision, 목표, 전략의 달성을 위한 선결조건이 인재개발이다. 과거의 교육, 능력개발, 인재육성 등의 표현에서 지금은 인재개발과 같은 용어로 변화되어 왔다.

인재의 격차가 바로 조직의 격차라는 평범한 진리를 어떻게 받아들이고 이를 우리 조직에서 전략적으로 전개 해 나갈 것인가를 고민해 야 한다.

인재개발의 흐름은 시기에 따라서 다르게 접근되고 해석되어 왔다. 그것은 외부경영환경의 요구에 따라 변화되고 조직이 대응해 왔다고 할 수 있다.

근대 경영학의 기술은 1920년대 타임모션연구(time-motion study)에서 출발하여 체제분석(system analysis), 비용-효과분석(cost-benefit analysis), 퍼트(PERT : program evaluation & review technique) 등의 기술에까지 발전해 왔다. 교육분야에서는 PPB(program planning & budgeting : 프로그램 계획 및 예산 작성)이든가 체제접근 방식(systems approach), 비용-효과(cost-effectiveness)분석 등의 방법들은 다른 어떤 사회 경제적 체제에서 필요한 만큼 교육체제에도 필요한 것은 말할 것도 없다.

● **훈련(training)**

대한민국의 인적자원개발은 1960년대 초 제1차 경제개발5개년계획과 1962년 ILO의 활동에 힘입어 TWI(감독자훈련)부터 시작되었다. 감독자훈련의 핵심이 되는 작업지도의 원형이 미국에서 완성된 것은 1917년 제1차 세계대전(1914~1919년) 중에 있었고, 토의식 훈련방식을 개발한 Charles P. Allen에 의해 시작되었다. 미국은 19세기 말에 독일의 교육자이었던 Johann Friedrich Herbart(1776~1814)와 그의 제자들에 의해 5단계 지도방식과 미국의 실용주의(progmatism) 철학자 William James(1842-1910), John Dewey(1859~1952)의 지식과의 행동일치 지도방식을 결합시킨 훈련방식이 바로 TWI이다.

TWI 훈련방식은 제1차 세계대전을 거쳐, 제2차 세계대전(1939~1945) 중에 미국의 전시동원국의 노력으로 정형화 되었다.

● **교육(education)**

교육은 훈련이 갖는 한계로 이를 보완하기 위해서 담당직무를 수행하는데 필요한 지식 · 기술 · 태도에 대한 학습을 통하여 직무수행역량을 Level-Up 시키는 것으로 1970년도에 들어와 등장한 개념이다.

● **개발(development)**

인적자원의 개발이란 지식, 기술, 태도를 조직의 비전 및 전략적인 성과달성을 위해 개인의 행동을 증진시키는 것이다.

[표1-3] 훈련 · 교육 및 개발(training education and development)

구 분	훈 련	교 육	개 발
정의	조직구성원의 직무성과 향상 (기능체험)	가까운 미래의 직무대비 학습 (지적 양성)	장기적으로 나아갈 방향모색 학습 (개인성장 욕구)
관련	개 인	직 무	조 직
평가	가능 측정확인	가능한 부분 불가능한 부분	평가가 거의 불가능
사례	신입사원 직무교육(문서작성, 담당직무 Orientation) PC 조작요령, 기계조작 방법	승진후보자 교육 신기술 기계도입에 따른 교육	국내외, 사내외 중장기 연수

4. HRD의 접근방법

HRD는 조직의 경영전략 및 전략과제 극복과 세계화에 대응한 인재양성의 전략적 경영활동이다. 또한 조직의 경영이념과 경영환경에 적극적으로 대응하기 위한 기업문화의 형성에 기여한다. 인재개발의 추세는 전사 차원의 인재개발 기능의 강화, 지역별 학습센터, 사내대학 등 학습자 중심의 개별학습방법을 채택하며 양보다는 질, 집단보다는 개인에게 집중되는 현상이 나타나고 있다.

[그림1-2] 핵심인재개발 전략체계

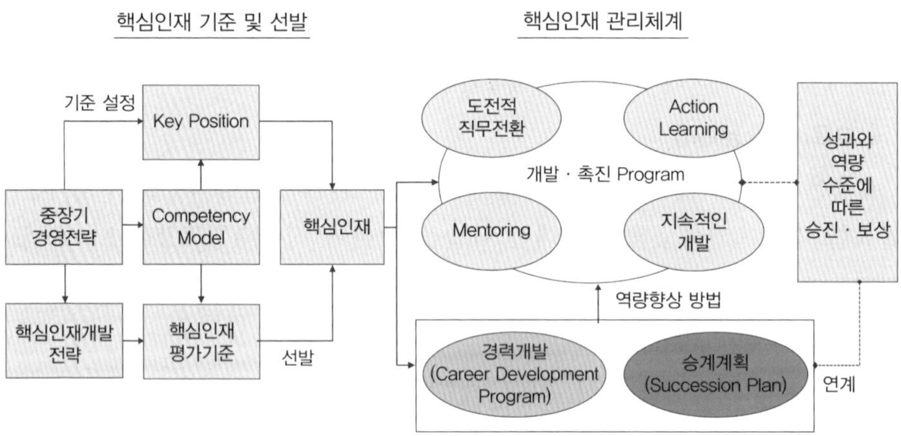

Pedagogy는 어린이를 가르치는 기술 · 과학이며 Andragogy는 성인학습을 돕는 기술 · 과학이다. Pedagogy와 Andragogy는 학습자 개념, 학습자의 경험, 학습동기부여, 프로그램, 평가, 교사 또는 강사의 역할이 기본적으로 다르게 접근하여야 한다.

[표1-4] Pedagogy와 Andragogy 비교

구 분	Pedagogy	Andragogy
의미	어린이를 가르치는 기술 · 과학	성인학습을 돕는 기술 · 과학
학습자 개념	학생(Student), 의존적 존재	학습자(Learner), 자발적 존재

구 분	Pedagogy	Andragogy
학습자의 경험	학습 출발점	자신 및 타인에게 풍부한 학습자원
학습 준비성	연령, 교과목 따라 통일	생과 직무와 당면문제에서 형성
학습동기부여	외적 보상과 벌	내적 Incentive와 호기심
풍토	긴장, 경쟁, 냉정, 권위지양	신뢰, 상호존중, 온화, 지원적
Program	교사 일방적	학습자, 주관자 공동으로 상호평가, 상호협의
평가	등급평가, 기준대로	도달수준 확인, 학습자 상호
교사의 역할	강사 · 선생(Teacher)	지원자 · 조력자(Facilitator)

기업교육은 조직의 성과를 높이는데 목적이 있으며, 문제해결을 위한 학습과 자신의 업무성과에 관심을 갖는다.

[표1-5] 학교교육과 기업교육의 비교

학 교 교 육	기 업 교 육
배우고 가르치는 것이 목적(지식목적)	조직의 성과를 높이는 것이 목적
일정한 Curriculum과 교안에 따라 가르친다.	교육내용이나 교육과정이 유동적
내용이 모두 학생에게 수용된다.	일방적 · 권위적 입장을 취하기 어렵다.
원리원칙 중시, 현실과는 거리가 멀다.	현실적 문제를 다룬다.
학습자의 개인차가 적다.	개인차의 폭이 크다.
지식학습에 치중	문제해결에 도움이 되는 학습
시험제도 · 경쟁적 학습	자신의 업무성과에 관하여

HRD는 개인, 집단, 조직의 효율성 향상을 목적으로 훈련개발, 조직개발, 경력개발을 통합한 의도적, 계획적, 활동이다. 훈련 · 개발의 주요 활동은 직무훈련(on-the-job training : OJT), 집합훈련(off-the-job training : Off JT), 자기계발(self-development : SD) 등으로 이루어진다.

PART 1. 전략적 HRD의 가치

조직의 HRD 전략

Chapter 2

1. 전략경영의 연계
2. HRD 전략
3. HRD의 전략적 실행
   1) HRD 전략체계
   2) HRD 담당자의 역할과 역량
   3) HRD 기획

Strategic Human Resource Development

1. 전략경영의 연계

전략경영(Strategic Management)이란 조직의 사명(Mission)을 추구하고 비전(Vision)과 목표를 달성하기 위한 효과적인 계획을 수립하고 실행하는 의사결정과정이다. 즉, 급변하는 환경에 효과적으로 대응하기 위한 조직 전체적인 관점에서 접근하는 방법론이다.

전략경영은 조직경영 전체에 대한 관점과 환경적응 메커니즘으로서의 통합된 개념으로서, 전략의 수립에서부터 실행, 통제에 이르는 일련의 과정을 포함하는 것으로 이해하여야 한다.

전략경영의 프로세스는 조직의 사명과 비전, 경영목표 수립, 외부환경(정치, 경제, 사회, 기술)의 분석과 내부역량(사업, 조직, 인사제도, 재무상태)의 평가 및 전략의 개발, 전략적 대안의 도출과 선택, 선택된 전략의 실행계획, 실행된 전략의 평가로 전개된다.

[표2-1] 전략경영의 과정

과 정	내 용
미션 및 비전설정	– 미션 : 고객에게 우리조직이 어떤 가치를 제공할 것인가를 정의하고 조직구성원들이 외부로 천명하는 것이다. – 비전 : 중장기적으로 우리조직이 달성해야 할 바람직한 모습으로 목표가 실린 실행해야 할 책임이다.
핵심가치	– 모든 조직구성원들이 일상 업무수행에서의 행동의 기준과 원칙으로 상위로는 미션과 비전으로부터 오며, 하위로는 전략을 달성하기 위해 공유해야 할 가치이다.
목표설정	– 비전의 구체적인 성과를 측정하기 위한 것이 목표이다. 목표는 조직의 전략적 방향을 제시해 주며, 비전달성으로 연결된다.
환경분석 (SWOT)	– 외부환경 : PEST, 경쟁조직분석 – 내부역량 : 사업, 조직구조, 인사제도, 재무상태, 조직문화, 핵심역량
전략수립	– 외부환경에 대한 분석을 통해 기회와 위협을 파악하고, 조직이 보유하고 있는 내부역량에 대한 분석을 통하여 강점과 약점을 파악한다. 기회와 위협, 강점과 약점 간의 정합성을 통하여 전략을 도출한다.
전략실행	– 수립된 전략의 세부실행계획을 실행한다. 조직의 전략수립도 중요하지만 실행은 더욱 중요하다. 전략실행을 위해서는 조직이 보유하고 있는 자원을 배분하고 이들 자원을 수립된 전략적 방향에 맞추어 효율적으로 활용하여야 한다.
성과평가 및 통제	– 전략을 실행한 성과를 평가하고, 조정과 수정을 통해 다음의 전략 수립단계에 반영한다(Rolling).

* SWOT : strengths, weaknesses, opportunities, threats
* PEST : political, ecological, social, technological

조직경영의 성공은 미션과 비전의 달성을 위한 전략을 어떻게 수립하고 실행하는가에 달려 있다. 조직 최고 책임자로부터 모든 조직구성원들은 비전과 전략수립과정에 참여하여야 하며, 이를 이해하고 실행에 옮김으로써 경쟁력을 확보하고 지속가능한 조직의 실현이 가능하게 된다.

HR 전략은 전사 경영전략과 연계되어야 하며, 중장기사업은 중장기인사계획, 연간사업계획은 연간인사계획과 Alignment 되어야 HR기능의 위상이 정립될 수 있다.

[그림2-1] HR 기능의 위상

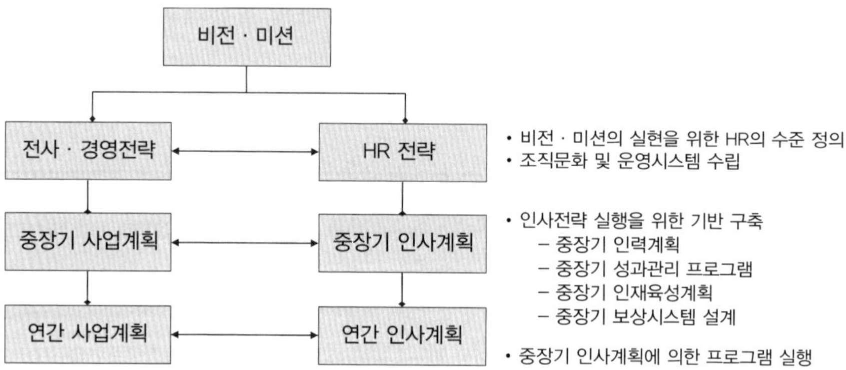

2. HRD 전략

역량기반의 인적자원관리(competency based human resource management)의 기능과 역할은 업무수행수준을 높이는데 있다. 역량모델을 설정할 때 개인의 행동을 경영전략과 연계시켜 조직의 전략적인 가치와 방향을 일치화 시킨다. 과거에는 조직구성원들이 조직에 대한 공헌의 대가로 고용보장과 높은 연봉을 보장 받는 것에 만족하였으나 이제는 조직이나 개인이 새로운 지식과 기술(skill)을 개발할 수 있는 기회제공이 주어지는 것에 대한 욕구가 추가적으로 등장하고 있다. 이에 따라 조직구성원들에게 필요한 역량이 무엇인지를 파악하고 개발 지원함으로써 개인이 조직 내 · 외부에서 성공을 거둘 수 있는 인적자원개발에 초점을 맞추고 있다.

[그림2-2] 전략적 HRD 기능의 강화

구분	기존	→	강화
HRD 방식	직무분석기반의 컨텐츠 중심의 교육훈련	→	역량모델에 근거한 역량개발 활동 ➜ 경영성과지표와 연계
HRD 기능 부서	성과교육훈련 프로그램의 운영을 통한 직원능력개발(강사 · 교수설계자)	→	인적자원기반 컨설팅을 통한 경영성과(내부 컨설턴트의 역할 부상)
HRD 관리자의 역할	HRD 담당자에 국한	→	학습과 개발의 책임과 역할이 현장 리더로 이동
HRD 대상	내부 조직구성원	→	내부 조직구성원 + 사업파트너
HRD 활동 지원 도구	→	- 인적자원성과지표(HR Scorecard) - WLP성과표(Workplace Learning & Performance Scorecard) : 업무현장의 학습과 성과	

● 왜 역량기반의 인적자원개발(CBHRD)이 필요한가?

세계화 되고 경쟁력이 치열한 비즈니스 현장에서 경쟁력을 갖추고 유지하기 위해서는 모든 조직구성원들에게 요구되는 Competency가 있다.

그러나 조직구성원이 고성과를 창출하고 성공하는 데 직무에 필요한 핵심역량을 소유하고 있는지를 측정하고 평가하는 것이 쉬운 일은 아니다. 따라서 조직에서는 우수한 성과를 내기 위해서 필요한 핵심기술, 인적시스템을 파악하는데 역량모델을 활용하고 있다.

역량기반의 CBHRD의 필요성은 다음과 같이 6가지로 정의할 수 있다.

첫째, Competency-Based HRD이다. 조직에서 업무성과 향상에 필요한 역량에 초점을 맞춘 교육훈련과 개발이 필요하다. 단기적이고 유행을 좇는 교육이 아니라 역량모델에 따라 단기와 중장기 교육을 체계적으로 진행할 수 있다.

둘째, 교육훈련개발이 조직의 Vision이나 경영전략과 연계되도록 한다. 경쟁력있는 교육훈련개발 시스템을 위해서는 조직이 장기적으로 필요로 하는 것을 고려해야 하며 또한 현재 조직이 필요로 하는 역량을 개발하는데 초점을 맞추어야 한다. 잘 구축된 역량모델은 직무의 성과에 가장 관련성을 갖는 행동뿐만 아니라 조직의 전략적 의사결정을 지원하기 위하여 그리고 조직의 목표를 달성하기 위하여 필요로 하는 것들을 포함한다.

셋째, 바람직한 행동과 핵심기술에 초점을 맞춘다. 역량모델은 개인의 현재 역량을 정확히 진단하고 탁월한 성과자와의 Gap을 줄일 수 있는 행동을 결정하는 데 있다.

조직에서 성공에 필요한 것이 무엇인지를 개개인이 파악하고 자신의 개발을 위해 주도적으로 학습을 하게 한다.

넷째, 교육훈련의 지침을 제공해 준다. 역량모델을 통해서 필요한 행동을 명확히 파악할 수 있으므로 이에 따라 역량모델을 활용하여 고성과를 이룰 수 있는 역량을 개발하는데 활용할 수 있다. 또한 경력개발계획(CDP) 측면에서 역량모델은 누구에게 어떤 역량이 언제 필요한지를 결정하는데 지침을 제공해 준다.

다섯째, 피드백을 통한 상사의 코칭을 위한 정보를 제공한다. 교육훈련개발 시스템은 상사가 부하에게 피드백을 제공하고, 어떤 직무를 개발하는 것이 가장 유용한지를 인식하며, 교육훈련프로그램에서 습득한 개념과 기술(technique)을 현장에 적용을 강화시킨다. 명확하고 구체적인 역량모델은 상사의 코칭을 통한 높은 자질로서 이러한 역할들을 충실히 수행하게 한다.

여섯째, 교육훈련의 효과 평가를 용이하게 해 준다. 각 역량의 행위지표들은 교육훈련의 내용을 명확하게 해 주고 교육훈련 이후에 교육훈련 효과에 대한 평가를 용이하게 할 수 있다.

역량중심의 HRD는 기존의 HRD 방법인 ISD(instructional systems design)나 DACUM(developing a curriculum)보다 총체적인 인적자원관리와의 연계가능성이 상대적으로 크다고 할 수 있다.

조직의 생존과 시장가치가 핵심인재의 보유여부에 의해 좌우된다. 외부채용의 한계를 내부인력 재교육으로 보완할 필요가 있다. 즉, Buy(외부영입)과 Make(내부육성)를 병행하여야 하며, 장기적으로 요구되는 핵심인재는 Make가 바람직하다.

[그림2-3] 인적자원 Segment별 전략적 육성

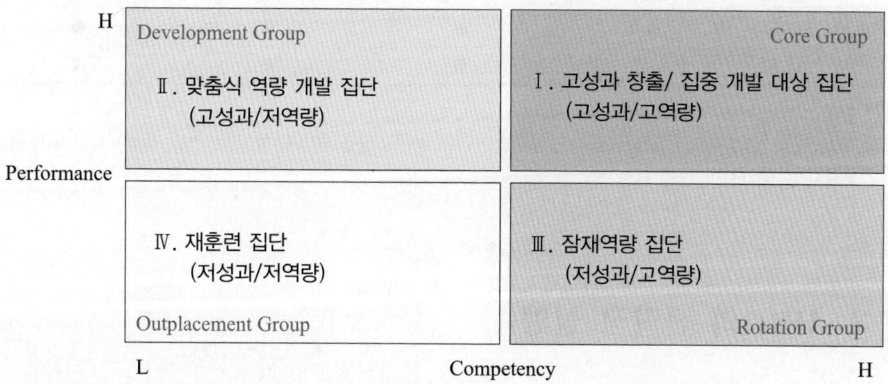

● GE의 Right Job 전략

GE는 역량위주의 적재적소 배치를 통하여 역량을 최대한 발휘 할 수 있도록 적합한 업무(right job)를 찾아 주는 것이 인재영입 이후 CEO가 해야 할 최우선 과제로 하고 있다. 한번의 실패로 도태시키기 보다는 재도전 기회를 부여한다. 도덕성과 가치관이 충실하지만 성과가 낮은 인재의 경우에는 업무재배치를 통해 재도전의 기회를 지속적으로 부여한다.

본인이 보유하고 있는 잠재력을 발휘할 수 있도록 최고의 전문가를 포지션에 맞도록 배치하며, 직무의 폭이 좁아지지 않도록 본인의 강점과 조직의 니즈를 융합할 수 있는 경력경로를 설계한다.

GE는 매년 Session C라는 인사회의를 통해 인재들의 역량을 평가하고 향후 경험할 필요가 있다고 판단되는 직무경로를 결정한다.

[표2-2] GE의 Session C의 평가운영 프로세스

프로세스		360도 평가 (매년 10월)	EMS (매년 12월)	Session C 리뷰 사업부 → CEO회의 (매년 2~4월)	Session C "WRAP" (매년 5월)
주요내용		GE Values 중심 평가	성과평가 9Matrix	핵심인재 리뷰 핵심인재 이동배치 교육입과자 추천	Succession plan 임원후보군 토의 교육입과자 선정
대 상	임 원		●	●	●
	간 부	●	●	●	●
	사 원		●	●	●

* EMS : employee management system
* 9Matrix : 가치관(비전, 열정, 에너지, 글로벌마인드, 변화, 팀플레이어, 성실함, 개발, 품질)/역량 매트릭스
* WRAP : 평가결과 최종 검토

3. HRD의 전략적 실행

1) HRD 전략체계

조직의 HRD 전략은 개인개발, 조직개발, 경력개발 및 관련 제도에 통합적으로 접근하여야 한다. 또한 HRM 전략과의 연계성을 고려하여야 하며, 상위의 HR 통합시스템과도 연계성을 확보하여야 한다. 이는 전사 전략과 연계되고 조직의 Vision 달성에 공헌하여야 한다.

- 개인개발(individual development)

개인개발은 새로운 지식, 기법, 개선된 행동으로서 실적향상과 개선의 결과를 말한다. 학습은 주로 OJT활동으로 이루어진다.

- 경력개발(career development)

경력개발은 개인적인 관심, 가치, 역량을 앞으로 담당할 직무와 관련하여 필요한 부분을 찾아 내고 분석하는 것으로부터 출발하며, 경력개발에서는 개인적인 활동과 조직적 활동이 포함된다. 개인적인 활동에는 경력기획, 경력인지의 내용이 포함되며, 조직적 활동에는 직무재배치, 상사에 의한 경력상담, 경

력경로의 설정 등이 포함된다.

- 조직개발(organizational development)

조직개발은 조직의 구조, 조직문화, 전략의 일치성과 적합성을 Fit화 시킴으로써 조직의 문제를 새롭고 창조적으로 해결하는 대책을 개발하는데 있다. 조직개발의 궁극적인 목적은 조직의 활성화와 역량을 개발하는 것이다.

[그림2-4] HRD 전략 체계

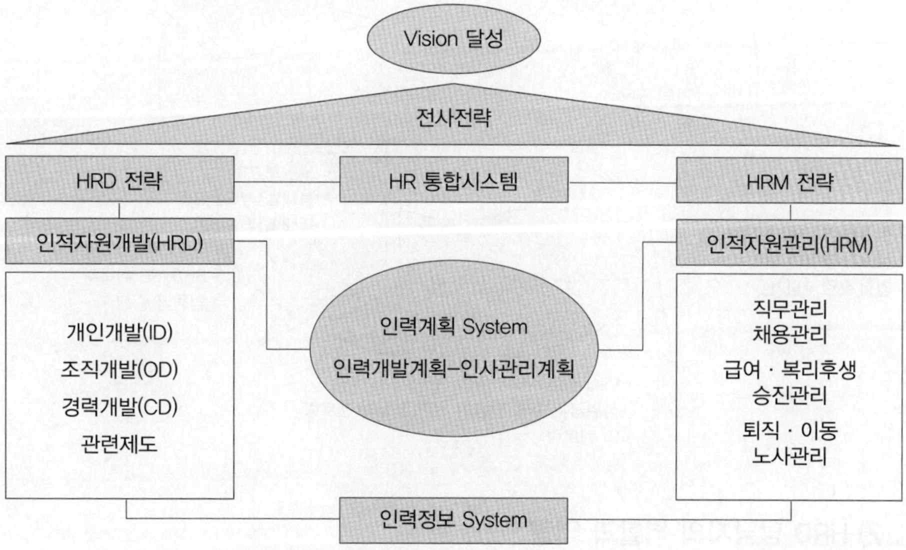

GE의 핵심인재의 선발, 평가, 보상은 체계적으로 관리되고 있으며, 양성의 과정으로 미래의 후계자와 핵심리더들은 5가지를 모두 경험하고 성공적으로 직무를 수행한다.

[그림2-5] GE의 핵심인재개발과정

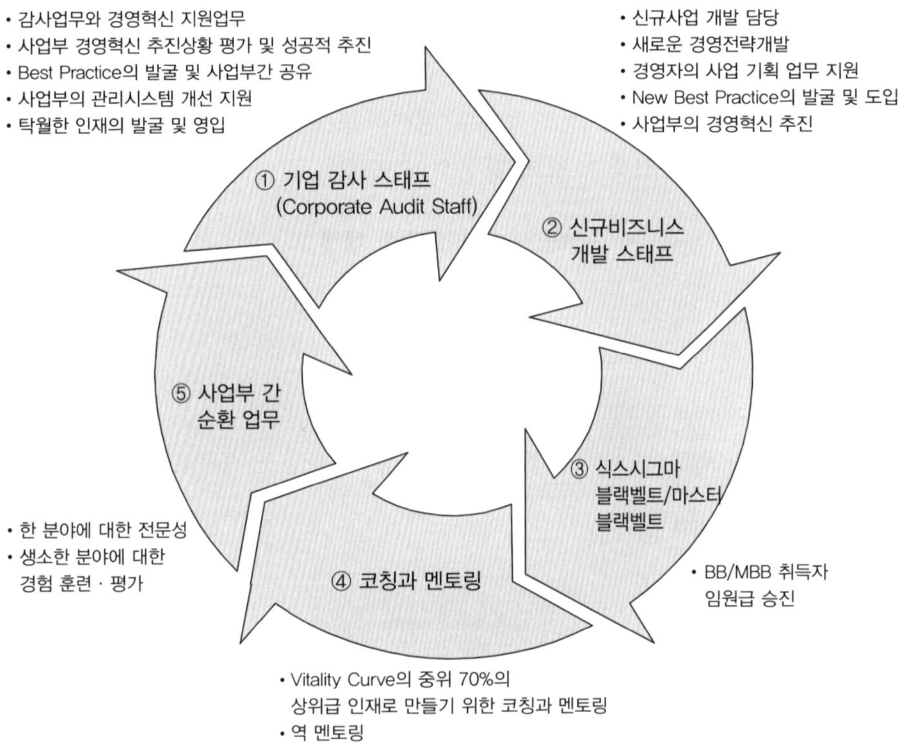

2) HRD 담당자의 역할과 역량

조직의 HRD 전략이 잘 실행되기 위해서는 HRD 담당자의 역할과 책임을 명확히하여야 하며, 또한 요구되는 역량에 대한 규명과 수준을 파악하고 선행적으로 개발되어야 한다.

● HRD 담당자의 역할

HRD 담당자의 역할에 대한 논의는 Nadler(1967)를 시작으로 하여 ASTD를 중심으로 많은 연구자들에 의해 제시되고 있다.

McLagen(1989)은 'Models of Excellence' 보고서와 'Models for HRD Practice'를 발표해 HRD 담당자들의 역할을 분석하였다.

지식경영 패러다임에서 지식창출 과정을 지원해 주기 위해서는 조직의 HRD 담당자는 해당 조직이 추구하는 경영전략을 정확히 이해하여야 하며, 경영자의 전략적 파트너로서의 역할을 수행하면서 이를 통해 조직의 경쟁력을 확보하는 중요한 역할을 담당하게 된다.

[표2-3] HRD 담당자의 역할

학 자	역할 내용
ASTD(1978)	요구분석 및 결과 평가자, 훈련프로그램과 자료설계 및 개발자, 훈련개발(T&D) 프로그램 · 서비스의 전수자, 충고 및 상담자, 훈련활동 관리자, 조직관계의 유지관리자, 훈련분야 연구자, 전문기법과 기술의 개발자, 기본기법과 지식개발자
Parker(1982)	훈련기능 관리자, 일반훈련 담당자, 훈련설계자, 매체전문가
Nadler & Nadler(1989)	학습가, 자문가, 인적자원개발 관리자
Gilley & Eggland(1989)	학습전문가, 자문가, 인적자원개발 관리자, 강의 설계자
McLagen(1996)	전략 조언가, 체제개발 및 개발자, 조직변화 촉진자, 조직설계 조언자, 학습프로그램 전문가, 교수 · 촉진자, 개인개발과 진로상담자, 수행조언가, 연구자
Piskurich & Sanders(1998)	인적자원개발 관리자, 분석가, 설계자, 개발자, 수행가, 강사, 평가자, 조직 변화 촉진자

● **HRD 담당자의 역량**

HRD 담당자에게 요구되는 역량을 McLagen(1983)은 경영관리 역량, 대인관계 역량, 지적 역량, 기술적 역량으로 구분하여 제시하고 있다.

첫째, 경영관리 역량은 경영전략과 교육을 전략적으로 연결시킬 수 있는 역량이다.

둘째, 지식경영의 구현을 위한 대인관계 역량은 구성원의 체험이나 경험 공유가 가장 핵심적인 내용이다.

셋째, 지적역량은 연구계획이나 환경변화에 대한 새로운 과정들을 제시할 수 있는 비전제시 역량이 요구된다.

넷째, 기술적 역량은 정보화 기술의 급속한 발전에 따른 지식경영 시대에서 특히 요구되는 역량으로 전달매체(delivery system) 활용역량으로 적절한 학습매체를 선정 · 활용하는 것이 중요하다.

[표2-4] HRD 담당자에게 요구되는 역량

역량군	역 량
경영관리 역량 (business competency)	경영관리의 이해, 비용 · 효과분석, 위험역량, 조직(행위)의 이해, 조직개발이론과 기법, 프로젝트관리, 자료관리
대인관계 역량 (interpersonal competency)	상담, 프리젠테이션, 피드백, 좋은 질문, 인간관계, 협상력, 작문, 자료수집
지적 역량 (intellectual competency)	정보탐색, 관찰, 지적 융통성, 자신의 이해, 모델설정, 비전제시
기술적 역량 (technical competency)	성인학습의 이해, 진로개발 이론 및 기법, 인식, 컴퓨터, 설비활용, 목표설정, 수행관찰, 주제 이해, 훈련 · 개발이론 및 기법 이해, 연구

Source : McLagen, 1983.

3) HRD 기획

HRD 계획수립시 조직이 수행하고자 하는 활동 및 조직의 존재목적인 경영이념에 대한 확인이 필요하다. 개발기획은 개발의 기본정책수립(목표, 역할, 담당부문, 예산)과 개발체계(개발 Vision, 인재상)가 정립되어야 한다.

개발체계는 조직의 특수성을 고려하여 일련의 개발 활동이 효과적으로 추진될 수 있도록 내용, 대상, 일정, 방법 등이 정리되어야 한다.

[그림2-6] 개발계획 프로세스

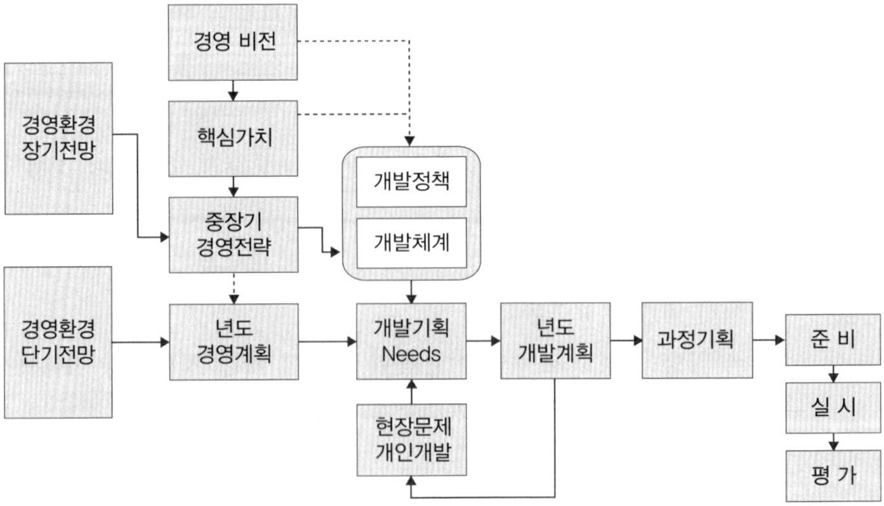

개발계획은 장기계획수립과 연도별 개발계획이 수립되어야 한다. 연도별 개발계획은 연도 개발목표와 개발필요점을 구체화한 당해 연도의 개발계획을 수립하여야 한다. 개발계획의 흐름은 광의로 개발의 목표와 개발체계로부터 연가 개발 계획, 과정기획으로 연계된다.

개발계획시 유의할 사항은 첫째, 인재개발계획의 검토 및 입안은 전사적 Level에서 추진되어야 한다. 둘째, 인재개발 Needs를 수용하기 위해서는 전략화 및 다양화가 기반이되어야 한다. 셋째, 그간 개발 활동에 대한 분석과 피드백이 요구되며, 단기목표 또는 장기계획과의 연계성을 고려해야 한다. 넷째, OJT, Off-JT, SD, Cyber을 유기적으로 조합하여야 하며, 개별 프로그램에 대해서도 철저히 검토하여야 한다.

개발예산 편성시 유의해야 할 점으로는 지수분석(개발 인시율, 개발 투자율, 인당 개발비), 평가(과정 운영분석, 실시효과분석, 투자효과분석), 고려사항(전사 경영계획 및 예산범위, 관련계정과목, 예산관리방안)을 검토하여야 한다.

HRD 기획은 경력개발시스템과의 연계성도 고려하여야 한다. 개인만족의 관점에서 자신의 경력을 최대한 활용하기 위한 기회를 제공하고자 전사의 Need와 개인구성원의 이해를 조화시켜야 한다. 또한 필수교육이수제의 적용이다. 과정을 인사시스템에 연계시켜 개인별로 직책 및 직무수행에 요구되는 역량을 자발적이고 체계적으로 습득하게 하고 조직원의 개발에 대한 경영층의 참여를 유도하여야 한다. 이의 목적은 차별화된 개발기회의 제공, 체계적이고 지속적인 자기계발 기회부여, 개발 참여도 제고 및 개발효과의 상승에 있다. 직급내 시행되는 모든 개발과정의 이수결과를 종합하여 승급심사에 반영하여야 한다.

PART 2. 핵심인재 선발과 역량진단

Strategic Human Resource Development

一沐三捉　啐啄同時

切磋琢磨　青出於藍

역량있는 인재를 얻기 위해서는 선발에 최선을 다해야 하고(일목삼착), 학습은 안(멘티의 노력)과 밖(멘토의 올바른 지도)에서 함께해야 잘 이루어진다(줄탁동시).

핵심인재를 만들기 위해서는 자르고 · 썰고 · 쪼고 · 갈아야 하며(절차탁마), 이로서 스승보다 더 훌륭한 인재가 만들어진다(청출어람).

PART 2. 핵심인재 선발과 역량진단

핵심인재 선발 Chapter 3

1. 핵심인재의 요건
2. 선발과 적재적소
3. 평가센터(Assessment Center)
   1) 평가센터의 개념
   2) 평가센터의 운영 프로세스
   3) 평가센터 구성요소
   4) 평가프로그램의 구체적인 유형
   5) 평가센터 평가프로그램의 개발과정
   6) 평가센터 활용시 유의할 점
4. 개발센터(Development Center)
   1) 개발센터의 개념
   2) 개발센터의 특징
   3) 개발센터 프로세스
   4) 개발 프로그램의 효용성

1. 핵심인재의 요건

국내 · 외를 막론하고 글로벌기업으로 성장하기 위해서는 핵심인재를 확보하고 개발하는 것이 필수이다. 핵심인재란 어떤 사람인가?

글로벌기업과 국내 유수의 연구소들이 정의하는 핵심인재를 비교 분석해 본다.

LG경제연구원은 핵심인재의 필수 덕목으로 최고를 향한 열망, 강한 승부근성, 도덕적 겸양, 높은 감성지능, 직업윤리, 흡수역량, 핵심가치에 맞는 가치관 등 7가지를 지목 했다.

삼성경제연구소는 핵심인재란 전문역량, 변화를 주도할 수 있는 역량, 도덕성, 인간미 4가지 조건을 충족해야 한다고 강조한다. 연구소는 가장 우수한 인재란 다른 인재를 알아보고 이들을 키우는 인재라고 설명한다.

● 핵심인재의 역량을 조직에 체내화시키는 노력이 필요

소수 핵심인재를 중심으로 기업이 운영되다 보면 예기치 않은 위험에 빠질 수도 있다. 200년 역사를 자랑하던 영국 베어링금융그룹이 1995년 닉리슨이라는 유능한 딜러의 무리한 투자로 인해 파산한 사례가 대표적이다. 기업인수합병(M&A), 외국진출, 대형투자, 금융거래 등 회사 핵심경쟁력을 좌우하는 정책결정일수록 핵심인재 소수의견만 반영했다가는 존폐위기로 내몰릴 수 있다. 핵심인재에 대한 자율적 활동은 보장해야 하지만 이중 삼중으로 안전장치를 구축해 예기치 못한 돌발 상황을 막아야 한다. 이를 위해서는 지식경영시스템을 구축해야 한다.

● 핵심인재란

조직의 업무를 다루는 과정에서 직위에 관계없이 핵심기술, 지식, 직무수행에서의 요구되는 바람직한 태도, 정보 등의 지적 노하우를 보유하고 발휘 하는자 또는 조직구성원을 통솔하고 리더십을 발휘해야 하는 직위 중에서 상당한 경영권을 위임 받고 있는 위치에 있는 리더급 이상자로 정의 할 수 있다.

[그림3-1] 핵심인재의 정의 및 요건

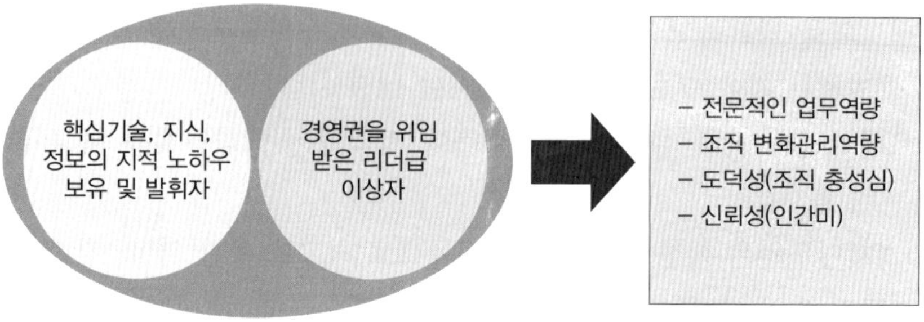

2. 선발과 적재적소

탁월한 인재를 선발하기 위해서는 먼저 역량요건분석(competency requirements analysis), 개인역량평가(individual competency assessments), 직무와 사람의 연결(job-person matching), 역량기반의 선발(competency-based selection)의 순으로 이루어져야 한다.

구축된 역량모델을 선발활동으로 연결시키기 위해서는 선발 후보자가 해당 직무에 필요한 잠재역량을 가지고 있는지를 면접자들이 확인할 수 있어야 한다. 이를 위해서는 인터뷰 질문 Tool이 개발되어야 한다. 면접관들이 해당직무의 필요역량에 익숙하도록 사전교육이 필수적으로 선행되어야 한다.

그리고 실제 인터뷰시 각 선발후보자의 잠재역량을 종합 비교할 수 있는 Tool도 사전 개발하여 활용하여야 한다.

● **역량기반의 선발(competency-based selection)**

역량기반의 선발이란 선발된 후보자가 조직 내에서 미래 직무에서 높은 성과를 낼 수 있을 것이라는 예측을 할 수 있는 핵심적인 개인의 역량(competency)을 기반으로 예측치를 구성하여 선발하는 것을 말한다.

아이오와 대학의 Kristof & Brown(2000년)의 연구결과에 의하면, 미국

기업들의 선발에 있어서 직무의 적합성을 측정하기 위해서 후보자의 지식(knowledge), 기술(skill), 능력(ability)을 사용하는 경향이 크며, 또한 사람과 조직의 적합성을 측정하기 위해서는 후보자의 가치관(values)과 인성적 특성(personality traits)을 사용하여 선발하는 경향이 강한 것으로 밝혀 졌다.

최근 미국 등 선진 기업의 연구들에서는 인지적 능력(cognitive ability)이 후보자의 선발 후 직무성과와 밀접한 관련이 있다는 연구결과가 발표되고 있다. 그로 인하여 인지적 능력에 대한 관심이 높아지고 있다.

인지적 능력은 인지능력검사에 의해 측정되는 것이 일반적이다.

기업에서 일반적으로 사용되는 인지능력검사로는 Wesman Personnel Clssification Test(WPCT)를 들 수 있다.

WPCT는 언어적, 비언어적인 60개 문항으로 구성된 검사이다.

Gold-Stein(2000년)은 평가센터(assessment center)에서 실제로 참가자들의 인지역량을 측정했다.

인성적 특성 중에는 인적자본 선발에 가장 많이 사용되는 5가지 대표적인 특성 5가지(big five)가 강조되고 있다. 이 5가지 특성은 성실성, 수용성, 개방성, 외향성, 그리고 정서적 안정성이다.

5가지 인적 특성을 구조화된 선발인터뷰(structured selection interview)에 적용할 때 면접자는 Big Five 특성을 어느 정도 지니고 있는지를 집중적인 질문을 통하여 후보자의 직접체험을 묻는 형식으로 진행된다.

여기서 가장 중요한 것은 미래행동의 가장 우수한 예측치는 유사한 상황에서의 과거 행동이다.

조직이 필요로 하는 미래에 탁월한 성과를 창출 할 수 있는 인재를 선발하기 위해서는 개인의 역량과 직접관련이 있는 인지적 능력, 인성적 요소(성실성) 역량중심의 선발기법을 강화하여야 할 것이다.

그 이유는 21세기의 글로벌리제이션 조직 환경하에서 개인의 역량이 직무의 성공 요인에 중요한 영향을 미치기 때문이다. 평균적인 인재보다는 특정 직무에 필요한 특정의 탁월한 인재를 선발하여 조직의 탁월한 성과를 창출해야만

하기 때문이다.

* Big Five
- 경험에 대한 개방성(openness to experience) : 상상력과 호기심, 모험심, 예술적 감각 등으로 보수주의에 반대되는 성향
- 성실성(conscientiousness) : 목표를 성취하기 위해 노력하는 성향
- 외향성(extraversion) : 다른 사람과의 사교, 자극과 활력을 추구하는 성향
- 수용성(agreeableness) : 타인에게 반항적이지 않은 협조적인 태도를 보이는 성향
- 정신적 안정성(neuroticism) : 분노, 우울함, 불안감과 같은 불쾌한 정서를 쉽게 느끼는(경험하는) 성향

DuPont사의 사례를 보면 역량기반의 면접평가는 역량중심의 질문서(competency-based questionnaire)를 토대로 선발을 실시한다. 특정한 직무에서 보여 주었던 과거의 행동을 유추할 수 있는 질문들로 구성한다.

예를 들면 적응력, 창의력, 동기부여, 팀웍, 리더십, 고객응대, 문제분석 및 해결력, 자기계발, 윤리, 협상력, 위험감수성, 기술지식, 스트레스관리, 커뮤니케이션, 기획력 등을 들 수 있다.

[그림3-2] 역량중심의 선발 체계

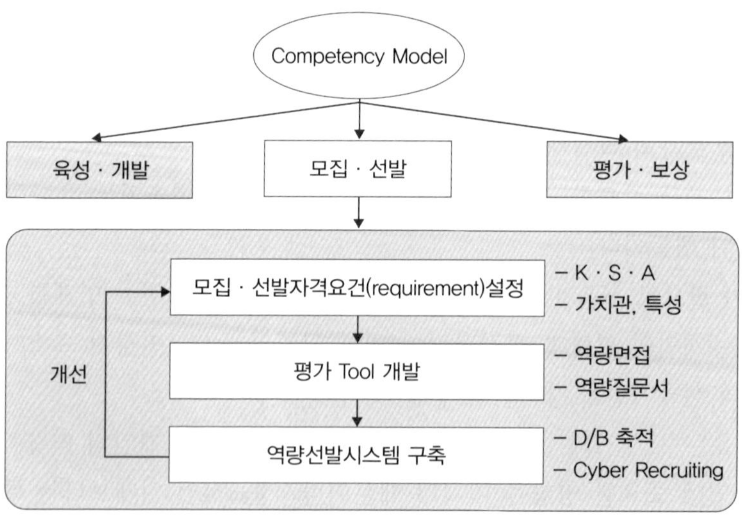

질문을 통해 알아내야 하는 내용은 조직 및 직무에 대한 이해를 잘하고 있는가? 지원동기, 그 직무가 조직에서 요구하는 경험 및 지식의 소유자인가? 빠른 적응과 그 직무를 성공적으로 수행할 수 있는 역량이 있는가? 지속적인 자기계발을 하려는 열정과 성장 잠재력이 있는가? 긍정적이고 적극적이며 합리적인 사고의 소유자인가? 다양한 문화에 대한 적응력이 있는가, 대인관계 및 팀워크 등 개인적인 사항을 통한 성품 탐색을 실시한다. 최종 선발자에 대한 결정은 그 직무가 요구하는 핵심역량에 대하여 각 면접자의 평균점수 환산을 참조하여 모든 면접자의 합의에 의해 이루어 져야 하며, 현재의 지식도 중요하지만 선발 후 성장과 조직성과에 기여할 수 있는 잠재력과 미래의 역량도 중요한 선발의 기준이 된다.

● **역량기반 선발 프로세스**

역량기반 선발 프로세스는 Competency Modeling, 선발 Criteria 도출, Measurement Tool 개발, Manual 개발, 선발 프로세스 개선을 거치게 된다.

[그림3-3] 역량기반 선발 프로세스

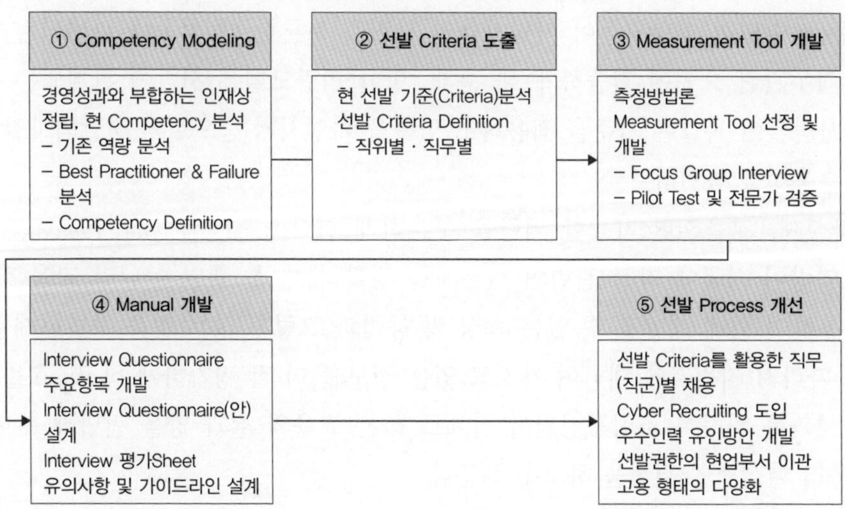

역량기반 선발의 장점

Lucia & Lepsinger(1999년)는 선발과정에서 역량모델이 어떠한 이익을 주는지를 다음과 같이 정의하고 있다.

첫째, 직무요건(job requirements)에 대한 명확한 기준을 제공한다. 역량모델은 직무를 수행하는데 무엇을 고려하여야 하는지에 대한 완전한 그림을 제공하며, 선발면접 담당자로 하여금 선발 후보자의 지식과 기술 외의 특성을 고려하여 선발하도록 한다.

둘째, 조직에서 성공할 사람을 선발할 가능성이 높다. 선발면접 담당자들은 역량모델에 의해서 직무수행에 필요한 중요 특성, 지식, 기술이 부족한 지원자들을 배제하는 한편 강한 잠재력의 소유자를 선발할 수 있다.

셋째, 조직의 기대에 부응하지 못할 사람들을 배제시킨다. 효율적으로 직무를 수행하지 못할 사람을 사전에 선발하지 않는 것이 조직의 생산성과 수익성에 이익이 될 것이다. 그러므로 역량모델은 선발과정에서 이러한 사람을 사전에 배제시킴으로써 기회 비용을 최소화 할 수 있다.

넷째, 보다 체계적인 인터뷰과정을 설계한다(Berman, 1997년). 역량모델은 모든 선발면접 담당자들이 지원자들의 자질을 토론할 때 성공에 관련되는 중요 직무관련 요인에 집중하게 해 준다. 또한 역량모델은 선발에 관계되는 모든 사람들이 똑같은 기준을 적용하고 있음을 확인시켜 줌으로써 선발의사결정의 수용성을 높인다.

다섯째, 교육훈련 가능한 역량을 구분하게 한다(Wood & Payne, 1999년). 어떤 역량이 성공에 가장 관련이 있는지를 명확히 해 줄 뿐만 아니라 교육훈련을 통하여 쉽게 개발될 수 있는 속성 및 능력과 그렇지 않는 것을 구별하게 한다. 따라서 지원자에 대하여 가지고 있는 정보를 더 잘 평가하게 하고, 효율적인 성과를 위하여 조직구성원이 필요로 하는 교육의 질과 양을 판단해 주며, 아울러 현실적인 결정을 하도록 해준다.

여섯째, 선발 결정과 향후 직무성과 간의 상관관계에 있어서도 역량접근법은 우수한 성과를 내게 하는 내적 특성이며 역량모델은 체계적으로 찾아낸다.

그러므로 역량모델에 의한 선발은 선발기준의 모호성이나 추상적이라는 문제점을 해결할 수 있게 된다. 또한 선발에 있어서 전사 공통(기본)역량뿐 아니라 충원이 필요한 직무가 속한 직군에 필요한 역량을 보유하고 있는지도 파악할 수 있게 된다. 결국 역량모델에 의한 선발방식은 조직의 성과달성을 위한 과학적인 접근방법이라고 할 수 있다.

[표3-1] 면접의 타당도

순 위	평가방식	타당도
1	ACM(Assessment Center Method)	.65
2	BEI(Behavioral Event Interview) CBI(Competence-based Interview)	.48~.61
3	작업표본검사(Work-Sample Tests)	.54
4	능력검사	.53
5	현대식 성격검사	.39
6	생애자료(Bio-Data)	.23
7	조 회	.23
8	단순면접(비 행동적)	.05~.19

Source : Spencer, Signe and Lyle(1993)

Cisco Systems의 인력관리 사례

● e-모집을 통한 인재선발

실리콘밸리의 특성상 인력이동이 빈번하여 우수인력의 지속적인 보충이 기업 경쟁력의 필수 조건이다. 시스코시스템즈는 Web과 내부 직원 추천 등 다양한 방법으로 시스코시스템즈의 기업문화에 가장 잘 적응 할 수 있고 해당직무 포지션에 적격한 인력을 선발하기 위해 필요로 하는 인력의 성향과 유형을 철저한 심사과정을 거쳐 선발 한다. 시스코시스템즈의 직원에 의한 외부인력의 추천으로 채용이 확정되면 추천자는 500달러에서 1,000달러에 해당하는 금전적 보상이 이루어진다. 선발과정 또한 엄격하다. 지원자에 대하여 시스코시스템즈의 기업문화와 직무 적합성을 판단하기 위하여 5명의 관리자가 인터뷰를 실시하고 전원 적격하다고 판단할 경우에 최종 채용이 이루어지는 5인 인터뷰 룰을 철저히 지키고 있다.

시스코시스템즈는 1993년 이후 43개의 신규 하이테크회사를 인수 합병한 주된 목적은 하이테크 인력을 그대로 영입하기 위한 전략이라고 볼 수 있다. 이는 인수 합병 회사의 팀들이 보유한 팀웍 및 업무가치를 중요시하는 관행에서부터 출발한다. 그리고 합병된 인력들은 인사상의 불이익이 없이 시스코시스템의 인력과 동일한 승진기회가 주어진다.

● **맞춤형 인력개발**

시스코시스템즈의 교육프로그램은 웹을 통하여 출석요건, 강의내용, 필수선수과목(prerequisite), 스케쥴 등이 소개된다. 조직구성원들은 자신의 역량을 개발하기 위하여 자율적으로 프로그램을 선정하여 학습이 이루어 지게 된다. 이때 자동적으로 관리자에게 교육프로그램 신청 내용이 통보되어 관리자가 알게 된다. e-학습 프로그램은 조직의 성과 향상과 조직구성원 자신의 역량의 Gap을 개발하기 위해 자율적으로 선택할 수 있기 때문에 직무에 직접 필요한 실질적인 학습효과로 나타난다.

● **조직 소속감을 통한 유지관리**

시스코시스템즈는 전략적 목표와 현재 달성 수익, 주가, 목표고객의 동향 등을 수시로 조직구성원들에게 정보를 제공함으로써 조직에 대한 소속감을 높이게 하고 있다. 또한 조직의 전략적 방향에 대하여 웹상에서의 질의 응답이 신속하게 이루어져 자신의 업무와 조직의 전략 방향을 일치화 시킴으로써 성과와의 연계를 강조한다.

복지시설 또한 조직구성원의 니즈를 최대한 반영하여 제공하며, 근무시간을 자율적으로 선정하여 최고의 성과를 올릴 수 있도록 임파워먼트를 부여한다.

조직의 비전 및 전략목표와 개인의 목표를 연동시키는 성과관리시스템은 조직에 대한 정체성을 확고하게 한다. 시스코시스템즈는 조직구성원들에게 주식의 상당수가 배분되어 있고, 4년 기한으로 행사할 수 있는 스톡옵션을 부여하고 있다. 이를 통하여 성과향상을 위한 동기부여와 고객만족을 통하여 성과향상목표를 초과달성 하는 동인이 되고 있다.

3. 평가센터(Assessment Center)

1) 평가센터의 개념

평가센터(assessment center)는 다수의 평가프로그램 기법을 바탕으로 피평가자의 행동을 평가하는 평가기법 이다. 다양한 상황 속에서 나타난 피평가자의 행동이나 태도, 말(행동지표) 등 잠재적 속성을 다수의 평가자가 다수의 평가방법을 사용하여 관찰하고 평가한다. 평가센터(assessment center)는 기관이나 연구소 등의 개념이 라기보다는 평가절차(process)나 평가체계(system)의 개념으로 외국정부에서는 평가를 위해 특별히 설계된 물리적 시설을 사용하여 평가센터를 운영하거나 연수시설에서 평가센터를 운영 한다. 민간기업의 경우는 자체적으로 운영하기 보다는 평가 전문기관들이 평가센터 프로그램을 운영한다.

[표3-2] 평가센터의 용어

용 어	설 명
평가센터 (assessment center)	평가기법의 하나로, 피평가자의 행동을 평가할 수 있는 직무상황을 제시하고 이 상황에 따라 피평가자가 역할을 수행하면서 나타내는 행동을 통해서 피평가자의 역량을 측정하는 평가방법. 평가센터 프로그램을 포함하여 운영되는 전체 프로세스 혹은 시스템
평가센터 프로그램 (assessment center program)	평가센터에서 실시하는 평가프로그램으로, 모두 실행프로그램을 합친 것을 지칭함.
실행프로그램(exercise)	하나의 평가프로그램 단위로, 다양한 유형이 존재하며 역량을 평가하기 위한 모든 요소를 갖추고 있음.
모의상황(simulation)	실행프로그램에서 행동가이드와 평가체크리스트를 제외한 모든 내용을 지칭함.
모의상황구조(plot)	업무상황에서 나타나는 역량을 평가하기 위해 조직의 성격과 특성을 반영한 갈등구조나 딜레마적 상황 구성
상황내용(situation)	모의상황구조를 피평가자가 보다 쉽게 이해할 수 있는 구체적인 상황으로 나타낸 것. 모의상황과의 차이는 진행을 위한 구체적인 자료 등이 없다는 것
행동가이드(guide)	모의상황을 원활하게 운영하고 원하는 방향으로 평가가 진행되도록 하기 위한 행동지침

용 어	설 명
평가체크리스트 (checklist)	모의상황을 진행하면서 나타나야 하는 행동을 제시하여 평가가 객관적으로 이루어지도록 하는 평가항목(구체적인 행동으로 기술됨)
평가자(assessor)	평가센터를 통해 피평가자를 관찰하고 역량에 대해 평가하여 점수를 부여하고, 피평가자에게 평가결과에 대해 피드백을 제공하는 자로, 많은 훈련을 필요로 함.
평가보조자 (assistant/observer)	평가가 원활하게 이루어지도록 평가자를 도와 상황을 이끌어 나가는 역할을 하는 자로 외국의 경우는 배우를 활용하기도 함.

2) 평가센터의 운영 프로세스

평가센터(assessment center)의 운영프로세스는 사전과정, 협의의 평가센터, 사후개념으로 진행된다.

첫째, 사전과정(pre-program)은 구조화된 검사도구(기존의 인성검사, 다면평가, 개인발전계획서 등), 직무상황에서 조직이 필요로 하는 행동특성을 발휘한 사례분석(STAR 인터뷰 기법 등)을 실시한다.

둘째, 협의의 평가센터(simulation program)로 비구조화된 검사도구를 통하여 가상의 직무상황을 설정하고 피평가자가 어떻게 대응하는지를 통하여 잠재성을 평가한다.

셋째, 사후개념(follow-up program)으로 피평가자와의 면담을 통해 개인이 보유한 역량을 확인하여 장단점을 파악하고 이를 통하여 개인발전계획을 수립하고 이를 지원해 주는 과정이다.

3) 평가센터의 구성요소

평가센터(assessment center)의 구성요소는 평가자, 관찰자, 피평가자, 평가프로그램으로 그 내용은 다음과 같다.

첫째, 평가자이다. 내 · 외부 평가전문가로서 피평가자를 평가프로그램을 통해서 평가한다. 평가자가 갖추어야 할 Skill은 다음과 같다.

- 관찰(observation) : 피평가자들의 행동과 언행을 관찰한다.
- 기록(registration) : 피평가자의 말과 행동에 관한 사항을 기록한다.

- 분류(classification) : 역량과 관련된 다양한 행동유형을 분류한다.
- 양을 정함(quantifying) : 각각의 차원에 스코어를 매긴다.
- 평가(evaluation) : 각각의 평가자가 체크한 스코어에 기반하여 최종스코어를 매긴다.
- 보고(reporting) : 피평가자에게 피드백, 피평가자의 동의를 얻어 역량평가제와 관련된 사항을 조직에 보고한다.

둘째, 관찰자이다. 내부 직원 혹은 평가전문가로 평가프로그램이 원활하게 수행되도록 평가자를 돕는 역할을 한다.

셋째, 피평가자이다. 내부 평가 대상자로 주어진 평가프로그램 상황을 빠르게 분석하고 자신의 평소 생각과 행동에 따라 성실하게 평가프로그램을 수행한다.

넷째, 평가프로그램이다. 평가프로그램 상황 및 관련자료 평가자, 관찰자의 역할가이드와 평가자의 평가체크리스트가 포함된다.

[표3-3] 평정척도 매커니즘(예)

평 점	수 준	평가 기준
5	S (매우 우수)	- 관찰된 행동이 새로운 행위기준, 틀을 창조하는 높은 수준의 행동을 발휘한다. - 긍정적 행동의 정도가 아주 높게 관찰된다.
4	A (우수)	- 역량 항목에 대해 전문적이어서 다른 사람을 지도할 만큼의 수준의 행동을 발휘한다. - 긍정적 행동의 정도가 조금 높게 관찰된다.
3	B (보통)	- 역량의 특성을 자유롭게 활용하여 업무를 독자적으로 수행할 수 있는 수준의 행동을 발휘한다. - 긍정적/부정적 행동의 정도가 비슷하게 관찰된다.
2	C (미흡)	- 개괄적인 지도와 조언만 있으면 자체적으로 업무를 수행할 수 있는 수준의 행동을 발휘한다. - 부정적 행동의 정도가 조금 높게 관찰된다.
1	D (매우 미흡)	- 관찰된 행동이 전반적인 지도와 조언이 필요한 수준의 행동을 발휘 한다. - 부정적 행동의 정도가 아주 높게 관찰된다.

4) 평가프로그램의 구체적인 유형

평가프로그램의 구체적인 유형으로는 Role-play, Presentation, Discussion, In-basket이 있으며, 그 내용은 다음과 같다.

첫째, Role-play는 피평가자와 평가자 및 관찰자가 참여하여 제시된 상황에 대한 논의나 역할을 진행한다.

Role-play는 일반적으로 1:1과 1:2로 이루어진다. 1:1 Role-play는 평가자 1명과 피평가자 1명이 역할연기를 하는 것으로, 코칭과 같이 상사와 부하의 관계에서 발생할 수 있는 상황을 설정하고 피평가자가 어떻게 반응하고 행동하는가를 평가하는 것이다.

1:2 Role-play는 평가자 1명, 평가보조자 1명이 짝이 되어 1명의 피평가자가 역할연기를 할 수 있도록 분위기 및 논쟁거리를 제공하는 것으로, 제시된 상황에 대해 평가자와 평가보조자가 미리 정해진 역할을 수행하면서 피평가자의 반응과 행동을 평가하는 방식이다.

이러한 Role-play는 측정하고자 하는 역량을 구조화하여 이에 적합한 상황을 설정하고 피평가자의 말이나 행동을 체계적으로 이끌어 내어 역량을 측정할 수 있는 장점이 있는 반면, 피평가자가 예상치 못한 행동이나 말을 했을 경우, 혹은 직무와 관련된 전문용어를 많이 활용하는 경우에 대처하기 어렵고, 역량을 측정하지 못하는 경우가 발생할 수 있다는 단점이 있다.

Role-play와 유사한 방법론으로 Play-action이 있다. 이는 연기자가 아주 명확한 행동지침이나 방향에 대한 분명한 스크립트를 받고 그대로 행동하게 되는 반면, Role-play에서는 좀 더 불명확한 가이드라인이 제시되기 때문에 실제 실행과정에서 다른 방향으로 틀어질 수도 있다.

따라서, Play-action 보다는 Role-play로 진행되는 것이 바람직하다. 즉, 평가자나 피평가자에게 행동이나 감정표현상의 통제가능성(행동이나 역할에 대한 지침을 유연하게 제시함으로써)을 높임으로써 해당 상황에서 실제 자신의 모습을 드러낼 수 있도록 하게 된다(Paul Jansen & Ferrt de Jongh).

둘째, Presentation은 주어진 자료를 피평가자가 나름대로 정리하여 프리젠테이션할 자료를 만들어 프리젠테이션을 하고 평가자가 이에 대해 확인하는 상황이다.

셋째, Discussion은 평가자 1명이 토의를 진행하면서 평가하고 다른 1명의 평가자는 참관하면서 평가만을 담당(피평가자 4명이 토의 진행하는 유형; leader group discussion)하며, 4명의 피평가자에게 서로 다른 입장의 의견을 제시하고 나름대로 논의를 전개하도록 한다. Leader없이 참가자들 끼리(4~6명) 토론을 진행하는 형식(leaderless group discussion)이다.

넷째, In-basket은 Basket 안에 구체적인 자료를 제시한 후, 이 자료를 보고 판단하고 의사결정하여 보고서를 작성하도록 한다. 이 평가기법은 서류함 안에 다양한 메모와 보고서, 전화메시지, 노트, 의견서, 주문서, 인사정보 등과 같은 다양한 서류 및 메모들을 제공하고, 피평가자가 서류함에서 이것들을 꺼내어 제시된 내용을 처리하거나 행동계획을 세우거나 의사결정 하도록 하여 역량을 측정한다. 따라서, 피평가자에게 업무를 조직화하고 구조화하는 그리고 문제를 분석하여 기획하는 역량을 측정할 수 있는 과제 뿐만 아니라, 문제해결과 창의적인 업무수행을 위한 적절한 접근방법을 찾아야 하는 과제들이 제시된다.(Paul Jansen & Ferrt de Jongh)

다섯째, Interview는 미리 설정된 가상상황에서 피평가자가 어떤 행동을 취할 것인지를 결정하도록 하여 인터뷰형식을 통해 이러한 결정이 어떻게 이루어졌고, 어떻게 할 것인가에 대해 질문을 통해 평가하는 방법이다. 상황인터뷰(situational interview)는 피평가자에게 상황을 주고 그 상황에서 어떤 행동을 취할지를 기술하도록 하는 것이다. 어떤 유형의 인터뷰는 피평가자가 주어진 문제에 당면했다고 가정하고 어떻게 반응할 지를 묻는 것처럼 가상적이고 미래 지향적인 맥락에 초점을 둔다. 또 다른 유형의 인터뷰는 피평가자들이 효과적인 직무수행에 필요한 역량들이 요구되는 이러한 상황을 과거에 어떻게 해결했는지에 초점을 두기도 한다. Pulakos와 Schmitt(1995)는 후자와 같은 인터뷰를 '경험에 근거한 면접' 이라고 불렀다.

[표3-4] 평가도구

유 형	도 구	개 요
심리검사	Personality Test	개인의 성격 특성을 일정한 차원과 요인에 따라 평가(CPI, NEO_PI, MBTI, Birkman, 16PF 등), Web 기반 혹은 지필형으로 실시
	Cognitive Ability Test	다양하고 복합적인 데이터에서 의미와 패턴을 인식하고, 새로운 통찰과 통합된 구조를 개발할 수 있는 역량(전략적 사고 및 판단력)을 진단
	Motivational Fit Assessment	개인의 동기유발 요소와 직무 · 역할이 제공하는 동기적 보상의 적합성을 평가하는 도구, 보통 Web 기반 혹은 지필형으로 실시
피드백설문	360 Feedback Survey	360도 피드백 도구, 일반적으로 Web 기반으로 운영되며, 자기개발 계획 수립, 역량개발 가이드가 통합
인터뷰	Personal History Interview	개인의 경력에서 두드러진 성취 경험, 직무 선호, 경력목표, 개발요구 등을 파악하기 위한 구조화된 인터뷰
인터뷰	Behavioral Interview	과거 직무수행을 심층 탐색하여 대상자의 역량 보유 수준에 대한 증거를 수집하는 전문적인 인터뷰 기법
시뮬레이션	Role Play	직무와 유사한 상황 시나리오를 제시하고 평가자와 대상자의 상호 작용(인터뷰, 회의, 프리젠테이션 등)을 통해 대상자의 행동을 직접 관찰
	In-Basket	제한된 시간 안에 서로 연관된 정보와 데이터(각종 메모와 메시지, 서한, 경영 데이터 등)를 검토하여 주요 이슈를 파악하고 해결하는 과정을 평가

5) 평가센터 평가프로그램의 개발과정

평가센터의 평가프로그램 개발과정은 역량의 확인 및 조직성과 파악, 평가프로그램의 줄거리(Plot) 구성, 평가프로그램 개발, Pilot test의 과정을 거치게 된다.

● **역량의 확인 및 조직성격 파악**

- 직무기술서에 기술된 역량에 대하여 좀 더 구체적으로 파악하여 평가해야 할 구체적인 역량요소를 분석한다.
- 역량별로 행동지표를 추출하고 평가지표를 개발하며 조직의 특성 및 성격을 파악한다.

● **평가프로그램의 Plot(업무상의 갈등관계 등) 구성**

- 업무전문가(SME)를 파악하고 이들과의 면담을 통하여 사업 · 조직의 성격

을 고려한 평가프로그램의 틀(plot)을 설계한다.

- 평가프로그램의 구체적인 내용 및 상황을 구성하며 이에 필요한 자료의 파악 및 이를 확보한다.

● **평가프로그램 개발**

- 다양한 평가프로그램 형식을 활용(interview, presentation, group discussion, role-play 등)하여 구체적인 역량평가기법을 개발하는 과정으로 이를 구체적으로 살펴보면, 평가자, 피평가자, 관찰자 역할가이드 개발, 평가 주안점 정리, 역량별 행동지표에 기초한 체크리시트를 개발한다.

● **Pilot Test**

- 평가내용의 적합성, 평가의 타당도와 신뢰도 측정, 보완사항 확인, 운영상의 문제점을 파악한다.

평가센터의 신뢰도란 평가자가 관찰한 결과를 얼마나 일관성 있게 평정하고 점수를 부여하였느냐의 문제이다. 따라서 평가센터 프로그램의 신뢰도 문제는 평가자 내의 신뢰도(intra-rater reliability)와 평가자간의 신뢰도(inter rater reliability)가 중요하다(George C. Thornton).

평가자 내의 신뢰도(intra-rater reliability)는 평가자(assessor)가 피평가자(assessee)들에게 일관성 있게 진단을 실시하는 정도로서 평가자는 평가대상이 누구든지 점수를 부여하는 원칙이나 평정원칙이 일관성 있게 적용되어야 한다.

평정자간의 신뢰도(inter rater reliability)는 피평가자(assessee) 1인에 대한 평가자(assessor)들 간 진단결과의 유사성 정도를 의미한다. 따라서 평가센터의 신뢰도는 평가체크리스트를 통해 점수부여의 명확한 기준을 설정하고, 훈련된 전문평가자를 투입함으로써 증가시킬 수 있다.

신뢰도는 측정의 일관성과 안정성을 나타내는 반면에 타당도는 정확성과 적절성에 의해 검사를 평가하는 기준으로 정의되며, 준거를 예측하거나 준거에 관한 추론을 도출하기 위한 검사의 적절성을 나타낸다.

진단도구의 타당성을 알아보는 방법으로는 평가하고자 하는 내용들을 모두 포함하고 있는지를 확인하는 내용타당도(content validity)와 평가의 전체 과정이 믿을 수 있고 적합한 방식 하에서 이루어졌는지에 대한 과정타당도(process validity), 그리고 평가항목들이 평가용도에 적절한지에 대한 피평가자들이 느끼는 정도인 안면타당도(face validity), 평가를 통해 예측하고자 하는 준거를 예측하는 정도인 예언타당도(predictive validity)가 있다(Catherine Marshall & Gretchen B. Rossman).

[표3-5] 신뢰도와 타당도

		내 용
신뢰도 (reliability)	내용신뢰도 (content reliability)	- 진단내용의 동질성 정도를 나타내는 것으로서 여러 번 측정하여도 진단내용이 바뀌지 않는 정도를 나타냄. - Assess 내용의 일관성 및 상호 관련성
	도구신뢰도 (test-retest reliability)	- 평가를 반복해서 실시했을 때 얻어지는 평가점수의 안정성을 나타냄. - Assess를 위한 도구가 일정기준 이상의 일관된 평가결과를 갖는 것. 검증의 정도
	진단자신뢰도 (inter-rater reliability)	- 두 명 이상의 진단자들의 Assess 결과가 일치하는 정도를 나타냄. - 특정 개인의 '주관'에 의해 결과가 좌우되지 않도록 하는 것
	관대화 극복	- 자료가 한명의 관찰자(진단자)에 근거할 경우, 관찰자의 주관성으로부터의 영향에 대한 방어막이 없기 때문에 항상 신뢰도에 문제가 된다. - 실제보다 후하고 높게 진단하여 생기는 오류, 신뢰도를 떨어뜨리는 주요 원인
타당도 (validity)	내용타당도 (content validity)	- 진단하고자 하는 내용들을 모두 포함하고 있는 정도 - Assess 목표, 내용 요소와의 합치도
	과정타당도 (process validity)	- 평가의 전체 과정이 믿을 수 있고 적합한 방식하에서 이루어지는 정도 - Assess 과정 상에서의 다양한 구성원의 참여와 합의
	안면타당도 (face validity)	- 진단 항목들이 진단용도에 적절한지에 대해 피 평가자들이 느끼는 정도 - 구성원이 상식적으로 익숙해 하는 것과의 일치도
	예언타당도 (predictive validity)	- 평가가 예측하고자 하는 준거를 예측하는 정도 - Assess 결과가 미래 예상되는 행동이나 특성과 일치하는 정도

6) 평가센터 활용시 유의 할 점

평가센터는 피평가자의 말솜씨가 아닌 실제 행동특성을 근거로 평가함으로써, 조직내에서 수행해야 할 업무성과 및 조직문화와의 적합성을 보다 심도 있게 판별해 낼 수 있으며, 객관적이고 과학적으로 관찰된 행동을 근거로 역량평가가 이루어 지기 때문에 평가에 대한 신뢰도를 높일 수 있다. 이러한 장점들을 확보하기 위해서는 다음과 같은 요건들이 충족되어야 한다.

첫째, 적절한 평가 Tool을 선정하여야 한다. Role-play, Presentation, Discussion, In-basket 등 다양한 평가 Tool 중에서 평가하고자 하는 내용을 판별하는데 있어 어떤 방법이 효과적인지 구체적인 운영프로그램을 어떻게 적용할 것인지를 신중히 고려하여 선택해야 한다.

둘째, 체계적인 평가자 교육이 실시되어야 한다. 일관성 있는 평가를 수행하기 위해, 평가센터 전문가들은 평가자들을 소집하여 평가항목과 평가항목에 대한 체계적인 교육을 실시하여야 한다. 특히, 비디오 등 영상자료를 활용하여 특정 행동을 평가해 볼 수 있도록 함으로써 모든 평가자들이 동일한 행동에 대해 최적의 유사한 평가를 내릴 수 있도록 육성을 하여야 한다.

조직에서 필요한 탁월한 인재를 선발하거나 적재적소에 배치하기 위해서는 과학적인 역량평가방법이 이루어져야 한다. 평가센터(assessment center)는 새로운 평가방안의 하나로 AT&T, BT 등 선진기업들의 경우보다 과학적인 모집(recruitment) 및 선발(selection), 승진, 배치의 목적으로 이를 적극적으로 활용하고 있다.

[표3-6] 평가센터의 목적에 따른 운영방안

구 분	선발 및 승진	개발요구 진단	스킬 개발
대상자	HPI 또는 승진대상자	전사원	전사원
대상직위	현 특정 직위	현재 또는 잠재 직위	현재 또는 잠재 직위
평가기준 (dimensions)	잠재역량 특성	개발가능역량 교육 Needs	개발이 필요한 특정 Skill
평가기간	0.5~1일	1.5~2일	1.5~3일
평가실습	3~5모듈, 일반적 실습	다수 6~8모듈 실습	다수 직무 Sample 활용
피드백	참가자, 차상위 관리자	참가자, 차상위 관리자	참가자
결과물	종합평가	영역별 평가 프로파일	기대행동 제시 (behavioral suggestions)

4. 개발센터(Development Center)

1) 개발센터의 개념

특정 조직의 역량모델은 고성과자에게서 지속적으로 표출되는 성과와 연계되는 행동들을 체계적으로 정리한 것이다. 이러한 역량을 개발(육성)한다는 것은 고성과자의 행동을 보통 성과자들이 학습하고 내재화하여 실제 업무 현장에서 더 좋은 행동으로 성과를 창출함을 의미한다. 행동의 변화는 본인의 역량 수준과 자신의 강점과 약점에 대한 정확한 자기 진단이 바탕이 되어야 한다. 역량개발 프로그램은 여기에서 출발한다.

2) 개발센터의 특징

개발센터는 프로그램 참가자에게 시뮬레이션에서 역량과 관련된 행동을 직접 요구하는 과정으로 개발되며 참가자들은 자신들의 역량 수준을 직접 스스로 성찰할 수 있게 되므로 평가 대상자들의 가장 큰 의문인 "평소 업무 현장에서 역량 개발을 어떻게 해야 하는가?"에 대한 방향과 시사점을 줄 수 있는 과정이다.

3) 개발센터 프로세스

개발센터 프로그램 과정의 참가자들은 개인별로 특정의 모의 상황을 부여받고 이를 해결하는 과정과 결과에 대해 피드백을 받음으로써 역량 수준을 진단하고 강점과 약점을 파악할 수 있으며, 약점을 보완하기 위한 역량개발 가이드를 제공 받는다. 일반적으로 개발센터 프로그램은 다음과 같이 4단계로 진행된다.

첫째, 상황이해 단계로 가상조직과 가상의 과제 상황을 파악 한다.

둘째, 과제 수행 단계로 다양한 역량평가 기법(In-Basket, Role-Play, Presentation, Group Discussion)에 의한 문제 상황을 해결 한다.

셋째, 피드백 단계로 개인별 과제수행 결과에 대해 평가자로부터 개별 역량별 및 종합 피드백을 제공 받는다.

넷째, 개발계획 수립 단계로 피드백을 종합하여 개인은 역량개발 계획을 수립 한다.

4) 개발 프로그램의 효용성

최근 한국적인 상황에서 역량평가센터 기법이 선발에서의 활용이 증가되면서 역량평가센터의 기법에 의한 평가 대상자들의 부담감이 크게 증가하고 있는 것이 현실이다. 이를 해소하기 위해 사전 프로그램들을 개발하여 평가센터 기법에 의한 평가에 사전 대응하도록 하고 있다.

그러나 개발센터의 활용은 앞에 제시한 목적보다는 역량평가를 통해 파악된 부족한 역량에 대해 자신의 역량을 개선하기 위한 맞춤형 교육 프로그램이 제공되어야 한다. 필요에 따라서는 해당 조직에서 프로그램을 개발하거나 또는 외부의 교육기관에 위탁하는 방식이 고려된다.

역량개발 프로그램은 다음과 같은 장점들을 가지고 있다 첫째, 현업 상황과 유사한 과제들을 활용함으로써 참가자의 역량을 정교하게 드러내도록 하여 현실적인 적용 점을 찾도록 도와주며, 역량들을 정확히 관찰 학습 할 수 있는 기회가 된다.

둘째, 역량개발 필요점을 명확히 파악할 수 있다. 참가자가 모의 상황을 해결 함으로 개인의 역량 수준을 객관적으로 파악할 수 있다. 이를 통하여 어떤 역량의 개발이 필요할지 정확하게 파악하게 되므로 부족 역량에 대해 개선하고자 하는 필요성을 스스로 인식하게 된다.

셋째, 프로그램 참여 몰입도를 높인다. 과제의 수행과 결과에 대한 피드백이 제공되므로 참가자는 가상의 상황에 몰입하게 되며, 이는 현업으로 돌아갔을 때, 실제 더 나은 행동과 성과를 달성할 가능성을 높여준다.

역량모델 및 역량진단 Chapter 4

1. 역량모델
   1) 필요역량의 도출
   2) 역량모델 개발
   3) 탁월한 성과자의 행위 검토
   4) 공통 · 직무 · 리더역량모델
   5) 역량모델의 타당성 검증
   6) 역량모델의 산출물
2. 역량진단
3. 역량진단의 인재개발 활용

1. 역량모델

1) 필요역량의 도출

● 역량의 정의

역량모델링은 조직의 Vision과 전략의 목표로 하는 성과를 창출하는데 필요로 하는 역량을 규명하고 이를 조직구성원들이 인식하고 학습하여 실천하는 과정이라고 할 수 있다.

Carroll과 Crackin(1998년)에 따르면 효과적으로 정의된 역량은 다음과 같은 6가지의 특성을 지닌다고 정의하였다.

첫째, 역량은 조직의 Vision과 Mission 그리고 전략과 경영목표를 지원하는 성공기준이며, 해당조직의 고객기반을 확대하고 부가가치를 창출하는 데 초점을 맞추기 때문에, 조직의 전략적 방향을 조직구성원의 행동과 연결되게 한다.

둘째, 역량은 해당 조직에서 중요한 가치 및 원리를 지원하는 행동에 대해 명료하게 표현하고 조직구성원들이 행동을 실천 할 수 있도록 한다.

셋째, 역량은 직능이나 조직의 경계를 초월하여 조직에서 공유하고 있는 탁월성에 대한(best practice) 기준을 제공한다.

넷째, 역량은 수행에 대한 지속적인 Feed back을 제공하며 또한 육성 · 개발을 위한 기초자료를 제공한다.

다섯째, 역량은 최근의 필요성이 부각되고 있거나 중요성이 떨어지고 있는 기능을 규명함으로써, 조직의 변화를 능동적으로 지원할 수 있다.

여섯째, 조직이 지속적으로 학습하는 학습조직의 문화를 가속화 시키고 정착시킬 수 있다.

● 역량의 도출

일반적으로 역량의 도출방법은 귀납적방법론과 연역적방법론의 2가지로 대별 할 수 있다. 귀납적방법론은 현업의 고성과자들을 대상으로 행동사건면접

(behavioral event interview)을 실시하여 고성과자의 행동 특성을 밝혀내고 정리하는 방법을 말하며, 연역적방법론은 해당직무에 대한 지식과 경험이 풍부한 전문가(SME, subject matter expert)를 초빙하여 그들이 직무에 필요한 역량을 도출하도록 유도하는 방법을 말한다.

역량도출은 귀납적 또는 연역적 방법을 동시에 고려하는 것이 바람직할 수 있다. 연역적방법론을 중심방법론으로 적용하고, 연역적으로 도출된 역량 Model을 보완하거나 Model에 대한 적정성을 확보하기 위하여 귀납적방법론을 병행할 수 있다.

역량의 요소란 특정업무를 수행하는데 있어서 요구되는 K · S · A(지식, 스킬, 태도)를 의미 한다. 또한 역량요소를 정리하여야 하는 이유는 역량이 역량요소를 기반으로 하고 있기 때문이다. 특히, 인재개발 목적으로 Competency Approach를 채택할 때는 역량 소요에 대한 정리가 필수적 이다. 역량요소는 교육과정 개발 및 Self-Study의 경우에 교육 및 학습내용의 기반을 구성한다. 역량요소를 추출한 후에는 체계적인 정리가 필요하다. 이를 통해 지식경영(KM) 및 학습조직(learning organization)과 연계하는 것이 효과적이다.

역량요소 체계화의 방법으로서는 지식경영과의 연계 및 지식 Backbone의 개발 그리고 역량과의 관계 규명이 있다.

[표4-1] 역량도출방법 비교

구 분	귀납적 방법	연역적 방법
구체적 내용	탁월한 성과자 중심으로 그들이 차별적으로 발휘하고 있는 역량 Profile 및 그 수준을 규정해 가는 방식	자료분석을 통해 가설적인 표준모델을 사전 구상하고, 현 조직 Vision, 조직운영 특성 등을 고려하여 수정 보완해 가는 방식
필수 요건	– 전문적인 면접(BEI 등)을 수행하여 정확히 역량을 도출할 수 있는 Listening 전문컨설턴트 – 역량도출 대상 직무나 직위에 대해 유의미한 숫자의 탁월한 성과자	– 연역적 접근법에 능통한 전문가(문제해결의 Insight 필요) – 도출 대상 직무 · 직위 업무 상황에 정통한 자(예 : 전 · 현직 재직자) – 참조 가능한 역량모델(예 : 유사 조직에 대한 이전 프로젝트의 결과물 등)

구 분	귀납적 방법	연역적 방법
장점	- 해당 조직 특성에 맞춘 역량모델의 개발 가능 (customization) - 역량모델 개발의 핵심인 행위중심 관찰 가능	- 준거가 될 수 있는 역량모델을 최우선적으로 확보한다는 점에서 귀납적 방법에 비해 상대적으로 적은 시간 소요 - 기존 모델을 확보하는 바, 타 유사조직에의 확대 적용이 용이
단점	- 상대적으로 과다한 역량도출 시간 소요 - 면접대상으로서 탁월한 성과자의 유의미한 숫자 확보가 어려움	- 귀납적 방법에 비해 상대적으로 Customization 정도가 떨어짐

2) 역량모델 개발

역량모델 개발과 관련하여 여러 연구에서 사용한 전통적 방법들과 연구자들이 현재 활용하고 있는 방법들은 다음과 같다.

Rothwell & Lindholm(1999)은 역량모델의 개발방법은 연구대상조직의 특성, 연구대상 그룹의 조직 내 재정적 가치, 조직문화, 내부 실무자의 기술과 정교화 정도 수준 등에 따라 달라진다고 하며, 다음 3가지 방법을 제시하고 있다.

첫째, 차용법(the borrowed approach)이다. 다른 조직에서 규정되어 있는 특정 역량을 빌려서 사용하는 방법으로 가장 쉽고 비용이 적게 드는 방법이나 특정 조직의 특정한 조직문화에 따른 역량에 대한 고찰은 어려운 단점이 있다. 많은 미국 조직들이 외부에서 제공하는 다면평가방법을 사용할 때 이러한 차용법에 따른 역량모델로 평가를 실시하고 있다.

둘째, 차용 및 맞춤법(the borrowed and tailored approach)이다. 최소한의 역량모델링 방식으로 조직문화에 적합하도록 '차용(borrowing)' 모델을 수정하는 방법으로 대상조직의 고성과자로 구성된 핵심그룹을 조사하거나 적은 규모의 행동사건면접법(BEI)을 실시하여 차용모델을 수정한다.

셋째, 맞춤법(the tailored approach)이다. 가장 실증적으로 접근한 방법이며 이는 엄격한 조사방법이 필요한 방법으로, 특히 미국에서는 역량모델을 선발, 승진, 퇴직 등의 기준으로 활용할 때에는 맞춤법으로 개발한 역량모델을 사용하여야 법적으로 안전하다.

차용법이나 차용 및 맞춤법의 경우는 개발목적으로 사용할 때에만 적절한 방법이다. 조직에서 맞춤식으로 역량모델을 개발할 때에는 그 중심이 프로세스, 산출물, 직무책임 여부에 따라 다른 모델로 개발될 수 있다.

Dubois(1993)는 역량을 기반으로 한 조직구성원들의 성과향상 시스템이 조직의 전략과 연결된 전략적 시스템모델링 방법을 다음과 같은 5가지로 제안하였다.

첫째, 직무역량평가방법(job competence assessment method)은 엄격하고 경험적인 방법으로 중요사건관찰법과 인터뷰 방법을 실시하여 탁월한 성과자와 평균성과자를 구분해 주는 핵심적 직무역량을 파악 하는 방법이다.

둘째, 변형된 직무역량평가법(modified job competency assessment method)은 경비와 시간의 절감을 위해 일대일 인터뷰방식 외에 설문 등으로 피면접자가 직접 중요사건기술을 하여 탁월한 성과자와 평균성과자의 행동을 파악하는 방법이다.

셋째, 일반모형 덧씌우기 방법(generic model overlay method)은 사전에 준비되어 있는 역량모델을 선정하여 그것을 조직의 직무에 대응시키는 방법이다.

넷째, 일반모형 맞춤화 방법(customized generic model method)은 조직 내의 고성과자와 평균성과자의 특성을 모두 포함하고 있는 일반적역량군들을 먼저 파악한 다음, 그것을 조직과 직무차원에서 재조명해서, 고성과자가 가지고 있는 특정 역량들을 추출해 내는 방법이다.

다섯째, 유연한 직무역량모델방법(flexible job competency model method)은 미래의 다른 업무조건에서도 직무를 효과적으로 수행하기 위해 필요한 역량을 파악하는 방법으로 미래의 조직과 직무를 예측하고 이러한 예측을 모델개발에 활용하는 것이 다른 방법들과는 다른 특징이다.

이와 같이 역량모델 개발시, 일반역량모델(generic competency model)과 같은 검증된 역량모델을 활용한 역량모델의 개발이 여러 가지 현실적인 제한 점이나 시간, 경비절감 등의 상쇄효과(trade-offs)를 고려할 때, 상당히 도움이 될 수 있다.

Ennis(1998)는 역량모델에서 정의되는 역량수준과 역량모델의 적용영역, 역량모델 개발시 사용한 방법에 따라 다음의 3가지 범주로 구분하여 필요한 역량모델의 유형에 따라 개발방법을 결정하도록 하고 있다.

역량모델 개발은 직무기술서 작성과는 달리 더 전문성이 요구된다. 먼저 조직내부 인사전문가가 외부의 역량관련 전문가의 자문을 받아 전반적인 역량에 대한 개념을 정립하고 각 팀장을 주축으로 사전학습 및 역량모델링 워크숍 이전에 각종 정보를 수집하고 워크숍을 실시하여 개발에 착수하여야 한다.

역량모델링은 그 조직의 고유한 조직문화에 맞는 사항으로 추출 작업을 실시하여야 한다. 외부전문가는 방법론을 알려 주는 것이며 Content는 조직 내의 각 부문 팀에서 팀장을 주축으로 한 내부전문가(SME)에 의해 역량을 발굴하는 것이 중요하다. 단, 팀장의 역량이 일정 수준 이상임을 전제 조건으로 한다.

[표4-2] 역량모델 결정 매트릭스(competency model decision matrix)

구 분	기 준	사용한 방법	활 용
최소기준 모델 (minimum standard competency model)	- 관찰가능하고 쉽게 검증 할 수 있는 지식, 기술 - 연산능력, 기계조작 능력 - 선발, 교육훈련의 지침 - 단순한 과업에만 적용	- 직무분석 - 설문조사, 면접조사	- 과업배분 - 업무규정
서술적 모델 (descriptive competency model)	- 직무분석에 기초하여 업무나 과업수행에 있어서 개인에게 요구되는 지식, 기술, 행동에 관한 것을 서술, 개인의 특성, 동기, 적성을 고려하지 않는 문제점 - 역량은 표준적인 것을 기준으로 삼았다.	- 역할 분석 - 성과요건 분석 - 준거관련 샘플 - 설문조사, 면접조사	- 성과목표 - 교육훈련설계 - 직무재설계 - 인력수급계획
차별화된 모델 (differentia-ting competency model)	- 우수한 업무수행자의 자질과 능력에 초점을 맞추므로 조직과 개인의 경쟁력을 높이는데 준거 자료가 됨 - 역량을 작업동기, 대인관계기술, 적극적인 사고의 결과로 인식	- 360도 측정 - 준거 관련 샘플 - 조작적 측정 (operant measures)	- 선발 - 핵심직무수행자의 개발

* Source : Ennis, 1998, p. 193.

* 조작적 측정 : 특정직무에서 고성과자와 평균 성과자를 비교하는 방법으로 성공을 예측하는 생각과 행동을 조작화(operationalization)하여 성공적인 Competency라 정의하고 비교, 대조하여 측정하는 방법

● 역량추출

역량의 추출은 행동사건면접(behavioral event interview)과 역량메뉴구성(competency menu; 해당직무전문가에 의한 역량 규명)으로 가능하며 정리방법은

STAR기법으로 전개해 나가는 것이 좋다. STAR 기법은 다음과 같이 정의 할 수 있다. STAR에 적합하도록 답변을 이끌어 내기 위해서는 다음과 같은 질문을 사용할 수 있다.

S(situation) : 업무상황, 배경, 히스토리

T(task) : 업무의 목적, 목표, 효과 등 추구하고자 하는 궁극적 실현가치

- 구체적으로 수행한 업무가 무엇이었습니까?
- 그 때 무슨 일이 이었습니까?
- 왜 그런 단계를 거쳤습니까?
- 당시에 귀하가 처한 상황을 자세히 설명해 주십시오

A(action plan or attitude) : 구체적 추진계획이나 태도

- 그 상황에서 어떻게 반응 하셨습니까?
- 귀하의 접근법은 무엇이었습니까?
- 귀하의 반응은 무엇이었습니까?
- 그 때 당신은 무엇을 했습니까?

R(result) : 추진결과(성과)

- 그 일의 결과는 무엇이었습니까?
- 귀하의 행동이 결과에 어떤 영향을 미쳤습니까?
- 귀하 팀의 결론은 무엇이었습니까?

[그림4-1] STAR 인터뷰 기법

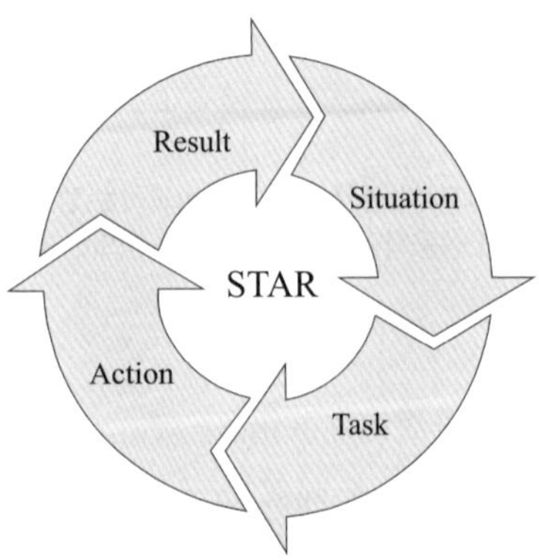

역량은 조직의 동질적인 공통언어(common language)로 내재화 되어 사용되는 것이어야 한다. 또한 역량군(competency cluster)의 도입으로 일목요연한 역량 구조(structure)를 개발하여 체계적 정리를 통해 지식경영(KM)과 연계되어야 한다.

- 고성과자가 되기 위한 역량의 개발(development)은 스스로에게 당신의 직무 분야에서 성공사례(best practice)를 알고 있습니까?
- 어떤 특성을 가지고 있는 사람이 성공을 이루어 낼 수 있습니까?
- 당신은 성공을 위해 어떤 계획을 가지고 있습니까?
- 핵심업무에 대한 성공을 통해 고성과자가 되려면 당신은 당신 자신의 역량을 어떻게 키워나갈 것입니까?에 대한 질문을 던져 보아야 한다.

역량모형의 추출방법은 학자에 따라 그 접근 방법이 상이하다. 다음은 Lucia & Lepsinger(1999)에 의한 분류와 Dubois(1993)에 의한 분류에 대해 살펴보면 다음과 같다.

[표4-3] Lucia & Lepsinger(1999)에 의한 역량추출 분류

구 분	구체적 방법 (starting from scratch)	일반적 방법 (starting with a validated competency model)
내 용	직무수행자에 대한 인터뷰, 관찰자로 부터의 정보, 포커스그룹, 직무상관찰 등 내부적으로 얻어진 자료를 사용하여 역량모형을 개발 하는 방법이다.	직무수행자에 대하여 인터뷰, 관찰을 하는 대신 출발점으로서 타당성 있는 모형을 사용하는데 있다.
장점 · 이점	구체적인 직무, 기능, 조직내의 역할에 있어서의 역량모형을 개발하는데 적합하다.	제한된 전문적 기술과 지식을 요하는 직책 또는 몇 가지 기능에 걸쳐서 발휘되는 리더십과 관리 역할에 가장 적합하다.
단 점	시간이 많이 소요된다.	자료의 수집, 분석, 타당성 검증 등 소요되는 시간을 절약 할 수 있으나 일반적모형(generic model)이기 때문에 구체적인 직무나 직책에는 사용될 수 없고 성공을 요하는 전문적 기술과 지식도 밝혀 줄 수 없다.

[표4-4] Dubois(1993)에 의한 역량추출 분류

구 분	수정된 직무분석접근법 (modified task analysis approach)	중요특성접근법 (critical trait approach)	상황접근법 (situational approach)
개발자	William(1982)	McClelland(1973)	McLagan(1990)
내 용	- 과업분석방법의 변형 - 직업기술교육, 훈련에 사용하기에 가장 효력이 있는 방법임.	- 우수한 성과와 보통의 직무성과를 구별해 주는 중요 인적 특성, 행동, 그리고 다른 특성들을 인식 할수 있어야 함. - 성공적인 직무성과에 요구되는 내적인 인적 특성과 다른 특성들을 강조함. - 직무역량평가방법(JCAM)의 개발	- 역량을 개발하기 위하여 1가지 방법 또는 1가지 모형만을 기술할 수 없음. - 수준이 높은 직무는 추상적이기 때문에 특별한 접근법을 요구함. - 그러나 낮은 수준의 직무는 매우 구체적이기 때문에 역량 모형은 과업분석방법이 좋음.

● 역량모델 개발방법과 프로세스 실무 방법론

- 역량모델 개발방법

역량모델 개발은 그 조직의 문화와 현재의 처한 상황 및 미래의 그 조직의 모습을 닮은 독특한 모습으로 만들어져야 한다.

그러기 위해서는 전사, 사업부별, 팀별 현재의 경쟁력이라고 생각하는 Know-how를 정리해 보고 이를 바탕으로 경영층 Interview와 현업의 의견을 수렴하고 최고의 사내외 사례를 수집하고 접목하여 새로운 사업의 필요역량을 조사하여 만들어져야 한다.

대부분의 역량모델링의 절차와 방법은 McClelland의 직무역량평가방법(JCAM : job competence assessment method)에 뿌리를 두고 있다.

Dubois(2000년)에 따르면 JCAM의 기본적 절차는 다음과 같이 정의하고 있다.

1단계는 직무구성요소(직무과제, 직무활동, 역할, 조직환경 및 이슈 등)와 탁월한 직무수행자의 요건을 조사한다.

먼저 직무전문가와 탁월한 직무수행자, 직무담당자 및 관리자를 대상으로 포커스 그룹을 형성하여 탁월한 수행자의 개인특성을 추출한다. 그리고 성과의 중요도에 따라 등급을 부여하여 개인특성 순위목록을 추정한다. 또한 이를 통해 비밀리에 우수한 직무수행자를 선발한다.

2단계는 탁월한 직무성과자의 특성을 조사하고 직무역량모델을 구성한다. 탁월한 성과자와 평균적인 성과자를 대상으로 직무관찰 및 주요행동 인터뷰(CBI : critical behavior interview)를 1:1로 실시하여 탁월한 성과자에게만 있는 역량과 공통적으로 보유하고 있는 역량을 찾아내어 역량모델을 구성한다.

3단계는 구성된 모델을 검증한다. 모델의 내용에 대한 신뢰도와 타당도를 측정한다. 그리고 유효성을 높이기 위해 필요한 단계로서, 조직의 경영층과 주요 리더의 승인을 얻어야 한다.

검증에는 주로 최초연구의 반복, 외부 컨설턴트를 패널로 활용하는 방법을 많이 사용한다.

[표4-5] Competency Modeling의 자료수집 방법

방 법	장 점	단 점	특 징
행동사건면접 (behavioral event interviews)	- 타당도가 높다. - 성공적 직무수행에 직결된 풍부한 행동자료 수집이 가능 하다.	- 시간, 비용이 많이 든다 - 핵심행동사건의 기준이 불명확하다.	- High Performer를 선정하여 성과와 직결되는 행동특성을 면담을 통하여 규명한다.
전문가 패널 (expert panels)	- 짧은 시간에 방대한 자료를 수집할 수 있다.	- 개인의 그릇된 통념이나 가치가 개입될 수 있고 집단사고의 부정적인 영향이 존재 할 수 있다.	- 조직 내부전문가들이 고성과의 직무수행 자들에게서 발견되는 특성들을 확인한다.
과업직능분석 (job task function analysis)	- 직무수행에 요구되는 전문적인 과업속성을 구체화함으로써 인지적 스킬을 귀납적으로 도출하고, 다른 방법으로 수집된 자료를 검증하거나 보완할 수 있다.	- 직무 자체의 특성이 강조되고 과업을 열거하다 보면 지나치게 상세한 정보가 제공되어 일상적인 활동과 중요한 과업을 분리하기 어렵다.	- 과업수행에 요구되는 직무수행자의 직무 행동을 중심으로 직무 내용과 성공적인 직무수행에 필요한 주요 과업 행동을 분석한다.
역량메뉴구성 (competency menus)	- 시간, 비용상 효율적이다. - 전 조직에 걸친 직무역량을 동시에 규명이 가능하다. - 높은 참여로 결과수용이 용이하다. - 현재, 미래지향이 가능하다.	- 관련자 전체가 모이는데 어려움이 있다. - 지식 및 기술에 초점을 맞추므로 행동자료의 추가 수집이 필요하다.	- 모든 업무단계, 모든 직급을 대표 할 수 있는 사람들이 모여서 각 업무에서 창출되는 부가가치 창출물과 필요 역량을 규명해 낸다.
역량사전활용 (competency dictionary)	- 활용이 용이하고 빠르다. - 역량모델 구성시 집단 프로세스를 촉진한다.	- 결과가 일반적이다. - 행동지표가 구체적이지 못하다.	- 직무, 부문, 조직 등에 필요한 행동을 기술하는데 활용되는 보편, 표준적 역량들을 사전화하고 역량요소를 선택하여 모델을 만드는 방법

- 역량모델 개발프로세스 실무

역량모델 개발의 절차는 경영환경과 전략 및 미션의 검토와 그리고 조직구성원의 업무수행분석과 성공적 행동사례 추출의 단계를 거쳐, 역량의 규명 및 역량진단도구의 개발과 역량 Model Package를 개발하는 순서로 진행된다.

다음에 제시한 역량모델 개발 Process는 9단계로 정의하고 있다.

1단계는 사전준비단계로 Competency모델이 왜 필요한지에 대한 사업적 Needs를 명확히 한다. 그리고 사업 Needs에 적합한 역량을 확인하기 위해서 어떤 직무를 대상으로 역량을 정립할 것인가가 명확히 이루어져야 한다.

2단계는 전략적 Vision 및 Mission 검토로 최근 경영환경 및 Trend를 검토하고 조직의 전략, 사업부의 전략에서 목표를 도출한다. 이것은 Core Role 과 KPI를 기본으로 Mission의 바탕에서 이루어진다.

산업환경, 시장환경, 경쟁환경 그리고 조직의 Vision, 전략, 외부환경의 기회, 위협과 조직의 강 · 약점 분석을 실시한다.

3단계는 수행업무(task) 분석으로 핵심과제와 실행과제를 분석하는 단계이다.

4단계는 성공행동사례(success incident) 추출 및 성과판단의 기준 마련으로 조직구성원들을 대상으로 한 자료조사 및 분석을 통해 직무수행에 필요한 모든 요인들을 확인하기 위해서 주요활동과 성공적 행동 사례를 추출한다. 역량을 확인하기 위해서는 BEI(behavioral event interview ; 행동사건면접), 전문가 패널, 설문조사, 기존 유사한 직무에 대한 역량 리스트, 과업 · 기능분석, 직접관찰 등 다양한 조사방법을 활용 한다. 그리고 High Performer의 행동사례를 각 역량별로 파악한다.

그리고 탁월한 성과자와 평균적인 성과자를 구분해 낼 수 있는 성과 판단의 기준이 필요하다. 무엇이 탁월한 성과자인가가 명확히 정의되기 위한 기준이 마련 되어야 한다.

5단계는 역량규명(competency profile의 개발)으로 현재 및 향후 2~3년 내 가장 요구되는 주요 활동에 대한 지식을 규명한다. 그리고 우수집단에게는 발견되지만 평균집단에는 발견되지 않는 특성을 파악하는 과정이다. 핵심행동들을 분류하여 행동역량을 규명하고 핵심지식 및 스킬을 규명한다.

6단계는 역량진단도구 개발로 측정을 위한 Level(3~5단계) 구분과 행동특성을 밝혀낸다. 평가의 준거 제시로 역량수준의 평가가 가능해 진다.

7단계는 역량모델의 확인검증으로 예비적으로 도출된 Competency를 대상으로 설문을 실시하거나 핵심인력으로 구성된 포커스그룹 미팅을 실시하는 등 Competency의 확인검증단계를 거쳐야 한다. 도출된 역량을 해당직무수행에 꼭 필요한 것인지 여부 그리고 역량을 구체적 측정지표로 나타내는 행동요인들이 해당 조직의 일상적인 조직문화를 제대로 반영하고 있는지에 대한 여부가 검증되어야 한다. 신뢰성을 확보하기 위하여 교차타당화(concurrent cross validation), 구성타당화(construct validation), 예측타당도(predictive validation)를 확인한다. 이전 단계까지는 경영층에 보고 및 승인을 얻는다.

8단계는 역량모델 Package 개발로 역량진단도구와 행동지표 및 사례, Knowledge Backbone, 역량 Base 교육체계, 자기계발지원 등을 통한 역량을 개발시킨다.

[표4-6] Work Schedule

구 분	추진업무	세부일정
개발단계	- TFT 전체 Work Plan 작성 - 역량모델체계 작성 공통(기본)역량, 직무역량 Category 분류 직무역량 Competency List 작성 직무역량 Profile 작성 및 완료 - 경영층 보고 및 승인	- 1개월 - 3개월 - 1개월
활용단계	- Competency를 활용한 선발모델 개발 - 평가시스템 개선 및 보상시스템과 연계모델 개발 (성과시스템과의 연계) - CBHRD 시스템모델 개발 - 최종(안)을 경영층에 보고 및 제도 승인	※ 인사시스템 전체 또는 일부시스템의 적용에 따라 일정이 달라짐

9단계는 역량모델의 활용으로 경영목표를 달성하기 위하여 선발, 경력관리, 승계계획, 교육훈련, 평가, 보상관리에 역량모델을 전략적으로 활용한다.

[표4-7] 내부전문가 패널(expert panels)에 의한 역량개발기법

구 분	내 용	Check point
1단계	• **경영환경분석** – 미래 경쟁지향적 역량 도출을 위해 SME로 하여금 향후 2~3년 내 환경변화에 대해 토론(산업환경, 시장환경, 자사의 비전, 전략, 외부환경의 SWOT분석)	– SME 선정 및 사전 자료를 수집한다. – 토론시 질보다는 양 중심의 아이디어 도출 후 결합 · 통합하여 그룹핑한다.
2단계	• **사업부 · 팀별 중장기 전략과제 도출** – 현재 및 2~5년 후 사업부 · 팀의 핵심전략과제 도출 및 이를 추진하기 위해 필요한 역량의 확인을 위한 토론(조직의 중장기 사업전략 및 경영자원의 분석 검토)	– 전사 · 사업부 · 팀의 중장기 전략과제 검토를 통한 경영 환경변화에 따른 핵심역량의 정합성을 체크한다.
3단계	• **역량추출** – 참가한 팀장은 조직의 현재 및 향후 2~5년 내의 핵심적으로 요구되는 역량을 5개 정도씩 추출한다 – 참가자들이 제시한 역량을 그룹핑 하여 역량명을 확정 짖는다.	– 유사한 역량명칭은 통합 그룹핑 한다. – 역량추출은 여러 번의 토의를 거쳐서 확정한다.
4단계	• **역량별 행동사례 작성** – High Performer의 행동사례를 각 역량별로 발굴(1개의 역량에 대해 2~3개의 행동사례를 발굴 기록) – 행동사례의 적정성 검토 (역량별로 핵심우수사례에 대해 토론을 거처 선정)	– 행동사례는 동사로 표현하고, 부정문을 쓰지 않는다. – 월드베스트, 국내베스트, 조직내 베스트를 발굴하여 수준을 정한다.

* SME(subject matter expert) : 주제전문가/내부전문가

[표4-8] 역량메뉴 구성(competency menus) 기법

구 분	내 용	Checkpoint
1단계	• **업무 프로세스 분석** – 팀 및 기능별 업무(task)의 범위 설정 – 경영 환경변화(산업, 경쟁, 시장) 및 중장기 전략 과제의 파악	– 팀별 · 기능별 업무범위 설정시 2~5년 후 시점의 기능을 고려 해야한다.
2단계	• **업무 프로세스별 산출물(output)** – 팀 · 기능별 업무 프로세스별 산출물 정리 – 핵심산출물 선정	
3단계	• **핵심 탁월행동사례 발굴 · 작성** – 핵심 탁월 행동 사례 정리	– 행동사례 및 역량명 선정 시 개념수준이 동일하도록 조정 및 선정한다. – 조직구성원이 같은 수준으로 느껴야 한다.
4단계	• **행동사례 그룹핑 및 역량명 확정** – 유사 행동사례의 그룹핑 작업 – 행동사례에 나타난 내용을 정리하여 역량명을 확정 – 그 조직의 일반화된 언어로 역량명의 정의를 내린다.	

역량모델의 개발은 전문적인 영역에 속한다. 그러므로 역량개발에 필요한 다양한 분석방법과 프로세스를 명확히 하여야 하며, 초기단계에서는 많은 시간과 비용이 소요될 수 있다는 점에서 인내심이 요구된다.

3) 탁월한 성과자의 행위(high performer behavior) 검토

조직의 목표, 전략과 연계한 개인의 성과창출과 역량개발의 측정 및 관리를 통합적으로 지원하는 인력의 역량개발과 연결되는 전략경영성과시스템이 선진 조직의 최근 Practice 이다.

이 시스템은 사업계획에 따라 사업부 목표, 팀 목표, 개인 목표가 수립되고 KPI와 Competency가 유기적으로 연결되어 있다.

성과창출로서는 업무할당, 성과목표 설정, 목표조정, 중간체크, 최종 성과측정으로 이루어진다. 그리고 역량개발은 Competency 개발목표설정, 지원 · 지도, 중간 체크, 역량측정으로 이루어진다. 이것은 조직과 개인이 유기적으로 연결되며, 인재개발위원회에서 조정역할을 한다

또한 이 시스템은 경영지표관리를 통한 전략적 초점경영과 성과와 역량의 통합 목표관리, KPI와 Competency 의 Database화 및 지식의 자원화 그리고 Feedback과 Coaching의 활성화 및 조직의 체질개선을 이룰 수 있는 획기적인 시스템이다.

고성과자의 행동특성을 추출하기 위해서는 사전 자료수집과 행동사건면접을 실시한다.

자료수집은 문헌, Cyber 검색 등을 통하여 수집된 조직내 · 외 Competency에 대한 정보뿐만 아니라 고성과자에 대한 인터뷰를 통하여 행동특성을 추출한다.

행동사건면접(behavioral event interviews)의 목적은 해당직무를 수행하는데 필요한 핵심적인 지식, 스킬, 행동 양식에 대한 세부적인 목록을 추출하는데 있다.

BEI를 통해 관찰 할 수 있는 행동뿐만 아니라 관찰하기 어려운 행동들에 대

한 정보까지도 얻을 수 있다.

그리고 BEI를 통해 고성과자의 탁월한 직무성과를 예측하게 하는 역량에 관한 정보를 얻는다.

인터뷰 질문자는 다음의 9단계 형식에 따라 인터뷰를 실시한다.

1단계는 인터뷰 목적 설명으로 인터뷰 질문자가 설문과 데이터의 사용목적에 대해 설명하고 인터뷰 대상자에 대한 비밀보장 부분에 대해 충분히 설명을 하여 충분한 정보를 제공할 수 있도록 안심시킨다. 추후 기록을 위해 녹음기를 사용할 경우는 사전 허락을 받은 후에 사용한다.

2단계는 대상자의 신상 확인으로 인터뷰 대상자에 대하여 현 직책의 개략적인 사항(직책명, 보고라인, 책임, 재직기간, 최근 Issue)에 대하여 기본적인 질문을 한다.

3단계는 과업(task)과 활동(activity)으로 인터뷰에 있어서 가장 중요한 사항은 직무의 수행에서 과업과 활동에 대한 사항이다. 인터뷰 대상자는 주요 과업과 각각의 난이도와 소요시간에 대해 기술하고 수행직무 중에서 어느 과업이 가장 중요한지 평가하게 한다(주요과업은 10개 이내가 되어야 한다).

4단계는 업무Flow 파악으로 업무를 수행하기 위한 과업 Process상의 필요한 요건들의 의사결정자, 중요한 의사결정 포인트, 업무완수에 영향을 미치는 미래 변화 등을 확인하는 단계이다.

5단계는 지식과 기술(skill)로 과업을 수행하는데 필요한 지식과 Skill을 확인하는 단계이며 인터뷰 대상자는 미래에 필요한(3~5년 이내) 지식이나 현재 더 이상 필요하지 않는 지식이나, 스킬에 대해서도 의견을 제시하여야 한다.

6단계는 직무습득방법 질문으로 인터뷰 대상자는 해당직무를 어떤 방법으로 습득하게 되었는지와 직무를 효율적으로 수행하기 위해서 어떤 교육과정을 이수하였으며 유용한 수단이 무엇인지에 대한 질문에 답변하여야 한다. 자신의 경험에 비추어 교육과정의 이수방법(외부교육, 내부교육, Cyber교육, 독서)과 교육과정의 단축 방법이 있을 경우 제시하도록 한다.

7단계는 문제발생시 극복방법으로 High Performer 에 대해 직무수행상 장애물이 있을 경우 어떤 방법으로 극복 했는지의 성공사례와 실패사례에 대해 확인하여야 한다.

8단계는 중요사건에 대한 기술로 피면접자가 직무를 수행하는데 있어서 중요한 지식, 스킬, 개인적 특성이 무엇인지에 대한 질문으로부터 시작하여 그 중 성공적으로 직무를 수행하는데에 있어서 활용되었던 것에 대한 구체적인 사항이 기술되어야 한다.

피면접자에 대해 중요한 특성들 중의 하나에 대해 성공적으로 증명되면 또 다른 추가적인 예를 질문한다.

9단계는 마무리로 인터뷰과정에서 나온 답변사항에 대해 모델을 설정하는데 데이터들을 어떻게 조합할 것인지에 대해 설명하고 인터뷰를 종결 짓는다. 인터뷰 질문자는 향후 완성될 모델에 대해 보완하고 공유할 것을 주지시키고 모델링과정에 참여해 준 것에 대한 감사의 뜻을 전한다.

* 조직차원의 핵심역량(core competence)은 그 조직이 다른 조직과 차별화되는 Best Practice 라든가 벤치마킹해야 할 정도로 우수한 성과를 내는 특이한 조직의 능력, 조직이 갖는 독자성, 강점, 특기 등이라고 볼 수 있다. GE에서 강조하는 Best Practice의 벤치마킹은 바로 조직차원의 핵심역량을 조사하는 것으로 볼 수 있다.

[표4-9] BEI(behavioral event interview) 예

항 목	질문 내용
직무 특성	- 귀하가 소속된 조직에서 맡은 역할과 주요 책임은 무엇입니까? - 직무를 성공적으로 수행하기 위해 귀하가 함께 참여하거나 긴밀하게 협력해야 하는 관련 직무와 팀은? - 향후 6~12개월 사이에 직면하게 될 중요한 도전적인 일들은 무엇 입니까? - 귀하가 일상적으로 직면하는 사안이나 도전은 무엇입니까? - 귀하는 주어진 시간을 주로 어디에 투입 합니까?
직무 역량	- 귀하의 직무 중 대표적인 성공사례를 말씀하여 주시고, 그 문제를 해결하기 위해서 어떤 행동을 하였으며, 그 이유는 무엇 입니까? - 귀하가 직면한 문제 중에서 실패하거나 잘 해결하지 못한 대표적인 문제는 무엇 입니까? 그 문제해결을 위해 어떻게 행동 하였으며, 그 이유는 무엇입니까? - 현재 귀하의 직무에서 성공 제약 요인들이 있다면 무엇입니까? - 귀하의 직책에서 현재 사용하고 있는 행동이나 기술들 중에서 성공을 유지하기 위해 지속적으로 발전시키고 사용해야 하는 행동이나 기술은 무엇입니까? - 행동이나 기술들 중에서 바꿀 필요가 있거나 현재 취약한 부분은 무엇이며, 어떻게 그것들을 개선할 수 있습니까?

항 목	질문 내용
이해 관계자	– 귀하의 고객, 동료, 상사, 공급자 간에 최근에 발생했던 문제 중에서 성공적으로 해결한 것에 대해서 말씀해 주시고 그 성공 요인은 무엇 이라고 생각하십니까? – 귀하의 고객, 동료, 상사, 공급자 간에 최근에 발생했던 문제 중에서 성공적으로 해결하지 못한 것에 대해서 말씀해 주시고 그 실패 요인은 무엇이라고 생각하십니까? – 귀하의 직무수행에 있어서 탁월한 성과자와 보통 성과자를 구별시켜주는 행동은 무엇입니까? – 귀하가 직무수행 시 직면하는 주요 도전적인 일들은 무엇입니까? – 도전적인 일들에 대응하기 위하여 개발할 필요가 있는 지식, 기술, 특성은 무엇입니까?

4) 공통 · 직무 · 리더역량모델

역량모델은 조직 공통의 기본역량 및 각 직무에서 요구되는 직무역량, 단위 조직책임자에게 요구되는 리더역량으로 구분된다.

● 역량의 구성요소

역량의 구성요소는 역량군(clusters)과 개별역량(competency)으로 구성되어 있다. 그리고 역량의 정의, 행동지표, 행동사례로 이루어져 있다.

[그림4-2] 역량의 구성 요소

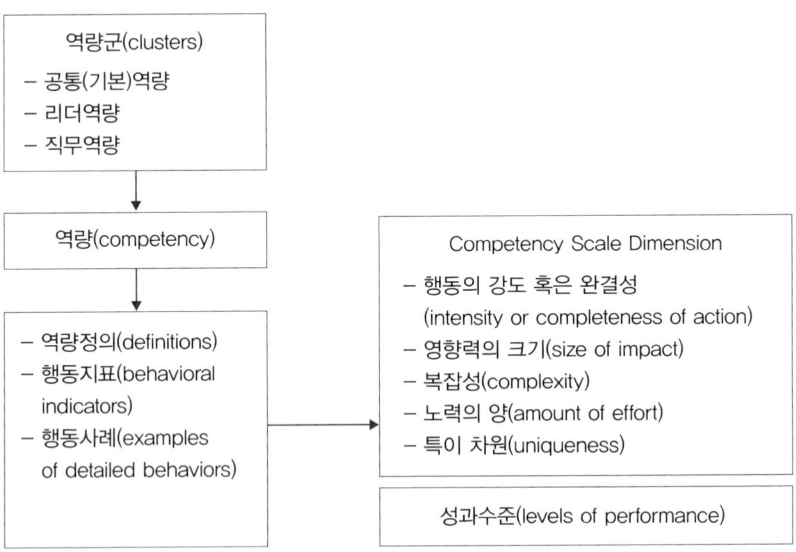

Source : Spencer & Spencer(1993)

● **공통역량(foundation competency)**

공통역량은 조직구성원 전체에게서 나타나는 행동, Core Value에서 추출되어야 하며, 모든 조직구성원들에게 보편적으로 적용되는 특성을 나타낸다. 즉, 그 조직의 모든 구성원들에게 기본적으로 요구되는 자질요소로서 이들 역량들은 단기간에 개발 또는 향상되기 어려운 특성을 보이는 것 들이다.

[그림4-3] 역량의 구조

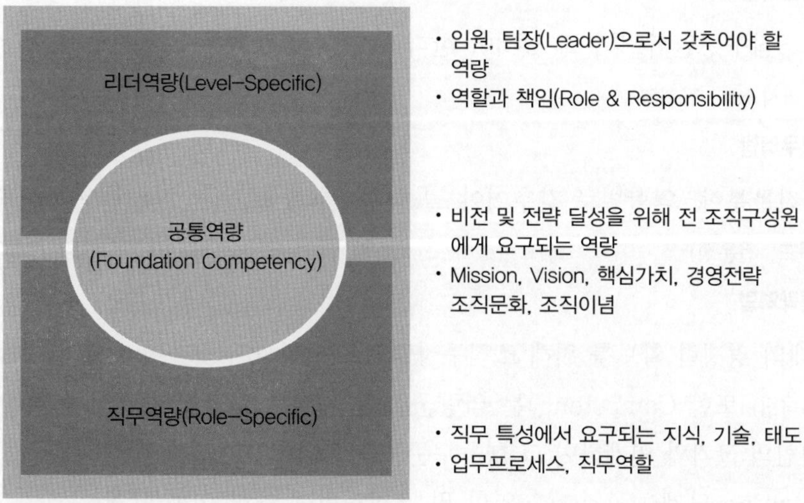

● **직무역량(technical competency)**

사업, 조직의 Mission, 목표를 달성하기 위해 해당, 기능 직종에서 반드시 갖추어야 할 경쟁우위 요소를 말한다.

직무역량은 수행하는 역할에 따라 다르게 나타나며 단기간에 개발 또는 향상이 가능한 것으로 설정하게 된다.

국내 C사는 Competency를 조직의 성공과 개인의 성과향상 및 조직공헌도를 높이는 필수요소로서 개개인의 직무와 연관되어 전사원이 습득 개발해야 하는 지식, 스킬, 행동양식으로 정의하고, 성과주의 인사제도와 연계된 구성원 역량개발의 중요한 요소로 활용하고 있다.

역량체계는 경영전략 실행에 필요한 조직역량의 도출에서부터 시작하여, 전문분야별 워크숍을 통한 탁월한 성과자의 역량도출, 선진 기업의 역량체계 벤치마킹, 전 임직원의 설문조사와 사내외 전문인력들의 검증을 통해 개발되었다.

다음과 같이 3개의 기반, 직무, 전략 역량군과 세부 11개의 역량으로 구성되어 있다.

- 기반역량

전 조직구성원이 갖추고 있어야 한다고 인식하고 있는 기본적인 역량(창의적 사고, 의사소통, 팀워크)

- 직무역량

각 전문분야, 역할별로 갖추어야 될 역량(분석적 의사결정, 계획 및 조직화, 비즈니스마인드, 전문성)

- 전략역량

미래의 경쟁력 확보를 위해 조직구성원으로서 반드시 갖추어야 할 역량(고객지향, 리더십) 또한 Competency는 역량군(clusters)별로 구성원 개개인의 직무역할 및 책임의 크기와 연계하여 그 행동수준을 다음과 같이 8단계로 정의하고 있다.

Learning 단계(1~2 수준) : 역할 및 조직전반에 대한 이해 단계

Applying 단계(3~4 수준) : 지식, 기술의 개발 및 적용 단계

Guiding 단계(5~6 수준) : 타인에 대한 지도와 이를 통한 공헌단계

Shaping 단계(7~8 수준) : 정책을 조정하고 전략을 리드하는 단계

이와 같이 C사에서는 각 역할 및 전문 기능(직무)별로 필요한 Competency의 수준을 정하여 인재육성의 기본 틀로서 활용하고 있다.

[표4-10] 외국계 H사의 Competency Model

공통 Competency
• 비즈니스나 일의 실적에 따른 Competency Model – 비즈니스/일의 성과와 결부되는 "High performer"의 행동 특성이나 지식, 스킬을 상정 – 공통 역량(전사 공통의 범용적 Competency 군)

<table>
<tr><th colspan="2">공통 Competency</th></tr>
<tr><td colspan="2">• 목 적
– 전략과 연동된 역할(일)의 임용요건으로 정보를 공개하고 사원의 Assessment 데이터와의 대조를 거쳐 적재적소를 실현</td></tr>
<tr><td colspan="2">• 활 용
– 공통 Competency(6개 차원 36개 항목)을 체계화한 사전을 만들고 채용에 매칭, 조직팀 편성, 역량개발, 조직역량의 포트폴리오 분석 등에 활용</td></tr>
<tr><th>6개 차원</th><th>36개 내용(항목 레벨)</th></tr>
<tr><td>Stratigic Leadership</td><td>• 경영, 사업전략의 기획과 조직개혁에 관한 Competency군
– 전략기획(visioning & strategic direction)
– 변혁 매니즈먼트(change management)
– 지식 매니즈먼트(knowledge management)
– 재무 매니즈먼트(financial management)</td></tr>
<tr><td>Customer Focus</td><td>• 고객중심 경영 Competency군
– 고객관계관리(customer relationship)
– 고객지향(customer first behavior)</td></tr>
<tr><td>Value Creation</td><td>• 새로운 기술, 시스템 창조 · 확립 Competency군
– 분석적 사고(analytical thinking)
– 과학적 기법 활용(scientific methodology)</td></tr>
<tr><td>Operational Management</td><td>• 효율적 업무 오프레이션과 프로세스개선 Competency군
– 조직감각(organization awareness)
– 자원관리(resource management)</td></tr>
<tr><td>Management Effectiveness</td><td>• 인력과 조직의 효율적 매니즈먼트 Competency군
– 권한위양(delegation & empowerment)
– 인재개발(human resource development)</td></tr>
<tr><td>Personal Effectiveness</td><td>• 효과적 직무수행을 위한 개인적 기능 Competency군
– Information technology Literacy
– Time Management</td></tr>
</table>

● 리더역량(leadership competency)

리더역량은 조직의 팀장 이상 관리자들에게 요구되는 역량으로 조직의 성과를 향상시키기 위해 관리자들이 갖추어야 할 역량이다. 특정조직의 특성이 나타나기 보다는 계층적으로 요구되는 역량이므로 타조직의 리더역량 항목을 Benchmarking하여 활용할 수 있다.

리더역량은 조직구성원들을 대상으로 설문실시 후 빈도가 높은 항목들을 선정하고 본부장(임원) 이상에게 의견을 청취한 후 확정한다.

일반적으로 역량모델은 크게 2가지로 구분할 수 있다.

첫째, 일반적역량(generic competency)으로 모든 조직구성원들이 공통으로 개발하고 갖추어야 할 역량이다.

둘째, 차별적역량(organic competency)으로 특정 역할이나 직위 기능에 따라 차별적으로 요구되는 역량이다. 차별적역량은 역할모델(role model)과 기능별모델(functional model)이 있다. 역할모델은 수행하는 역할(관리자, 기술자 등)에 따라 역량모델을 추출하는 방식이며, 기능별모델은 HR, 재무, 마케팅, 생산, R&D 등 기능별로 요구되는 역량을 추출하는 방식이다.

[표4-11] 역량모델의 2가지 관점

역 량	적용 직급	역 량	특 징
일반적 역량	모든 구성원	- 유연성 · 변화 적응 - 위기관리 - 고객 · 서비스 지향성 - 개방성 - 팀워크 - 협조성	- 간단하고 명료하여 조직구성원들이 이해하기 쉬움 - 경영환경의 변화에 관계없이 지속적으로 활용이 가능 - HR시스템과의 연계가 용이
차별적 역량	임원	- 변화리더십 - 효과적인 의사소통 - 전략가적 주도성	- 차별적인 역량으로 세부 기능별 역량 파악이 가능 - 측정 및 보상수준 결정이 용이 - 역량모델 개발 및 유지 비용이 큼
	팀장	- 변화 실행 - 창의성 - 전략적 사고 - 팀 관리	
	팀원	- 일반적역량 적용	-

*Source : Burack. E. H. Hockwarter, W & Mathys. N. J.(1997)

Lucia & Lepsinger(1999)가 제시하고 있는 리더십과 관리역량모델은 리더를 대상으로 개발되었고, 역할을 성공적으로 수행하는데 필요한 역량들을 설명하고 있다. 일반적으로 이러한 역량들을 자주 사용하는 사람들이 그렇지 않은 사람들보다 더 우수한 성과를 올리고 직무에서도 보다 효과적으로 일하는 경향이 있다고 하면서 14가지 역량으로 된 리더십과 관리역량을 제시하였다.

[표4-12] 리더십과 관리역량모델(leadership & managerial practices)

역 량	지 표
정보제공 (informing)	업무를 수행하기 위해, 정보를 필요로 하는 사람에게 의사결정, 계획, 활동에 관한 적절한 정보를 제공한다.
명확성 (clarifying)	업무를 할당하고, 업무처리에 관한 지시를 하고, 직무상의 책임, 과업 목표, 우선순위, 최종기한과 성과 기대치에 대하여 명확하게 전달한다.
모니터링 (monitoring)	업무 활동과 업무에 영향을 주는 외부조건에 관한 정보를 수집하고, 업무의 진척 정도와 질적 수준을 점검하며, 개인의 성과와 팀의 효과성을 평가한다.
계획화 (planning)	장기목표와 전략을 결정하고, 우선순위에 따라 자원을 배분한다. 과업이나 프로젝트를 달성하기 위하여 어떻게 인적, 물적자원을 사용할 것인가를 결정한다. 협조성, 생산성, 효과성을 향상하기 위한 방안을 결정한다.
문제해결 (problem solving)	업무 관련 문제점을 파악하고, 파악한 문제를 체계적이면서도 시기 적절한 방법으로 분석한다. 해결방안을 단호하게 실행에 옮기고, 위기를 해결한다.
컨설팅 (consulting)	변화를 일으키기 전에 변화에 영향을 받을 사람들과 함께 검토하고, 의사결정에 참여하기를 권장하며, 다른 사람들도 의사결정에 참가하도록 재량권과 권한을 부여한다.
위임 (delegating)	팀원에게 책임을 할당하고, 책임을 실행하기 위한 재량권과 권한을 부여한다.
영향력 (influencing)	업무에 대한 열정, 과업목표를 달성하고자 하는 열성적 태도, 명령과 요구사항에 대한 공감을 이끌어내기 위해 타당한 근거, 가치, 감정에 호소하는 기법을 활용한다.
인정 (recognizing)	우수한 성과, 탁월한 업적, 특별한 공헌을 한 사람들에게 칭찬하고, 감사를 표한다.
보상 (rewarding)	우수한 성과와 역량을 나타냈을 때, 급여 인상이나 승진 같은 실질적인 보상을 해 준다.
지지 (supporting)	친근하고 사려 깊게 행동하며, 인내심을 발휘하고, 협조적이며, 흥분하거나 걱정하는 사람에게 위로하고 격려한다.
조언 (mentoring)	경력계획에 관해 상담하고, 기술적 역량을 개발하도록 지원하며, 좀 더 나은 경력을 쌓도록 도와 준다.
인맥 형성 (networking)	비공식적인 사교모임에 참석하고, 정보나 지지를 받을 수 있는 사람들과의 친교 할 기회를 만들며, 주기적인 방문, 전화, 서신, 회의나 사교 모임 등을 통해서 관계를 유지한다.
팀빌딩 (team building)	갈등을 건설적으로 해결하도록 도와 주고, 팀원 간의 협조, 팀웍, 일체감을 형성하도록 격려한다.

Source : Lucia & Lepsinger(1999)

Boyatzis(1982)는 McClelland의 역량연구를 관리자 영역으로 확장하여, 12개 조직에서 관리직에 있는 200명을 대상으로 연구하여 관리자에 대한 21가지 역량변인을 6가지 영역으로 구성된 목표 및 행동관리역량, 리더십역량, 인적자원역량, 부하관리역량, 타인에 대한 관심역량, 전문지식역량으로 나눈 관리역량모델을 제안하였다.

Boyatzis는 우수한 수행자들이 갖고 있는 특성들을 알아내기 위해 자료를 수집하고 분석하였다. 그 동안 산업 및 조직심리학 내에서의 수많은 역량에 대한 연구가 관찰 가능한 행동에만 관심을 둔 것에 반해서 Boyatzis는 그의 모델에서 보다 넓은 범위의 심리학적인 측면들을 포함하는데 관심이 있었다. 특히, 그는 역량을 3개의 수준인 동기와 특성, 자기상과 사회적 역할, 기술로 세분화하여 개인의 행동을 이해하려고 노력하였다.

Boyatzis는 각각의 역량들을 이러한 3개의 수준에서 살펴보았다. 예를 들어 효율지향 역량이 높은 사람은 기본적으로 성취에 대한 강한 요구에 의해 동기화될 것이고, '난 더 잘 할 수 있어. 그리고 나는 유능해' 라는 자기상을 가질 것이며, 혁신자와 같은 사회적 역할을 택할 수 있고, 목표설정(goal-setting)과 자원들을 효율적으로 계획하고 통합하기와 같은 관찰 가능한 기술들을 보일 것이다. 영향력 행사에 강한 관심을 보이는 사람은 권력에 대한 요구에 의해 동기화될 것이고, '나는 중요하다' 라는 자기상을 가지며, 신분과 연합된 사회적 역할들을 택하는 것을 선호하며, 영향을 주는 행동과 같은 관찰 가능한 기술(skill)들을 보일 것이다.

Boyatzis는 각 역량변인에 대해 위의 예와 같은 3가지 수준의 측정값을 각각 구한 후, 각 수준별 고성과자와 평균성과자, 저성과자간의 차이를 알아내었고, 3가지 수준을 합하여 각 역량에 대한 세수준의 평균의 차이가 고성과자와 평균성과자, 저성과자간에 있는지를 알아보는 실증연구를 수행하였다.

Boyatzis는 역량들을 3개의 수준에서 조사하고 구분하는 것을 통해 사람들이 왜 그들 나름의 방식대로 행동하는지를 설명할 수 있고, 특정한 상황에서 그들이 어떻게 행동할지를 예측할 수 있는 심리학적 측면을 강조하였다. 이것은 다른 역량체계에서 누락되었던 많은 면들을 설정하고 있다.

역량을 성공적 혹은 우수한 수행의 척도로 사용하기 위해 각 연구자마다 연구상황, 직무, 연구목적 등에 따라 역량에 대한 그룹핑을 해왔다. 역량의 그룹핑은 역량의 완전한 이해를 도울 뿐 아니라 방법론 적으로도 역량을 성공적

수행의 척도로 사용할 수 있도록 한다.

[표4-13] Boyatzis의 관리자 역량

목표 및 행동관리 역량군 (goal and action management cluster)	부하관리 역량군 (directing subordinates cluster)
- 효율지향(efficiency orientation) - 생산지향(Productivity) - 개념들의 진단적 사용(diagnostic use of concepts) - 영향력 행사(concern with impact)	- 부하육성 및 개발(developing others) - 업무지시 및 통제(use of unilateral power) - 자발적 업무처리(spontaneity)
리더십 역량군 (leadership Cluster)	**타인에 대한 관심 역량군 (focus on other clusters)**
- 자신감(self-confidence) - 언어표현 역량(use of oral presentations) - 논리적 사고(logical thought) - 개념화(conceptualization)	- 자기통제(self-control) - 객관적 지각(perceptual objectivity) - 체력과 적응력(stamina and adaptability) - 관계형성 및 유지(concern with close relationships)
인적자원 역량군 (human resource cluster)	**전문적 지식 (specialised knowledge)**
- 사회화된 권력의 사용(use of socialized power) - 긍정적 보상(positive regard) - 집단 프로세스 관리(managing group processes) - 정확한 자기 평가(accurate self-assessment)	- 기억(memory) - 전문화된 지식(specialized knowledge)

Boyatzis(1982)는 효과적인 직무성과란 특정행동들을 통해 직무가 요구하는 특정결과(즉, 산출물)를 얻는 것이며, 이러한 특정행동들은 조직환경적 요인인 정책, 절차, 상황과 일치하거나 그러한 요인들을 유지하면서 이루어진다고 말한다. "특정행동"이 "특정결과"를 이끌어 낸다면 무엇이 사람들을 "특정결과"로 이끄는 "특정행동"을 하게 하는가에 초점을 맞출 수 있는데, 사람의 어떠한 특질이나 능력이 특정행동을 하게 하고 그러한 특질이나 능력을 역량이라 부르는 것이다.

Boyatzis는 어떤 성과측정방법이라 하더라도 "현재 사용하는 성과측정법에 대한 비판은 존재할 것이므로, 직무의 효과성은 조직의 목표와 목적에 따라 결정하여야 한다고 말한다. 그는 또한 역량진단은 표준과업(standard task)분석이나 기능(faction)분석과는 다른 작업이라고 보면서 역량은 직무가 아닌 사람에 초점을 두고 있으며 직무특성 리스트를 작성하는 것이 아니라 역량모델을 만드는 것이고 성과 데이터에 의해 타당화되는 것이라 하였다. 즉, 역량은 행동으로 특정하여 기술되어 있지 않은 특질(characteristics)에 의지하는 것이 아니라 성과 데이터를 갖고 실험적으로 테스트되는 것으로, 역량과 성과와의 관련성을 강조하였다.

그의 연구에 따르면 직무의 성공적인 성과에 영향을 미치는 요인으로서 "특정결과"를 이끄는 "특정행동"을 하게 하는 사람의 특질이나 능력인 역량은 직무상황과 관련되어 있다고 하였다. 즉, 개인의 역량은 그가 처해 있는 상황에 따라 다르게 나타난다. 이러한 직무상황(job situation)을 직무요구(job demands)라 하고 이러한 직무상황은 조직 내에서 일어난다고 하였다. 조직은 자신과 제품, 전통과 문화를 갖고 있는데, 이러한 요인들이 조직의 내부환경을 구성한다. 직무성과가 효과적 이려면 조직 내부환경에 맞는 정책과 절차, 상황과 "특정 결과와 행동"이 일치하여야 한다. 조직 내부환경을 구성하는 요인들은 직무와 특정행동에서 기대되는 특정 결과에 영향을 미친다.

효과적 행동, 즉, 성과에 영향을 미치는 3가지 요소를 제안하고 있다. 즉, 성과는 이 모델에서 제시하고 있는 3가지 요소가 서로 일치할 때(적합할 때), 효과적으로 이루어질 수 있다고 하겠다.

[그림4-4] 효과적 직무성과 모델

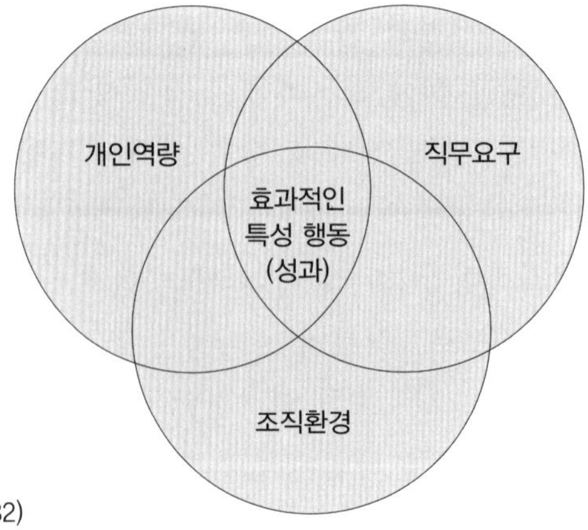

Source : Boyatzis(1982)

이를 좀 더 자세히 살펴보면 한 개인이 담당하고 있는 직무에서 우수한 성과를 내기 위해서는 조직환경, 조직문화, 개별직무의 기능적, 상황적 요구 사항들을 충분히 소화해 낼 수 있는 개인적 기술(skill), 사회적 역할(social role), 자아상(self-image), 특질(traits), 동기(motives) 등이 갖춰져야 한다.

[그림4-5] 역량수준과 직무성과 구성 간의 상호작용

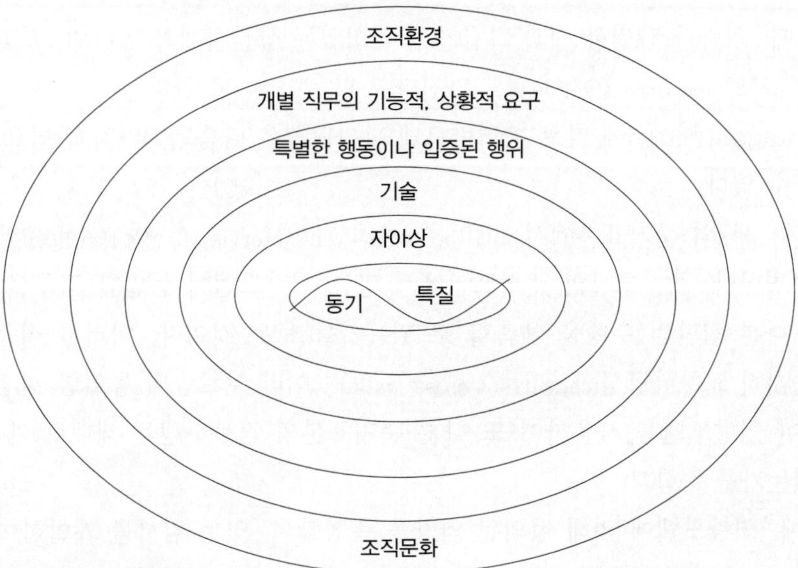

Souree : Boyatzis(1982)

5) 역량모델의 타당성 검증

역량모델이 효과적으로 활용되기 위해서는 역량모델의 타당성이 검증되어야 한다. 타당도는 일반적으로 안면타당도(face validity)와 우수성과의 예측지표 타당성이 사용된다.

역량모델을 검증 하기 위해서는 포커스 그룹미팅이나 설문조사, 또는 2가지 기법을 동시에 실행한다.

첫째, 역량목록을 360도 피드백 질문을 실시한다. 역량을 구체적이고 관찰가능한 행동으로 표현하여 설문서에 각 역량행동에 맞추어 역량을 보여주는 행동 항목들을 작성하여 배치한다.

둘째, 성과기준을 최고로 낸 사람과 중간 정도와 미달한 수행자들의 팀원, 동료, 상사, 외부 관련 고객에게 설문서를 배포 한다.

셋째, 자료분석을 실시한다. 평균점수를 각 개인별로 표로 작성하여, 역량들과 다른 성과 그룹들의 평균점수 간에 어느 정도 상호관련성이 있는지를 분석한다.

이 때, 역량과 탁월한 성과 그룹간에 의미있는 상관관계가 있다면 그 역량은 공인타당도(concurrent validity)를 가진다고 할 수 있다고 한다.

McLagan(1997년)에 따르면 역량모델의 타당성은 다음의 3가지 방법으로 검증할 수 있다.

첫째, 제2의 준거표본에서 BEI(behavior event interview : 행동사건면접) 데이터를 수집한다. 즉, 초기의 준거표본에서 만든 역량모델이 동일한 직무를 수행하는 다른 집단의 수행을 예측할 수 있는가를 보는 것이다. 이러한 접근방법을 동시적 교차타당성(concurrent cross-validity)이라 부르는데 동일한 시점에서 동일한 역량모델을 사용하여 또 다른 준거표본의 직무수행을 제대로 예측 할 수 있는가를 뜻한다.

둘째, 역량모델에 의해 정의된 역량을 측정할 수 있는 검사를 개발하여 제2 준거표본의 탁월한자 및 평균자를 대상으로 이 검사를 실시하는 것이다.

이 때 역량모델과 이를 평가하는 도구가 모두 타당한 것이라면 제2 준거표본의 우수자 집단은 높은 점수를 얻어야 한다. 이런 검증방법을 동시적 구성타당성 (concurrent construct validity)이라 하는데, 특정시점의 수행을 예측하기 위해 상이한 측정치를 사용함을 의미한다.

셋째, 역량모델을 적용하여 인력을 선발하거나 훈련한 다음, 미래에 실제 이들이 탁월한 직무성과를 내는가를 검토하는 방법이다. 이를 예측타당도(predictive validity)라 하는데, 직원 선발이나 교육훈련의 핵심이 된다.

* 안면타당도(face validity) : 진단항목들이 진단용도에 적절한지에 대해 피진단자들이 느끼는 정도로 구성원이 상식적으로 익숙해하는 것과의 일치 정도를 말한다.

[표4-14] 역량의 타당성 및 신뢰성 검증적용 방법론

방법론	사용목적	검증도구
내용 타당성 검증 (content validity)	역량에 대한 전반적인 Screening 또는 역량 항목이나 역량별 행동 특성의 누락 여부 Check	Face Validity 논리적 검증 (logical validity)
구성 타당성 검증 (construct validity)	역량별로 정의된 행동특성이 실제로 그 역량을 제대로 설명하는지를 검증, 의미의 차이가 없는 행동특성의 제거, 통합	빈도분석 요인분석 (rotated factor analysis)
신뢰도 검증 (reliability test)	역량별로 추출한 행동 특성들이 서로 같은 의미를 가지고 있는지를 검증, 신뢰도가 낮은 행동특성을 제외	Cronbach's 알파 분석

6) 역량모델의 산출물

역량모델링 작업수행을 통해서 얻을 수 있는 Output의 성격과 활용목적은 다음 5가지로 설명 할 수 있다

[표4-15] 역량모델의 산출물

산출물	성 격	목 적
Job Profile	직무의 Mission, 주요직무 기능, KPI, 핵심지식 · Skill을 함축적으로 제시	각 직무의 특성을 일목요연하게 정리함으로써 직무의 전체적인 틀을 이해 할 수 있다.
역량모델 및 정의	- 역량군 발굴 개별역량과 관련역량의 분류 축 제시 - 역량 정의 각 역량에 대한 정의	- 추출역량의 일목요연한 정리 및 조직 내 공통언어 발굴 사용
역량진단 Tool	역량을 평가(측정) 할 때 판단의 기준이 됨. 대표적인 행동지표(typical behavior), 행동사례(behavior example)	역량측정의 Scale 제공 역량개발시 Coaching의 기준을 제시한다.
행동지표 및 행동사례	각 역량의 직무수행상의 행동 지표별 성공행동사례(successful behavior incidents)를 제시	각 직무에서의 고성과자의 역량모델을 제시함으로써 평균성과자의 자기개발에 준거로 활용함.
역량개발 계획	역량평가에 의한 개인별 역량 Gap에 대하여 역량육성계획을 수립하게 된다.	역량평가를 통하여 부족한 역량에 대하여 조직구성원은 개인별 구체적인 역량개발 Needs를 파악하여 성과와 연동되는 교육훈련 실시

2. 역량진단

역량진단은 역량평가와는 달리 자신의 역량수준을 스스로 중요도와 현재수준을 체크한다. 이때 역량별로 정해진 역량별 요구수준과 현재수준의 Gap을 파악하고 부족한 역량은 역량개발프로그램과 연계하여 학습하도록 한다.

조직차원에서는 역량중심의 교육훈련체계 수립을 위한 전 조직구성원들을 대상으로 역량진단을 실시하고, 요구수준과 현재수준의 Gap이 큰 역량을 파악하여야 하며, 이때 중요도가 상대적으로 높고 현재수준이 낮은 역량을 우선적으로 개발하여야 한다.

역량진단에서 역량요구수준의 결정은 역량별, 직무군별, 직급별로 육성의 관점에서 전문가에 의해서 설정되어야 한다.

[표4-16] 역량진단 척도

/	중요도	현재수준
1	전혀 중요하지 않다.	상당히 많은 개선, 개발이 필요함.(매우 낮음)
2	중요하지 않다.	많은 개선, 개발이 필요함.(낮음)
3	보통이다.	보통의 개선, 개발이 필요함.(보통)
4	중요하다.	약간의 개선이 필요함.(높음)
5	매우 중요하다.	우수함.(탁월함)

[표4-17] 역량진단 Sheet(예)

진단영역	진단 문항	중요도	현재수준	Gap
성 과	1. 맡은 업무 및 목표를 완수한다.			
	2. 어려운 여건, 상황 하에서도 맡은 업무가 정상궤도를 벗어나지 않도록 개인적인 책임을 다한다.			
	3. 시간을 효율적으로 관리한다.			
고객지향	4. 항상 고객을 염두에 두고 업무를 수행한다			
	5. 고객만족도 향상을 위해 주도적으로 업무를 수행 한다.			
	6. 고유업무 영역이외의 업무와 관련된 결정이나 정책을 고려한다.			

진단영역	진단 문항	중요도	현재수준	Gap
리더십	7. 함께 업무를 수행하는 경우 역할과 책임을 명확하게 구분한다.			
	8. 명확하게 지시를 하고 평가기준을 제시한다.			
	9. 다양한 개성과 의견을 존중한다.			
	10. 신뢰감을 심어주고, 달성한 성과에 대해 공정한 평가를 한다.			
	11. 분명하고 설득력 있게 자신의 아이디어를 제시 한다.			
	12. 필요한 경우, 문제해결을 위해 팀을 활용한다.			
전략적 사고 및 의사결정	13. 관련된 정보와 일의 우선 순위를 파악해 가면서 자료를 분석한다.			
	14. 문제의식을 가지고, 창의적인 해결책에 도전한다.			
	15. 적당한 위험을 감수하며, 창의적인 해결책을 제시한다.			
	16. 시의 적절한 의사결정을 한다.			
	17. 결정된 사항을 효과적으로 시행한다.			
효과성	18. 개인의 존엄성을 존중한다.			
	19. 항상 다른 사람을 도와 줄 준비가 되어 있다.			
	20. 다른 사람의 견해를 적극적으로 경청하고 이를 고려한다.			
	21. 여러 사람들과 원만하고 효과적인 협조체제를 조성하고 유지한다.			
	22. 신속, 간단, 명료한 의사소통을 한다.			
	23. 팀의 일원으로서 해당 프로젝트나 업무에 역할을 다한다.			
역량 개발	24. 개인의 존엄성을 개발한다.			
	25. 자발적으로 업무개선을 시도한다.			
	26. 다른 사람의 의견과 견해를 구하고, 경험을 통해 배워 나간다.			
관리 역량	27. 다른 사람의 역량개발을 적극 지원한다.			
	28. 다른 사람들에게 건설적인 피드백을 제공한다.			
	29. 업무에 대한 필요나 요구사항을 기준으로 다른 사람을 대한다.			
	30. 적절한 업무위임을 한다.			

3. 역량진단의 인재개발 활용

역량진단을 통하여 개발이 필요한 인력에 대한 역량개발계획의 수립프로세스는 다음과 같다.

[표4-18] 역량개발프로세스

개인별 역량진단	개발 Needs 파악	개발계획수립(PDP)	개발 활동
- 자기, 상사, 동료 평가 - 다면평가를 통한 개인 역량수준의 객관적 진단 실시	- 개발 Needs 및 우선순위 파악(중요도가 높고 현재수준이 낮은 역량을 우선순위로 결정) - 우선적으로 개발이 필요한 역량 확인(Gap)	- 개인역량개발 계획수립 - 본인과 상사협의를 통한 확정 - 개인별 직무수행 요건 평가(gap) 및 개발계획 - 상사와의 협의를 통한 상사자신의 지원방안 인식	- 연간계획에 의한 본인 주도의 역량개발 활동 - 실행평가 및 향상도 평가 - 차기 년도 계획수립에 반영
교육체계 · 자기개발지원 guide			

* PDP(personalized development plan)

● 역량개발을 위한 학습이론

역량개발을 위한 학습이론으로는 자기주도적 변화이론, 사회학습이론, 동기습득이론, 성인체험교육이론이 있다.

- 자기주도적 변화이론(self-directed change theory)

성인은 현상에 대한 불만, 바람직한 상태에 대한 분명한 인식, 현실에서 이상으로 가기 위한 명확한 행동이 존재할 때 변화한다고 한다.

- 사회학습이론(social learning theory)

사람들은 역할을 모방함으로써 학습하게 된다는 것으로, 학습자에게 실제 상황에서 학습자와 유사한 인물이 특정한 역량을 발휘하는 모습을 관찰하게 하고, 모델의 행동이나 역할을 하도록 하며, 이는 대인 스킬에 효과적이다.

- 동기습득이론(theory of the motive acquisition)

McClelland는 사람들의 동기 또는 자기개념 같은 핵심적인 성격 특성을 습득하거나 변화시킬 수 있는 원리로 개념적모델, 자기평가, 연습, 목표설정, 사회적 지지로 요약 할 수 있다.

첫째, 개념적모델이란 학습자에게 자신의 행동을 이해할 수 있는 새로운 개념적 틀을 제공하고 새로운모델을 수용해야 하는 근거를 제시하는 것이다.

둘째, 자기평가란 학습자는 자기가 가진 역량의 수준을 피드백 받고 자신의 역량이 개인의 목표를 달성하는데 필요한 역량의 수준과 비교하여 어느 정도인지를 평가 받아야 한다.

셋째, 연습은 새로운 사고와 행동을 습득하기 위해서는 연습이 필요하며, 먼저 가상의 상황에서 점차 실제의 상황으로 응용해 보는 것이다.

넷째, 목표설정은 학습자 스스로 목표를 세우고 자신과 타인의 피드백을 받음으로써 성취 지향적 사고를 강화하고 목표달성의 가능성을 높인다.

다섯째, 사회적 지지란 새로운 사고와 행동을 배우고, 실험하며, 실천하는 것을 지원하는 안전한 환경이 필요하다는 것이다.

- 성인체험교육이론(adult experiential education theory)

추상적 개념화, 적극적 실험, 구체적 경험, 반성적 성찰의 4가지 투입물이 작용할 때 성인학습이 잘 일어난다. 사람에 따라 이 중 1~2가지를 선호하는 경향이 있지만, 이 4단계를 모두 거치는 것이 효과적이다.

첫째, 추상적 개념화란 새로운 이론과 아이디어 또는 방법을 의미한다.

둘째, 적극적 실험이란 추상적인 이론이나 아이디어를 실험을 통해 경험하는 것을 의미한다.

셋째, 구체적인 경험이란 실험적인 행동의 효과에 대한 피드백을 의미한다.

넷째, 반성적 성찰이란 경험한 것을 반추하고 바람직한 행동에 대한 자기이론이나 아이디어의 수정을 의미한다.

PART 3. 요구분석과 교육과정 개발

Strategic Human Resource Development

一沐三捉　啐啄同時
切磋琢磨　青出於藍

역량있는 인재를 얻기 위해서는 선발에 최선을 다해야 하고(일목삼착), 학습은 안(멘티의 노력)과 밖(멘토의 올바른 지도)에서 함께해야 잘 이루어진다(줄탁동시).
핵심인재를 만들기 위해서는 자르고 · 썰고 · 쪼고 · 갈아야 하며(절차탁마), 이로서 스승보다 더 훌륭한 인재가 만들어진다(청출어람).

PART 3. 요구분석과 교육과정 개발

교육공학(ET)

Chapter 5

1. 교육공학의 가치

교육공학의 개념적 정의를 살펴 보면 1970년대 수업공학위원회(commission on instructional technology)는 수업공학의 정의를 2가지로 내리고 있다.

첫째, 교사, 교과서, 칠판과 같이 활용될 수 있는 다양한 매체(TV, 필름, OHP, 컴퓨터) 하드웨어나 소프트웨어를 의미하는 각종 커뮤니케이션 테크놀로지를 의미한다.

둘째, 수업공학은 보다 효과적인 수업을 창출하기 위해 다양한 인적 · 물적 자원을 활용하고 인간의 학습 및 커뮤니케이션 과정에 대한 연구를 토대로 구체적인 학습목표를 설정하여 교수-학습에 대한 전반적인 과정을 설계하고 실행하며 평가하는 체계적인 방식이라고 정의하였다.

1977년 미국교육공학회(AECT : association for educational communication and technology)는 교육공학이란 인간학습의 모든 측면과 관련된 다양한 문제를 분석하고 해결책을 고안, 실행, 평가, 관리하기 위해 사람, 프로세스, 장치 그리고 조직을 활용하는 복잡하고 통합된 과정으로 정의하고 있다.

Percival & Elington(1984)은 교육공학을 교육에서의 공학(technology in education)과 교육의 공학(technology of education)으로 구분하여 제시하였다.

교육에서의 공학은 교육목적을 달성하기 위해 다양한 시청각 매체를 활용하는 것을 말한다.

교육의 공학은 교육공학의 중요한 역할은 교수-학습과정(teaching-learning process)의 전반적인 효율성(efficiency)을 향상시키는데 있다고 할 수 있다.

1994년 AECT는 교육공학(educational technology)이라는 용어대신에 수업공학(instructional technology)이라는 용어를 사용하여 설계(design), 개발(development), 활용(utilization), 관리(management), 평가(evaluation)의 5가지 탐구영역을 중심으로 수업공학에 대한 정의를 내리고 있으며, 수업공학이란 학습과정 및 학습자원을 설계, 개발, 활용, 관리, 평가하는 이론 및 실천분야로 정의하고 있다. 교육공학과 수업공학은 거의 같은 의미를 내포하고 동의어로 사용되고 있다. 영국과 캐나다에서는 수업공학이라는 말보다는 교육공학이라는 말이 자주 쓰이고 있다.

● 교육공학의 영역

교수공학의 영역은 설계, 개발, 활용, 관리, 평가의 5가지로 각 영역은 몇 개의 하부 구성요소들로 이루어진다(Seels & Richey, 1994).

교수공학들의 영역들은 다른 영역들과 상호연계 되며, 다른 영역들을 지원한다.

[그림5-1] 교수공학 내부영역들간의 관계

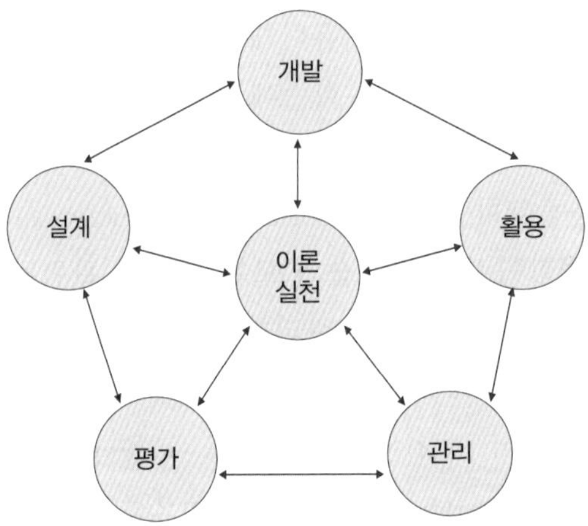

- 설계영역

올바른 설계를 위해서는 교수방법과 전략 관련 이론과 원리들을 사용하여야 한다. 설계영역은 교수체제설계(instructional system design), 학습자 특성, 메시지 디자인(커뮤니케이션 과정), 교수방법 및 전략(교수활동의 선정 및 순서화)에 관한 내용을 포함하고 있다.

- 개발영역

교수공학의 개발영역은 매체제작 분야로서 설계영역에서 기획된 내용에 의하여 구체적인 교수자료 등 물리적인 형태를 만들어가는 과정으로 인쇄, 시청각매체(영화, TV, DVD), 컴퓨터 그리고 이들이 통합된 테크놀로지(멀티미디어) 및 네트워크 테크놀러지(디지털 정보 공유)는 개발활동의 기반이 된다.

- 활용영역

제작된 각종 매체의 특성을 파악하여 보다 효과적으로 학습이 이루어지도록 하는 영역이다.

- 관리영역

교수공학에서의 관리영역은 매체센터의 관리, 교수자료 개발프로젝트의 관리, 시청각매체의 관리, 컴퓨터 통신망관리 등이다.

Seels & Richey(1994)는 관리영역으로 프로젝트관리(교수설계와 개발프로젝트를 기획 · 조정 · 감독 활동), 자원관리(인적자원, 예산, 시설, 시간), 전달체제관리(교수자료를 학습자에게 보급 · 확산), 정보관리(교수설계 · 개발 · 활용 · 평가영역의 정보 전달 처리)를 제시하였다.

- 평가영역

교수공학의 평가는 프로그램이나 프로젝트의 과정이나 산출물인 교수자료, 목표, 교육과정의 질과 효과를 평가하는 것이다. 평가영역의 하부 구성요소로 문제분석과 준거지향평가, 형성평가, 총괄평가로 나누어 진다.

첫째, 문제분석은 교수설계 이전에 문제를 잘 파악하였는지를 평가하는 것이다. 둘째, 준거지향평가란 이미 구체화된 목표에 학습자가 도달하였는가를 평가하는 것으로 목표와 관련된 지식, 기술, 태도의 변화의 완성도를 평가하는 것이다. 셋째, 형성평가는 개발과정에서 각종 정보를 수집하여 개발 산출물의 질을 향상시키고자 하는 것이다. 넷째, 총괄평가는 산출물의 유용성을 결정하기 위하여 개발의 결과가 사용된 이후에 각종 정보를 수집하고 그 효과를 평가하는 것이다.

● 교육공학의 기초이론

행동주의이론, 인지주의이론, 구성주의이론은 교수설계 및 개발부분의 이론적 · 실천적 발달에 큰 영향을 미쳤다.

[행동주의 학습이론]

학습을 환경의 조성에 따른 학습자의 행동의 변화로 규정하고, 여기서 환경이란 학습자의 바람직한 행동변화를 가져올 수 있는 학습의 외재적 조건으로 보고 있다.

- 학습의 원리

첫째, 강화의 원리로 기본적 가정을 인간은 자발적으로 행동하며, 그 행동은 결과에 따라 계속되기도 하고 중단되기도 한다.

둘째, 효과의 법칙으로 적극적인 학습활동은 학습내용에 대한 진전이나 효과의 자각이 있을 때 계속될 수 있다는 학습원리로, 학습에서의 피드백의 필요성을 가조한다.

셋째, 연습의 법칙으로 학습은 바람직한 행동의 변화이므로 이를 위해서는 강화와 함께 계속적인 반복연습이 필요하다.

- 스키너(Skinner)의 조작적 조건화

첫째, 행동과학으로 스키너는 심리학의 목적을 인간의 행동을 예언하고 통제하는 것으로 보고, 심리학의 대상은 인간 유기체의 관찰할 수 있는 행동에 한정되어야 한다고 주장하였다.

둘째, 조작적 조건화(operant conditioning)가 동물훈련에 매우 효과적임을 발견하고 인간학습에도 그 원리를 적용될 수 있음을 믿고 학습이론과 교수이론을 발전시켰다.

[표5-1] 학습이론의 단계 추이

구분/이론	행동주의	인지주의	구성주의
학자	Pavlov. Skinner	Bruner. Piaget	Von. Glasersfeld
학습관점	행동의 변화	내적 정신과정(통찰력, 정보처리, 암기)	인지에 의한 지식의 재구성
학습초점	외부환경의 자극	내적 인지적 구조화	경험에 토대를 둔 능동적인 의미형성 과정
교육목표	바람직한 방향으로의 행동변화	보다 나은 학습을 위한 능력 및 기술 개발	사고력, 문제해결력의 함양
교육자의 역할	바람직한 반응을 이끌어 내기 위한 환경배열	학습활동의 내용을 구성	안내자, 조력자, 학습 촉진자
성인학습의 관점	행동목표 능력중심교육, 기술발전내지 훈련	인지발달 연령에 따른 지능, 학습하는 방법의 학습	학습자의 자율적 탐구 중시

[인지주의 학습이론]

학습을 이해를 통한 학습자의 인지구조의 변화로 보며, 학습자가 따로 떨어진 정보를 서로 연결시켜 본인의 인지구조 속에서 그 관계를 파악했을 때 학습내용의 이해가 일어난다고 보았다. 학습자의 행동자체보다는 그 행동을 지배하는 내적인 정신활동에 초점을 맞춘다.

- 인지발달이론

피아제(Piaget)는 인지발달에 영향을 미치는 요인으로 물리적 환경, 성숙, 사회적 영향 및 개인의 조절기능을 제시하고 있다. 인지구조화를 환경과의 상호작용으로 변형하고 발전시키는 것으로 보았으며, 지식이란 개인과 환경간의 변화하는 상호작용 속에서 만들어진다고 하였다.

인지발달의 과정을 첫째, 동화(assimilation)로 학습자가 새로운 정보를 기존의 인지구조에 통합하는 것으로 보았다. 둘째, 조절(accommodation)로 새로운 정보에 맞게 내부인지구조를 변형시키며 진행된다고 보고 있다.

- 정보처리이론

학습을 정보처리의 기능을 가진 과정으로 보며, 인간의 기억이 능동적이며 복합적인 정보의 조직자이자 처리자로 보고 있다. 정보처리이론에서 보는 기억의 구조는 단기기억장치(short-term memory), 기억활성화장치(working memory), 장기기억장치(long-term memory)로 나누어지며, 감각기관을 통하여 들어온 정보는 일련의 기억장치를 거쳐서 처리된다고 보았다.

- 학습의 원리

첫째, 새로운 정보는 우선 학습자의 주의를 끌어야 한다. 둘째, 학습은 새로운 학습내용과 과정을 학습자가 가진 지식의 구조 및 경험, 준비와도 연결시켰을 때 효과가 극대화 된다. 셋째, 학습에 필요한 정보는 쉽게 재생될 수 있어야 한다. 넷째, 학습자 스스로가 새로운 정보를 처리할 수 있도록 인지처리 전략을 직접 가르쳐 주거나 그것을 개발하는 교수방법들이 강조된다.

[구성주의 학습이론]

구성주의(constructivism)는 지식이란 무엇이며 지식이 어떻게 구성되는지에 대해 관심을 갖는 철학적 접근이다. 지식이란 외부에 객관적으로 존재하는 것이 아니라 인간에 의해 의미가 부여되는 것이며, 학습은 능동적으로 의미를 구성하는 과정이라고 주장한다. 구성주의적 가정과 대비해서 전통적으로 이루어진 교수 · 학습에 대한 가정을 객관주의라 부른다.

[표5-2] 객관주의와 구성주의의 교수설계원리

구 분	객관주의	구성주의
철 학	세계는 우리의 경험과는 별도로 외부에 객관적으로 존재	세계는 인간의 해석, 우리가 경험하는 세계는 존재하나 그 의미는 인간에 의해 부여되고 구성되는 것임
교수의 목적	효과적이고 효율적인 방법으로 지식을 전달하는 것	학습자의 의미화, 문제해결력 배양
교수의 내용	객관적 법칙이라고 밝혀진 체계화된 지식	현실세계와 동일한 복잡한 문제상황 속에서 지식 제공
내용의 조직	학습자가 지식을 가장 잘 파악할 수 있는 방식으로 조직	복합적인 현실과 다양한 관점이 포함되는 환경으로 설계
교수전략	반복연습, 피드백의 제공, 외적 흥미요소 강조	다양한 문제상황 속에서의 지식활용 기회 제공, 학습자의 능동적 참여 유도
학습의 결과	모든 사람이 같은 이해에 도달	구성된 실제의 모습이나 의미는 개인에 따라 다름
교수의 평가	교수 후 목표달성 여부의 객관적 테스트	학습과정에서 지식을 이용하여 문제를 해결하는 수행여부 파악
설계의 핵심	교수목표 및 과제의 구체적 분석, 목표달성을 위한 교수전략의 고안	현실상황의 복잡성을 나타내는 환경구성, 발생학적 지식생성의 환경구성
지식의 형태	사실적 정보	문제해결능력, 고차적 인지전략
교수방법	강의식	문제중심, 토의식, 발견학습

2. 교수매체

매체는 의사소통에 있어서 송신자(sender)와 수신자(receiver)사이를 연결하는 매개체 또는 전달체를 말한다.

교수매체는 제공하는 정보의 종류와 그 매체가 요구하는 학습자의 반응형태에 따라 구분될 수 있다. 매체의 선택은 가르칠 내용과 학습목표를 고려하여 선택하여야 효과적이다.

매체의 성격으로 감각적 방식(sensory modality)과 상징적 방식(symbolic modality)으로 구분할 수 있다. 첫째, 감각적 방식은 시각, 청각, 촉각으로 분류된다. 둘째, 상징적 방식은 언어적 방식으로 말, 점자가 있으며, 비언어적 방식으로 그림, 사진, 물체 등이 포함된다.

메시지의 디자인 측면에서 보면 지각, 기억, 개념학습, 반복연습, 태도변화 등 원리를 지원하기 위한 메시지 디자인 이론이 있다.

매체의 종류는 다양하다. 데일(Dale, 1964)은 '경험의 원추' 라는 모형을 제시하면서 학습자의 경험이 실제적인 참여에서부터 시작해서 실제적인 사건을 관찰하고, 어떤 매체에 의해 매개된 사건을 관찰하고, 최종적으로 그 사건을 표현하는 상징을 관찰하는 순서로 이루어진다는 것이다. 사실과 가까운 매체일수록 더 정확한 메시지를 전달하며, 추상성이 높아질수록 이해도가 낮아진다고 보았다. 인지심리학자인 브루너(Bruner) 또한 경험의 양식을 행동적, 영상적, 상징적 단계로 구분하였다.

[그림5-2] 데일의 경험의 원추와 브루너의 인지적 학습단계

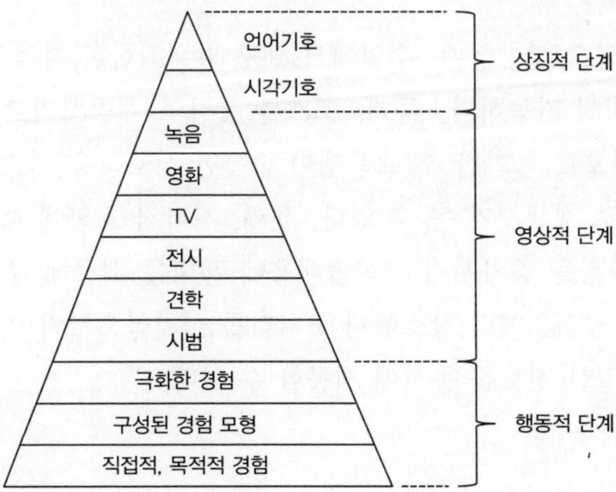

교수매체로는 영상매체, 오디오매체, 인쇄자료, 실물 및 모형, 컴퓨터 등이 있다.

● **영상매체(visuals)**

시각은 어떤 감각보다 우수한 감각이라고 할 수 있다. 시각의 원초성은 교수-학습에 상당히 중요한 암시를 준다. 코스자료를 개발할 때나 교수전략을 계획할 때는 반드시 영상적 매개를 고려해야 한다. 수업에 시각적 영상을 설계하고자 할 때 고려해야 할 사항으로는 첫째, 영상자료가 언어적 자료와 함께 활용되는 경우에는 반드시 언어적 내용과 일치해야 한다. 둘째, 영상자료와 언어자료사이에 심한 중복을 피한다. 셋째, 영상자료는 보기에 편안해야 한다. 넷째, 영상자료는 혐오감을 불러 일으키는 것이어서는 안된다. 다섯째, 현장 생활을 나타낸 영상은 현실적이어야 한다.

- 비디오

비디오 적용학습영역으로는 첫째, 인지적 영역으로 동적 자극의 변별학습 및 인지학습, 원리와 규칙학습, 원리 및 규칙 적용분야의 교육생 성취와 관련된 피드백이다. 둘째, 심체적 영역으로 동작기술의 모델제공에 유용, 교육생들의 동작 능력에 관한 즉각적 피드백제공이다. 셋째, 정의적 영역으로 다양한 기법과 효과를 활용하여 교육생들에게 특정 태도 및 감정을 불러일으키게 하는 데 유용하다.

비디오의 장점으로는 첫째, 수업에서 요구되는 적합한 자극 및 교육생 반응을 동작으로 재생 가능하다. 둘째, 코스를 통하여 개발시키고자 하는 상호작용 기술을 비디오로 녹화한 후 교육생이 습득한 상호작용 기술에 대한 평가를 위해 즉각적으로 재생시켜 볼 수 있다. 셋째, 시각적 효과에 대한 의도나 능력에 따라 학습과정을 증가시키고 학습내용에 흥미를 제공해 주는 시각적 효과를 낼 수 있다. 넷째, 여러 장소에서 모니터를 설치함으로써 여러 장소에 있는 청중들에게 동일한 정보를 동시에 제공할 수 있다.

● **오디오매체(audio)**

수업설계자의 입장에서 오디오매체는 교육생들에게 쉽게 사용 가능한 경제적이고 편리한 수업 자원을 제공한다. 문장에 필요한 문법이나 분명한 표현력을 무시해서는 안되지만 말로 표현되는 문장은 리듬, 쉽고 분명하게 청취자가 쉽게 들을 수 있는 위치에 주의력을 끌 수 있는 주요 단어를 배치하도록 구성하여야 한다. 또한 오디오자료는 인쇄자료 또는 슬라이드나 그 외의 정적 시각매체 등과 함께 쓰여질 수 있으므로 짧고 복잡하지 않는 문장으로 구성하여야 한다.

오디오 적용학습영역으로는 첫째, 인지영역으로 오디오 자극에 대한 변별학습 및 인지학습, 법칙 및 원리학습에 쓰인다. 둘째, 심체적 영역으로 외국어와 같은 익숙치 않은 소리를 듣고 연습하게 하는 언어적 능력을 증가시킨다. 셋째, 정의적 영역으로 배경음악, 음향효과 또는 해설자의 음성 등으로 무드(mood)나 태도의 조성이 가능하다.

오디오의 장점으로는 첫째, 코스의 내용이 꽉 짜여져서 그대로 복사 가능하며, 경제적이고 보급이 간편하다. 둘째, 다양한 오디오 테이프, 녹음기법에 의해서 개별학습을 위한 프로그램 학습형태로 작성하여 교육생들이 각자의 학습속도에 맞게 진행할 수 있고 강화 및 즉각적 피드백이 가능하다.

● **인쇄자료(printed materials)**

인쇄자료의 경우 책, 잡지, 매뉴얼 등 전문적으로 발간된 것들과 복사자료, 옵셋 판, 복사된 사진 등의 자료도 여기에 속한다. 인쇄매체의 활용범위는 독립된 교수매체로서 언어적 상징과 미술, 그래픽, 사진 등의 정적 영상의 제시가 가능한 특성을 가지고 있다.

인쇄매체 적용학습영역으로는 첫째, 인지적 영역으로 사실적 정보제공, 기능적 어휘 제시, 현실에서 부딪칠 작업현장, 위치, 상황의 제시이다. 둘째, 심체적 영역으로 정적 영상이 운동기능에 필요한 원리나 단계를 교수하기 위해 제시 될 수는 있으나 인쇄매체로는 동작을 표현하는 것이 어렵다. 셋째, 정의적 영역으로는 특정 교재는 감정을 깊이 움직이게 하거나 흥미를 불러일으키게 하지만 이런 방식으로는 효과적인 태도를 형성하는 것은 극히 어렵다.

인쇄매체의 장점으로는 첫째, 교육생들은 학습속도에 맞추어 진행할 수 있으며, 과목내용은 여러 형태로 설계되어서 자율적 학습이 가능하다. 둘째, 교육생이나 강사가 자료를 쉽게 검토할 수 있으며, 교육생은 자료를 오래 보관하여 차후에 언제라도 참고 할 수 있다. 셋째, 쉽게 수정이 가능하고 정적 영상을 흑백 또는 컬러로 제시할 수 있으며, 수업의 보조물 또는 독립된 수업 매체로 활용이 가능하다.

● 실물 및 모형

교육프로그램이 최적의 결과를 가져오기 위해서는 교육생이 교육의 장을 떠나 현장에 가능한 가까운 환경 속에서 학습하도록 하게 하는 것이다.

- 실물모형 적용학습영역(on-the job training)

교육생은 실제 작업현장에서 사용되는 실물들을 이용하여 학습하게 된다.

- 실습(hands-on training)

교육생들은 실제 현장에서 쓰는 도구나 자료들을 사용하여 학습하지만 실제 작업현장은 아니다. 이는 교육생들의 수업환경 속에 실험실 등을 만들고 실제 기구를 도입하여 쉽게 이루어 질 수 있다.

- 모의훈련(simulation training)

모의훈련에서 교육생들은 실제와 유사하게 모의된 환경에서 여러 기재나 기계도구 등의 모크 업(mock-up) 등을 이용하여 작업한다.

실물모형 적용학습영역으로는 첫째, 인지적 영역으로 자극의 인지 및 변별학습, 도구, 기재 및 자료 운영의 순서적 단계, 규칙 원리학습이다. 둘째, 심체적 영역으로 교육생들로 하여금 작업에 필요한 도구나 기재, 자료 등을 조작하는 수행능력을 평가하거나 이런 기술을 연습하게 하는데 유용하다. 셋째, 정의적 영역으로 실제 현장에서 사용되는 도구나 기재를 활용하게 되면 교육생들이 학습도중에 과제에 대해 긍정적 태도를 가지게 될 확률이 높다.

실물 및 모형의 장점으로는 첫째, 교육생들에게 현실적 감각을 최대한 부여함으로써 학습전이(transfer of learning)의 필요성이 적어진다. 둘째, 실제 작업에서 육체적 숙련성과 통합적 능력을 필요로 하는 경우, 교육생의 작업 성취도는 쉽게 측정할 수 있으며, 현장에서 적절한 자극을 활용하여 비용을 줄일 수 있다.

● **컴퓨터**

컴퓨터가 교육생 개개인과 빠른 속도로 상호작용을 할 수 있고, 방대한 양의 정보를 저장할 수 있으며, 다양한 범주의 시청각 자극을 제시할 수 있다. 컴퓨터 수업에서의 활용은 서로 독립적으로 또는 상호 보완적으로 쓰일 수 있는 컴퓨터 보조수업(CAI : computer assisted instruction)과 컴퓨터 운영수업(CMI : computer managed instruction)의 2가지이다.

CAI는 수업내용을 제시하고 교육생들의 진도를 검증하기 위해 교육생들과 상호작용한다. 신축성과 분지형(branching)을 제공할 수 있는 능력 때문에 컴퓨터는 개인 교사적인 학습지도의 역할을 맡을 수 있다.

CMI는 코스개발자에게 보조기구로써 교육생들의 특성 확인, 진단검사 작성 보조, 교육생들과 학습자료의 연관 맺기, 교육생 개인 또는 교육생 집단의 학습성취에 관한 전체적인 자료를 제시해 준다.

3. e-Learning

로젠버그(Rosenberg, 2001)는 이러닝의 목적을 강조하여 이러닝의 "e"를 "effective(효과성)" 혹은 "efficient(효율성)"의 관점에서 접근하여 학습자의 지식증진과 수행향상을 돕는 해결책 마련을 위해 인터넷 기술을 활용하는 학습이라 정의 하였다.

Khan(2004)은 이러닝을 "인터넷 자원과 디지털 테크놀로지를 활용하여 개방성(openness), 융통성(flexibility), 분산성(distributed)을 가진 학습환경을 제공하며, 누구나 원하는 시간에 원하는 장소에서 잘 설계된 학습자 중심의 양방향 학습을 가능하게 하는 학습방법"으로 정의하였다.

우리나라의 학술정보원(2005)은 "정보통신기술을 활용하여 언제(anytime), 어디서(anywhere), 누구나(anyone) 수준별 맞춤형으로 학습할 수 있는 체제"라고 정의하여 이러닝의 편리성과 가변성을 강조하고 있다.

● 이러닝의 구성요소

Khan(2004)은 성공적인 이러닝이 되기 위한 8가지 요소 즉, 기관, 전략, 기술, 인터페이스 설계, 평가, 운영, 자원제공, 윤리 측면을 체계적으로 통합 운영하여야 한다고 하였다.

[표5-3] 이러닝의 구성요소

구성요소	내 용
기 관	행정업무, 교육생 서비스
전 략	내용분석, 학습자분석, 목표분석, 매체분석, 설계전략, 내용 조직과 이러닝 방법과 전략
기 술	기술적인 환경 기획, 하드웨어 · 소프트웨어
인터페이스 설계	페이지 설계, 사이트 설계, 내용 설계, 검색 설계, 사용성 평가와 사용 용이성
평 가	학습자의 학습성과 측정, 교수와 학습환경 평가
관 리	학습환경 관리, 정보공급
자 원	온라인자원, 자원공급
윤 리	사회적 정치적 영향력, 문화적 차이, 편견, 지리적 다양성, 학습자 특성의 다양성, 정보검색의 수월성, 에티켓, 관련 법규

● 이러닝 인적자원의 역할과 책임(R&R)

Horton(2001)은 성공적이 이러닝 콘텐츠를 실현하기 위한 단계별 인적자원의 역할과 책임을 다음과 같이 제시하였다.

[프로젝트 기획 및 관리]

- 프로젝트 매니저(project management)

이러닝 프로젝트의 기획 및 관리담당, 사업기획 및 예산 수립, 경영진 및 고객과 프로젝트에 대한 협의, 프로젝트의 예산과 일정의 수립 등 프로젝트의 진행을 책임진다.

[콘텐츠 설계]

- 내용전문가(SME : subject matter expert)

학습내용에 대한 전문성을 보유하며, 콘텐츠 설계를 담당한다.

- 교수설계자(IDer : instructional designer)

내용전문가가 제공한 학습내용을 교수설계원리를 적용하여, 구체적인 교수-학습 전략을 수립하고 메시지, 화면, 상호작용을 설계 한다.

[콘텐츠 개발]

- 저술자(writer)

학습내용을 구조화하여 텍스트, 내레이션 원문 작성 및 편집을 담당한다.

- 멀티미디어 개발자

교수설계자가 설계한 교수-학습 전략과 방법을 적용해서 각종 멀티미디어(텍스트, 이미지, 음성, 동영상, 애니메이션) 데이터로 구현하며, 그래픽 디자이너, 오디오 · 비디오 전문가, 애니메이터가 있다.

- HTML 에디터

HTML(hypertext markup language) 템플릿과 스타일시트 XML(extensible markup language) 문서 타입을 정의하고 작성하며, 저작 툴로 만든 자료의 조정 작업을 담당한다.

- 프로그래머

Java, 비주얼 베이직의 스크립트를 작성하며 프로그래밍 언어를 사용하여 각종 멀티미디어 데이터를 통합하고, 학습자가 상호 작용할 수 있도록 실행한다.

[시스템 구축 · 관리]

- 시스템 구축자

하드웨어, 소프트웨어, 네트워크 인프라를 설계 및 구축하거나 컨설팅을 지원한다.

- 네트워크 서버 관리자

각종 서버와 네트워크 상태를 항상 점검하고 트래픽이 집중되지 않도록 관리한다.

- 데이터베이스 관리자

데이터의 삭제, 보호 및 주기적 백업을 통한 관리, 학습자 상호작용을 위한 서버 컴퍼넌트와 인터페이스 구축을 담당한다.

- 기술지원 전문가

학습준비를 위한 컴퓨터 셋업, 네트워크 연결, 소프트웨어 설치, 기타 기술적 문제에 대한 답변을 제공하고 해결책을 지원한다.

[이러닝의 실행 · 운영 · 관리]

- 운영 행정관리자

교수자, 학습자, 촉진자를 관리하고 학습환경을 점검하며, 학사 행정과 교육운영을 진행 한다.

- 코스촉진자

교수자 및 학습자의 효과적인 교수-학습활동을 지원하기 위해 각종 학습 활동을 관리하고, 학습의 안내자로서 동기유발과 상호작용을 촉진하는 역할을 담당한다.

- 온라인 교수자

음성 및 동영상 등으로 강의를 진행하며, 학습자의 질문에 대한 답변 및 토론을 진행하는 등 학습자들과 교류하면서 피드백과 조언을 제공한다.

● M-러닝과 U-러닝

- M-러닝

Mobile-러닝은 무선인터넷 및 위성통신 기술을 기반으로 PDA(personal digital assistant : 개인휴대용 단말기), PMP(multimedia player : 휴대용 멀티미디어 재생기), 태블릿 PC, 무선인터넷 지원 노트북, 스마트폰을 활용한 학습환경을 말한다.

m-러닝은 개별학습의 결과를 학습자간에 상호작용을 통해 공유하도록 하는 특성을 가지고 있다.

[그림5-3] 모바일 테크놀로지 유형

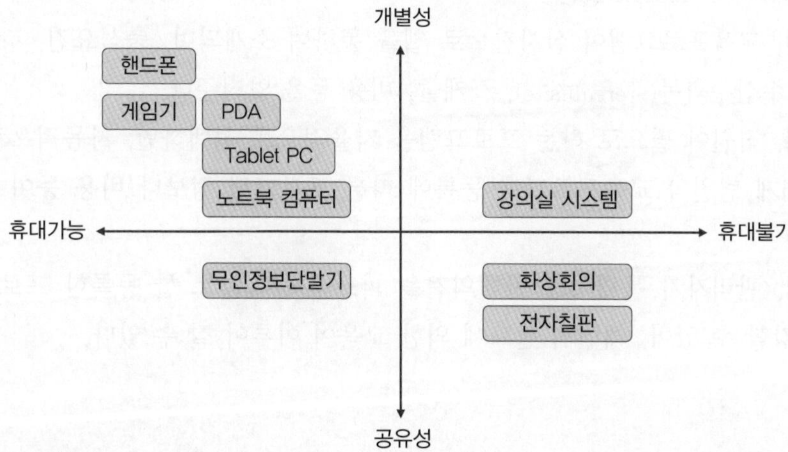

- U-러닝

유비쿼터스 러닝(ubiquitous learning)은 PC, 노트북, 태블릿 PC, PMP, PDA 등 휴대용 단말기, 자동차의 Navigator, 각종 센서 등이 무선네트워크에 의하여 연결될 때, 어디에나 존재하는 컴퓨팅 환경이 가능해 진다. U-러닝은 유비쿼터스 컴퓨팅 기술을 활용하는 학습 체제를 말한다.

● **시스코의 시간과 공간을 초월한 맞춤형 인력개발**

- 맞춤형 교육훈련(taylor-made education & training)을 강조한 e-learning

시스코의 e-learning의 특징은

첫째, 하이테크 신기술의 빠른 발전 속도에 보조를 맞추고 결과지향의 학습(result-oriented learning) 을 달성하기 위한 e-learning 학습이 정착되었다.

둘째, e-learning 학습프로그램은 조직의 성과향상과 개인의 경력개발을 고려하여 자발적으로 선택할 수 있기 때문에 실질적인 학습효과가 발생하고 있다.

셋째, 교육훈련의 효과가 실제업무에 직접적으로 반영되는 전이효과(transfer effect)가 높다.

- 교육프로그램 선택과 모니터링

시스코의 e-learning은

첫째, 교육프로그램이 실시간으로 웹을 통하여 소개되며, 출석요건, 강의내용, 필수선수과목(prerequisite), 스케줄, 비용 등을 알려준다.

둘째, 직원이 필요로 하는 프로그램을 자율적으로 선택하면, 자동적으로 관리자에게 팀원의 교육프로그램 등록에 따른 프로그램 정보나 비용 등이 통보된다.

셋째, 관리자가 특별하게 반대의견을 피드백하지 않는 한 등록한 프로그램을 수강할 수 있어, 개인의 필요에 의한 교육이 이루어 질 수 있다.

PART 3. 요구분석과 교육과정 개발

요구분석 및 교수체제설계(ISD)

Chapter 6

1. 교수설계 이론
2. 요구분석
   1) 요구분석의 필요성
   2) 요구분석모델
   3) 요구분석 프로세스
3. 교수체제설계(ISD) 요소
4. 교수체제설계(ISD)의 프로세스
5. 교수체제설계(ISD) 방법론

Strategic Human Resource Development

1. 교수설계 이론

교수설계(instructional design)는 교수의 방법을 이해하고 개선하며, 적용하는 데 관심이 있다(Reigeluth, 1983). 교수설계는 교수(instruction)의 목적을 달성하기 위한 최적의 교수활동을 처방해 주도록 유도하는 지식체계이기 때문에 교수의 질을 개선하기 위해서는 절대적으로 필요한 학문분야이다.

교수(instruction)는 과정(curriculum)과 구분되는 영역으로서 과정이 '무엇'을 가르칠 것인가에 초점을 맞춘다면 교수는 '어떻게' 가르칠 것인가에 초점을 맞춘다.

뷰켐(Beauchamp, 1968)은 교육의 영역에 속하는 지식체계를 과정, 카운셀링, 행정, 평가, 교수의 5가지로 나누고 있다. 교수는 다시 하위에 설계(design), 개발(development), 전개(implementation), 관리(management), 평가(evaluation)의 5개 영역이 존재한다. 데이비스(I. Davis, 1984)는 교수개발(instructional development)을 교수설계와 같은 의미로 설명하고 있으며, 미국교육공학협회(AECT, 1977)의 정의에 따르면 교수설계는 교수개발기능의 하위 영역에 속한다.

교수설계는 학습자와 교과내용에 맞는 최적의 교수방법을 고안해 내어 교수의 효과성, 효율성, 매력성을 높이고자 하는 활동이며, 이러한 활동을 위한 지식의 체계를 교수설계 이론 또는 모델이라고 한다.

[그림6-1] 교수조건 · 방법 · 결과변인들의 요소와 상호관계

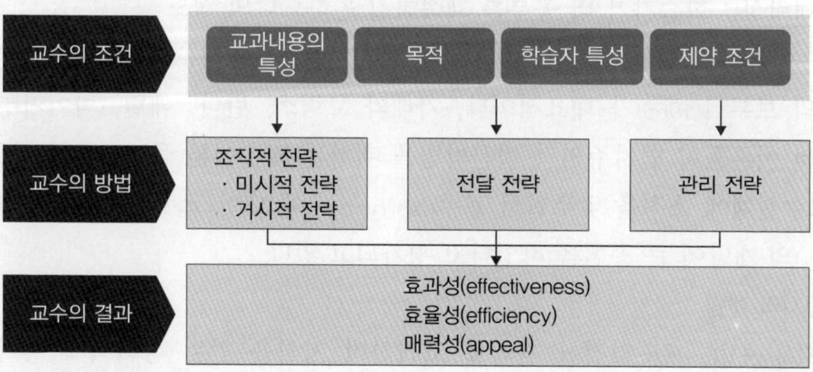

Source : Reigeluth(1983)

* 조건 · 방법 · 결과변인들의 요소

- 교과내용의 특성 : 어떤 지식을 다루고 있으며, 그 지식의 구조는 어떤 것 인지를 포함
- 목적 : 배우고, 가르치고자 하는 지식 또는 기술의 수준
- 학습자 특성 : 개별 학습자의 능력, 학습동기, 선수능력, 태도
- 제약조건 : 시간, 기자재, 교수자료, 인력, 예산
- 조직적 전략변인 : 교수의 내용을 조직하기 위한 기본적 방법
- 미시적 전략 : 단 하나의 아이디어를 가르치고자 할 때(일반성의 제시, 사례 제시, 연습문제 제시)
- 거시적 전략 : 복합적인 여러 아이디어를 가르치고자 할 때(아이디어의 선택, 계열화, 요약, 종합)
- 전달전략 : 정보를 학습자들에게 전달하고 전달된 것을 평가하고 적절한 Feedback을 줌.
- 관리전략 : 매체나 교수자료 사용에 대한 스케줄, 점수기록 등
- 효과성(목표한 일을 하는 것) : 학습자가 여러 가지 교수의 내용을 어느 정도 획득하였는가를 측정(교과내용, 목적달성여부)
- 효율성(일을 하되 잘 하는 것) : 효과가 교수나 학습측면에서 어느 정도의 노력이나 시간, 비용을 들여 나타나느냐에 관심이 있음.
- 매력성 : 학습자가 더 공부를 계속하길 원하느냐의 정도

교수이론이 성립된 시기는 1950년대 이며, 인지주의적 교수이론은 1960년 후반의 브루너(1966)가 대표적이다. 가녜와 브릭스, 란다, 메릴, 롸이거루스, 켈러의 이론들이 인지주의적 접근방법을 취하는 교수이론 들이다. 이 이론들은 교수설계에 초점을 맞추면서 교수(instruction)에 대한 교수이론(instructional theory)의 개발에 큰 공헌을 하였다고 평가되고 있다.

* 인지의 개념

인지(cognition)란 일정한 자극을 조직하여 지식을 얻는 심리적 과정이다. Werner(1982)는 생각하기에 따라 행동은 달라질 수 있다고 하여, 인지를 사고

라는 좁은 의미로 사용하고 있다. 하지만 이러한 인지의 개념은 협의로 정의된 것이다. 최근에는 인지를 지식, 의식, 지능, 사고, 상상, 계획과 전략의 개발, 합리화, 추론, 문제해결, 개념화, 분류 및 유목화, 상징, 환상 그리고 꿈과 같은 소위 높은 수준의 정신적 과정을 모두 포함하는 개념으로 받아들이고 있다.

[표6-1] 교수설계 이론 비교

준 거		Gagne	Landa	Merrill	Reigeluth	Keller
Reigeluth & Merrill	방 법	●	●	●	●	●
	조 건	●	●	●	●	●
	결 과	●	●	Δ	Δ	Δ
Glaser	분 석	●	●	●	●	●
	초기단계	●	●	●	●	●
	전 개	●	●	●	●	●
	평 가	●	●	×	×	Δ
Snelbecker	준 비	●	×	×	●	Δ
	주 의	●	×	Δ	×	●
	제 시	●	●	●	Δ	Δ
	반 응	●	Δ	Δ	Δ	Δ
	피드백	●	Δ	Δ	Δ	Δ
	기억 · 활용	●	×	×	×	Δ
	이 해	●	●	×	×	×
	창 조	×	Δ	×	×	Δ
	관 리	×	×	Δ	Δ	Δ

● : 나타남 Δ : 부분적으로 나타남 × : 전혀 안나타남

가네-브릭스의 이론(교수설계 이론)

가네(Gagne)의 이론은 심리학적 학습이론의 측면으로부터 발생한 종합적인 교수이론으로 교수의 설계 및 개발에 초점을 맞추고 있다. 가네의 이론은 학습의 결과를 세분화하여 학습의 결과로서 학습자의 5가지 역량을 언어정보(verbal information), 지적기술(intellectual skills), 인지적 전략(cognitive), 운동기술(motor skills), 태도(attitude)로 구분하고, 이 각각의 역량이 요구하는 학습의

조건을 명시하고 있다.

학습의 조건은 내적조건과 외적조건으로 나뉜다. 학습의 내적조건이란 다음 학습에 필수적이거나 보조적인 것으로써 학습자가 이미 습득한 역량들의 획득 및 저장과 학습자 내부의 인지과정의 측면을 말한다. 학습의 외적조건이란 학습자 외부의 교수사건들이 학습의 내적 인지과정을 자극하고 돕는 다양한 방법들을 말한다.

[표6-2] 학습자의 내적 학습과정과 교수사건들의 관계

단 계	내적 학습과정	교수사건(events of instruction)
학습준비	1. 주의(attending)	1. 일상적이지 않은 사건, 질문이나 자극의 변화를 통해 학습자의 주의를 집중 시킨다.
	2. 기대(expectancy)	2. 학습자에게 목표를 주지시킨다.
	3. 재생(retrieval)	3. 선행학습의 기억을 자극시킨다.
정보/기술획득과 학업수행	4. 자극요소들의 선택적 지각 (selective perception)	4. 자극자료를 제시한다.
	5. 의미있는 정보의 저장(semantic encoding)	5. 학습을 안내한다.
	6. 재생과 반응(retrieval & responding)	6. 학습수행을 격려한다.
	7. 강화(reinforcement)	7. 수행의 결과에 대한 피드백을 제공한다.
학습의 전이	8. 자극에 의한 재생(cueing retrieval)	8. 수행을 평가한다.
	9. 일반화(generalizing)	9. 기억과 전이를 격려한다.

Source : Aronson & Briggs, 1983; Bell-Gredler, 1986

가네는 학습의 5가지 결과 또는 학습역량들과 학습의 내 · 외적조건에 관한 학습이론에 기초를 두고 교수설계이론을 전개 시켰다.

가녜의 선수학습역량과 교수목표에 관한 논의는 무엇을 가르칠 것인가에 관한 내용의 선택문제를 거시적 · 미시적 수준에서 다루었으며, 학습의 위계와 9가지 교수사건들에 대해 선택된 내용을 어떻게 계열화할 것인지를 다루고 있다.

가녜의 이론은 인지주의적 관점을 가진 많은 후속 교수설계이론에 영향을 끼쳤다. 5가지 학습역량의 종류는 메릴의 구인전시이론(component display theory)의 교수내용 분류 및 롸이거루스의 정교화이론(elaboration theory)의 내

용형태 분류의 기반이 되었다. 또한 가네의 이론은 교수의 실제현장을 이해하고 향상시키는데 도움을 주었으며, 교수목표의 구체화된 진술, 교수의 9가지 사건들은 이에 대한 좋은 예로 볼 수 있다.

● **란다의 이론(알고-휴리스틱 이론)**

란다(Landa)의 이론은 대표적인 인지주의적 교수설계이론이다. 란다는 알고-휴리스틱이론이 학습과 교수과정에서 일어나는 인지적 과정에 초점을 맞추고 있으며, 또한 교수의 과정과 전략을 인지적 과정과 연계하여 구체적으로 설명하고 있다. 알고리즘이란 비교적 규칙적이고 일정한 기본적 논리조작들의 정형들이고 휴리스틱과정이란 조작의 형태 및 계열에 불규칙성이 포함되어 있으며 조작들이 부분적으로 이해되거나 밝혀져 있는 인지과정으로 설명된다. 따라서 알고리즘은 휴리스틱스보다 예측하기 쉬운 코스를 설계할 수 있는 정형화된 전략이라고 할 수 있다. 이는 교수내용의 선택과 계열을 위한 거시적 전략을 제공하고 학습전문가의 인지과정의 전략을 분석하여 그 전략을 기본적 인지조작들로서 설명하며, 전략을 가르칠 수 있는 알고리즘을 제공하고 있다.

● **메릴의 이론(내용요소전시 이론)**

메릴(Merrill)의 내용요소전시 이론은 교수목표의 설정, 교수의 전개, 결과의 평가에 이르는 교수활동의 일관성을 추구하는 교수설계의 중요성을 강조하며, 특히 구체적인 교수의 내용을 다루고 있어 미시적 수준의 이론이라고 할 수 있다.

메릴은 가네의 학습결과에 따라 다른 학습의 조건에 관한 개념을 확장시켜 학습결과를 내용과 수행의 두 차원으로 나누고 이에 따른 교수 제시형의 구체적 형태를 제공하고 있다. 메릴의 이론은 교육이나 훈련의 상황에서 어떠한 형태의 교수제시에 대한 내용요소(components) 중요성을 강조하고 있다.

메릴의 이론 특징은 한 이론적 배경에 얽매이지 않는 절충적인 것으로써 가녜, 롸이거루스의 이론과 마찬가지로 교과내용 전반에 걸친 비교적 광범위한 이슈들을 다룬다.

[표6-3] 교수설계 이론의 장단점

이 론	강 점	약 점
교수설계 이론 (가네-브릭스)	- 교사나 현장의 교육실천가들에게 그날 그날의 교수를 위한 유용한 활동지침을 제공 - 거시적 수준의 교육과정설계에 있어서 조직의 문제를 돕는 데 유용한 개념과 원리를 제공	- 교수에 직접적으로 활용되기에 충분한 처방들을 제시하지 못함
알고-휴리스틱 이론 (란다)	- 어떠한 교과목, 교수내용에 관계 없이 활용될 수 있음. - 교수내용의 위계적 조직과 학습자가 배워야 할 인지적 활동을 다양한 형태로 제시	- 알고리즘의 개발과 관련된 인지과정에 대한 연구와 효과적인 휴리스틱스의 개발에 대한 방법론적 연구의 지속적 보완
내용요소전시 이론(메릴)	- 교수설계자 및 교수의 현장에서 일하는 실천가들에게 비교적 상세하고 명확한 교수설계의 방법을 제시함. - 교육이론가 및 연구자들에게 여러 가지 연구의 소재를 제공함.	- 복잡하게 원리 및 전략을 제시하게 되어 교육현장에서 쉽게 적용하기가 어려움.
정교화 이론 (롸이거루스)	- 교수활동들이 서로 어떻게 연결되며 각 교수 목적에 따라 어떠한 조직이 필요한지를 검토하는 수단을 제공함.	- 인지주의 학습이론에 대한 깊은 이해가 없는 초보자에게는 교수설계에 적용하기가 쉽지 않음.
ARCS 이론 (켈러)	- 교수설계이론가들을 위해 유용한 개념들을 제공함.	- 경험적 연구가들에게는 명확한 가정을 세우기에는 어려움이 있음.

● 롸이거루스의 이론(정교화 이론)

내용요소전시 이론이 교수의 구체적인 미시적 교수설계 이론으로 불리워지는 반면 롸이거루스(Reigeluth)의 정교화 이론은 보다 넓은 범위와 높은 수준의 교수설계를 강조하는 거시적 이론으로 불리워 진다. 정교화 이론이 강조하는 교수의 4가지 측면은 내용의 선택, 제시의 계열화, 내용의 종합화, 내용의 요약화이다.

정교화 이론의 개념은 학습자가 각 토픽사이의 관계와 각 토픽내의 주제사이의 관계를 이해하여야 하며, 학습자가 본격적인 교육경험을 시작하기 전에 그것의 바탕이 되는 기본적인 교수내용의 핵심이 효과적인 교수의 필수요건으로 본다.

● 켈러의 이론(ARCS 이론)

켈러(Keller)의 ARCS 이론은 교수설계에 있어서 동기의 중요성을 강조하며, 구체적 동기전략을 제시하고 있다. 켈러의 ARCS 이론에서 제안하는 동기의 주요 변인들은 주의(attention), 관련성(relevance), 자신감(confidence), 만족감(satisfaction)의 4가지로 범주화하고 있다. 이 범주들로부터 학습자의 동기를 유발하고 유지시킬 수 있는 구체적인 전략들을 제시하고 있다.

[표6-4] 학습동기 유발전략(ARCS 이론)

4 요소	하위 전략	구체적 방법
주의 (attention)	지각적 주의환기 전략	시청각 효과의 활용, 비일상적인 내용이나 사건제시, 주의 분산의 자극 지양
	탐구적 주의환기의 전략	능동적 반응유도, 문제해결 활동의 구상 장려, 신비감의 제공
	다양성의 전략	간결하고 다양한 학습형태 사용, 일반적 학습과 상호작용적 학습의 혼합, 학습자료의 변화 추구, 목표-내용-방법의 기능적 통합
관련성 (relevance)	친밀성의 전략	친밀한 인물 혹은 사건의 활용, 구체적이고 친숙한 그림의 활용, 친밀한 예문 및 배경지식의 활용
	목적 지향성의 전략	실용성에 중점을 둔 목표제시, 목적 지향적인 학습형태 활용, 목적의 선택가능성 부여
	필요나 동기와의 부합성 강조의 전략	다양한 수준의 목적제시, 학습성취 여부의 기록체제 활용, 비경쟁적 학습상황의 선택가능, 협동적 상호 학습상황제시
자신감 (confidence)	학습의 필요조건 제시의 전략	학습목표와 구조의 제시, 평가기준 및 피드백의 제시, 선수학습 능력의 판단, 시험의 조건 확인
	성공의 기회제시의 전략	쉬운 것에서 어려운 것으로 과제 제시, 적정 수준의 난이도 유지, 다양한 수준의 시작점 제공, 무작위의 다양한 사건 제시, 다양한 수준의 난이도 제공
	개인적 조절감 증대의 전략	학습의 끝을 조절할 수 있는 기회 제시, 학습속도의 조절가능, 원하는 부분으로의 재빠른 회귀가능, 선택하고 다양한 과제와 난이도 제공, 노력이나 능력에 성공 귀착
만족감 (satisfaction)	자연적 결과 강조의 전략	연습문제를 통한 적용의 기회제공, 후속학습상황을 통한 적용의 기회제공, 모의 상황을 통한 적용의 기회제공
	긍정적 결과 강조의 전략	적절한 강화스케쥴의 활용, 의미 있는 강화의 제공, 정답을 위한 보상강조, 외적보상의 사려 깊은 사용, 선택적 보상체계 활용
	공정성 강조의 전략	학습목표와 내용의 일관성 유지, 연습과 시험 내용의 일치

* 주의(attention) : 호기심과 관심을 유발 · 유지시킨다.
* 관련성(relevance) : 학습은 개인적 필요와 가치, 관심에 관련시킨다.
* 자신감(confidence) : 성공에 대한 자신감을 갖도록 한다. 성공에 대해서 긍정적 기대를 갖도록 한다.
* 만족감(satisfaction) : 일관성 있는 강화(외적 보상)를 제시한다. 개인의 특성에 따라 강화를 조절할 수 있도록 한다.

2. 요구분석

1) 요구분석의 필요성

Griffin(1883)은 교육에 있어서 성공적인 프로그램 개발의 주요요소 중 하나가 요구분석이며, 교육프로그램 개발은 요구를 확인하는 과정과 동일시되고 있으며 어떤 방법으로 요구를 확인 할 수 있는가 하는 문제는 모든 프로그램 개발의 결정적 요소가 되고 있다.

Long(1983)은 성인교육은 학습자의 요구와 흥미에 기반하여야 한다고 하였다. 따라서 교육요구와 성인활동의 긍정적인 관계가 교육계획에서 중요하며 요구와 활동간의 성공적인 관계의 구축을 통해 개인이 학습에 참가를 촉진할 수 있는 동기가 부여된다.

요구분석은 교육훈련프로그램을 위한 교수자료개발을 위한 모든 체계적인 접근의 첫 단계가 되어야 한다(Burton & Merrill, 1991).

전략적이고 성과중심 교육의 시작은 요구분석이며, 요구분석의 이유는 다음과 같다.

첫째, 요구분석을 근거로 개발된 교육프로그램은 조직의 목표를 달성하게 하는데 기여한다.

둘째, 요구분석을 통해서 교육의 필요한 부분을 밝힘으로써 불필요한 부분에 대한 투자를 줄일 수 있다.

셋째, 학습자와 교육프로그램의 평가준거를 제공해 주며, 명확하게 밝혀진 수행 요구들은 규명된 수행상의 차이를 줄일 수 있는 교육 해결점들을 정확하게 규명하는데 도움을 줄 있다.

넷째, 요구분석을 통해 밝혀진 결과들은 설계나 개발단계에서 소요되는 시간을 줄일 수 있다.

다섯째, 교육대상자를 명확히 함으로써 대상자가 실제로 필요로 하는 교육을 제공할 수 있다.

이러한 요구분석은 조직의 현안 문제를 해결하는데 직접적인 처방이 될 수 있으며 조직 유효성을 높일 수 있는 첫단계가 된다.

교육프로그램 개발에 있어서 요구(needs)란 개념이 갖는 정의가 가치관의 차이, 집단의 상황, 문제해결을 위한 의사결정 등의 영향을 받게 된다.

Rotter는 요구는 3가지 기본요소를 가지고 있다고 하였다(Long, 1983). 첫째 요소는 공유된 목적(goal)으로 구성된다. 관련된 목적을 지향한 일련의 행동으로서, 주어진 상황에 나타날 가능성 있는 강한 잠재성이 있는 행동을 말한다. 둘째요소는 개인이 가치있다고 보는 특정행동이 성과에 이룰 수 있는 기대(expectancies)로 구성된다. 셋째요소는 목적 그 자체에 결부된 가치인데 개인이 다른 것보다 더 만족을 느끼는 정도를 말한다. 즉, 역량(competency), 적합성(relevance), 동기(motive)를 포함하는 것이다.

● 요구분석의 정의

요구분석은 요구분석(needs analysis), 요구사정(needs assessment), 전미분석(front-end analysis), 차이분석(gap analysis), 수행분석(performance analysis)으로 학자에 따라 정의를 내리고 있다. 요구분석과 요구사정은 일반적으로 구분없이 쓰이고 있다.

[표6-5] 요구사정과 요구분석의 정의

용 어	학 자	정 의
요구사정 (needs assessment)	Witkin & Altschuld(1999)	현재 상태와 바람직한 상태의 차이를 결정하고 그 차이의 본질과 원인을 규명하며, 앞으로의 행동을 위하여 우선순위를 결정하며 자원의 효율적인 분배를 위한 체계적인 활동
	Kaufman(1998)	현재 결과와 요구되는 결과 사이의 차이로서 요구를 규명하고 각 요구를 충족하기 위해 소요되는 경비와 이를 무시했을 때 발생하는 경비를 기초로 요구들의 우선순위를 결정하며 가장 중요하고 즉시 해결해야 할 요구를 결정하는 공식적 과정
요구분석 (needs analysis)	Watkins & Kaufman(1996)	요구사정에서 도출된 차이들을 세분화하고 분석하여 그 원인을 찾아내는 기술적 과정. 특히 파악된 요구를 만족시킬 수 있는 합리적으로 선택된 도구, 수단, 전략, 접근법 등을 제안하는 과정

요구사정은 거시적인 차원에서 현재 상태와 바람직한 상태의 차이를 알아내고 그에 대한 해결책을 제안하기 위한 분석과정이다. 반면, 요구분석은 제안된 해결책을 만족시킬 수 있는 도구와 수단, 전략 등을 찾아내기 위한 구체적인 분

석과정으로 요구사정보다는 미시적인 차원에서의 분석과정이라고 할 수 있다.

● **요구의 유형**

Bradshaw(1972)는 요구를 규범적 요구(normative), 느낀요구(felt need), 표현된 요구(expressed need), 비교요구(comparative need)의 4가지로 분류하였다.

첫째, 규범적 요구는 개인이나 집단이 일정하게 정해진 기준보다 무엇인가 낮을 때 나타나는 것이다.

둘째, 느낀요구는 원하는 사항(want)과 유사하며, 그러한 형태의 요구는 사람들에게 단순히 무엇을 원하는가를 물음으로써 확인된다.

셋째, 표현된 요구는 사람들이 어떤 것을 필요로 할 때 수요를 창조하는 경제적인 생각과 유사하다. 즉, 사람들이 어떤 생산물을 사기 위해 돈을 지불할 때 표현된요구가 존재한다.

넷째, 비교요구는 어떤 특성을 가진 집단이 그와 유사한 집단이 새로운 서비스를 받을 때 비교요구가 존재한다.

Burton과 Merrill(1991)은 Bradshaw의 4가지 유형 외에 예견 · 미래의 요구와 결정적 사건요구를 추가하고 있다.

첫째, 예견 · 미래요구(anticipated or future needs)는 미래 계획 속에서 필요한 요구를 말한다.

둘째, 결정적 사건 요구(critical incident needs)는 실패와 관련된 결정적 사건이 비록 흔히 일어나지는 않더라도 그것이 결과에 미치는 중대한 요구를 말한다.

이러한 요구의 유형구분은 요구의 다면적 속성을 개념화하고 요구를 분석하는 준거를 마련하는데 도움이 된다(Pennington, 1980).

2) 요구분석 모델

교육요구분석은 교육기관의 성격, 철학, 목표, 교육대상, 프로그램 목적, 요구분석의 수행에 대한 요구분석의 기대효과 등의 요소에 따라 달라질 수 있다.

Blanchard와 Thacker(2006)은 실제 조직의 수행상태와 기대되는 조직의 수행상태가 다르면 그것이 요구분석을 위한 촉발점이 된다. 요구분석은 투입단계인 조직분석, 작업분석, 개인분석과 과정단계인 수행격차와 수행격차의 원인을 규명하는 단계에서 이루어진다. 분석결과로는 교육요구와 비교육요구로 나눠져서 산출물로 나온다. 이 모델은 요구분석을 전제로 한 모델이긴 하지만, 작업분석을 통해 기대되는 수행상태를 알아내고, 개인분석을 통해서는 실제 수행상태를 알아내어, 수행상의 격차와 그 원인을 밝히고 교육적 요구와 비교육적 요구를 끌어내는 수행공학모델의 절차와 유사한 모델이라고 할 수 있다.

[그림6-2] Blanchard와 Thacker의 요구분석모델

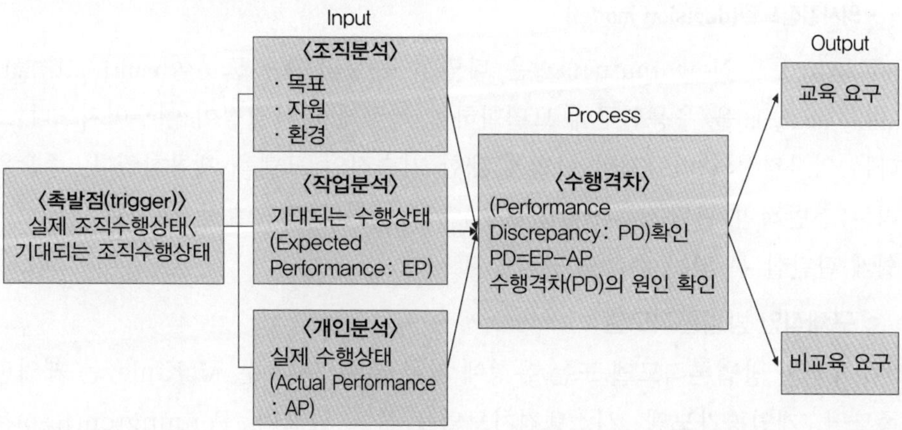

Kaufman(1992)은 요구를 최소한의 합리적인 계획을 위한 것으로 현재와 바람직스러운 것 또는 요구되는 것과 결과 차이라고 규정하고 요구분석은 결과의 차이(gap)를 확인하고 우선순위를 부여하며 그 축소와 제거를 위한 가장 중요한 것을 선택하는 과정이라고 하였다.

● 기능적모델

기능적모델인 격차모델 외에도 McKillip(1987)은 시장조사모델과 의사결정모델을 제시하였다.

- 격차모델

격차모델은 목표설정과 바람직한 상태의 확인, 수행의 측정과 현재 상태의 결정, 격차의 확인과 바람직한 상태와 현재 상태와의 차이에 대한 순위를 결정하는 3가지 측면과 규범적 기대를 강조한다.

- 시장조사모델(marketing model)

Kolter(1982)은 시장조사모델의 요구분석은 고객집단이 요구하는 서비스를 확인하고 선택하는 과정이라고 보았다. Maticosta와 Serrano Garca(1983)은 고객집단에 대해서 알고자 하거나 고객의 요구에 적응하기 위해 조직에 의해서 활용되는 피드백 과정이라고 하였다. 또한 조직의 생존과 성장의 수단이며, 전체 조직의 계획 및 요구분석의 수준을 넘는 주제를 포함한다.

- 의사결정모델(decision model)

Edward & Newaman(1982)은 다면적 특성의 효용도분석(multi-attribute utility analysis)을 응용연구에 모델화하여 어떻게 의사결정이 이루어지느냐 보다는 의사결정의 바람직한 방법에 대한 기술적인 모델을 제공하였다. 주요원리는 전반적인 판단(global judgement)에서 벗어나 의사결정자로 하여금 보다 쉽게 판단할 수 있는 수학적 방식을 활용한다.

● 구체적인 방법론적모델

구체적인 방법론적모델 또는 유형에 따른 분류모델로는 McKinley는 개인충족모델, 개인평가모델, 시스템격차모델을 들고 있으며, Pennington(1980)은 진단모델, 분석모델, 민주적모델을 제시하고 있다.

- 개인충족모델(the self-fulfillment)

무작위적이고 선택적인 접근방법으로 측정의 정확성, 교육자와 조직의 결과분석의 편견, 훈련요구의 초점을 맞추기보다는 수요의 창조에 역점을 두는 제한점을 가지고 있다. 무작위적인 접근이란 충분히 모집단의 큰 부문으로부터 개인의 요구를 발견하는 것을 의미하며, 선택적인 접근이란 조직의 알려진 부분에 대한 추정된 개인의 요구를 의미한다.

- 개인평가모델(the individual appraisal)

개인이 그들의 요구를 결정할 때 단독 또는 공동으로 참여하는데 단독적인 평가모델에서는 분석기법을 이용하여 스스로 평가하며, 공동으로 참여하는 모델에서는 학습자들이 요구를 명확히 하는데 있어서 타인의 도움을 받는다. 이 모델은 학습자들의 근본적인 학습요구를 인지하지 못하거나 이해하지 못하는 경우가 있다.

- 진단모델(the diagnostic or medical model)

충족된 요구와 충족되지 못한 요구를 모두 조사하여, 결핍이라는 해로울 것이라는 지식과 논리를 활용하며, 치료모델(medical model)이라고 한다.

- 분석모델(the analytic model)

개인의 분석된 요구를 충분히 기술하기 위해 개인의 지위나 프로그램에 대한 정보가 주어지면 어떻게 개선할 수 있겠는가 하는 방향을 설정하는 것이다. 이 모델은 숙련된 문제해결자를 필요로 한다.

- 민주적모델(the democratic model)

의견을 표시하는 무기명 집단조사과정(nominal group process)과 델파이기법을 이용하여 지명과 투표기법을 사용하여 요구들을 구체화하는 상호관련적이고 공통적인 노력을 기울인다.

Dick & Carey(1990)는 교육적 요구는 조직과 직무, 개인의 차원에서 현상태와 바람직한 상태사이의 Gap이 지식, 기술, 태도의 결함에 기인할 때 발생하게 된다고 하였다.

교수설계자는 요구분석을 통하여 현재의 직무수행상태(what it is), 바람직한 직무상태(what it should be), 문제의 원인, 문제의 해결책 정보를 알아낼 수 있다.

● 요구분석의 도구

요구분석의 가장 일반적인 도구로 면담, 관찰, 소집단회의, 설문조사가 있다.

- 면 담

면담에 의하여 현존자료에 대한 접근이 가능하며, 일반적으로 가장 많이 사용되는 분석도구 이다.

- 관 찰

현존 자료를 찾을 때 또는 주제분석이나 직무분석에서 최적에 관한 자세한 내용이나 실제를 찾고자 할 때 유용하게 사용될 수 있으며, 관찰은 정보를 상당히 자세히 끌어낼 수 있는 초기분석의 도구로 사용된다.

- 소집단회의

전문가로 구성된 다수의 사람이 상호작용을 통한 산출물이 집단의 최적에 관한 일치된 의견을 도출해 낼 수 있다.

- 설문조사

설문지(questionnaire)는 요구분석 목적과 관련된 정보를 수집하는 도구로서 다수의 사람들이 문제 또는 새로운 기술에 대해 어떻게 생각하는지를 파악하기 위해 쓰여진다.

이러한 분석도구들은 독립적으로 사용될 수도 있지만 2가지 이상을 복합적으로 사용되어 진다.

3) 요구분석의 프로세스

요구분석을 실시하는 절차는 요구분석을 하는 조직의 상황이나 프로젝트의 특성, 요구분석의 목적, 요구분석자의 역량에 따라 달라질 수 있다.

Witkin과 Altschuld(2002)는 요구분석의 단계를 사전분석, 분석, 사후분석의 3단계로 나누었다. 이 모델은 교육의 문제뿐만 아니라 다양한 집단의 요구를 분석하기 위해 요구분석의 대상을 3가지 수준으로 나누고 각 수준에 따른 요구와 관련된 원인을 분석한다. 사전분석단계는 요구분석을 본격적으로 실시하기 전에 요구분석을 위한 계획을 수립하는 단계이다. 그 후 분석단계에서 본격적으로 자료를 준비하고 수집하여 분석을 실시하고, 사후분석 단계에서 분석결과에 대해 해결책을 모색한다.

요구분석의 일반적인 프로세스는 첫째, 요구분석 인식단계로 교육프로그램 개발을 위한 요구분석의 필요성을 인식하고 요구분석을 본격적으로 실시하기 전에 고려해야 할 사항을 파악하고 전반적으로 준비한다.

둘째, 요구분석 실시단계로 요구분석을 실시하기 위해 어떤 내용을 분석하고, 어떤 사람들이 참여하며, 어떤 방법을 사용할지 구체적으로 결정하여 요구분석을 실시한다.

셋째, 요구분석 결정단계로 요구분석이 끝난 후 요구분석의 결과에 대해 참여자들이 함께 피드백하고, 결과를 공유하고, 최종적으로 결정한다.

[표6-6] Witkin과 Altschuld모델

단 계	내 용	결과물
1단계 사전분석 (탐색)	- 요구분석을 위한 관리계획수립 - 요구분석의 일반적 목적 확인 - 주요 요구 영역과 문제 확인 - 요구영역과 관련된 기존의 정보 확인 - 결정 : 수집할 자료, 출처, 방법, 자료의 잠재적 용도	단계 2와 3을 위한 준비계획, 요구분석 평가를 위한 계획
2단계 분석 (정보수집)	- 요구분석의 상황, 범위, 한계 결정 - 요구에 대한 자료수집 - 요구에 대한 예비적 우선순위 결정 (수준1) - 수준1, 2, 3에서 원인분석 실시 - 모든 자료분석 및 종합	높은 우선순위의 요구에 기초한 행동을 위한 준거
3단계 사후분석 (활용)	- 모든 적용 가능한 수준에서 요구에 대한 우선순위 결정 - 대안적 해결방법 모색 - 실행방법을 위한 행동계획 개발 - 요구분석 평가 - 결과 보고	행동계획, 문서와 구두를 통한 보고, 보고서

* 수준1 : 요구분석의 기초적인 대상으로 수강생이나 고객과 같이 서비스를 제공 받는 집단 포함
* 수준2 : 이차적인 요구분석대상으로 강사, 조직구성원 같이 서비스 공급자나 의사결정자 포함
* 수준3 : 건물, 시설, 기술과 같은 환경이나 자원

3. 교수체제설계(ISD) 요소

교수체제개발(instructional system design)이란 경영상의 문제나, 경영환경의 변화에 따른 미래의 기회를 규명하여, 이를 해결할 수 있는 교육적 대안을 선정하고, 이를 설계, 개발, 실행 및 평가, Feedback하는 체계적인 과정이다. ISD는 교육공학(educational technology)의 하위영역으로서, 교육공학의 방법론으로 연구, 개발, 적용되는 분야이다.

ISD란 무엇을 어떻게 가르칠 것인가를 결정하는 과정으로서, '왜' 가르칠

것인가가 우선적으로 규명된다. ISD는 직무담당자들의 직무를 분석하여 이를 근거로 교육방법이 도출되기 때문에 기존교육의 가장 큰 문제인 직무와 단절된 형식적인 교육의 문제를 해결할 수 있다.

[표6-7] ISD 기본 요소

단 계	내 용
분 석 (analysis)	• 직무수행상의 문제나 미래를 위한 교육 요구를 찾아내고 이를 이해하며 해결방안을 탐색(2가지 요구분석) – 바람직한 현상과 현재 현상과의 Gap을 밝혀 냄(현재 문제와 관련된 요구사항 파악) – 바람직한 미래와 현재와의 Gap을 밝힘. – 분석의 목적 : 교육이 어디에서 왜 필요한지, 어떤 지식과 기술을 가르쳐야 하는지, 어떤 일이 수행되고 있는지를 규명
설 계 (design)	• 수집, 분석된 자료를 근거로 교육목표 및 교육전략 계획수립 – 분석단계에서 확인된 문제가 교육으로 해결 가능한 것으로 밝혀지면 구체적인 교육방법을 설정
개 발 (development)	• 교육훈련에 사용될 도구 개발 – 교육과정 개발 – 강사 및 교육생 매뉴얼 개발 – 수업 매체 선정 및 제작
실 시 (implementation)	• 파일럿 테스트를 실시하여 타당성 검증 및 전면적 실시 – 개발된 프로그램이 현장에 완전히 준비되었는지 확인 – 교육생이 제대로 배우는지 확인
평 가 (evaluation)	• 프로그램 실시 결과, 교육적 효과가 있었는지 수정되어져야 할 부분이 무엇인지에 대한 결정 – 분석, 계획, 개발, 실행이 계획대로 실행되는 지에 대한 평가 및 점검 – 교육시스템을 개선(수정)

교육과정을 개발하고자 하는 조직들은 교육과정을 개발하기 전에 해당 부문의 교육체계 수립이 선행되어야 하는지를 검토하여야 한다. ISD모델을 통해 교육과정을 개발하고자 할 경우 현재의 교육체계의 수정 및 보완해야 할 요구가 발생할 수 있다.

ISD는 제2차 세계대전 당시 군인들을 단시간내에 훈련시켜야 하는 필요성에 의해서 대두되었으며, 전통적인 교수이론의 한계를 극복하고 교수학습의 문제를 해결하기 위해서 교수설계 이론 및 측정과 평가를 체제적 접근에 의해 통합하려는 시도로 등장하였다(Branson, 1991).

IDS모형은 1957년 구소련이 최초로 스프트닉 인공위성을 발사한 이후 미국을 중심으로 추진된 과학적이고 체계적인 교육에 대한 다양한 연구결과로 개발되어, 1950년대에 미국의 군대훈련 영역에서 최초로 사용되었으며, 1960년대에는 ISD의 적용이 모든 영역에서 보편화되기 시작하였다. 이와 같은 ISD모형은 미국군대의 교육체제에 기초하고 있으며, 교육프로그램을 분석, 개발, 평가하는데 필요한 방법론을 제시해 주는 체제이론이 산업교육의 바탕이 되었다(Tiogo, 1991).

1970년대 미국에서 교사, 행정가, 교육과정 담당자, 매체전문가들을 위한 ISD모형이 개발되었으며, 산업교육에서도 IBM(SATE : a system approach to education), AT&T(TDS : training development standards), HP(EPP : education planning process), Motorola(DACUM : developing a curriculum) 등과 같은 기업에서 활용하기 시작하였다.

일본 기업들이 1980년대에 도입하기 시작하였으며, 1990년대에 들어와서 한국의 대기업을 중심으로 ISD 모형을 도입하였다.

4. 교수체제설계(ISD)의 프로세스

산업교육에서 사용되는 ISD모델들은 ADDIE의 기본적인 틀을 유지한다. 즉, 분석(analysis), 설계(design), 개발(development) 및 실시(implementation), 평가(evaluation)의 단계를 거치게 된다.

- **분석(analysis)**

비즈니스 니즈규명, 고객분석 및 고객과의 파트너쉽 형성, 직무분석 · 주제분석, 원인(요구)분석, 분석결과를 정리하는 과정을 거친다.

- **설계(design)**

설계에는 교육결과 평가와 직무수행평가의 설계를 말한다. 교육결과 평가는 학습자들의 교육프로그램에 대한 반응평가와 참가자들이 지식과 기술의 습득 정도의 학습성취도평가의 2가지가 있다. 이런 평가에 대한 계획과 설계는 실제 교육프로그램을 수행하기 전에 교육프로그램 설계와 동시에 이루어져야 한다. 직무수행평가는 현업에서 업무수행을 통해 나타나는 행동이나 기술, 가시적으로는 발견하기는 어렵지만 향상된 역량, 향상된 업무수행 지수를 측정 가능하도록 교육프로그램이 시작되기 전에 평가 대상이 될 결과를 구체화시켜서 기본적인 자료와 결과를 비교할 수 있다.

● **교육프로그램의 개발(development) 및 실시(implementation)**

실제 교육프로그램 개발 및 교육을 실시하게 되며, 최대한의 효과를 기대할 수 있도록 실시되어야 한다.

● **평가(evaluation)**

교육훈련의 결과를 평가하려면, 결과를 비교할 수 있는 근거자료를 먼저 수집하여야 한다. 즉, 교육이 시작되기 전에 지표를 설정하여야 한다. 교육 이전에 기술들이 어느 정도 쓰여지고 있는가? 교육 후 몇 개월 후에 어떻게 쓰이는가? 참여자들의 행태가 바람직한 방향으로 전환 되었는가? 문제가 좀 더 효과적, 효율적으로 해결되고 있는가? 등의 문제가 모니터링되고 평가되어야 한다. 직무수행에 있어서의 지표의 변화를 통해서 교육의 효과가 현장에 적용되고 교육이 경영 현안의 해결에 기여했음을 알 수 있다.

[그림6-3] ISD모델

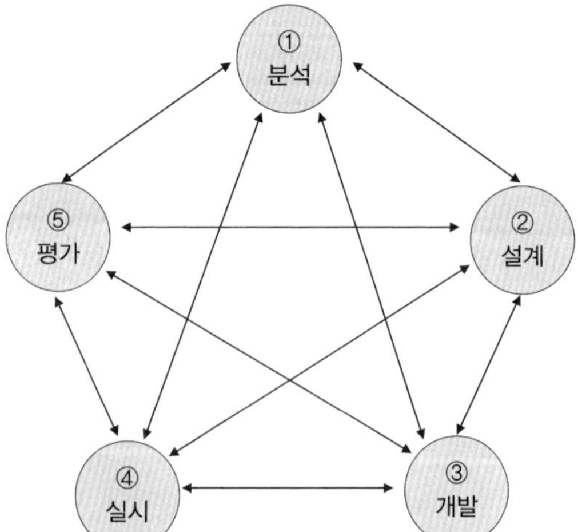

5. 교수체제설계(ISD)방법론

교수설계의 체제접근(system approach)이란 기술적으로 상호관련된 구성요소들의 집합이며, 이 구성요소들이 특정목표를 향하여 유기적으로 상호작용하는 과정을 말한다. 즉, 교수의 질만을 강조하던 과거의 입장과는 달리 교수활동을 구성하는 모든 요소를 강조하는 관점을 이르는 말이다.

[그림6-4] Dick과 Carey의 체제접근에 의한 교수설계모델

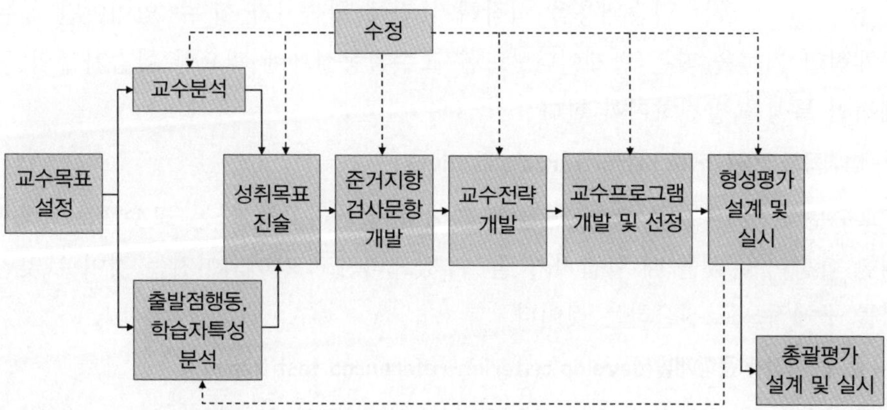

Source : Dick & Carey(1990)

Dick과 Carey의 체제접근에 의한 교수설계모델은 교육과정 설계모델이 아니다. 교육과정(curriculum)을 설계하기 위해서는 교수목표 설정 이전 단계에서 요구분석(needs assessment)과 직무분석(job analysis)가 필요하다.

● Dick과 Carey의 체제접근모델

- 교수목표 설정(identify an instructional goal)

학습자가 학습 후 어떤 업무를 수행할 수 있나를 결정하는 것이다. 교수목표는 목표리스트에서 특정교육과정의 요구분석(needs assessment) 결과로부터 학습자들이 특정내용에 대한 학습의 어려움을 겪는 것을 관찰한 것으로부터, 특정업무를 잘 수행할 줄 아는 고성과자의 행동을 분석한 결과로부터, 새로운

교수프로그램의 요구사항들로부터 추출될 수 있다.

- 교수분석(conduct an instructional analysis)

교수목표가 설정되면 교수목표는 어떤 유형의 학습으로 할 것인가를 결정하여야 한다. 학습목표를 성공적으로 달성하기 위하여 학습자가 학습하여야 할 하위 기능을 분석하고, 그 기능들의 프로세스로 학습이 진행되어야 하는지를 밝혀야 한다.

- 출발점 행동 및 학습자 특성 분석(identify entry behaviors and characteristics)

가르치고자 하는 학습내용을 시작하기 전에 학습자가 할 수 있어야만 하는 구체적인 기능을 찾는 단계이다. 또한 교수활동설계에 필요한 학습자들의 구체적인 특성을 발견하여야 한다.

- 성취목표 진술(write performance objectives)

교수분석 및 출발점 행동 진술에 의해서 설계하고자 하는 교수프로그램에 의한 학습이 끝났을 때 학습자가 할 수 있으리라고 기대되어지는 것이 무엇인가를 구체적으로 진술하는 것이다.

- 준거지향검사 문항개발(develop criterion-referenced test items)

목표에서 가르치고자 했던 기능을 학습자가 성취했는가를 알아볼 수 있는 검사 문항을 개발한다. 특히 문항에서 측정하고 있는 것과 목표에서의 성취행동과 반드시 일치하고 있어야 한다.

- 교수전략 개발(develop an instructional strategy)

전 단계들에서 얻어진 정보에 의해서 교수프로그램의 최종 목표를 달성하기 위해서 전략을 설정하여야 한다. 전략은 교수전 활동, 정보제시, 연습 및 피드백 별로 나와야 한다.

- 교수프로그램 개발 및 선정(develop and/or select instruction)

교수전략에 의해서 교수프로그램을 만드는 단계이다. 교수프로그램은 학습자매뉴얼, 교수자료, 검사, 교수가이드를 포함한다.

- 형성평가의 설계 및 실시(design and conduct the formative evaluation)

교수프로그램이 완성되면 질을 개선하기 위해서 필요한 자료를 수집하기 위한 평가로서 학습자 개인별평가(one-to-one evaluation), 소집단평가(small-group evaluation), 현장평가(field evaluation)를 실시한다.

- 교수프로그램의 수정(revise instruction)

형성평가가 정리되면 이를 바탕으로 특정목표를 학습하는데 어떤 어려움이 있는가를 파악하여야 한다. 이 단계에서는 교수프로그램의 타당성을 검토하고 학습자의 출발점 행동과 학습자 특성을 잘 설정하였는가를 재검토하는데 필요한 자료로도 활용된다. 또한 성취목표의 적절한 진술, 검사문항의 적정한 개발, 교수전략의 효과성을 검토하고 잘못된 부분을 수정한다.

- 총괄평가 실시(conduct summative evaluation)

평가는 설계한 교수프로그램의 효과를 총체적으로 살펴보는 것이며, 평가의 목적은 교수프로그램의 절대적 혹은 상대적 가치를 평가하기 위한 것이다. 총괄평가는 교수설계자에 의해서가 아니라 별도의 평가자에 의해서 실시되어야 객관성을 확보할 수 있다.

이상 체제 접근에 의한 교수설계 프로세스를 9단계로 제시하였다. 각 단계는 상호 밀접히 관련되어 있으며, 그 각각은 항상 투입과 산출의 관계이며, 각 단계는 교수프로그램을 개발하기 위해서 상호 작용한다.

● IPISD모델

1974년 Branson, King, Paulman이 1960년대 말부터 연구한 미국군대의 교육훈련에 관련된 과업을 더욱 성공적으로 수행하기 위해서 IPISD(interservice procedures for instruational system development)라는 책을 출판하면서 비롯되었으며, 대표적인 모델으로 자리매김하였다.

IPISD는 분석, 설계, 개발, 실행, 평가로 이루어지며, 5가지 요소는 다른 ISD 모형에서도 핵심적인 활동으로 나타나는 기초 개념으로 받아들여 진다.

[그림6-5] IPISD모델

첫째, 분석단계에서는 프로그램 개발을 추진하기 위해 필요로 하는 요소들을 확인하는 단계이다.

둘째, 설계단계에서는 목표설정을 통해 학습성과를 명확히 하고, 그에 따른 요구조건을 설정하며, 거시적 수준에서 교수학습활동의 Frame을 설계하고 미시적 수준에서 한 단위의 수업과 같이 세부사항을 설계한다.

셋째, 개발단계에서는 설계단계에서 설정된 과제들을 실제 학습내용과 교육절차 및 방법을 구성하고, 매체로 개발한다.

넷째, 실행단계에서는 프로그램개발 담당자가 준비작업을 최종 마무리하는 활동부터 본 과정을 운영한다.

다섯째, 평가단계에서는 프로그램을 실행한 후에 설정한 목표 대비 학습자의 학습성과를 평가하여 프로그램의 가치를 판단하고, 변화가 요구되는 부분은 개선한다.

● ISD모델 Best Practice

- IBM의 ISD모델

IBM의 ISD모델은 학습시간의 단축, 교육훈련에서 현업으로의 전이 증대,

교수전달비용의 감축으로 효율성을 극대화 시키는 모델이다.

학습기간 단축은 사전학습을 늘리거나, 강의 워크북 또는 시청각 매체를 활용한 자율학습으로 전환하거나, 독립적인 교육방법의 비중을 높이는 등의 형태로 구체화 된다.

전이증대는 교수설계상의 개선으로 그 방법은 강의식 위주보다는 학습자 중심, 교수내용의 시각화, 지식위주의 연역식 교수보다는 발견학습과 같은 귀납식 교수가 강조된다.

교수전달비용의 감축은 독립교수(self-instruction) 모듈을 사용하거나 학습자 중심의 과정을 제공하는 것으로 구체화된다(Parry, 1991).

IBM의 ISD모델은 9단계로 구성되어 있으며, 설계단계에 중점을 둔 절차의 통제를 위한 모델으로 응용이 가능하다.

[그림6-6] IBM의 ISD모델

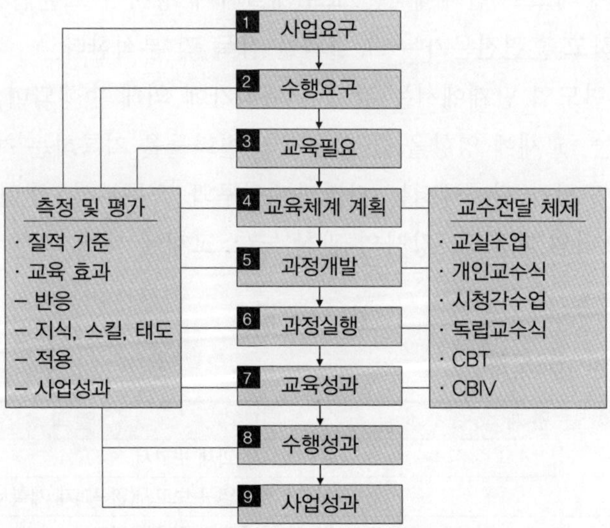

- AT&T의 TDS(training development standards)모델

1979년 AT&T는 체계적인 교육과정 및 코스개발과정인 AT&T훈련 개발표준(TDS)을 만들어, 벨시스템센터에서 실시하는 다양한 세미나, 연수회, 기술

교육코스 개발에 사용하고 있다. 벨시스템센터의 프로그램 개발모델의 지침인 TDS는 7개 단계로 이루어 지며, 각 단계마다 특정한 활동과 산출물을 갖는다 (Crilly, 1980).

첫째, 사전과제연구 단계에서는 직무에 영향을 미치는 문제에 초점을 두고 이를 해결하기 위한 훈련이 필요한지를 결정하기 위해 초기훈련 요구로부터 자료를 수집하고 분석한다.

둘째, 직무연구 단계에서는 자료를 수집하고 분석 후에 직무를 수행하는데 요구되는 지식 및 기술, 기존의 훈련코스의 평가를 포함하는 정보를 산출한다.

셋째, 설계 단계에서는 행동목표의 진술, 목표의 측정을 위한 검사문항의 개발, 수업전략의 명세서가 개발된다.

넷째, 교재개발 단계에서는 기술교육을 위한 강사 및 행정가 지침서, 학습자용 실무 바인더, 참고바인더, 코스바인더와 같은 교재를 개발한다.

다섯째, 현장테스트 단계에서는 교수개발자나 강사가 표본집단을 대상으로 코스를 실시하고 훈련전문가는 그 결과를 감독 및 분석한다.

여섯째, 훈련도입 단계에서는 강사나 행정가에 의해 수행되며, 필수적인 코스유지 항목들, 교재에 영향을 줄 기술적인 변화들을 기록하는 책임을 진다.

일곱째, 사후평가 단계에서는 사전과제연구와 직무분석, 훈련코스의 평가, 훈련생으로부터의 피드백, 강사의 관찰, 코스교재에 대한 평가자료가 수집되고 검토된다.

[표6-8] AT&T의 TDS모델

단 계	결 과
1. 사전과제 연구	– 사전과제 보고서
2. 직무연구	– 직무연구 보고서(연구과제 계획서 포함)
3. 훈련목표, 표준검사개발 및 훈련설계	– 최종훈련 및 직무보조물 – 최종목표 – 표준검사
4. 교재개발	– 강사지침서, 학습자 교재 – 시청각 교재, 훈련보조물 – 직무보조물, 개발, 검사, 실행의 결과

단 계	결 과
5. 현장 테스트	– 현장 테스트 보고서 – 훈련생 및 강사용 교재물
6. 훈련 및 사후평가를 위한 계획	– 보충 현장테스트 자료 – 코스유지 및 사후평가 자료
7. 사후평가 및 수정을 위한 건의	– 사후평가 보고서

- Motorola의 DACUM모델

모토롤라의 DACUM(developing a curriculum)은 Duty와 Task로 직무를 정의하고 실무전문가의 그룹토의를 통해 직무를 분석하는 프로세스로 교수개발 과정을 따른다.

DACUM모형이 지향하는 교수개발은 '프로그램의 상세하고도 정확한 설계'이며, 이러한 설계도에 의해 구체적인 프로그램을 개발하는 것이다.

[표6-9] 모토롤라의 DACUM모델

단 계	내 용	
1. 문제발견		
2 .분석 제안서 기간	2.1 문제분석	수행문제분석, 직무분석
	2.2 해결책 선정	교수, 동기전략, 과업변경
3. 교수가 타당한 해결책인가?		
4. 프로그램설계 제안서 기안	4.1 교수결과물 선정	과제분석, 목표분석, 학습자분석
	4.2 교수목표 진술	최종목표, 하위목표
	4.3 평가문항 개발	진단평가, 목표분석, 출발점 행동평가
	4.4 교수전략 선택	전달전략, 마케팅전략, 시행전략
5. 프로그램 개발 계획서 기안	5.1 모듈 기획 개발	
	5.2 개발과정 통제 서류제작	
	5.3 형성평가	
	5.4 파일럿테스트	일대일, 소그룹
	5.5 실행, 개정	

● 통합 ISD모델

통합 ISD모델은 ISD의 Best Practice 모형을 통합하여 실무적으로 적용 가능한 체제로 구성하였으며, 그 내용은 다음과 같다.

[표6-10] 통합 ISD모델

<table>
<tr><th colspan="2">단 계</th><th>주요 내용</th><th>평가활동</th><th>산출물</th></tr>
<tr><td rowspan="2">분석</td><td>준 비</td><td>교육프로그램 개발프로젝트 팀 구성</td><td>전문가 수준</td><td>팀 구축</td></tr>
<tr><td>요구분석</td><td>요구분석(경영자요구분석, 학습자요구분석, 직무분석, 과제분석)</td><td>경영성과기여도, 현업적용도</td><td>요구분석서</td></tr>
<tr><td rowspan="5">설계</td><td rowspan="5">교수설계</td><td>과정의 교육목표</td><td rowspan="5">학습목표달성도, 교육생반응도</td><td rowspan="5">달성 교육목표, 교육내용, 교수방법 및 매체, 교육시간</td></tr>
<tr><td>교육대상자</td></tr>
<tr><td>교육시간 및 교육일정표</td></tr>
<tr><td>과목별 목표 및 교육내용</td></tr>
<tr><td>교육방법 및 평가계획</td></tr>
<tr><td rowspan="2">개발</td><td>교재 및 교육보조재의 개발</td><td>교재개발, 강사매뉴얼, 교수매체</td><td>Simulating, pilot course 평가</td><td>교재, 강사매뉴얼</td></tr>
<tr><td>형성평가</td><td>평가도구</td><td>타당도, 신뢰도</td><td>평가도구</td></tr>
<tr><td rowspan="11">실행</td><td rowspan="5">교육준비</td><td>학습대상자</td><td rowspan="5">-</td><td rowspan="5">-</td></tr>
<tr><td>교육방법</td></tr>
<tr><td>교육시간 및 교육일정표</td></tr>
<tr><td>교육장소</td></tr>
<tr><td>교육내용</td></tr>
<tr><td rowspan="6">교육실시</td><td>교육대상자 선정</td><td rowspan="6">학습자 자기진단</td><td rowspan="6">-</td></tr>
<tr><td>교육차수별 교육인원</td></tr>
<tr><td>교육일정</td></tr>
<tr><td>교육장소</td></tr>
<tr><td>강사선정</td></tr>
<tr><td>강의교재, 강의매뉴얼, 교보재</td></tr>
<tr><td rowspan="4">평가</td><td>반응평가</td><td>반응도평가</td><td rowspan="4">단계별 평가, 교육과정 개선</td><td rowspan="4">교육결과에 대한 반응도, 이해도, 현업활용도, 경영성과기여도</td></tr>
<tr><td>학습평가</td><td></td></tr>
<tr><td>적용평가</td><td>현업적용도</td></tr>
<tr><td>결과평가</td><td></td></tr>
</table>

PART 3. 요구분석과 교육과정 개발

역량기반의 커리큘럼(CBC)

Chapter 7

1. 역량중심의 교육훈련체계
2. 역량중심의 교육훈련체계 수립프로세스
   1) 환경분석
   2) 역량진단
   3) CBC 프로그램의 설계
3. 역량중심의 교육훈련체계 방법론

Strategic Human Resource Development

1. 역량중심의 교육훈련체계

개인의 역량평가에 의해 요구수준과 현재수준의 Gap을 분석하여 부족한 역량에 대하여 육성계획에 따라 학습계획을 수립한다.

역량모델을 이용한 교육훈련의 강점은 조직구성원의 개발에 있어서 Needs의 분석이 정확하게 이루어 질 수 있다는 것이다.

역량모델을 교육훈련 활동으로 연결시키기 위해서는 먼저 360도 평가에 의한 평가 Feedback 시스템을 갖추는 것이 필요하다.

이러한 피드백을 통해 직무수행에 필요한 직무특성은 무엇인지를 확인할 수 있으며, 조직에서 지원할 일은 무엇인지를 파악 할 수 있기 때문이다.

최근 선진조직들은 역량평가 결과를 보상으로 연결하는 것은 물론 조직구성원의 역량을 제대로 파악하고 이를 개인의 육성자료로 개인의 역량개발 Needs와 연결시켜 적극적으로 활용하는 것에 주목할 필요가 있다.

2. 역량중심의 교육훈련체계 프로세스

1) 환경분석

환경분석은 조직의 현황분석, SWOT분석, 조직의 역량개선방향에 대해서 분석하여야 한다.

조직의 현황분석은 조직의 현황 즉, 본부, 지방조직의 환경분석 및 대내외적 여건과 환경변화의 과제에 대한 분석이 이루어져야 한다.

SWOT(강점 · 약점 · 기회 · 위협)분석은 이를 통하여 조직이 목표로 하는 전략을 명확히 한다. 조직의 외부환경이 분석조직의 전략에 영향을 미치는 요소를 분류하고, 이들 요소들을 기회요인과 위협요인으로 분리하여 정리한다. 또한 분석조직의 역량에 대해 외부환경과 경쟁조직과 비교하여 지니고 있는 강점과 약점을 분석한다.

[표7-1] SWOT분석 내용

내부역량/외부환경	기 회(opportunity)	위 협(threat)
강 점 (strength)	강점-기회(SO)전략 기회를 활용하기 위한 강점을 사용하는 전략	강점-위협(ST) 위협을 회피하기 위해 강점을 사용하는 전략
약 점 (weakness)	약점-기회(WO)전략 약점을 극복함으로써 기회를 활용하는 전략	약점-위협(WT)전략 위협을 회피하고 약점을 최소화하는 전략

특히, 전략, 기능, 조직구조, 인력, 프로세스, 조직구성원의 행태 및 조직문화에 대한 강점요인과 약점요인에 대해 분석이 되어야 한다.

조직의 역량개선방향은 조직의 주요 미션, 전략 총괄조정 기능, 서비스 패러다임의 변화, 인프라 및 서비스체계, 조직 주요업무의 고부가가치화, 전략 네트워크 구축 등에 대하여 AS-IS, TO-BE의 역량개선방향을 설정하여야 한다.

2) 역량진단

역량모델의 개발은 역량모델링을 위한 직무군 및 대표직무 분석, 역량도출 설문지 개발, 역량모델링 데이터분석의 과정을 거쳐야 한다.

먼저 직무군(job family)이란 유사한 구성원 특성을 요구하거나, 유사한 과업을 내포하고 있는 2이상의 직무의 집단을 말한다. 예를 들면 본부(국)단위 수준에서 수행되는 기능을 중심으로 조직(기관)의 기능을 도출하고 이를 기반으로 직무군을 분류한다.

대표직무(job)란 업무의 종류와 수준이 유사한 직위들의 집단으로 어떤 경우에는 유사한 직위가 없기 때문에 한 직위만으로 직무가 구성되기도 하며, 대표직무는 향후, 직군별 경력개발 경로상에 표기될 직무명(중분류)을 말한다. 예를 들어, 직무분석팀에 4명의 팀원이 직무분석업무를 담당하고 있을 경우, 모두는 직무분석업무라는 하나의 직무를 갖고 있다. 이처럼 대표직무수는 직위수와 같거나 또는 직위수 보다 적게 된다.

기상청의 경우 과를 대표하는 업무(중요도) 중 1인이 담당할 수 있는 크기의 업무, 과마다 2~3의 직무로 대표성을 갖는 업무로 대표직무를 정의하였다.

[표7-2] 기상청 대표직무(예)

<table>
<tr><th>직무군</th><th>직무그룹</th><th>대표직무</th><th>해당부서</th></tr>
<tr><td rowspan="6">기상
예보군</td><td rowspan="2">예보분석</td><td>예보분석</td><td>예보관실, 태풍예보담당관실</td></tr>
<tr><td>예보통보(항공예보 포함)</td><td>기상통보관실</td></tr>
<tr><td rowspan="2">예보지원</td><td>예보지원</td><td>슈퍼컴, 수치예보과, 디지털예보개발과</td></tr>
<tr><td>예보평가</td><td>예보정책과, 수치예보과</td></tr>
<tr><td>기후예측</td><td>기후예측</td><td>기후예측과</td></tr>
<tr><td>예보예측</td><td>예보예측</td><td>예보정책과</td></tr>
<tr><td>.
.</td><td>.
.</td><td>.
.</td><td>.
.</td></tr>
<tr><td rowspan="16">기상
행정지원</td><td rowspan="3">인사</td><td>기상행정지원</td><td>혁신인사기획관실</td></tr>
<tr><td>평가</td><td>혁신인사기획관실</td></tr>
<tr><td>교육</td><td>혁신인사기획관실</td></tr>
<tr><td rowspan="3">기획</td><td>기획</td><td>재정기획관실</td></tr>
<tr><td>홍보</td><td>정책홍보담당관실</td></tr>
<tr><td>예산</td><td>재정기획관실</td></tr>
<tr><td rowspan="4">총무</td><td>경리 용도</td><td>총무과</td></tr>
<tr><td>서무</td><td>총무과</td></tr>
<tr><td>민원</td><td>총무과</td></tr>
<tr><td>법무</td><td>총무과</td></tr>
<tr><td>국제협력</td><td>국제협력</td><td>국제협력담당관실</td></tr>
<tr><td>시설</td><td>시설</td><td>총무과</td></tr>
<tr><td>감사</td><td>감사</td><td>재정기획관실</td></tr>
<tr><td rowspan="2">전산정보</td><td>정보지원</td><td>정보화담당관실</td></tr>
<tr><td>정보통신운영</td><td>정보통신담당관실</td></tr>
</table>

Source : CSC 정책연구보고서, 2006

역량도출설문지 개발에서 역량도출 설문(1차)은 향후 조직에서 적용, 시행될 예정인 역량진단의 평가요소를 선정하는데 있어 구성원들의 의견을 파악하고 반영하기 위하여 필요하다. 설문구성은 공통역량과 인구통계학적 질문으로 구성되어져야 한다. 공통역량은 조직의 비전이나 미션을 달성하는데 요구되어지는 행동특성이나 가치관, 조직전체 구성원들에게 적용되는 기본역량이다. 인구통계학적 사항은 설문응답자의 근무부서, 직급, 직렬, 근무연수 등에 관한

항목으로 구성되어야 한다.

[표7-3] 공통역량 선정(예)

공통역량	정의	중요도					적용가능성				
		1	2	3	4	5	1	2	3	4	5
신속성	현재 필요한 당면 과제를 즉시 처리하며, 보다 큰 맥락에서 시간상으로 중요한 업무를 파악하여 우선순위를 선정하려는 일관성 있는 태도										
책임감	업무수행에 따라 예측되는 책임을 명확히 인식하며, 책임완수를 위해 노력하고 자신이 내린 결정과 행동, 그리고 그 결과에 대하여 분명한 책임을 짐.										
창의성	탄탄한 기본적인 지식에 문제의식을 가지고 실용적이고 독창적인 아이디어를 도출하여 이것을 현실화하는 역량										
팀워크	구성원들과 협력적인 관계를 유지하고, 이러한 관계를 효과적으로 업무 수행에 연결시켜 긴밀한 협력을 통해 팀의 목표를 완수해 내는 역량										
혁신성	끊임없이 자신을 개발하고 업무방식을 개선함으로써 조직의 비전 달성에 필요한 새롭고 긍정적인 변화를 추구하여 목적을 달성하려는 태도										
추진력	목표를 달성하기 위한 열정과 끝까지 노력하려는 자세, 저항이나 장애에 쉽게 굴복하지 않으려는 태도 및 의지										
대응력	예기치 못한 돌발적 상황이 발생할 경우 침착하고 신속하게 대응할 수 있는 순발력										
고객 지향성	조직내 · 외부의 정책고객의 입장에서 생각하고 정책고객의 기대 및 요구사항을 파악하여 정책고객의 요구를 효과적으로 충족시키고, 정책고객의 만족과 감동을 이끌어 내는 역량										

Source : CSC 정책연구보고서, 2006

* 중요도 : 조직의 목표 및 전략 달성을 위해 해당 역량요소가 가지는 중요성 정도
(1 : 중요하지 않음, 3 : 중요함, 5 : 매우 중요함)

* 적용가능성 : 해당 역량이 조직 내에서 얼마나 많은 직무 및 직급에 적용될 수 있는지 여부
(1 : 적용 범위가 매우 좁음, 3 : 적용 범위가 보통임, 5 : 적용범위가 매우 넓음)

역량모델링 데이터분석은 조직의 역량중심의 교육체계수립 설문조사를 통하여 조직구성원에게 요구되는 역량을 중요도와 적용가능성의 결과를 바탕으로 조직의 조직구성원들과의 인터뷰를 통하여 공통역량을 추출한다.

선정된 각 역량별로 역할 발달단계별 행동지표를 정의, 역량사전을 작성하여 이를 역량진단 및 교육프로그램 개발의 기준으로 활용된다.

[표7-4] 역량 척도(예)

고객지향성		고객의 입장에서 생각하고 고객의 기대 및 요구사항을 파악하여 고객의 요구를 효과적으로 충족시키고, 고객의 만족과 감동을 이끌어 내는 역량
수준	Key Word	행동지표
4. 실현	고객중심 문화의 방향성 제시	- 정책에 대한 평가 의견을 종합적으로 검토하여 정책 서비스의 질을 향상시킬 수 있는 방향성 제시 - 변화하는 고객의 요구사항을 지속적으로 Monitoring하여 미래의 수요를 예측하고 이에 대응할 수 있는 전략을 개발함. - 정책고객의 기대 및 요구사항 파악 방안 제시 - 내 · 외부 고객의 Needs를 파악하여 정책으로 반영
3. 지도	맞춤형 정책 서비스 제공	- 고객이 보다 이해하기 쉬우며, 고객의 유형에 맞는 정책 제시 - 대내 · 외 고객 입장에서 정책의 문제점과 대안을 제시 - 고객의 요구와 관심을 충족시키기 위해 향상 고객의 관점에서 문제를 파악하고, 해결방안을 마련함. - 정책 고객 만족도 조사 결과에 대하여 환류 할 수 있는 제도적 장치 마련
2. 적용	정책 고객의 의견 반영	- 내 · 외부 고객 만족을 위한 정책 및 서비스 개발 - 국민의 기대와 요구 사항을 주기적으로 파악, 이를 충족시킬 수 있는 적정 방안 제시 - 정책 수요자에게 도움을 주기 위해 수요자의 관심사에 대해 깊이 있는 이해를 하고 있음. - 정책 수요자의 요구와 관심을 충족시키기 위해 항상 수요자의 관점에서 문제를 파악하고, 해결방안을 마련함.
1. 학습	서비스 대상에 대한 인지	- 고객서비스의 수준을 유지하기 위해 필요한 자원을 적극적으로 확보하고, 조직원들이 고객서비스를 적절히 제공할 수 있도록 지원함. - 국민의 기대와 요구 사항을 주기적으로 파악하고 이를 분석하여 환류 - 내 · 외부 고객의 질문, 요청, 불만을 적극적으로 해결하려는 노력을 보임.

Source : CSC 정책연구보고서, 2006

조직의 역량교육체계 수립을 위하여 역량설문조사(2차)를 실시하여 역량 Gap을 분석한다. 역량별 중요도와 현재수준을 체크하여 중요도가 높고 현재수준이 낮은 역량부터 우선적으로 역량교육프로그램을 설계하게 된다.

3) CBC 프로그램의 설계

조직의 교육훈련체계 문제점을 도출하고 개선의 방향을 설정하여야 한다. David D, Dubois의 전략시스템모델은 Front-end Analysis(성과분석), Competency Modeling(역량모델링), Curriculum Planning(교육훈련체계 기획), Intervention Design(과정설계 및 개발), Evaluation(평가)의 과정을 거친다.

역량을 개발하기 위한 교육훈련은 명확하게 규명된 경영상의 요구와 철저하게 연계되어야 한다. 역량개발을 위한 CBC(competency-based curriculum)는 경영환경과 Business Issue에 따라 인재개발에 대한 최고 경영층과 조직구성원의 의지와 요구가 반영되어야 한다. 그리고 성과분석, 역량분석이 바탕이 되어야 한다.

CBC기법의 가장 기본적인 관점은 특정업무를 수행할 때 그 기능을 수행함으로써 달성해야 되는 성과나 산출물 혹은 기대되는 사업결과로부터 시작된다. 기대되는 결과가 확인되면 그 결과를 수행하기 위해 필요한 역량이 추출되며 그 필요역량을 구성하는 지식, Skill, 태도 등을 규명하게 된다. 이에 따라 지식, Skill, 태도를 개발시키고 지원해 줄 다양한 형태의 학습지원책으로 구성되는 역량중심의 커리큘럼을 개발한다.

[표7-5] ISD와 CBC 비교

Factor	ISD모델(대표기법 DACUM)	CBC모델
목적	- 적정수준 이상의 업무 수행 - 개인의 지식 · 스킬 개발	- 조직의 사업전략 성과달성 추구
교육내용 추출 근거	- Task	- Vision, 전략, 성과, Competency(행동지표)
평가기준	- 직무수행의 충실도	- 조직의 경쟁력(효율성) 제고
학습방법	- 업무상 나타난 Gap에 대한 반복 학습	- 교육을 통한 직무역량 습득
적용대상	- 단순 · 반복적 구조화된 Job을 수행하는 집단 - 직무교육체계 개선, 기존 교육과정 개선	- 복잡한 구조 속에서 업무수행을 하는 집단 - 핵심인재 대상 교육체계 개선
방향성	- 현재성, 단편적 · 단기적 접근	- 현재 및 미래지향적, 장기적 · 포괄적인 접근
장점	- 교육목표가 명확하여 즉각적인 수정이 가능함 - 교육과정, 교육체계 개발의 신속성과 효과성 - 업무현장의 실제적 문제해결	- 습득된 역량이 다양하고 광범위한 업무 구조 속에서 발휘됨 - 인재육성 Road-Map 제시

* ISD(instructional system development : 교육체제 개발)는 학습자의 직무수행과 현안과제 해결에 필요한 요구를 파악하여 이를 충족시킬 수 있는 교육적 해결대안을 수립 · 실행하기 위하여 교육목표, 내용, 방법 등을 분석, 설계, 개발, 실행, 평가하는 체계적인 접근방법.

* CBC(competency-based curriculum : 역량기반 교육체계)는 조직의 실질적인 성과창출에 필요한 역량을 파악하고, 현재수준과 요구수준간 격차를 확인한 후 이를 해소하기 위한 교육훈련 및 학습지원체계를 마련하는 접근방법.

DACUM은 1970년대 초 Canada에서 개발되었으며 미국 Ohio주립대학의 National Center for Research in Vocational Education에서 각종 직무분석에 광범위하게 사용함으로써 활용되기 시작하였다. DACUM기법에서의 직무분석은 특정한 직무(job)를 탁월한 업무 수행자들의 동의를 얻어 업무(duty)와 과제(task)로써 정의하여 분석하는 과정으로 그 목적은 특정한 직무나 그와 관련된 직무수행자들의 교육 · 훈련 요구를 결정하는데 둔다. 직무분석을 통해 교육에 필요한 과제를 도출하고 그 과제를 수행하는데 요구되는 Skill을 도출해 낸다. 한편 기존의 교육과정의 목표나 내용을 확인하여 그 과정이 가르칠 수 있는 Skill을 도출해 낸다. 각 과정을 리스트화하여 구성된 과제 · Skill 대조표와 교육과정 · Skill 대조표를 특정 직무의 동료 수행자들의 검증 작업을 거쳐 교육이 요구되는 Skill에 맞는 교육과정을 선정한다. 이와 같은 과정을 거쳐 선정된 일련의 교육과정들이 모여 특정 직무수행에 필요한 교육의 체계도(road-map)를 구성하게 된다.

[그림7-1] DACUM기법과 CBC기법 비교

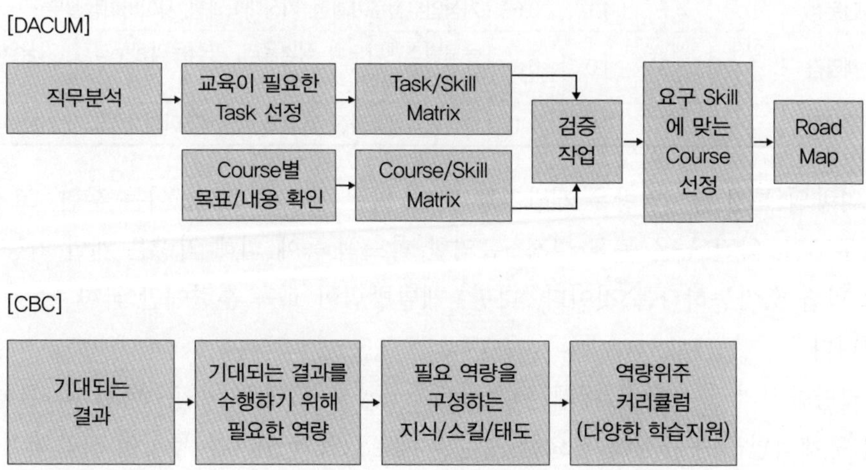

[표7-6] ISD의 ADDIE 프로세스

Analysis (분석)	Design (설계)	Development (개발)	Implementation (실행)	Evaluation (평가)
- 요구분석 - 학습자분석 - 환경분석 - 직무 및 과제 분석	- 코스맵 작성 - 학습목표설정 - 교수전략 설계 (학습방법, 학습 매체, 평가방법)	- 모듈별 내용 작성 - Lesson Plan 작성 - 강사매뉴얼 개발 - 학습자 교재 개발 - 교수매체 개발	- 학습자 관리 - 강사 관리 - 교보재 관리 - 교육환경 관리 - 교육성과 관리	- Level1 : 반응 - Level2 : 학습 - Level3 : 적용 - Level4 : 결과
Goal	Blueprint	Draft & Material	Delivered Course	Behavior Result

* ADDIE모형의 단점은 순차적 작업으로 장시간 소요, 신속한 환경변화 대응 곤란

CBC 설계시 고려하여야 할 사항은 교육수요와 연계된 직무중심의 교육, 조직의 성과개선의 지원, 조직에서 필요로 하는 역량강화, 관리자의 리더십역량 강화, 직군별 · 직무별 · 계층별 교육의 다양화가 필요하다.

[표7-7] Curriculum Content(공통역량 예)

역량명	교육대상	중요도	현재수준	역량 Gap	교육과정
고객지향성	전체	4.5	3.7	0.8	민원제도 개선과정, 고객만족친절서비스 향상과정…
전문성		4.7	4.1	0.6	기상업무전문가과정, 기상대학과정, 사이버기상실무…
책임감		4.3	4.0	0.3	글로벌스탠다드와 직업윤리, 공직윤리실무과정, 기상업무 책임성과 과정…
혁신성		3.7	3.6	0.1	혁신성과창출과정, 블루오션전략의 이해, 6시그마 기본…

역량의 특성 중 '역량은 개발가능 하다라는' 부분이 있다. 이는 훈련, 코칭, 직무도전, 약간 높은 목표 설정, 유익한 피드백 등에 의해 역량은 개발 가능하고 학습이 가능하다는 것이다. 다만, 개발방법이 교육 훈련에만 국한 된 것은 아니다.

역량중심의 교육훈련 체계는 Competency를 토대로 역할수행시 나타나야 할 구체적인 행동규명에 필요한 개인별 Needs와의 연계를 통하여 교육체계수립을 한다.

[표7-8] 역량교육체계 수립프로세스

구 분	내 용
Competency 도출	- 역량도출 Tool에 의한 공통, 직무, 리더역량 도출
Typical Action 도출	- 역량별 역할 수행시 나타나는 구체적인 행동 정리 - 역량별 요구되는 지식, 스킬, 태도 정리
검 증	- 역량별 누락, 중복 확인 - 역량 확보의 우선 순위 결정 - 핵심 교육 영역 확인
Competency Grouping	- 중복 및 유사성을 고려한 Grouping
Competency Skill Matrix	- Grouping한 Competency와 Skill과의 Matrix를 통해 필요 교육 영역을 확인
Training Module 도출	- 역량 확보를 위한 필요 영역을 Module별로 도출
Module 운영방법	- 필수과정과 선택과정 등으로 구분하여 운영

● **공통 역량개발 체계**

공통역량은 조직의 Vision, Mission, 전략을 달성하기 위해서 전 조직구성원에게 요구되는 역량으로 개발시 조직문화, CEO철학, 산업의 특성 등을 고려하여 개발된다. 그러므로 직급별 역량을 중심으로 종적 통합과 직군별 · 직무별 역량을 중심으로 횡적 통합을 하여야 한다.

● **직군별 · 직무별 역량개발 체계**

직무단위의 역량을 도출하여 관련된 직무군의 공통역량과 직무별역량을 도출하고 이를 바탕으로 교육과정을 개발한다.

● **직급별 역량개발 체계**

기존의 계층별 교육과정을 통합하여 신임자과정이나 향상과정의 폐지 및 개선을 통하여 리더양성의 관점으로 개발한다. 직급별 역량이 제시되어 있는 경우는 직급별 수준화를 두어 개발하여야 한다.

역량을 개발하기 위한 교육훈련은 명확하게 규명된 경영상의 요구와 철저하게 연계되어야 한다. 역량개발을 위한 CBC(competency-based-curriculum)는 경영환경과 Business Issue에 따라 인재개발에 대한 최고 경영층과 조직구성원의 의지와 요구가 반영되어야 한다. 그리고 성과분석과 역량분석이 바탕이 되어야 한다.

[표7-9] 교육과정 정의서

직군명	ex) 경영지원, 영업, 생산, R&D	직무명	
교육과정명			
교육대상			
관련 역량 및 KSA			
구체적 교육내용			
교육방법			
교육시간			
교육기관			
전문가(성명 · 연락처)			

* 교육방법 : 사내교육, 외부위탁교육, Cyber교육, OJT, 도서 · 자료, 전문가 · 커뮤니티, Web Site

3. 역량중심의 교육훈련체계 방법론

Competency Modeling Tool은 Competency Model Process인 전사, 부문, 직무역량 도출의 이해로부터 시작된다. Business Strategic에 대한 분석에서 내 · 외부 환경분석을 SWOT분석과 직무환경분석, 경영성과, 요구되는 행동 Process에 대한 내용을 정리하여야 한다. 또한 조직의 경영이념과 경영철학, 바람직한 조직문화에 대한 부분도 정리되어야 한다. 이를 통하여 전사와 사업부(본부)의 Vision, Mission, 단기 · 중장기 전략을 수립하여야 한다.

다음으로는 전략달성을 위한 전사 · 사업부(본부) 전략과제별 핵심성공요인(CSF)과 이의 성과정도를 측정하기 위한 핵심성과지표(KPI)를 도출하여야 한다. 또한 Team Performance를 정리하여야 한다.

필요역량은 조직의 전략과제 달성을 위한 K · S · A로부터 도출한다. 도출된 역량은 명확한 정의를 조직의 용어로 정의하여야 하며, 각각의 역량에 대하여는 행동수준을 3~5단계로 정의하여야 한다. 행동수준을 용이하게 하기 위해서 역량의 Best Practice와 Worst Practice를 정리하는 것이 도움이 된다.

개인의 역량평가 결과에 따라 경력단계에 따른 육성단계를 설정한다. 다음은 역량별 교육과정개발을 위한 Training Module을 설정한다. 과정의 성과 기여도, 현업의 활용 정도, 과정개발의 용이성을 고려하여 과정개발의 우선순위를 결정한다. 또한 교육과정에 대한 육성 Guide를 제공하여야 한다.

교육과정개발이 끝나면 과정별 정의서를 세팅시킨다. 역량별 교육과정을 세팅하고 교육체계도를 설계하면 Competency Model이 완료된다.

- **Business Strategic**

내 · 외부 경영환경 분석 (SWOT)		
직무(job) 환경변화	외 부	
	내 부	
경영성과	As-Is	
	To-Be	
요구행동 Process	As-Is	
	To-Be	

경영이념 · 경영철학	조직구성원에게 요구되는 사고 · 행동	조직문화 · 특성	
		As–Is	
		To–Be	

● Vision & Mission

구분		내용
전사 Vision		
전사 Mission		
전사 Business Strategy	단 기	
	중 · 장기	

사업부(본부) Vision		
사업부(본부) Mission		
사업부(본부) Business Strategy	단 기	
	중 · 장기	

● 역량교육체계 수립 Process

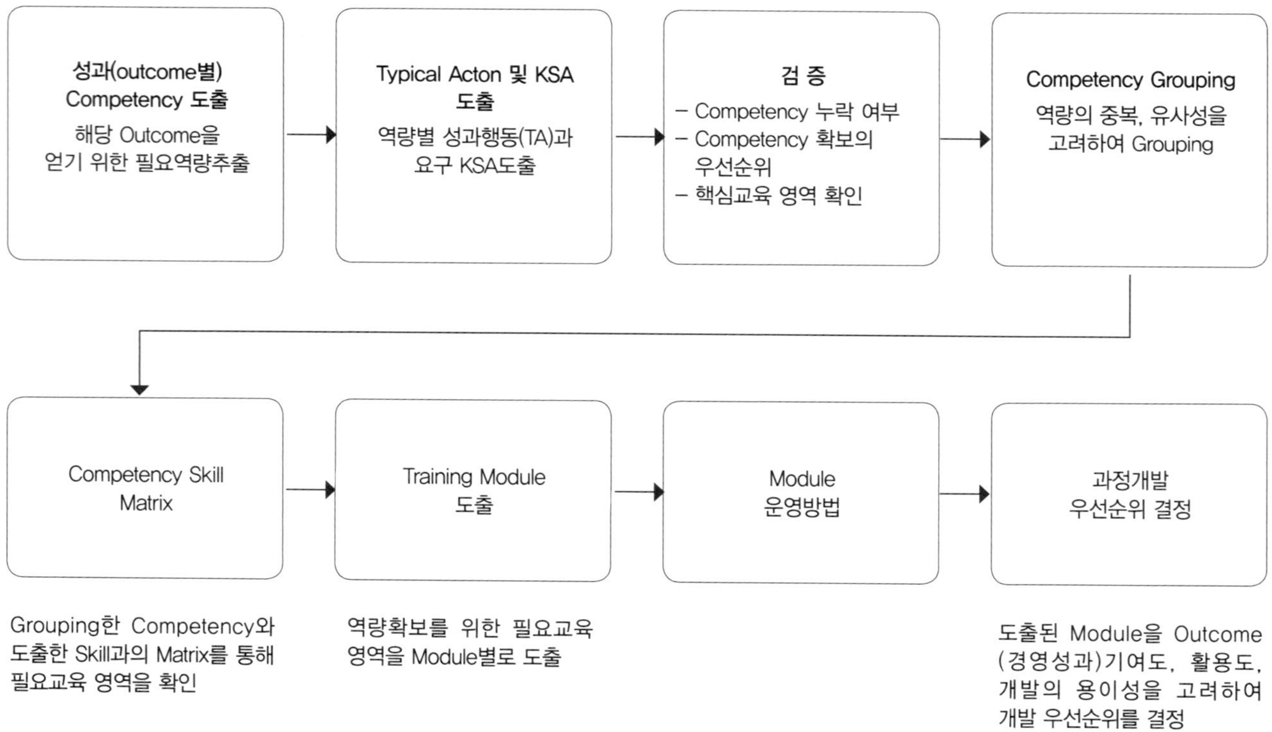

● 전사/사업부(본부) 전략과제 · CSF · 핵심 Outcome · KPI

전략과제	핵심성공요인(CSF)	핵심 Outcome	핵심성과지표(KPI)

● Team Performance

Team	핵심직무		중요활동	핵심고객	Outcome	KPI
	Function/전략과제	Sub-Function · 실행(세부)과제				

● 필요역량

Function/ 전략과제	Sub-Function · 실행과제	필요역량(K · S · A)				Critical Factor

● 역량 Model

역량명	역량정의

● 행동기준(측정도구)

역량명	역량수준	행동기준(특성)
	Level 1	1.
		2.
		3.
		4.
	Level 2	1.
		2.
		3.
		4.
	Level 3	1.
		2.
		3.
		4.
	Level 4	1.
		2.
		3.
		4.
	Level 5	1.
		2.
		3.
		4.

● Success · Novice Incident

역량명	Best practice	Worst practice
역량 1		
역량 2		
역량 3		
역량 4		

● 역량수준 진단

역량군(cluster)	역량명	Score		
		요구수준	진단결과	Gap
공통(기반)역량				
사업부(본부)역량 (경영지원, 마케팅, 생산, 연구)				
(팀) 직무역량				
계층(리더)역량				

● 역량육성단계

역량군(cluster)	역량명	육성단계(level)			
		Junior	Senior	Manager	Special

● Training Module

역량명	Module(K · S · A)	과정명	Level(초 · 중 · 고)	교육방법	교육시간

● 과정개발 우선순위 결정

교육과정명	평가항목			총 점	우선순위
	성과 기여도	현업 활용도	개발 용이성		

* H : 3, M : 2, L : 1

● 육성 Guide

역량군	역량명	사내교육	Cyber교육	외부위탁교육	전문가 커뮤니티	도서 · 자료	Web site

● 교육과정 정의서

직군명		직무명	
교육과정명			
교육대상			
관련 역량 및 K · S · A			
구체적 교육내용			
교육방법			
교육시간			
교육기관			
전문가(성명 · 연락처)			

* 교육방법 : 사내교육, 외부위탁교육, Cyber교육, OJT, 도서 · 자료, 전문가 커뮤니티, Web Site

● 역량중심의 교육체계도

직군명		역량교육체계	
Level/과정		필수과정	선택과정
고급	임원		
	팀장		
중급	과 · 차장		
	대리		
초급	사원		

* 과정명은 핵심, 권장, Off-line, On-line로 구분

PART 3. 요구분석과 교육과정 개발

데이컴(DACUM) Chapter 8

1. 데이컴의 조건
2. 데이컴의 프로세스
3. 데이컴의 방법론

Strategic Human Resource Development

1. 데이컴의 조건

데이컴(development a curriculum)은 1960년대 말 미국 뉴욕의 일반학습연구소와 캐나다 지역경제개발 부서의 실험기획과에서 개발하여 사용하기 시작하였다. 데이컴은 특정한 직책이나 직업분야에 고용된 사람이 수행해야 할 과업의 내용과 필요한 능력을 파악하는데 효과적인 방법이다.

1980년대 말부터는 오하이오주립대학에서 Robert Norton 박사에 의해 본격적으로 개발하기 시작하여 1990년대에는 AT&T, GE, GM, Lucent Technologies, Motorola에서 활용해 오고 있다.

데이컴은 직무분석방법으로 특히 교육과정(curriculum) 개발을 위한 가장 효과적인 방법으로 직업분석(occupational analysis), 과업분석(task analysis), 업무프로세스분석(process analysis)에 유용하며 비교적 적은 시간과 비용으로 직무에 대한 심층적인 정보들을 확보할 수 있다. 또한 조직개발, 직무재설계, 선발 및 재배치 등 인사관리 영역에 폭 넓게 활용할 수 있다.

데이컴은 다음과 같은 조건을 갖추어야 잘 진행 될 수 있다(Norton, 1997).

첫째, 해당직무에 대한 전문지식을 갖추고 있는 경험이 많은 전문가(expert worker)의 참여가 필요하다. 둘째, 직업이나 직무는 그 직업에 종사하는 사람들이 어떤 일을 하고 있는지를 명확하게 파악하여야 한다. 셋째, 임무를 제대로 수행하기 위해서는 지식, 기술, 태도를 발휘할 것이 요구된다. 이러한 데이컴의 기본 전제는 조직현장에서 조직구성원의 업무에 대해 가지고 있는 지식과 기술은 스스로 자신의 업무를 잘 기술할 때나 타인에게 교육을 위해 시연해 보일 때 가장 잘 드러나기 때문이다.

데이컴은 ISD(instructional systematic design)와 함께 교육과정개발에 사용되기 때문에 비교 대상이 되기도 한다. 두 모델 모두 직무를 세부적으로 분석함으로써 업무에 가장 직접적으로 도움을 줄 수 있는 교육과정을 개발하려는 목적에서는 동일하나 ISD는 Florida State University에서 단일한 직무나 직위의 수행과정을 세부적으로 분석 함으로써 특정기술 및 능력개발을 위한 단일교육과정(course)을 설계하는데 적합하다. 반면 데이컴은 Ohio State University에서 조직내 직무를 총체적으로 분석하여 전체적인 교육과정(curriculum)을 개발하거나 인사관리업무에 적합하다고 할 수 있다.

데이컴의 장점으로는

첫째, 시간과 비용을 절약할 수 있는 효율적인 직무분석방법이다.

둘째, 직무담당자가 수행하는 과업단위로 나눌 수 있어 추상적인 직무를 구체적인 수행용어로 도출해 낼 수 있으며, 실제업무를 분석대상으로 하기 때문에 현실과의 상관성이 높다.

셋째, 데이컴의 실시 결과물인 직무프로파일(job profile)은 인사관리업무의 각 영역의 목적에 맞게 활용할 수 있다.

넷째, 분석결과물에 대한 이해가 쉽고 분석이 집단활동을 통한 합의를 도출할 수 있다.

다만, 전문가들을 한꺼번에 소집하는데 어려움이 있을 수 있다.

2. 데이컴의 프로세스

데이컴의 실행프로세스는 분석주체, 대상조직, 분석대상에 따라 다르나 일반적인 데이컴의 프로세스는 다음과 같다.

[표8-1] 데이컴 실행프로세스

단 계	내 용
직무분석 요청 (request for job analysis)	직무분석 요구사항에 따른 실행 가능성을 파악한다.
요구분석 (needs analysis)	분석이 요구되는 직무(job)의 수를 확인하고 데이컴이 적절한 방법인지를 확인한다.
우선순위 결정 (establish priority)	우선순위는 성공적인 활용 가능성, 문제가 발생시키는 경제적 손실, 해결책을 수행하는데 필요한 비용, 적용에 소요되는 시간을 고려하여 결정한다.
동의서 작성 (agreement)	직무분석의 목적, 직무분석의 대상이 되는 직무(job)의 수, 진행 절차에 대한 시간 계획, 부가적으로 요구되는 분석 결과, 교육훈련 및 지원에 대한 요구사항, 예상되는 결과를 포함하는 내용으로 의뢰자와 수행자간에 동의서를 작성한다.

단 계	내 용
현장 방문 (job site visit)	데이컴 실시 담당자는 현장을 방문하여 관찰을 통하여 직무에 대한 개괄적인 지식을 습득하고, 직무의 운영 방식을 직접 볼 수 있으며, 데이컴이 어떻게 진행될 것인지를 직무담당자들에게 간략하게 전달할 수 있다.
데이컴 워크샵 (workshop)	직무분석은 워크숍에 의해 집단의 합의를 도출해 내는데 있으며, 10명 내외로 구성된 사회자, 기록자, 관찰자, 직무담당자로 구성된 데이컴 위원회를 중심으로 진행된다.
데이컴 확인 (validation process)	분석대상이 되는 직무의 담당자들과 관련 전문가들에게 분석된 과업의 중요성과 교육훈련의 필요성을 측정하기 위하여 의견을 묻고 확인한다.
과업분석 (task analysis)	진술된 과업을 세밀한 단계로 나누고, 수행기준, 지식, 태도, 의사결정 사항 및 방법, 사용도구에 대해 기술한다.
평가 (conduct audit)	데이컴의 전과정이 효과적으로 실시되었는지를 확인하고 평가하는 단계로 참석자 및 관련자들을 대상으로 설문조사를 실시한다.

Source : Dafasco사(미국 철강회사), 1996

3. 데이컴의 방법론

데이컴은 소그룹 워크숍을 통하여 직무분석을 실시하며, 집단의 합의에 의하여 이루어진다. 워크숍은 훈련된 분석가와 분석하려는 직무담당자 5~12명의 전문가로 구성되며, 집중적인 워크숍을 통해 관련된 직무담당자들이 수행하는 임무(duty)와 과업(task)을 도출한다.

● 데이컴 워크숍 참가자

- 전문가(expert workers)

직무를 탁월하게 수행하는 직무담당자로서 워크숍에 참가하여 해당직무를 대표자로서 직무와 책무, 과업을 기술할 때 내용과 더불어 적절한 용어를 제시하고 무엇이 포함되어야 하고 무엇이 배제되어야 하는지를 결정하는 역할을 한다. 전문가는 종사하고 있는 직업분야에 대한 전문지식뿐만 아니라 산업현장에서 요구하는 기술, 태도에 대해서도 잘 알고 있어야 한다. 전문가는 현장경험이 많은 사람을 우선적으로 선발하되 10명 내외로 구성하여 분석의 신뢰성을 확보할 필요가 있다.

- 데이컴 분석가(DACUM facilitator)

데이컴 진행의 전문가이며, 워크숍을 진행하며, 분석가의 역량에 따라 결과의 질이 달라지므로 분석가의 역할이 중요하다. 데이컴 분석가는 데이컴 분석경험이 풍부하여야하며, 제한된 일정 속에서 많은 양질의 정보를 얻기 위해서 전문가(expert workers)들의 브레인스토밍을 효과적으로 이끌수 있는 역량이 필요하다. 따라서 데이컴 분석가는 분석할 직업에 대해 사전지식을 가지고 있을 필요는 없으며, 전문가들로 하여금 스스로 직업을 규정짓게 하는 역할이 중요하다.

데이컴 분석가에게 요구되는 역량으로는

첫째, 참석자들의 분위기를 잘 유도하여 적극적으로 참여하도록 하여야 한다.

둘째, 전문가들이 무슨 과업을 수행하는지 분석과정에서 좋은 질문들을 통하여 분석에 집중하도록 유도한다.

셋째, 전문가들의 의견을 중재하고 정리하여야 하며, 비판하거나 분석과정에서 자신의 의견을 개입시켜서는 안된다.

넷째, 전문가들이 제시하는 내용들에 대하여 명확히 진술할 수 있도록 유도하며, 균등하게 참여할 수 있도록 기회를 제공한다.

- 서기(recorder)

전문가들이 진술하는 내용을 잘 경청하여 분석가의 지시에 따라 잘 기록하여야 한다.

- 관찰자(observer)

관찰자들은 분석과정을 살펴 보면서 많은 정보를 얻을 수 있지만 분석과정에 개입해서는 안되고 분석과정을 관찰만할 수 있다. 관찰자로는 훈련프로그램개발 담당자, 관리자, 인사담당자가 참석할 수 있다.

● **데이컴 Workshop**

- Step 1 : 데이컴 오리엔테이션

워크숍에 참가하는 전문가, 분석가, 서기, 관찰자들에게 그 역할에 따라 워크숍 진행 중에 역할과 책임을 주지시키는 단계이다. 분석가는 분석개요와 과정에 관하여 정확하게 설명하여야 하며, 워크숍 참여자들과 좋은 결과물을 도출하기 위한 분위기를 유도하여야 한다.

- Step 2 : 직무(job) 검토

분석대상이 된 직무에 대한 정의를 내리는 단계로 직무수행에 필요한 요소들을 정의하고 직무를 분석하는데에 포함되어야 할 것과 배제되어야 할 것을 결정한다.

- Step 3 : 임무(duty) 정의

임무는 하나의 직업(직무)에서 수행하는 일을 큰 영역으로 나눈 것으로 직업을 수행하는데 주가 되는 활동이다. 데이컴에서는 임무는 일의 프로세스와 논리, 일의 비중에 따라 정렬한다.

- Step 4 : 과업(task)의 열거

과업은 의미 있는 결과를 낳기 위한 최소한의 작업활동을 의미하는 것으로 데이컴에서 중요한 분석단위가 된다. 하나의 임무에는 보통 6~20개의 과업들이 모여서 이루어진다. 과업은 제품, 서비스, 의사결정으로 결과가 나타나는 것이어야 한다.

교육과정개발에서는 과업은 하나의 교과목이 될 수 있는 것으로 결과를 측정하고 평가할 수 있어야 한다. 단기간에 학습이 가능하고 서로 다른 지식과 기술이 요구된다면 별개의 과업으로 간주한다.

- Step 5 : 임무(duty)와 과업(task)의 검토

직무담당자가 실제로 수행하는 임무와 과업에 대한 진술이 정확하게 이루어졌는지, 용어의 선택에 문제가 없는지를 검토한다.

- Step 6 : 임무와 과업 수행단계의 재배열

직무분석의 결과를 활용하는 측면을 고려하여 잘 이해 할 수 있도록 보다 체계적으로 재구성하는 단계로 임무와 과업 수행의 배열을 통하여 재배치한다.

- Step 7 : 최종 점검

과업(task)에 대해 정확히 이해 할 수 있도록 기술되었는가, 문장의 길이는 적정한가, 직무와 과업에 대한 기술이 중복되거나 누락된 부분이 없는지 최종적으로 점검한다.

[그림 8–1] 직무 프로필(job profile)

JoB	Duty	Task 1	Task 2	Task 3	Task 4	Task 5
정의	Duty 1	1–1	1–2	1–3	1–4	1–5
	Duty 2	2–1	2–2	2–3	2–4	2–5
	Duty 3	3–1	3–2	3–3	3–4	
	Duty 4	4–1	4–2	4–3	4–4	4–5
	Duty 5	5–1	5–2	5–3		

데이컴 분석방법은 직무(job)를 임무(duty)로 임무들은 다시 각각의 과업(task)들로 세분화 시킨다. 직무분석의 실시는 먼저 조직내의 직무를 전체적으로 확인하고 직무를 순차적으로 분석해나간다. 분석단위인 직무는 그 직무담당자가 담당자로서 수행해야만 하는 임무들로 나눌 수 있다. 데이컴의 장점은 직무(job), 임무(duty), 과업(task) 간의 관계를 체계적으로 나타난다는 점이며, 결과물을 활용하는 측면에서 시각적인 정보를 제공한다. 추가적으로 수행에 필요한 지식, 기술, 태도, 필요한 도구, 향후 직무의 발전 방향을 기술해 넣을 수도 있다(Norton, 1997).

데이컴은 실무자 중심의 현실적인 요구(needs)를 도출해낸다. 교육커리큘럼을 개발하는데 소요되는 기간도 총 6~8주로 접근방법이 체계적이고 적용이 쉽다. 그러나 데이컴 직무분석으로 도출된 직무모델은 선발, 성과평가, 승진 등 인사시스템과 연계하여 활용되는데는 한계가 있다.

직무모델이 탁월한 직무수행자들의 현재 직무(As-Is)를 중심으로 도출되므로 그 직무수행에 요구되는(Should-Be) 의무나 과업이 누락되는 경우가 발생될 수도 있기 때문에 전반적인 인사시스템과의 연계는 한계가 있다. 또한 급격한 경영환경의 변화로 직무가 수시로 바뀔 수 있으며, 그 결과 도출된 직무모델 자체가 변화요구와 Gap이 발생되어 비즈니스 요구에 맞는 프로그램을 제시하는데 한계가 있을 수 있다. 최근에는 이러한 단점을 보완하기 위한 방법으로 CBC가 도입되어 활용되고 있다.

PART 4. 개인개발(ID)

Strategic Human Resource Development

一沐三捉　啐啄同時
切磋琢磨　靑出於藍

역량있는 인재를 얻기 위해서는 선발에 최선을 다해야 하고(일목삼착), 학습은 안(멘티의 노력)과 밖(멘토의 올바른 지도)에서 함께해야 잘 이루어진다(줄탁동시).
핵심인재를 만들기 위해서는 자르고 · 썰고 · 쪼고 · 갈아야 하며(절차탁마), 이로서 스승보다 더 훌륭한 인재가 만들어진다(청출어람).

PART 4. 개인개발(ID)

집단학습 Chapter 9

1. Action Learning
   1) Action Learning의 목적과 효과
   2) Action Learning의 핵심요소 및 프로그램의 특징
   3) Action Learning 프로그램의 구축과 실행
2. Work-Out Town Meeting
3. OJT
4. 고성과 학습시스템
   1) 학습조직
   2) 학습조직 구축의 프로세스
   3) 학습조직 활성화 활동(CoP)

Strategic Human Resource Development

1. Action Learning

1) Action Learning의 목적과 효과

액션러닝이란, 참가자들이 소집단을 구성하여 팀워크를 바탕으로 실패의 위험을 수반하는 현장의 실제문제를 정해진 시점까지 해결하는 동시에 문제해결과정에 대한 성찰을 통해 학습하도록 지원하는 교육방식이다.

액션러닝은 영국의 Revans교수가 1945년에 영국 국가석탄위원회(national coal board)의 초대 교육훈련 담당관으로서 광부들을 대상으로 처음 시도하였다. 그는 관리자를 4~5명으로 소그룹을 조직하여, 서로의 갱을 방문하고 컨설턴트가 되어주었다. 이러한 학습조직형성은 다른 영국 대부분 갱의 생산성이 제자리걸음하고 있음에도 불구하고 20퍼센트 이상의 생산성 향상을 꾀할 수 있었다. 이후 1955년 영국에서 산업관리학과(industrial administration)교수가 된 그는 맨체스터대학 왕립병원(royal infirmary)의 숙련된 직원들, 특히 간호사들의 이직률이 높다는 사실을 알게 되었다. 그는 문제의 한 원인처럼 보이는 사람들도 문제해결과정에 투입시킨 후 중요한 사실을 발견하였는데, 간호사들의 질문이 배척되고 있으며 이로 인해 간호사들은 자신의 역할을 완전히 이해하고 있지 못한다는 것이었다. 의사, 간호사, 직원 등으로 구성된 소그룹이 거의 40개에 달하는 개별 프로젝트를 수행하였으며 놀랄만한 성과가 이 과정에서 나타나게 되었다. 몇 년 후 Revans는 벨기에에서 정부관리, 기업체 간부 및 학자들을 상대로 비슷한 성과를 거두었다. 벨기에의 5개 대학 및 23개 대기업이 참여하여 산학프로젝트의 하나로 액션러닝을 실시하였다.

1970년대와 1980년대에 Revans는 액션러닝의 개념을 오스트레일리아, 말레이시아, 홍콩, 인도, 사우디아라비아, 티벳, 싱가포르, 나이지리아와 이집트 등지에 전파하였다. 1982년에는 국제경영센터(international management center)의 소장이 되었는데, 이곳은 액션러닝에 기반한 MBA 프로그램이 처음 시작된 곳이다.

1995년에는 런던에서 제1회 액션러닝학회를 개최하였으며 세계 각국에서

100명이 넘는 대표들이 참석하였다.

액션러닝이 기업교육에 도입된 것은 1975년에 Arnold Weinstock경이 GE의 유럽지사에서 액션러닝을 활용하여 큰 성과를 내면서부터였다. 이후 GE는 1987년부터 본격적으로 고급관리자과정(executive education program)과 핵심중간관리자과정(business management course)에 4주 과정의 액션러닝을 도입하였고, 이는 전 세계적으로 기업 액션러닝프로그램의 전형이 되었다.

액션러닝의 장점은 첫째, 교육을 위해 업무현장에서 떠나지 않아도 된다. 즉, 업무와 교육이 함께 연계되어 이루어진다.

둘째, 실제로 비즈니스 이슈를 해결하는 과정에서 학습이 효과적으로 이루어진다는 것이다.

셋째, 업무현장의 비즈니스 이슈나 문제를 해결책을 잘 아는 암묵지를 보유한 사람이 현장에 있다는 점이다.

넷째, 구상(conception)과 실행(implementation)이 일원화되어 이루어진다는 점에서 일과 학습, 이론과 실제, 교육과 경영을 연계한 적시형 학습(just in time learning)형태로 떠오르고 있다.

[표9-1] Action Learning의 정의

학 자	정 의
Marquardt	소규모로 구성된 한 집단이 기업이 직면하고 있는 실질적인 문제를 해결하는 과정에서 학습이 이루어지며, 그 학습을 통해 각 그룹 구성원은 물론 조직전체에 혜택이 돌아가도록 하는 일련의 과정이자 효과적인 프로그램
Inglis	문제에 대한 해결책을 마련하기 위해 구성원이 함께 모여, 개인과 조직의 개발을 함께 도모하는 과정
Mcgill & Beaty	목표의식을 가지고 동료구성원의 지원을 토대로 이루어지는 학습과 성찰의 지속적인 과정
Dotlich & Noel	실시간 학습 경험으로 기업의 경영상의 요구를 만족시키는 것과 개인과 그룹을 개발시키는 2가지 목적을 동시에 달성하기 위해 실시
Dean	현업에서 일어나는 실제적이고 체제적(systemic)이며 지금까지 해결된 적이 없는, 업무와 학습이 연계된 조직의 문제를 해결하기 위해 자발적이며, 참여자 주도로 이루어지는, 계속해서 진화해 가는 프로세스
Burke	조직내 시시 각각 발생하는 실무적 문제를 해결하는데 있어서 개인학습의 원리를 동원하여 문제해결을 보다 효과적으로, 그리고 협동작업을 통해 추진함으로써 조직의 학습과정을 획기적으로 개선하는 즉, 학습을 학습하는 것(learning about learning)

Burke의 정의를 통해 알 수 있는 것은 액션러닝이란 조직내 문제해결을 하는데 있어서 학습을 활용하는 것이며, 이러한 과정을 통해 조직 및 구성원들의 학습능력을 향상시키는, 실질적이고 행동위주의 교육훈련방법이라고 이해할 수 있다.

액션러닝은 효과적이고 효율적인 학습과 업무 현장에서 나타나는 어려운 문제의 해결이 동시에 이루어지도록 구성되어 있다. 액션러닝의 기본은 기존 지식에 대해 새롭게 문제를 제기해 보고, 그러한 문제를 해결하는 과정에서 또는 그 이후에 나타나는 행동들에 대해 성찰해 보는 것이다.

이러한 액션러닝의 가장 중요한 가치는 이를 통해 개인과 팀, 그리고 조직의 변화에 보다 효과적으로 대응할 수 있는 역량을 기를 수 있다는 것이다. 액션러닝은 학습을 통해 단순한 전술적 차원이 아니라 전략적 차원으로 승화 된다.

조직들이 액션러닝 프로그램을 운영하는 목적은 액션러닝을 통해 조직이 얻을 수 있는 효과에 관해서 다양한 주장이 존재한다.

[표9-2] 액션러닝의 목적

구 분	목적 및 효과
조직 차원	- 사업 재정의 - 고객과의 장벽 제거 - 기능간, 조직간 장벽제거 - 부문간 상호작용 촉진 - 학습조직 구축 및 변화 대응역량 강화 - 차세대 핵심인재육성
팀 차원	- 팀 구축 및 팀워크 향상 - 부서별 부가가치에 대한 인식 제고 - 문제해결 - 혁신적인 문제해결 방안의 기회 확대
개인차원	- 창의력 개발 및 개인의 성장 - 리더십 개발 및 변화 대응역량 강화 - 사기진작 및 업무만족도 제고 - 개인에 대한 조직의 인지도 제고 - 위험감수의지 제고

Source : Marquardt(1999), Weinstein(1999), Rothwell(2003), Dotlich&Noel(1998) 재구성

액션러닝의 혼동을 막기 위해서 유사개념으로 쓰이고 있는 개념들을 알아보기로 한다. Revans는 1980년에 액션러닝과 관련없는 개념과 비교하여 액션러닝 개념의 구별을 시도하였으며, 이후 1999년 워싱턴 대학교의 Marquardt 교수는 액션러닝의 본질을 명확하게 파악하기 위해 액션러닝이 아닌 개념들과의 구분을 시도하였다.

[표9-3] Action Learning과 유사개념 비교

개념/내용	목 적	학습방법	책임과 권한
Taskforce	실제 상황에서의 특정과업과 문제에 초점을 둠.	우연한 학습	- 해결책을 실행할 권한이 상급자에게 있음.
Quality Circles	실제 상황에서의 품질향상 과제와 문제에 초점을 둠.		
Simulation	가상의 사례를 다룸.	의도적 학습	- 해결책에 대한 결과 및 책임이 따르지 않음. - 해결책이 타당성을 검증할 기회 없음.
문제해결학습	실제 및 가상의 문제를 다룸.		
Action Learning	실제 직면한 비즈니스 이슈의 발전과 이의 해결을 통한 환경적, 시스템적 요소에 초점을 둠.	학습자 주도적 학습, 의도적 학습	- 해결책의 실제적용을 통한 결과의 확인 및 이에 대한 성찰을 통해 학습이 이루어짐. - 개인개발과 조직개발에 초점을 둠.

Source : Marquardt, 1999

2) Action Learning의 핵심 요소 및 프로그램의 특징

● 액션러닝의 6가지 핵심 요소

액션러닝 방식의 설계는 문제, 그룹, 질의와 성찰, 실행의지, 학습의지, 촉진자의 6가지 주요요소로 이루어진다.

- 문제(real problems) : 조직의 여러 부분에 영향을 미치는 복잡한 문제
- 학습팀(set) : 문제에 대한 관심과 문제에 대한 지식이 있고 그룹의 결정사항을 실행할 권한이 있는 사람으로 4~8명으로 구성
- 질의와 성찰 : 액션러닝은 적절한 답변보다 적절한 문제에 더 큰 비중을 둠으로써 이미 알고 있는 것뿐만 아니라 모르는 것에 대해서도 탐구하게 하며, 기억, 생각, 해체, 이해 등의 과정을 수반하는 성찰(reflection)과정이 더하여 진다.

- 실행의지 : 그룹은 자신의 아이디어와 제안이 실행될 것이라는 기대와 이에 따른 책임의식을 가져야 한다.
- 학습의지 : 액션러닝의 모든 참가자는 자신과 팀 및 조직의 학습과 발전에 대한 책임을 지녀야 한다.
- 러닝코치(set adviser) : 액션러닝 프로그램 참가자들이 진행되고 있는 상황과 문제 해결 방법에 대해 성찰 할 수 있도록 돕는 중요한 역할을 담당한다.

[그림9-1] 액션러닝의 6가지 요소

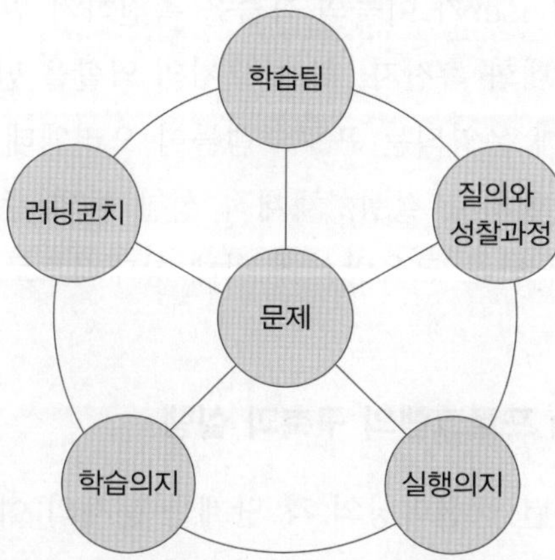

Source : Marquardt(2000)

● 액션러닝방식 교육프로그램의 특징(기존 교육방식과의 차별성)

첫째, 교육에 참여하는 참가주체 측면에서 볼 때, 학습자와 강사뿐만 아니라 최고 경영층을 포함한 현업 팀장과 Set Adviser가 참여한다.

둘째, 교육목표의 측면에서 보면, 주로 지식을 전달하거나 태도나 행동을 변화시키기 위한 목적의 집합교육 등과는 달리 경영 현장의 문제를 실제로 해결하는 것이 교육을 실시하는 가장 중요한 목표이다. 조직들은 이 프로그램을 통하여 현장문제 해결뿐만 아니라 참가자들의 리더십역량개발, 인적네트웍 구축, 경영후계자 등을 위한 핵심인력의 발굴과 개발, 학습 팀내의 문제해결과정을 통한 조직차원의 학습촉진, 그리고 참가자 개인의 전문성 신장 등 매우 다양한 목표를 추구한다.

셋째, 교육방법의 측면에서 Set Meeting라는 프로세스를 활용한다. Set Meeting은 회의 참가자들이 돌아가면서 자신의 문제와 문제해결을 위한 자신의 접근방식을 발표하고, 다른 참가자들로부터 이에 대한 조언과 다른 시각, 관련 정보 등을 요청하는 액션러닝과정에서 실시되는 회의 형식이다. 이 회의에서는 엉뚱한 질문(dumb question)이 얼마든지 허용되며, 비판보다는 협조와 격려의 분위기를 장려함으로써 참가자들 모두가 서로를 위한 학습자원(learning resource)으로서의 역할을 수행한다. 이러한 질의와 성찰의 과정에서 과정 촉진자인 Set Adviser가 이들의 학습을 촉진하기 위하여 코디네이터, 관찰자, 분위기 조성자, 대화 촉진자, 학습 코치의 역할을 담당한다.

넷째, 이 방식에 의해 운영되는 프로그램들이 오리엔테이션, Set Meeting, 활동결과 보고서와 실행의사 결정, 체계적 성찰 등의 주요 프로세스에 의해 운영되는데, 이 절차가 다른 교육방식에 비해 상대적으로 여러 단계를 거친다는 점이다.

3) Action Learning 프로그램의 구축과 실행

Marquardt는 1999년 액션러닝의 각 단계를 문제의 이해, 대안의 제시, 해결책 마련과 이의 실행으로 3단계로 설정하였고, Mumford는 1997년 문제의 관찰, 성찰, 가설형성 및 이의 실행의 4단계로 제시한바 있다. Rothwell은 1999년 학자들에 의해 제시된 액션러닝모델을 통합하여 액션러닝을 7단계로 명확하게 제시하였다.

[표9-4] 액션러닝 프로그램 구축 단계

단 계	내 용
1단계 상황 인식	조직적 차원에서의 실질적 요구가 존재하는 상황에서 액션러닝을 활용해야 하며, 액션러닝이 최적의 학습방법으로 의사 결정이 이루어 지는 단계
2단계 팀 선정 및 조직	학습팀을 구성할 시에는 해결해야 할 이슈와 관련하여 전문적인 지식 및 스킬을 지니고 있으며, 다양한 관점과 배경을 지니고 있는 긍정적이면서 오픈 마인드를 지니고 있는 구성원을 선정하는 단계
3단계 팀 브리핑 및 팀 활동 제한범위 설정	조직된 학습팀의 구성원이 된 이유, 문제 및 상황에 대한 정보 등에 대한 브리핑과 팀 활동에 있어서의 제한 범위 및 권한을 인식하는 단계

단 계	내 용
4단계 상호작용 촉진	팀 구성원이 서로 협력하여 함께 일할 수 있는 분위기를 촉진하는 단계
5단계 해결방안 규명 및 검증권한 부여	비즈니스 이슈에 대한 정보를 수집하고, 이의 원인을 규명하여, 해결책을 모색하고, 이를 현장에 적용하는 단계
6단계 학습팀 결과평가	팀 구성원의 액션러닝 활동으로 인한 만족도, 학업성취도, 현업에서의 변화정도, 긍정적, 부정적 결과를 측정하는 단계
7단계 향후 방향 설정	팀 구성원들은 액션러닝을 통해 개인적으로 또는 그룹으로 무엇을 학습했는지, 또는 개인 및 팀 역량을 강화시키기 위해 어떠한 역량을 강화시켜야 하는지에 대해 탐구

액션러닝 프로그램의 유형분류와 유형별 특징분석을 최초로 시도한 연구자는 워싱턴대학교의 마이클 마쿼트 교수로서 그는 액션러닝 프로그램을 학습팀이 해결하고자 하는 과제의 수에 따라서 Open group program과 Single project program으로 구분하였다(Marquardt, 1999).

Open group program에서는 학습자들이 각각 자신이 해결하고자 하는 과제를 각자가 해결해가는 과정에서 서로 도움을 주고받게 되며 Single project program은 조직의 최고경영층이 부여한 1가지의 과제를 학습팀원 전체가 해결하게 된다.

[표9-5] 액션러닝의 유형

구분/유형	복수문제(open group program)	단일 문제(single project program)
문 제	여러 개의 문제를 다룸	한 개의 문제를 다룸
	멤버들이 문제를 선택함.	조직이 문제를 결정함.
실행주체	개인이 실행에 대해 관심을 가짐	조직이 실행에 대해 관심을 가짐
그 룹	지원자들로 구성	조직이 멤버를 결정함.
	멤버가 떠나면 대체함.	그룹이 해산될 때까지 멤버들은 그대로 남음.
질 문	성찰적 질문과정이 사용됨.	
학 습	실행과 학습 모두에 초점을 둠.	
실 행	개인이 해결안을 실행함.	제안과 실행을 모두 하는 경우도 있음.
코 치	일반적으로 멤버가 교대로 코치 역할을 함.	그룹 멤버가 교대로 코치 역할을 하거나 외부 코치를 활용함.

Source : Marquardt, 2004

● 액션러닝에서 사용할 수 있는 문제해결기법

액션러닝을 진행할 때 프로세스별 적용가능기법은 다음과 같다.

[표9-6] 액션러닝 프로세스별 적용기법

<table>
<tr><th>프로세스</th><th>적용기법</th><th>공통기법</th></tr>
<tr><td>팀빌딩</td><td>Ice Breaking & Spot 기법</td><td>-</td></tr>
<tr><td>과제도출 및 선정</td><td>브레인라이팅(Brain-Writing), PEST, SWOT Blank Chart, 명목집단법(NGT), 다중투표법(Multi-Voting)</td><td rowspan="3">- 심층 인터뷰
- Workshop
- 설문조사
- Benchmarking
- 사례연구
(관련 도서 참고, 연구논문 참고)</td></tr>
<tr><td>근본원인분석</td><td>특성요인분석(Fishbone Diagram), 마인드맵, 5-Why, Logic Tree, MECE</td></tr>
<tr><td>해결방안 도출 및 선정</td><td>사례분석(Good & Bad Case), 아이디어릴레이, 스캠퍼(SCAMPER), 의사결정그리드, PMI, 다중투표법(Multi-Voting)</td></tr>
<tr><td>제안(보고)서 작성</td><td>Action Plan, 해결방안 평가 Sheet, 실행제안서</td><td>-</td></tr>
</table>

- Ice Breaking

교육시작 전에 교육생들간의 서먹한 분위기를 깨고 교육에 집중할 수 있는 분위기를 조성하기 위한 활동이다. 아이스브레이킹은 간단한 자기소개, 명함교환, 게임 등의 방법을 실시한다. 아이스브레이킹은 전원이 참여하여야 하며, 5분 이내 짧은 시간에 참석자들의 특성, 분위기, 성격 등에 어울리는 활동으로 너무 파격적인 진행은 하지 않아야 한다.

- PEST

PEST분석은 조직을 둘러싸고 있는 외부(거시)환경 분석을 통하여 조직의 과제에 어떤 영향력을 미치는지를 고려하여 조직의 과제를 정의함으로써 과제해결의 타당성을 높이는 기법이다.

PEST의 구성요소는 Political(정책), Economic(경제), Social-cultural(사회 · 문화), Technological(기술정보)로 이루어지며, 분석 결과 시사점을 도출하여야 한다.

- SWOT

SWOT은 전략 또는 전략과제를 도출하기 위해 외부환경 측면의 기회요인과 위협요인을 도출하고, 내부환경 · 역량 측면의 강점과 약점들을 일차적으로 도출한다.

그 다음 SO(강점 이용 기회 포착), ST(강점 이용 위협 극복), WO(기회 이용 약점 극복), WT(약점 · 위협 극복) 과제들을 도출한다.

[그림9-2] SWOT Matrix

		외부환경	
		기회(Opportunities) 1. 2. 3. 4. 5.	위협(Threats) 1. 2. 3. 4. 5.
내부환경 · 역량	강점(Strengths) A. B. C. D. E.	[SO과제] 강점 이용 기회 포착	[ST과제] 강점 이용 위협 극복
	약점(Weaknesses) A. B. C. D. E.	[WO과제] 기회 이용 약점 극복	[WT과제] 약점 · 위협 극복

- NGT

NGT(nominal group technique)란 특정 주제에 대하여 본격적인 토론 진행 전에 참가자 각자가 5분 정도 안에 자신의 생각을 노트, 양식, 차트 등에 기록하도록 하고, 일정시간이 지나면 각자 작성한 내용을 공개하고 설명한다. NGT 방법을 활용하면 자신의 의견을 정교화 할 수 있고 문장사용을 통한 토론시간을 절약할 수 있으며, 참여자들이 토론에 적극적으로 동참할 수 있게 한다. NGT는 토의시 각자 포스트잇 이나 메모지 한 장에 본인의 의견을 1가지씩 작성 후 이를 공유하는 방식으로 진행되며, 필요에 따라 다중투표(multi-voting) 방식으로 의사결정을 할 수 있다.

- Multi-Voting

긴 길이의 항목 목록을 줄여서 가장 중요하다고 인식되는 몇 개 항목만 남도록 하기 위해 사용된다. 다중투표법(multi-voting)은 선택항목이 많은 목록을 최고 우선권이 있는 더 적은 항목으로 구성된 작은 목록이나 최종적인 선택으로 줄여 나가는 것이다. 투표를 할 때 마다 목록을 반씩 줄여서 다량의 아이디어 목록을 빠르게 줄어들도록 해 준다. 마지막 단계에서는 최종적으로 남은 몇 개의 항목에 우선순위를 매겨서 문서를 작성한다.

- Logic Tree

Logic Tree는 주요이슈를 MECE(mutually, exclusive, collectively, exhaustive) 즉, 상호간에 중복되지 않고 전체적으로 누락됨이 없이, 상위단계에서 하위단계로 Break down 또는 Drill down 시킨다. 로직트리를 그릴 때에는 상부단위에서 하부단위로 전개해 나간다. 분해시 하부단위는 2~4개 정도로 전개해 나간다. 1차, 2차, 3차로 계속 전개해 나간다. 이때 각 단계에서 MECE가 이루어 져야 설득력을 가질 수 있다. Logic Tree의 종류는 첫째, What Tree로 과제의 전체 구성요소를 알아보거나 체크리스트를 작성 할 때에 사용한다(~의 구성요소는? 체크리스트는?). 둘째, Why Tree는 과제의 원인이나 이유를 찾을 때 사용한다(~가 안되는 이유는? ~가 나쁜 이유는?). 셋째, How Tree는 과제는 문제에 대해서 해결 대안을 찾을 때 사용한다(~을 해결하기 위해서는? ~을 높이기 위해서는?).

[그림9-3] 로직트리의 구조

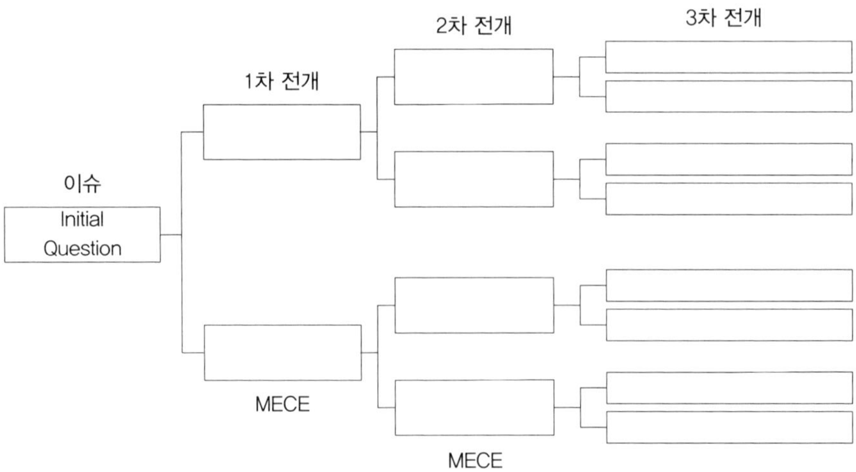

- Action Plan

과제(문제)의 근본 원인을 파악하고 이를 기반으로 해결방안을 도출하며, 해결방안에 대한 고려사항 및 기대효과를 정리하고 실행할 우선 순위를 결정한다. 해결방안에 대한 평가 이후 실행내용, 담당조직 · 담당자, 실행 Road-Map을 구체화하여 의사결정권자에게 보고한다.

[표9-7] Action Plan Sheet

과제명(문제점) :

근본원인	해결방안	고려사항	기대효과	우선순위	추진조직	착수/종료일

GE의 경우 현장에서 실제 겪는 문제를 해결하기 위하여 과제를 선정하고 선정된 과제당 2개 팀을 구성하여 서로 경쟁 하도록 한다. 4주간의 연구활동을 통해 해결책을 발굴하여 최종 발표하고 교육이 종료된다.

GE의 Action Learning은 현실적이고 실질적인 과제를 취급하고, 참석자 모두에게 문제해결의 역할을 부여하며, 모든 문제들은 의사결정이 요구된다는 점에서 실천학습이라 불리어 진다.

[표9-8] GE Action Learning 프로그램 절차

사전준비	W1	W2~3	W4
- 최고경영층 및 사업본부 장급에 의한 과제 선정 - 각 과제에 대한 기초정보(시장, 고객, 재무 등 수집) - 참가자들에게 사전 제공	- 프로그램 소개 - 팀구성 및 팀빌딩 활동 - 과제 부여 - 글로벌 경영 환경, 경영현안 과제 등에 대한 강의 - 리더십 역량 강화	- 팀활동(set meeting) - 문제해결 계획수립 - 현장방문, 인터뷰 등을 통한 정보수집 - 고객, 경쟁사 방문 - 국내외 벤치마킹	- 보고서 준비 - 최고경영층 및 과제와 관련된 책임자들에게 프로젝트 수행 결과 보고 - 학습과정에 대한 피드백과 성찰(reflection)

Dupont의 액션러닝을 교육훈련의 방법으로 적용하는 목적은 Global view, 문제해결 및 전략수립역량, 팀웍 향상 등을 통한 실제 경영상의 문제해결로 성과달성을 하고자 함이다. Dupont은 액션러닝의 대부분을 리더양성과정에 활용하고 있다. 이는 강의를 듣는 교육보다는 참가자들의 풍부한 경험을 최대한 활용할 수 있게 해주고 기업의 당면과제를 직접 해결하도록 하는 현장학습의 성격을 띠고 있다는 장점을 지니고 있기 때문이다. Dupont에서는 관리자들의 리더십역량을 강화하기 위한 교육으로 LAMP과정을 개발하여 운영 중이다. LAMP과정은 계층별로 구분해 3단계로 나누어 실시된다.

[표9-9] Dupont의 Leader Courses

Level	직 급	교육내용
LAMP3_Growing Business with people	이사, 상무급	비즈니스역량개발, 조직개발
LAMP2_Strategy in Action	부장급	비즈니스전략
LAMP1_Challenge & Change	과장, 차장급	문제해결역량, 커뮤니케이션

액션러닝은 효율적인 학습에 의해 성과가 향상된다는 것을 전제로 하고 있다. 성과를 향상시키는 효율적인 학습은 교육훈련 후의 적절한 피드백이 확보되어야 가능할 것이다. 1993년 Argyris의 이중고리학습이론에서 액션러닝의 발전적 방안을 모색할 수 있을 듯하다. 즉, 문제가 있을 때 행동을 취하고 그 결과가 적절치 않으면 다시 행동을 수정 할 수 있는 피드백이 가해지게 된다. 이러한 일련의 과정 속에서 최종적으로 해결이 되면 학습이 되었다고 볼 수 있다.

[그림9-4] Argyris의 이중고리학습이론

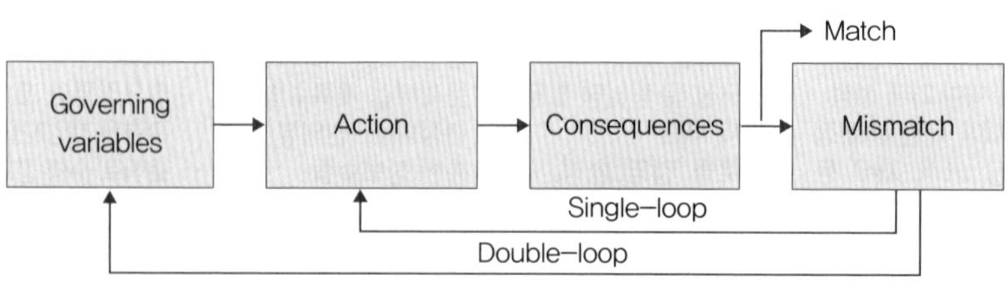

Source : Argyris(1993)

액션러닝의 결과가 성과로 향상되지 못했을 때, 문제해결에 있어 어떤 부분이 잘 못되었는가 하는 성찰의 결과가 조직에 적절히 반영되어야 한다. 이에 대한 전제는 액션러닝 학습결과를 수용하는 조직문화에 의해 의도했던 성과를 이룰 수 있을 것이다. 이를 액션러닝에 의한 성찰과 지속적 피드백을 통한 개선을 꾀한다면 전사적 학습조직 형성과 함께 조직의 혁신을 꾀할 수 있는 원동력으로 작용할 수 있을 것이다.

2. Work-Out Town Meeting

● GE의 Work-Out

Work-Out은 '일(work)을 몰아낸다(out)'는 의미로 GE사는 'Work-Out Program'을 통해 조직의 수직적, 수평적 장벽을 제거하고, 전직원의 자발적 참여에 의한 경영혁신, 경영진의 스피드한 의사결정과 문제해결의 성과를 가져올 수 있었다.

GE사의 'Work-Out Program'은 집단적인 토론을 통해 문제의 답을 찾아내는 방식이며, 토론방법은 전구성원이 합의하여 도출한 전략과제를 회사를 벗어나 Town-Meeting을 통해 허심탄회하게 토의한 후, 그 결과를 의사결정권자에게 전달한다. 의사결정권자는 토론장소에서 즉시 결정해 실행에 옮기고 피드백과정을 거친다.

[표9-10] GE의 Work-out

구 분	내 용
워크아웃의 목표	- 신뢰의 구축(building trust) - 조직구성원의 역량신장(empowering employees) - 불필요한 작업의 제거(elimination of unnecessary work) - 새로운 패러다임의 창출(a new paradigm)

구 분	내 용
워크아웃의 확산 단계	– 착상(conception)단계 : 1987~1989년 모든 사업부에서 타운미팅과 워크숍에 착수 – 개척(pioneering)단계 : 1989~1990년 워크아웃에 대한 아무런 저항이 없었던 때 – 자기회의(self-doubt)단계 : 1990~1992년 워크아웃에 대한 열정과 흥분이 수그러지기 시작한 단계 – 자기회의에 대한 대처(responses to self-doubt)단계 : 1991~ 부적응적인 대처와 적응적인 대처

워크아웃 프로그램은 웰치 회장의 경영혁신 운동을 주도하는 크론토빌 경영개발연수원의 간부 중심 교육훈련프로그램을 현장 직원에게 적용하기 위하여 개발된 것이다. 워크아웃 프로그램은 신뢰감 개발, 자율성과 책임감의 조성, 성과지향 분위기 개발, 공유가치의 개발을 목적으로 한다.

워크아웃 프로그램은 기본적으로 3단계로 진행된다.

첫째, 해빙(unfreezing)으로 조직구성원들이 기존의 구조화된 역할 개념에서 벗어나, 그들이 당면한 경영현안 문제에 대해서 의견을 제시하고 문제해결에 참여하는 적극적인 자세와 행동, 상호간의 신뢰관계를 개발하는 단계이다.

둘째, 시스템개선으로 조직구성원들이 최고의 업무성과를 달성하기 위하여 공동으로 업무시스템을 분석, 개선해 나가는 단계이다.

셋째, 변화가속으로 이는 통합된 다양한 개념을 실현시키고 이를 실천할 수 있는 관리자들의 자질을 개발하여 제너럴 일렉트릭의 체질 개선을 촉진하는 단계이다.

● Work–Out Town Meeting

Town–Meeting이라는 말의 기원은 식민지시대의 뉴잉글랜드의 통치시스템에서 나온 것이다. 당시 마을사람 전체가 한자리 모여(주로 도심지역) 토론을 통해 마을의 정책과 법, 절차를 결정했는데, 이때 자신의 작업장에서 벗어나 자유스러운 분위기에서 공통의 문제를 토론하고 해결방안을 마련하였다.

Town–Meeting은 토론을 통한 성과물을 도출하는데 매우 유용한 기법이며, 이를 통해 구성원간의 토론과 대화 활성화를 기대할 수 있다. 주제를 선정하고, 이어서 문제점 정의, 원인도출, 개선아이디어 도출, 실천과제 선정, 실행계획서 수립의 순으로 토론을 체계적으로 진행하면 구체적인 성과물이 도출될 것이다.

[표9-11] Work-Out Town Meeting

구 분	내 용
개념	- 마을회의와 같은 분위기의 회의 - 신속한 의사결정과 문제의 해결점을 찾음. - 아이디어를 서로 교환함.
운영방식	- 진행자(facilitator)가 효율적인 회의 진행이 이루어지도록 함. - 업무 관련자들이 이미 알고 있는 문제부터 개선함. - 대화와 토론을 통해 문제 해결 및 프로세스 개선을 추구 - 개선 제안 사항에 대해 해당 업무 담당 관리자가 즉시 가부를 결정

* Work-Out Town Meeting : 현업에서 개선해야 할 사항을 조직구성원들이 주제로 선정하여 이 주제와 관련된 임직원들이 모여 토의한 후에 이에 대한 구체적인 개선대책을 합의, 결정하고 이를 의사결정자에게 제시하면 의사결정권자는 개선 대책에 대한 실시여부를 토론 장소에서 즉시 정하여 실행에 옮기도록 하는 집단 문제 해결방식의 회의체이다. 즉, Town Meeting은 Work-Out의 문제해결을 위한 구체적인 토론방법으로서, 개선대상 업무를 관련자들이 모여 해결방안을 스스로 찾는 회의 방식이다.

Town Meeting의 특성은

첫째, 현업의 문제를 해결하기 위한 효율적인 회의 진행을 위해 Facilitator를 필요로 한다. 이때 Facilitator는 퍼실리테이터로서의 전문성을 가지고 있어야 한다.

둘째, 기존의 보고서 작성 등에 의한 개선방식을 대화를 통한 개선으로 전환한다. 이때 Mind Mapping, 특성요인분석(fishbone diagram), MECE(mutually exclusive and collectively exhaustive) 등의 기법을 사용하면 효과적이다.

셋째, Sponsor는 개선안에 대하여 실행여부를 결정해야 한다. 이때 스폰서는 비즈니스 단위에서 가장 높은 위치에 있는 리더가 되는 것이 일반적이다. 스폰서의 역할은 실시간으로 결과를 알아보고 워크아웃 프로세스 전 과정에서 목표달성을 위한 노력을 지원하게 된다.

넷째, 개선하기로한 사항에 대한 Owner을 지정하고 권한과 책임을 부여하여 개선하기로한 사안에 대하여 끝까지 잘 마무리하도록 한다.

* MECE(mutually exclusive and collectively exhaustive) : 어떤 사항과 개념을 중복없이, 그리고 누락없는 부분 집합으로 전체를 파악하는 것.

[표9-12] Work-Out Program 실행 절차

Step1 사전준비	Step2 교육	Step3 실행	Step4 Follow-up	Step5 확산 및 지원
• Work-out 인프라 구축 • 마스터플랜 및 진행계획수립 • Work-out 전반적 설계 - 혁신과제 선정 - 스폰서 선정 - 학습조직 선정 - Facilitator 선발 - Work-out 실행 준비	• 스폰서 Work-out 실시 • CA교육 - Facilitator 양성교육	• Town-Meeting 실행 - Work-out개요 교육 - 스폰서 기대 발표 - 문제점 도출 및 선정 - 근본원인 분석, 해결방안 도출 및선정 - 제안서작성 및 발표 - 스폰서 의사결정	• Post-meeting - 자체실행 점검 - 추진실적 주관팀 정기보고 - 주관팀 종합관리 - 제안프로젝트 사후관리 - 스폰서에게 보고 - 평가 및 보상과 연계	• 제도화 • 분위기 조성

3. OJT

OJT(on-the-job training)는 직장내 교육훈련의 약자로 리더나 선배가 부하나 후배에 대해서 직무를 통해서 직무에 필요한 지식, 기술, 태도를 계획적, 중점적으로 개발하는 노력의 과정이다.

OJT의 중요성으로는 첫째, 조직구성원 개인의 직무수행역량을 직무수행을 통해서 향상을 도모할 수 있다.

둘째, 개발필요점을 가장 잘 파악하고 있는 리더에 의해서 업무처리방법이나 행동을 지도하기 때문에 과학적인 접근이 가능하다.

셋째, 리더는 단위조직의 성장발전에 대한 책임이 있으며, 부하의 개발을 통하여 가능하기 때문에 팀의 분위기 형성에 역량을 집중하여야 한다.

넷째, 인재개발을 위해서는 본인의 동기와 리더나 선배의 지원이 합쳐져야 시너지 효과가 나타날 수 있으므로 조직적인 차원에서 접근할 필요가 있다.

OJT제도에 역량모델을 도입할 경우에 효과적이고 실천적인 인재개발이 가능해 진다. 조직에서 OJT제도의 운영이 어려운 것은 지도하는 구성원이 무엇

을 지도해야 하는지 명확하지 않고 OJT의 성과측정과 피드백이 어렵다는 점을 들 수 있다.

그러나 OJT 제도에 역량모델을 도입할 경우 역량개발 대상자가 업무를 수행함에 있어서 취해야 할 행동을 명시적으로 제시할 수 있기 때문에 지도하는 입장의 구성원이 업무를 통하여 정확한 지도를 할 수 있다는 것이다.

또한, 역량모델은 업무별, 직위별로 도달해야 할 수준을 설정하고 있기 때문에 OJT를 통하여 얼마나 역량이 향상되었는지 평가하고 효과를 측정할 수 있다.

OJT 제도에 역량모델을 적용할 때에는

첫째, 역량개발 목적이 명확해야 한다. 역량모델의 구축에 있어서는 먼저, 그 역량개발 전략으로서의 목적을 명확히 해야만 경영전략과 연계된 항목을 설정할 수 있다.

둘째, 역량의 규정이다. 경영전략 및 외부환경의 분석과 업무상의 과제, 문제점의 정리와 분석을 바탕으로 업무 단위별로 취해야 할 구체적인 행동을 규정하는 것이 중요하다.

[그림9-5] OJT Flow

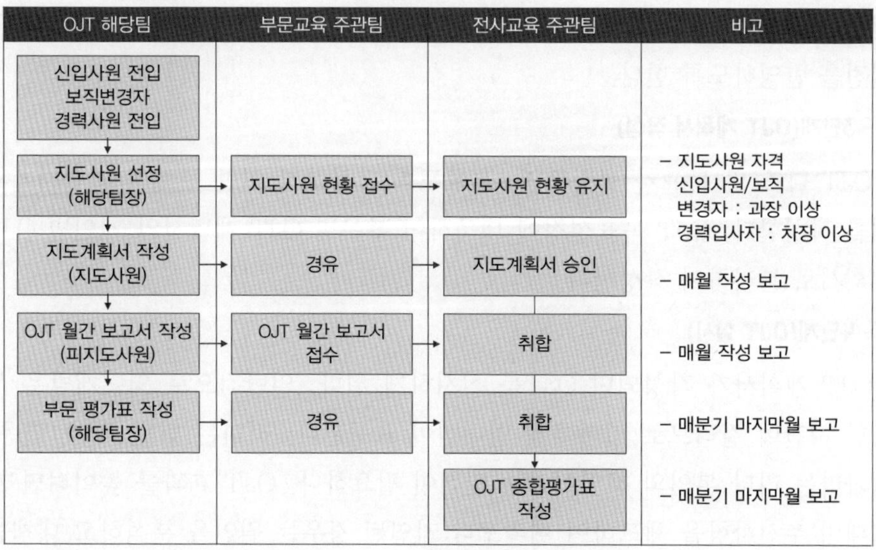

● OJT의 필요성

OJT는의 필요성은 첫째, 리더의 성과향상을 위해서는 구성원들의 개발은 필수적이다. 둘째, 정원의 감축으로 각 구성원의 다양하고 고도의 성과를 달성해야 하는 역량이 요구된다. 셋째, 기존의 집합연수나 자기계발로는 성과를 달성하는데 필요한 인재를 개발하는데 한계가 있다. 넷째, 급속한 기술혁신의 진행에 의해 분석, 판단, 창조라는 지적 능력이 보다 강하게 요구되어 이러한 역량의 향상이 필요하다.

● OJT의 프로세스

- 1단계(OJT 니즈파악)

OJT 니즈는 현재 및 장래에 구성원에게 요구되는 역량과 현재 역량의 차이로 파악 할 수 있다. 니즈를 파악하기 위해서 우선 직무수행기준표를 작성하고 직무수행기준표에 따라 자기진단을 실시한다.

- 2단계(OJT 목표설정)

OJT 니즈가 파악되면 대상, 목표항목, 기대수준, 기한과 같은 형태로 목표화 한다. 목표설정시는 먼저 부문별 목표를 설정한 다음 그것과 연계하여 개인별 목표를 설정한다. 목표를 설정할 때는 팀원을 참여시켜 충분한 이해와 의견을 반영하도록 한다.

- 3단계(OJT 계획서 작성)

OJT 니즈 및 목표가 설정되면 그 목표를 달성하기 위한 구체적인 실시계획서를 작성한다. OJT 목표설정에 대응하여 부문별 OJT 계획서와 개인별 OJT 계획서로 분리하여 작성한다.

- 4단계(OJT 실시)

OJT 계획서가 작성되면 OJT를 실시하게 된다. 일반적으로 역량개발은 상당한 시간이 걸리므로 리더에게 인내심이 요구된다. 리더는 팀원 개발, 활용, 성과라는 리더 본인의 책임이라는 인식이 필요하다. OJT 효과를 높이려면 계획대비 추진사항을 체크하여 계획보다 지연된 경우는 원인을 분석하고 대책을 수립한다.

- 5단계(OJT 평가와 피드백)

OJT를 실시한 후 그 활동 전반을 평가하고, 얻은 교훈은 다음 OJT 활동에 반영하도록 한다. OJT 평가는 리더의 OJT 활동 전반에 대한 자체평가와 팀원의 개발효과에 대한 평가로 나누어서 볼 수 있다. 리더에 대한 OJT 활동에 대한 평가와 피드백은 계획평가, 실시평가, 결과평가를 실시하여야 한다. 팀원의 개발효과에 대한 평가는 관찰, 질문, 과제 부여 및 확인, Test를 실시한다.

● OJT 운영제도

OJT는 신입사원, 직무변경자, 경력입사자를 대상으로 하며 교육내용, 멘토 자격, 실시 책임자별 기준은 다음과 같다.

[표9-13] OJT 실시대상/기간 내용(예)

OJT 대상	기 간	내 용		멘토 자격	실시 책임자
신입사원	팀 배치후(1개월)	사업부별 OJT	- 관리 및 기술부문 부서별 업무소개 - 부문별 생산관리, 검사, 설계, 생산, 영업 현황 소개	대리~ 파트장/공정장	신입사원 소속 부서장
	통신교육	공통 OJT	- 회사업무의 기본 - 대인역량 육성방법 - 비즈니스 문서작성 - 기획력 개발방법	사내강사 Cyber교육	교육주관부서
	팀 직무교육 (6개월)	팀별 OJT	- 팀별 직무교육	대리~ 파트장/공정장	신입사원 소속 팀장
직무변경자 경력입사자	팀 배치후(3개월) 팀 배치후(3개월)	- 담당 직무의 교육 - 조직 문화		파트장, 팀장	소속 팀장
입사 2년 미만 사원	신입 6개월 OJT+ 1년 6개월	- 팀별 직무 기술 Jump-Up		대리~파트장	소속 팀장

● OJT 운영지침

[직무교육의 실시 목적]

- 신규인력의 조직환경과 직무내용에 조기 적응과 팀원의 지속적인 역량계발

– 실무수행을 위한 지식, 기술, 태도의 일상업무수행을 통한 보완 및 함양
– 업무수행의 합리화를 통한 인력의 효율적 관리 및 활용
– 상호학습의 조직문화 정착과 바람직한 인간관계 팀워크 조성
– 조직구성원의 자기계발을 위한 지속적인 동기부여 및 인재의 체계적인 개발
– 인력개발의 내실화 및 일상화

[직무교육의 내용]

- 지식요건

담당직무, 유사직무, 관련직무에 대한 지식활용 및 적용에 관계되는 역량, 조직환경에 대한 지식

- 기능요건

직무수행에 필요한 실무기능, 정신적 기능, 태도 및 정서적 요건

[실시대상, 기간 및 내용]

- 실시 대상

신입사원 또는 직무내용이 변경된자(대리 이하), 경력입사자(과장 이하)

- 실시기간 및 내용

대 상	기 간	내 용
신입사원	팀 배치후 1년	– 팀별 직무교육 – 직장인 기본 자세
직무변경자 경력입사자	팀 배치 후 6개월 팀 배치 후 3개월	– 담당 직무의 교육 – 조직문화

– OJT의 구체적인 내용은 팀별 직무에 대한 구체적인 지식과 기능, 팀간 외부업무처리 프로세스, 주제 연구보고서 작성 지도

[지도사원의 자격]

지도사원	OJT 대상자
과장 이상	신입사원 · 직무변경자(대리 이하)
차장 이상	경력 신규입사자(사원 ~ 과장)

- 업무 Manual의 작성

각 부문별 OJT의 효율적 진행과 신규인력의 조기업무 파악을 위한 기본자료로서 교육주관부서의 요청시 업무 Manual을 사전 작성하여야 한다.

업무 Manual은 대외비를 제외한 부문별 제반사항을 포함해야 하며 내용 변경이 있을 경우 수시로 수정, 보완하며 현실적으로 사용가능하도록 해야 한다.

- OJT 계획서 작성

OIT 대상자 해당팀에서는 월단위 지도계획서를 작성 사업장별 교육주관팀을 경유하여 전사 교육주관팀에 제출하고 승인받아야 한다.

[OJT 월간 보고서 작성]

- OJT 기간 중 대상자는 OJT 월간보고서를 작성하여 부문별(사업장별) 교육주관팀을 경유하여 전사 교육주관팀으로 제출하여야 한다.
- OJT 월간보고서 내용은 동기간 중 교육받은 내용을 정리하여 향후 입사하는 신입사원의 교육교재로 활용할 수 있는 수준이어야 한다.

[평가 및 보고]

- OJT를 실시하는 팀장은 OJT가 종료된 사원에 대하여 매분기 마지막월 말일까지 부문 평가표를 작성 사업장별 교육주관팀으로 제출하고 사업장별 교육주관팀은 취합하여 전사 교육주관팀으로 제출하여야 한다.
- 전사 교육주관팀에서는 팀별 OJT가 종료된 사원에 대하여 OJT 종합평가표를 분기별로 작성하여 교육담당임원에게 최종 결과를 보고하여야 한다.

[교육 지원]

- 지도사원에게는 월별 소정의 교육비를 지급한다.

[교육결과의 인사평가 반영 및 포상]

- 지도사원 및 피지도사원에 대하여 인사평가에 결과를 반영한다.
- 전사 교육주관팀에서는 우수지도사원 및 우수지도팀을 선정하여 년 1회 포상을 실시한다.

[시행]
- 이 지침은   년 월 일부터 시행한다.

4. 고성과학습시스템

1) 학습조직

피터 센게(Peter Senger)는 학습조직(learning organization)은 조직원들이 진실로 원하는 성과를 달성하도록 지속적으로 역량을 확대시키고, 새롭고 포용력 있는 사고능력을 함양하여, 집중될 열정이 자유롭게 설정되고, 학습방법을 서로 공유하면서 지속적으로 배우는 조직이다 라고 정의 하고 있다. 또한 마이클 벡(Micheal Beck)은 지속적으로 조직이 그 자신을 변형시키면서, 조직내의 모든 근로자들의 학습과 개인적 발전을 촉진시키는 조직으로 학습조직을 정의하였다.

Fiol과 Lyles는 보다 나은 지식과 이해를 통하여 행동을 개선하는 과정이라고 정의를 하였고, Argyris는 오류를 발견하여 수정하는 과정이라고 정의하였다.

학습조직은 지식을 창출하고 공유시키고 이를 조직내에 저장하고 잘못된 지식을 폐기하는 역량을 갖춘 조직이다.

[표9-14] 학습조직의 형태

구 분	내 용
개인학습	조직의 인적자원 개발시스템을 통해 개인에 의해 받아들여 지는 모든 학습 또는 기타 다른 방법을 통한 학습이다. (자기학습, Cyber를 통한 학습, 관찰 학습, 도서)
그룹학습	그룹, 팀, 단위조직 또는 다른 조직의 하위 단위들에 의한 학습, 그룹학습은 경험의 공유를 통해서 가장 빈번히 이루어진다.
조직학습	조직학습은 학습지원에 필요한 적절한 구조, 기업 학습문화, 권한과 역량의 함양, 환경분석, 지식의 창출과 이전, 학습기술, 품질, 전략, 지원 분위기, 팀워크와 네트워킹, 비전의 각 핵심 요소들을 내용으로 이루어진다.

Senge는 21세기의 경쟁력은 단지 제품의 양이나 질보다는 지식창출과 지식의 생산능력에 좌우되는 만큼, 기업의 성공을 위해서는 끊임없이 배우고, 새로운 것을 창출 할 수 있는 학습조직이 되어야 한다고 주장하였다. Senge는 학습조직을 구성하는 핵심적 요인으로 시스템사고, 팀학습, 개인적 숙련, 사고모형, 공유비전의 5가지를 제시하고 있다.

[그림9-6] Senge의 학습조직모형

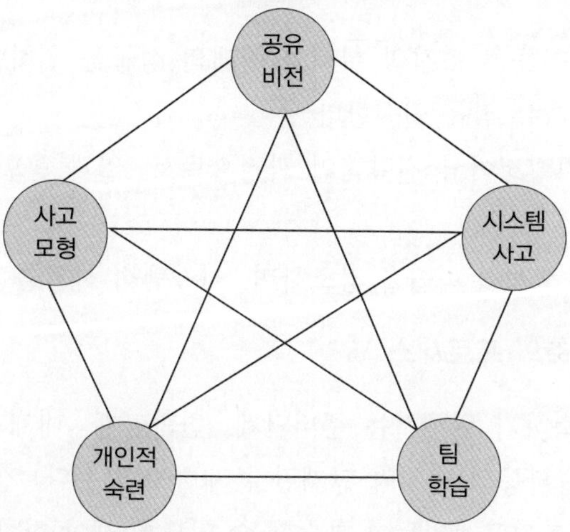

Source : P. M. Senge(1990)

첫째, 시스템사고(system thinking)는 사명과 전략, 구조, 문화, 경영관행과 같은 조직의 모든 일상적 측면들을 검토하고 반성하는 것을 포함한다.

둘째, 팀학습(team learning)은 의사소통과 협조를 촉진하며, 조직구성원들간에 시너지를 형성한다.

셋째, 개인적숙련(personal mastery)은 교육, 학습활동, 일의 경험을 통해서 개인이 전문성을 갖추고 일에 대한 숙달함으로써 달성된다.

넷째, 사고모형(mental model)은 개인의 가치, 신념, 태도를 포괄하는 것으로 개인의 행동지침, 의사결정의 관점으로 작용한다.

다섯째, 공유비전(shared vision)은 조직구성원들의 공통의 관점을 나타낸 것으로 조직의 사명과 목표에 대한 이해로부터 출발한다.

학습조직모형의 장점으로는 비가시적 내부역량을 체계적으로 관리할 수 있고 예측 불가능한 환경에 대한 적응방법을 제시할 수 있다. 한계점으로서는 구체적인 조직설계기준을 제시하기가 어려우며 또한 구체적인 조직유형을 제시하기가 어렵다.

Marquardt(1996)는 학습조직의 중요한 몇 가지 특성들을 밝혔다.

첫째, 학습이 조직의 체계가 전체적으로 하나의 두뇌인 것처럼 움직일 때 성취된다는 점이다.

둘째, 조직구성원들은 조직의 현재와 미래의 성공을 위하여 조직차원의 학습이 매우 중요하다는 점을 인식한다.

셋째, 학습이 지속적이고 전략적인 과정으로서, 일과 통합되거나 병행하여 이루어진다.

넷째, 창의성과 생성적 학습을 강조하며, 시스템적 사고를 기초로 한다.

2) 학습조직 구축의 프로세스

학습조직을 구축하기 위해서는 준비단계, 변화단계, 내재화 단계를 거치게 된다. 그러나 학습활동의 마지막 단계란 존재하지 않는다. 경영환경을 이해시키고 지속적으로 조직구성원들이 학습할 수 있도록 해야 한다.

● 준비단계

조직변화시 나타날 수 있는 저항을 감소시켜 학습조직이 성공적으로 구축될 수 있도록 사전준비를 하는 단계로 이 과정에서는 학습조직 구축에 필요한 여건조성과 장기계획을 수립하고, 학습조직을 지속적으로 추진할 수 있는 핵심적인 변화담당자를 양성해야 한다. 또한 학습조직 구축의 필요성과 장점을 충분히 홍보하고, 설문조사, 면접을 통해 조직구성원들이 학습조직에 대한 개념이나 시스템에 대해 이해하고 있는지에 대하여 조직진단을 실시하고 대안 등을 미리 생각한다.

● 변화단계

장기계획에 따라 학습조직을 구축하기 위한 토대를 만들고 실제로 구축하는 단계이다. 이를 위해서는 전조직구성원의 학습인화, 새로운 가치체계와 기업문화 재구축, 시스템구축 등이 이루어져야 하며, 준비단계에서의 조직진단결과를 통해 조직구성원의 행동변화를 평가한다.

● **내재화단계**

변화단계에서 추구해왔던 활동들이 자연스럽게 반복될 수 있도록 내재화시키는 단계이다. 학습조직구축을 위한 다양한 활동들을 진단하고 점검해서 개선할 점과 새롭게 시도할 점 등을 찾아 대책을 마련하는 일이 필요하며, 현장중심의 교육, 실천적 학습 등을 통해서 새로 체득한 지식을 일상적 업무 활동에 적용할 수 있도록 해야 한다. 이를 통해 조직구성원의 인지 및 행동변화가 실제로 결과를 산출했는지를 확인하기 위해서 다양한 측정지표들을 도출하여 구체적인 모니터링을 통한 학습성과를 측정한다.

지식공유에 대한 평가는 분기별 또는 반기별로 할 수 있다. 지식공유 평가항목은 지식공유 방식과 지식공유 내용에 따라 분류된 각 지식공유요소는 양적, 질적 평가수준으로 분류할 수 있으며, 양적인 수준의 경우는 게시건수 혹은 수행건수로 그리고 질적인 수준의, 경우는 조회건수, 내용만족도, 형식만족도, 요청받은 건수 등으로 평가항목을 도출 할 수 있다.

개인평가에서 평가자는 팀장과 지식공유로 인한 기여를 평가할 수 있는 전문가가 된다.

[표9-15] 개인 지식공유 측정지표 및 평가항목

측정지표	세부측정지표	평가항목	
방법지 산출물 (업무실적)	양적 측면의 목표달성도	- 게시 건수	- 업무시간의 단축 - 업무 착오 감축 등
	질적 측면의 업무결과 우수성	- 조회건수 - 내용만족도 평가 - 형식만족도 평가	- 고객에 대한 가치 증대 - 문제해결 시간의 단축과 같은 싸이클 타임 단축 - 고객의 욕구와 기대 만족의 증가 등
방법지 매뉴얼 (업무기여도)	양적 측면의 업무수행 향상	- 게시건수	- 의사결정의 스피드 증대 - 업무과정의 혁신 등
	질적 측면의 업무수행 우수성	- 조회건수 - 내용만족도 평가 - 형식만족도 평가	- 부가가치 없는 업무의 제거 - 공유지식의 재사용 증대 등

조직평가의 평가대상으로는 본부, 팀을 중심으로 실시하며, 최고관리자 평가와 고객평가, 각 위원회의 다면평가를 실시한다. 각 측정지표에 대한 항목 선정 및 항목별 배점은 조직여건에 따라 선택하여야 하며, 측정방법도 단위업무와 팀운영의 평가항목에 따라 세부적으로 차등 적용하여 평점을 산출해낼 수 있다.

[표9-16] 팀 지식공유 측정지표 및 평가항목

측정지표	평가항목	
방법지 산출물 (단위업무)	고객평가	- 서비스 시간 단축 등
방법지 매뉴얼 및 대리수행 등 (팀 운영)	조직관리 우수성	- 팀원간의 커뮤니케이션 비용 감축 등
	팀의 발전목표달성	- 전략적 역할 증대 등
	기업의 발전목표달성	- 지식경영시스템의 수요 증대 등
	대내외 업무협력 정도	- 팀간의 협조 증대 등
	업무개선 정도	- 지식공유의 기회 마련 - 방법론, 교육 등의 지식전달 방식 개선 등

* 방법지(knowledge about know-how)란 인간의 욕구나 문제를 해결하는 방법을 아는 것으로 예를 들면 PC를 조립하는 방법을 아는 지식을 말한다.

3) 학습조직 활성화 활동(CoP)

CoP(community of practice)는 특정 주제에 대한 관심과 일련의 문제 및 열정을 공유하고, 지속적인 상호작용을 통해 해당 주제 영역에 대해 조직구성원들의 이해와 지식을 깊이 있게 만드는 집단을 말한다. CoP는 업무와 관련한 지식의 습득을 목표로 하는데 이 과정에서 조직구성원의 학습역량의 향상이 이루어진다. 이는 결국 조직의 학습역량으로 이어지게 된다. 다음으로 CoP는 구성원의 문제해결 역량을 향상시킨다. CoP는 단순히 지식의 습득만을 목적으로 구성되는 것은 아니다. 업무수행과 관련한 각종의 문제를 해결하기 위한 것도 CoP 구성의 큰 목적이다. 문제를 발견하고 이를 해결하는 과정이 반복되면 조직구성원의 문제해결역량은 증가하게 된다. 이는 결국 조직의 문제해결 역량의 향상으로 이어지게 된다.

● **CoP의 효과**

CoP의 가장 큰 효과는 조직구성원의 참여를 통한 역량강화와 조직내 벽 허물기라고 할 수 있다. CoP는 혁신을 위한 대화의 장을 제공하며, 타 부서의 조직구성원과의 협력을 강화하고 새로운 지식을 창출하게 한다. 이러한 결과는 혁신에 대한 자연스러운 참여를 유도하게 되며, 새로운 지식을 창출하는 과정을 통하여 혁신에 대한 자신감을 얻게 된다.

- 조직구성원과 조직의 역량 강화

집단을 통한 문제해결역량 확보, 액션러닝을 통한 학습역량 배양.

- 조직 내 벽 허물기

자유로운 의사소통, 부서 · 부문간 교류 증진을 통한 열린 문화 구축.

● **CoP의 유형과 특징**

CoP는 활동의 성격에 따라 토론형, 학습형, 문제해결형으로 구분할 수 있다.

- 토론형

공통의 지식영역이나 문제에 관심이 있는 사람들끼리 주로 온라인 활동을 매개로 모이는 모임이나 네트워크이다(관심 영역 중심, 지식 · 정보 공유, 제안 · 토론 중심, 비공식적).

- 학습형

주로 업무관련 주제가 학습의 대상이며 이를 통해 지식의 업그레이드를 추구하는 것이 목적인 공통의 학습주제를 가진 사람들의 모임 또는 네트워크이다(업무중심, 새로운 지식의 습득, 관심 업무분야의 담당자 모임, 비공식적 · 공식적).

- 문제해결형

업무수행과 관련하거나 조직의 역량향상과 관련한 구체적인 문제를 해결하기 위하여 모인 소그룹으로서, 주로 오프라인 만남을 매개로 문제를 해결하는 방식을 취한다(전문가 중심, 조직의 핵심문제해결, 공식적인 지원).

유형별 특징은 토론형으로 갈수록 조직문화의 활성화, 조직내 의사소통의 활성화, 조직구성원 의견반영의 비중이 높으며 문제해결형으로 갈수록 조직의 문제해결, 조직의 역량강화, 조직구성원의 핵심지식의 창출에 초점이 맞춰진다.

● CoP 운영의 성공조건(변화관리)

성공적인 CoP를 운영하기 위해서는 변화관리가 필요하다. CoP를 처음 접하는 곳에서는 별도의 업무를 행하는 것과 같은 부담이 생겨 저항이 있을 수 있다. 이를 위해 변화관리가 필요하다.

- CoP의 전략을 수립해야 한다. 왜 CoP가 우리 조직에 필요하며, 어떻게 시작 할 것인지, 어느 곳을 벤치마킹할 것인지 그리고 이를 활성화시키기 위한 제반 계획을 어떻게 짤 것인가 대한 상세한 계획이 있어야 한다.
- 기관장의 리더십이 중요하다. CoP 활성화에 대한 강한 의지가 조직구성원에게 전달되어야 한다.
- 활성화를 위한 이벤트가 필요하다. 교육, 홍보 및 CoP 경진대회와 같은 이벤트를 통해 조직구성원의 관심을 끌어야 한다.
- 모니터링이 필요하다. CoP를 성공시키기 위해서는 모니터링을 통한 적극적인 방법도 동원되어야 한다. 그 중의 핵심은 평가이며, 평가에 대한 보상방안이 있어야 활성화를 촉진시킬 수 있다.

● CoP와 지식관리의 관계

CoP는 지식관리와 떨어져서는 존재할 수 없다. 지식관리활동의 한 흐름으로 CoP 활동이 존재하기 때문이다. 지식관리는 크게 4가지의 순환구조(창출, 축적, 공유, 활용)를 갖는다. 이 중 CoP는 지식의 창출과 밀접한 관련을 갖는다. Cop 활동은 업무와 관련한 새로운 지식이나 문제에 대한 토론과 학습, 그리고 문제해결을 통한 새로운 지식의 획득을 의미하기 때문이다. 물론 CoP는 조직구성원들과의 대화를 통하여 다른 조직구성원의 지식을 공유 활용하기도 하지만, 주요 미션은 지식의 창출에 있다고 할 수 있다.

- 지식교환활동

업무관련 애로사항에 대한 상호 조언, 업무관련 아이디어와 자료의 교환과 토론, 세미나 교육 등의 지식전수 및 학습활동

- 생성활동

업무관련 주요 문제에 대한 공동 해결, 업무관련 아이디어 교환 및 새로운 지식의 연구

● CoP 활동에 대한 보상제도 마련

CoP 활동의 활성화를 위해서는 보상제도를 마련하는 것이 중요하다. 보상의 예산이 적을수록 참신한 아이디어로 보상제도를 만드는 것이 필요하다. 보상을 받는 사람들은 보상금액보다 자신에 대한 가치를 인정받는 것에 더욱 관심을 둔다.

[표9-17] CoP 활동에 대한 보상제도

구 분	설 명
현금 및 현물 보상	– 일정 분기별 총 마일리지 점수가 높은 사람에게 일정 금액으로 보상 – CoP활동 초기 정착 단계에서 많이 활용함. – 분기별 고급 지식에 대한 금전 보상(예 : 상품권) – 고급 지식에 대한 일정액 보상
금전 & 명예 부여	– 총 마일리지 점수가 높은 사람에게 일정 기간 사이버 명예간부 자격 부여 및 반기마다 1회씩 실제 간부 급여의 일정액을 지급 – 성과급 지급 및 해당 직원의 등록지식과 사진을 시스템상에 게시하는 제도 – 신지식인 후보자로 추천 – 우수자 시상 및 홍보 – 전문가 인정 – 신지식인 선정 : 명예표창 및 명예의 전당에 등록
명예	– 금전 대신 정보제공자의 이름을 밝히고 사내 게시판에 등록하는 등 명예를 고취시킬 수 있는 방법으로 보상
팀별 보상	– 팀별 인센티브 부여 – 제공 정보의 내부 만족도를 조사하여 내용 부실 시 차별적 인센티브 부여
인사평가반영	– 인사가점 부여 – CoP 활동의 자율성을 감안하여 인사평가시스템과 전혀 연계하지 않을 수도 있고 가중치를 낮게 설정할 수도 있음. – 높은 수준의 활성화가 필요하다면 가중치를 높게 설정해야 함.
기 타	– 희망교육 & 세미나 참가 – 외부 연수 보조, 각종 세미나 참석보조 – 특별 휴가 제공

● 외부 전문가 연계_DB구축 프로세스

조직내 학습활동 활성화뿐만 아니라 새로운 지식을 외부로부터 유입시키기 위한 전문가와의 연계활동이 중요하다. 외부 전문가 연계구축을 위한 과정은 4단계로 구분할 수 있다.

- 1단계 외부전문가 필요영역 선정 : 조직이 필요로 하는 전문영역을 선정하는 단계이다.
- 2단계 전문가 정보등록 : 각 분야별로 전문가 정보를 등록하는 단계이다.
- 3단계 전문가 활용 : 구축되어 있는 전문가 등록정보를 활용하여, 참여를 유도하고 도움을 받는 단계이다.
- 4단계 전문가 평가 및 갱신 : 전문가 도움을 평가하고, 전문가에 대한 정보를 새롭게 등록하는 단계이다.

[표9-18] CoP의 외부전문가 연계(DB구축 프로세스)

단 계	내 용
1단계 외부전문가 필요영역 선정	- 조직의 사업 중 외부 전문가의 참여 및 자문이 많이 이루어진 영역을 중심으로 전문가 필요영역을 선정 - 내부전문가 분류와 같은 전문가 분류 체계 구성
2단계 전문가 정보등록	- 각 분야 마다 관련 팀의 협조를 얻어 전문가 정보를 등록 - 전문가의 일반적인 사항(이름, 연락처, 소속조직 등) 이외에 현재까지 우리 조직과의 협업 실적, 평가결과 및 전문가의 등급을 지정하여 등록한다. - 인터넷을 통해 전문가가 직접 자신의 정보를 등록하게 할 때는 내부에서 등록하는 내용과 전문가가 직접 등록하는 부분을 구분한다.
3단계 전문가 활용	- 내부 업무 관련 질의가 전문가에게 메일 등으로 직접 전달 될 수 있도록 시스템을 구축한다. - 추진 사업 등에서 전문가의 참여를 유도하기 위해 게시판 등을 운영하여 정보를 제공하거나 교류를 이끌어 낸다. - 업계, 학계 등으로 구분하여 전문가들의 포럼을 만들어 운영하거나 내부직원과의 연구 CoP 등을 온라인상에서 운영한다.
4단계 전문가 평가 및 갱신	- 매년 외부 전문가의 일반적 사항에 대해 갱신을 하며 우리 조직과의 사업 추진 실적 및 평가 결과에 의해 전문가의 등급을 조정한다.

학습조직(learning organization)이란 구성원들이 진정으로 원하는 결과를 창출하는데 필요한 역량(competency)을 계속적으로 확장하고, 새롭게 확장된 사

고체계가 성숙되며, 집단적인 열망이 자유롭게 표출되고, 조직구성원들이 함께 학습하는 방법을 지속적으로 배우는 조직으로 미래의 성공에 필요한 역량을 끊임없이 창출해 내고 가다듬어 이를 효과적으로 활용해 나가는 문화가 형성되어 있는 조직으로서, 이를 지속시키는데 기여하는 조직의 핵심가치, 전략, 시스템, 구조 등을 계속 수정 · 보완하여 조직구성원의 자발적 학습의욕과 참여를 촉진 · 지원 · 유도하는 조직이다.

[표9-19] 훈련과 학습

훈 련	학 습
- 수동적 - 외부에서 내부로 - 상대적 안정을 가정 - 지식, 숙련, 작업이행에 초점 - 기본적인 능력개발 - 개선에 초점 - 조직의 과업 · 전략에 반드시 관계된 것은 아님. - 단기적인 초점을 맞춘 구조화된 학습 경험	- 능동적 - 내 · 외부것 같이 흡수 - 지속적인 변화를 가정 - 가치 · 태도, 혁신, 재능 · 창의력에 초점 - 해결방안을 창출 - 한계 돌파 - 성공을 위한 비전과 요구사항의 직접 연계 - 공식과 비공식의 장기적 미래지향

OJT Flow

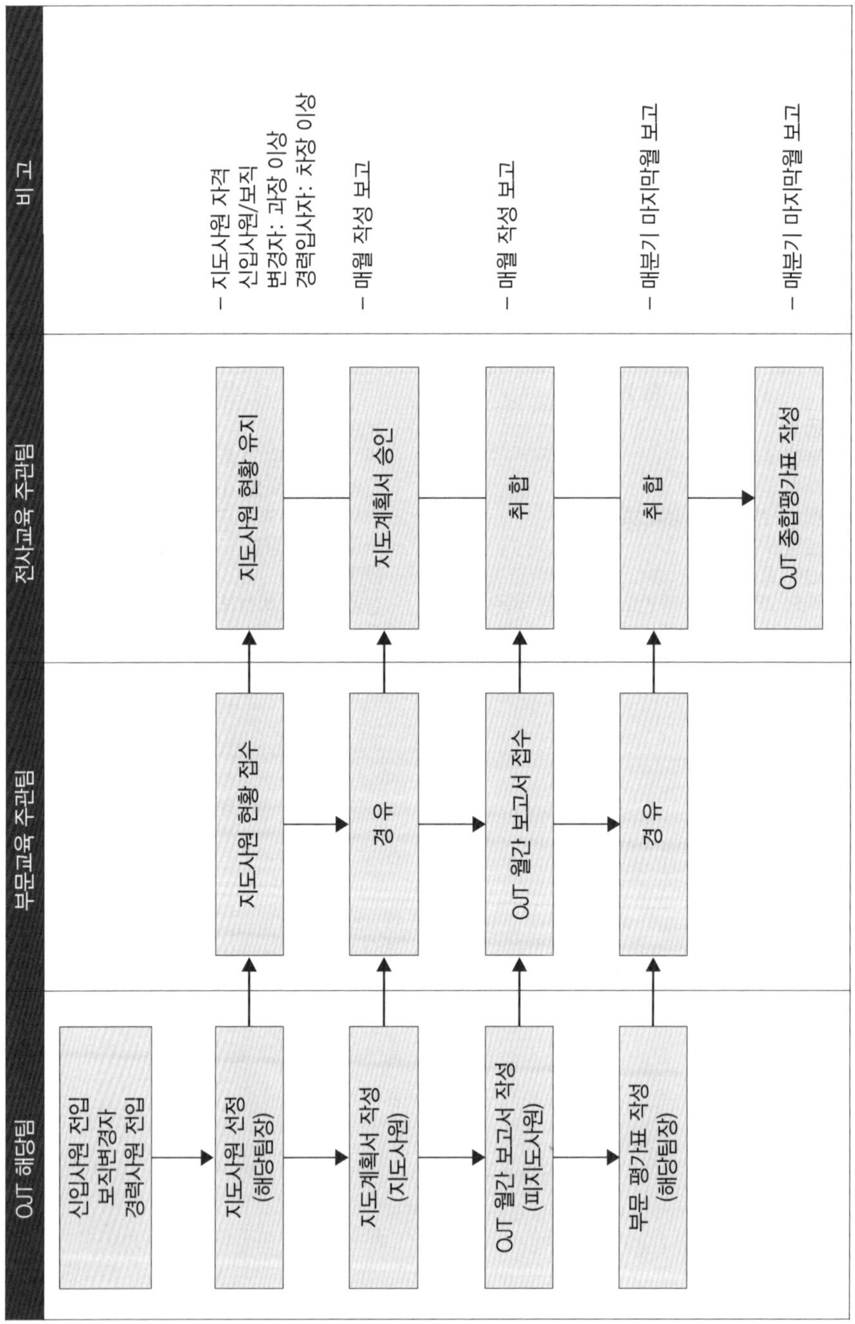
OJT 해당팀
부문교육 주관팀
전사교육 주관팀
비 고
신입사원 전입
보직변경자
경력사원 전입
지도사원 선정
(해당팀장)
지도사원 현황 접수
지도사원 현황 유지
- 지도사원 자격
신입사원/보직
변경자: 과장 이상
경력입사자: 차장 이상
지도계획서 작성
(지도사원)
경 유
지도계획서 승인
- 매월 작성 보고
OJT 월간 보고서 작성
(피지도사원)
OJT 월간 보고서 접수
취 합
- 매월 작성 보고
부문 평가표 작성
(해당팀장)
경 유
취 합
- 매분기 마지막월 보고
OJT 종합평가표 작성
- 매분기 마지막월 보고

● OJT 지도계획서

소 속		입사일		팀장	
성 명		담당업무		멘토(지도사원)	

교육목표	

주차(기간)	항목별 교육내용	자 료	소요시간

- OJT 월간보고서(일지)

소 속		입사일		팀장	
성 명		담당업무		멘토(지도사원)	

항 목	기간(주 단위)	세부 내용	결과물(성과물)
소감 및 의견			

지도사원 의견	

OJT 평가표

소 속		입사일		팀장	
성 명		담당업무		멘토(지도사원)	

NO	평가 내용	팀장평가 점수(50%)	멘토평가 점수(50%)
1	책임감 있게 OJT에 임하였는가?		
2	OJT 기간중 적극성의 정도는?		
3	현업 사원들과의 업무 협조 및 대인관계는 잘 유지하였는가?		
4	OJT 기간동안 소속부문 업무흐름을 충분히 파악했는가?		
5	의사 표현력의 수준은?		
6	직무에 필요한 근무요령 및 전문지식의 이해 정도?		
7	창의적인 개선안을 많이 제안하였는가?		
8	조직구성원으로서의 예의를 잘 갖추었는가?		
9	사고방식은 건전한가?		
10	OJT 기간중 상기 직원에 대해 종합 평가를 한다면?		
평가점수(평가점수는 항목별 : 5, 4, 3, 2, 1)			
총점(100점 만점 기준)			

팀장 종합의견	
OJT 종료 후 팀장이 작성하여 5일 이내 교육주관부서로 제출	

● OJT 종합 평가표

NO	소 속		성 명	OJT 내용별 평가			총 점	순 위
	사업부	팀		현장실습	보고서	Cyber 교육		
1								
2								
3								
4								
5								
6								
7								
8								
9								
10								
11								
교육주관부서 의견								

PART 4. 개인개발(ID)

개인학습 Chapter 10

1. 계층별 개발
    1) 임원개발
    2) 리더개발(MTP)
    3) 감독자훈련(TWI)
    4) 신입사원 조기전력화
2. 리더십 개발
    1) 리더십의 이론
    2) 리더십 유형
    3) 리더십과 조직성과
    4) 리더십 업그레이드
3. 멘토링과 코칭
4. 평생학습

1. 계층별 개발

조직의 핵심역량을 정의하고 이를 개발하는데는 많은 투자가 필요하다. 인적자원개발은 조직구성원들이 조직의 전략적 경영목표를 달성하는데 요구되는 구체적인 역량이 도출되고 이러한 역량이 잘 개발하도록 지원하여야 한다.

즉, HRD가 경영전략과 정합성(alignment)을 갖기 위해서는 조직의 HRD 방향이 조직의 미션과 비전, 경영전략에 따라 결정되어져야 한다.

먼저 조직구성원들이 갖추어야 할 역량이 무엇인지 정의할 필요가 있다. 경영환경변화에 대한 면밀한 분석으로 이에 대응하고 경쟁우위를 확보하기 위한 인재상을 정립하여야 한다. 즉, 공통역량, 리더역량, 직무역량의 모델이 만들어 져야 한다. 이러한 도출된 역량들은 조직내의 모든 기능과 계층에 적용된다. 조직구성원들이 승진의 과정을 거치고 경력사다리를 밟아 올라가게 되어 다른 직책을 수행하게 됨에 따라 이들 역량들이 심화되어야 하고 가시화되어야 한다. 이런 방식으로 갖추어야 할 역량들에 대한 전체 Map이 그려 질 때 조직구성원들은 자기계발을 경력경로(career path)에 따라 추진할지에 대한 전망과 노력을 기울이게 될 것이다.

이러한 역량들을 개발하기 위해서는 HRD 계획을 체계적으로 수립하여야 한다.

1) 임원개발

경영층에 해당하는 사장, 부사장, 전무, 상무, 이사급이 대상이다. 경영층에 대한 기대는 경영전략 측면에서의 혁신적인 발상과 변화에 대응할 수 있는 역량이 필요하다. 전사적인 시야에서 조직이 처한 상황을 정확히 판단하고 의사결정 역량을 갖추어야 한다. 경영층 연수설계는 외부 Seminar에 파견하는 것과 사내집합연수를 병행하는 것이 효과적일 수 있다. 외부 Seminar는 폭넓은 정보의 수집이나 시야를 넓힐 수 있으며, 사내집합연수는 과제를 줄여나가면서 정기적으로 실시함으로써 상호간의 의견교환, 요약을 중심으로 진행하여 부문의식을 희소시키고, 경영의 방향성에 관한 공통의식을 지니게 하는 효과를 기대할 수 있다.

● GE의 'Session C'

GE는 장기적이고 전략적 관점에서 성장과 잠재역량이 높다고 판단되는 인재를 미래의 핵심리더로 체계적으로 육성하고 있다. Session C라는 GE의 특유의 인사 조직 평가를 통해 대상자를 선정한다. Session C의 운영방식은 사업전략과 조직구조상의 이슈 및 주요 혁신 이니셔티브를 먼저 확인하고, 이를 바탕으로 현재의 인력 수준과의 Gap을 면밀히 파악한다. 그리고 장단기적으로 요구되는 인력을 어떻게 확보하고, 확보된 인력을 어떻게 육성 할 것인지에 대한 논의를 심도 있게 진행 한다.

[표10-1] GE Session C

<table>
<tr><th>미팅시간 및 참석대상</th><th>진행 순서</th><th>논의 포인트 및 진행사항</th></tr>
<tr><td rowspan="3">• 조직 · 인력 검토 및 논의 위주
• 미팅시간
– AM 8:30~10:30
• 참석대상
– 본사 : 회장, 부회장 2명, HR부문장
– 사업본부 : 사업본부 장, 사업부 HR장</td><td>Organization Changes</td><td>• 조직/전략 이슈 확인(사업전략 · 조직구조)
– 전년도 성과 및 당해 년도 조직 Issue 분석
– 사업환경, 인력수준, 이동 현황, 리더십, 당면과제
• 신규 및 폐지 Position 분석, 검토</td></tr>
<tr><td>Review of Direct Reports & Talent Review</td><td>• 사업본부 내 Key Position 임원 리더십(성과 vs 역량) 심층 검토 논의
– 사업 본부장 발표(임원별 대략 5~10분 검토)
– 핵심 인력에 대한 성과, 승진, 보상, Retention Plan, 육성, 이동 논의
• 신규 인력 확보, 인력 재배치 및 이동 검토
• 여성, 소수 민족 인력 검토</td></tr>
<tr><td>Course Assignments</td><td>• 핵심 인재(key talent), 리더에 대한 리더십교육과정 지정
– 회장이 직접 지목</td></tr>
<tr><td rowspan="5">• 주요 혁신 Initiatives별로 조직 · 인력 · 운영 이슈 검토 논의
• 미팅시간
– AM 10:30~4:30
• 참석대상
– 본사 : 회장, 부회장 2명, HR부문장
– 사업본부 : 사업본부 장, 사업본부 HR장, 부문별 담당임원 및 사업부장 전원</td><td>Quality · 6 Sigma Review</td><td rowspan="4">• 주요 혁신 이니셔티브 주제별 전략, 조직구조, 인력 및 운영 프로세스에 대한 검토 및 논의
– 부문별 담당 임원 및 사업부 리더 참석 논의
ex)
– 품질 리더 : 6시그마 조직 현황과 활동 상황에 대한 보고
– 조달 및 제조 리더 : 지적 자원, 기술 등 주요 자원 조달 이니셔티브를 촉진하기 위한 조직, 리더십에 대한 보고
– 판매, 서비스, 기술 리더 : 성장 가속화할 수 있는 판매와 서비스팀의 조화로운 통합에 필요한 절차와 자원에 대한 보고</td></tr>
<tr><td>International Review</td></tr>
<tr><td>Service Review</td></tr>
<tr><td>Growth Review</td></tr>
<tr><td>Talent Pipeline</td><td>• 'Session C' 전체 논의 사항 종합, 마무리</td></tr>
</table>

* 경력 : 개인의 직업관련 활동, 행동, 태도, 가치와 비전, 경력관리의 과정
* 경력계획 : 자기자신, 기회, 제한, 선택, 결과를 인식하고 경력관련 목표를 설정하여 그 목표를 달성하는 과정으로서 일(업무)과 교육 그리고 관련된 개발 경험을 계획하는 과정(개인 책임)
* 경력관리 : 개인 혼자서 또는 조직의 경력 시스템을 통해서 이루어지는 경력 계획의 준비, 실행 및 점검의 과정(조직의 책임)

● 한국 기업의 임원 역량개발 지원

우리나라 대기업들이 임원교육을 강화하고 있다. 예전에는 임원으로 갖춰야 할 기초소양교육 정도만 연수형태로 간단하게 교육했지만 최근에는 경영이론에서 리더십까지 기업임원이 갖추어야 할 모든 과정을 마치 사관학교교육을 방불케 할 만큼 높은 강도로 교육을 시키고 있다. 교육내용도 이론형에서 실전형으로 탈바꿈하는 추세를 보이고 있다.

LG는 "글로벌 경쟁이 치열해 질수록 인재의 중요성이 높아지고 있지만 핵심인재를 스카우트하기는 갈수록 어려워지고 있는 상황"이라며, "검증받은 인재인 임원들을 최고인재로 육성하기 위해서는 교육투자를 강화하는 길밖에 없다"고 판단하고 있다. LG그룹은 매년 초 인화원에서 7박8일 동안 신규임원들을 대상으로 교육을 실시한다. 이 교육에서 신임임원들은 LG가 추구하는 전략적 방향과 조직역량 배가방안, 노경협력 등 경영이슈 등에 대한 강의를 듣는다. 이와 함께 LG는 상무와 부사장급 임원을 대상으로 '사업가 육성 교육(EnDP : Entrepreneur Development Program)'이라는 프로그램을 운영하고 있다. 이 프로그램은 사업 책임자로서 임원들이 반드시 갖추어야 할 전략적 경영능력, 전문지식 등 10개 과정으로 나뉘어 있으며 LG의 모든 임원은 매년 1개 이상의 교육과정을 반드시 이수해야 한다.

삼성은 매년 초 신규임원을 대상으로 인재개발원에서 1주일간 리더십교육을 실시한다. 리더십교육은 경영전략수립, 자기관리방안, 업무지식교육과 함께 건강관리요령, 삼성의 신경영 철학 등도 커리큘럼에 포함되어 있다. 이와 함께 소양교육의 1가지로 '난타' 등 공연 프로그램이 들어 있다. 경영자로서의 감성과 창의성을 키운다는 취지에서이다. 도자기 굽기나 스타크래프트, DDR 배우기 등을 통해 신세대 문화를 체험하고 세상을 따라잡는 교육프로그

램도 신임임원들에게 인기를 얻고 있는 프로그램이다. 삼성은 신임임원교육 강사진을 계열사의 최고경영자(CEO)나 경제연구소 연구원 등 주로 내부 강사진으로 꾸며지며 외부 강사진은 학계의 저명한 교수나 문화계 인사 등이 연사로 초청된다.

SK는 1994년부터 '임원육성제도(EMD : executive management development)'를 도입해 운영하고 있다. EMD는 크게 임원 자격요건, 평가와 선발, 개발과 육성 등 3부분으로 구성되어있다. 신임임원들은 매년 5~6월 경영자로서의 능력을 개발하는 교육을 중점적으로 받는다. 교육이 끝난 후에는 회장과 자유롭게 토론하는 시간을 가진다. SK는 임원이 된 후에도 철저한 교육을 하는 것으로 알려져 있다. CEO아카데미로 불리는 임원교육에는 전체 임원이 참석해야 하며 연간 50시간에 걸친 집합교육을 받아야 한다. SK는 임원들은 미래의 CEO 후보군 이라고 보고 마케팅 분야 책임자라 해도 인사와 재무 등 경영의 모든 부분을 교육을 통해 이수해야 생존 할 수 있다고 보고 있다.

대한항공은 국내 대학과 연계한 임원교육프로그램을 진행하고 있다. 서울대 경영대학과 공동으로 개설한 고급 MBA 과정인 'KEDP 프로그램'을 2003년부터 실시하고 있다. 대상은 상무급 이상 임원이다. 이 프로그램을 이수하는 임원들은 4개월간 업무에서 완전히 손을 뗀다. 대한항공이 임원교육에 얼마나 공을 들이는지 잘 말해주는 대목이다 또 1990년부터 경영전략 수립능력배양을 목적으로 AMP라는 프로그램도 운영하고 있다. 따라서 대한항공 임원은 누구나 서울대, 연세대, 고려대 등 국내 주요 대학 최고경영자과정을 이수해야 한다.

금호아시아나도 매년 초 9박10일 동안 신규임원들을 대상으로 교육을 실시한다. 기존 임원들도 매년 3박4일 일정으로 주로 재무분야를 중심으로 재교육을 받아야 한다.

[표10-2] 대기업임원교육 특징

기 업	기 간	내 용
삼성	1주일	• 매년 초 신규임원 대상 – 리더십교육 : 경영능력 개발, 자기관리, 업무지식 교육 – 소양 교육 : 문화공연관람, 신세대 배우기
LG	7박8일	• 매년 초 신규임원 교육 – 조직능력 배가, 노경협력, 정도 경영 등
	연 50시간	• 사업가 육성 교육 – 모든 임원 대상 – 10개 과정 중 매년 1개 이상 교육이수
SK	1주일	• 신규임원 교육 – SK 경영관, 경영전략 수립 능력 등 교육
	수시	– 리더십 배양, 전략적 사고 수립 능력 등 – Mentoring 시스템 도입 : 퇴임 임원 상담원 위촉, 임원 1대1 교육
대한항공	4개월	• 상무급 이상 임원 대상 서울대 특별 MBA 과정 입학
금호아시아나	9박10일	• 신임임원 교육 : 경영능력 향상 등
	3박4일	• 임원 재교육 : 주로 재무분야 재교육

2) 리더개발(MTP)

피터 센게(Peter Senger, 1997)는 리더는 누구인가? 라는 질문에 대개 사람들은 리더는 꼭대기에 있는 사람이라고 믿는다. 그러면 다른 사람은 리더가 아닌가? 그렇다면 기업의 미래를 생각하는 사람은 누구인가?

리더십이란 현상은 수천년 전부터 중요하게 다뤄져 왔다. 인류가 미래를 만들기 때문이다. 미래를 나가게 만드는 사람이 리더이다. 그래서 비전을 리더십이라고 말한다. 비전은 미래에 대한 그림이며 꿈을 가시화한 것이다. 비전은 기업 경영에만 존재하는 것이 아니다.

시대와 장소에 구애됨이 없이 비전은 누구에게나 존재한다. 개인의 비전과 집단의 비전은 차이가 있다. 대개 CEO는 자신의 비전을 회사의 비전으로 이야기한다. 훌륭한 조직에는 늘 공통된 비전이 있다.

리더는 조직에 '창의적 긴장' 을 조성할 수 있어야 한다. 리더가 이같이 하기 위해서는 현실을 정확하게 볼 수 있어야 한다. 리더는 현실을 직시하는 역량을 길러야 한다. 더 이상 위계적 질서에 의한 리더십으로 조직을 변화시킬 수 없다.

● MTP(management training program)

관리자훈련계획의 약칭으로 1949년 당시의 미국 극동공군(FEAF)이 그 관할하에서 일하고 있는 일본인 감독자들을 대상으로 만든 프로그램이다. 그 후 일본의 실정에 맞도록 통산성에 의한 1차 개정을 위시하여 수차의 개정을 거쳐서 오늘에 이르고 있다. 일본에 있어서의 관리 · 감독자 기초훈련용의 대표적인 회의방식, 정형코스로 기본적인 관리의 원칙이나 관리기법을 습득시키는 데에는 편리하다. 행동과학 등의 개발이론을 짜 넣어 활용함으로써 효과를 올리고 있는 예도 많다. 한국에서는 한국산업훈련협회가 일본산업훈련협회의 협력하에 1980년에 도입하여 보급하였다. 총 20회합 40시간으로 구성되어 있으며, 여기에서 Instructor는 Facilitator의 역할을 한다.

[표10-3] MTP(management training program)의 구성

구분(6)	회합(20)
관리의 기초	- 관리의 기본적인 태도 - 조직운영의 원칙 - 관리와 기준
문제해결과 창조	- 문제의식과 창조성 - 조직의 검토와 개선 - 업무시스템의 개선(직무의 할당과 개선) - 업무방법의 개선
관리의 기능과 목표	- 계 획 - 지 시 - 통 제 - 조 정 - 회의의 활용
육성과 개발	- 부하육성의 사고방식 - 육성과 계발의 실천
인간과 집단의 이해	- 인간행동의 이해 - 태도와 그 계발 - 사람을 둘러싼 문제의 처리 - 집단의 성격과 조직의 종합력
리더십과 관리의 전개	- 리더십 - 관리의 전개

● 원칙중심의 리더십프로그램

코비(Stephen R. Covey) 리더십센터의 프로그램으로 성공하는 사람의 7가지 습관 워크숍, 소중한 것을 먼저하라 워크숍, 원칙중심의 리더십, 시너지개발 워크숍, 신뢰구축 워크숍 등이 있다.

코비 리더십프로그램의 핵심인 원칙중심의 리더십모델을 만들기 위해서는 리더의 역할, 방향설정, 한 방향정렬, 신바람 고취에 바탕을 두고 있다.

- 모델만들기

가장 효과적인 리더들은 원칙적인 리더십모델을 갖추고 있다. 사람들은 모두 자연법칙 혹은 결과를 다스리는 원칙의 영향을 받고 있음을 깨닫고 있다. 리더는 어느 누구도 도전할 수 없는 자연법칙과도 같은 원칙을 깨달아야 한다. 그래서 리더는 원칙중심의 리더십모델이 돼야 한다.

한 개인이나 조직이 원칙을 중심으로 일할 때 그 개인이나 조직은 타인과 다른 조직에 모델 즉, 본보기가 된다. 바로 본보기가 되면 성품, 역량, 행동이 인간관계에서 신뢰감을 주게되어 큰 영향력을 발휘하는 것이다. 이 같은 원칙중심의 리더십은 근본적으로 방향설정, 한 방향 정렬, 신바람 고취의 3가지 역할을 할 수 있어야 한다.

- 방향설정

방향설정의 핵심과 그 강점은 실천력 있는 비전과 사명에 달려 있다. 그것은 폭넓은 의미로 미래를 내다 보는 것이다. 또 그것은 고상하고 이상적인 목적을 설정해 신바람나게 해주는 조직문화를 창조하게 해준다. 방향설정이란 전략적 계획을 수립해 가치체계와 비전이 고객과 기타 이해관계자의 욕구에 맞게 하려는 작업이다.

- 한 방향 정렬

리더의 두번째 역할은 한 방향 정렬이다. 이것은 조직구조, 시스템, 업무프로세스 모두가 고객과 기타 이해관계자의 욕구를 충족시킬 수 있도록 개인의 비전과 사명을 한 방향으로 정렬시키는 작업이다.

조직구성원들의 비전과 사명이 조직의 전략과 한 방향으로 정렬 될 때 조직은 큰 성과를 낼 수 있기 때문이다. 즉, 한 방향으로 정렬될 때 조직구성원들이 고객과 이해관계자와의 욕구를 진정 이해하고 비전을 성취하기 위해 열정적으로 헌신하고 싶어한다. 또 자신의 비전을 달성할 수 있도록 조직구조와 업무프로세스를 개선하려고 한다.

- 신바람 고취

사람들은 무한한 재능과 재주, 지성과 창의력을 가지고 있다. 하지만 그것들은 대부분 잠재돼 있다. 조직구성원들이 공통의 비전과 사명을 공유하면서 진정한 한 방향 정렬을 이루게 되면 사람간에 신뢰가 구축되며 업무를 위임할 수 있다. 또 개인의 사명과 조직의 사명이 다르지 않게 된다.

3) 감독자훈련(TWI)

감독자훈련(training within industry for supervisors)의 핵심이 되는 작업지도기법(job instruction)의 원형이 미국에서 완성된 것은 1917년 제1차 세계대전(1914~1919) 중에 있었다.

미국에서는 이미 19세기 말에 독일의 철학자이자 교육자인 J. F. Herbart(1776~1841)와 그의 제자들에 의해 5단계 지도방식과 미국의 실용주의(pragmatism) 철학의 석학 W. James(1842~1910), J. Deway(1859~1952)의 지식실천 지도방식을 결합시킨 훈련방법인 TWI의 출발이라는 의견도 있다.

TWI 훈련방식은 제1차 세계대전 중에 크게 발달하였고, 2차 세계대전(1939~1945) 중에 미국의 전시동원국의 노력으로 정형화 되었다.

TWI의 작업개선기법(job methods)과 인간관계 관리법(job relations)은 1943년에 완성되었다.

TWI-JI 방식은 2차 세계대전 중 미국의 신병훈련과 군수공장에서 견습공이나 미숙련공을 조기전력화 하는데 공헌하였다. 영국의 Churchil 수상은 TWI 교육방식을 영국에 보급시켰으며, 2차 세계대전의 승리의 한 요인으로 TWI를 들고 있다. TWI 방식의 훈련은 영국을 비롯하여 벨기에, 네덜란드, 프랑스, 스웨덴, 노르웨이, 덴마크, 핀란드 등 여러 나라로 전파 되었다.

일본의 경우 일본 점령군 최고사령부(GHQ)로부터 평화국가와 민주주의 국가 건설을 부여 받았다. 1950년 한국전쟁이 발발하고 특수 경기에 자극 받아 미국식 TWI 감독자훈련이 하달되었다.

한국의 경우 1953년 한국전쟁 휴전 후 미8군 소속하의 민간노무부에서 훈련코스를 번역하여 집합교육을 실시하였다.

● 감독자훈련(TWI)의 특징 및 목적

감독자의 기본적인 역할은 첫째, 작업적인 측면에서 주어진 업무목표를 달성하는것과 주어진 성과를 달성하는 것이다. 둘째, 인간적인 측면에서 직장규율의 유지, 부하에게 일하는 보람을 느끼게 하는 것, 부하의 육성을 도모하는 것이다. 셋째, 직장체질의 측면에서 직장의 활성화를 도모하는 것이다. 넷째, 상사에 대한 측면으로 상사에 대한 보좌와 협력하는 것이다.

TWI의 주요 대상인 제1선의 감독자는 경영자와 일반 조직구성원의 중간에 위치하여 양자간의 의사소통, 상호 이해를 도모한다.

- 토의지도에 의한 회의방식으로 경험을 교환하게 한다.
- 기능화를 목표로 한다.
- 교육훈련 방식이 표준화되어 있다.
- 감독기법이 간소화되어 있다.
- 교육성과에 있어 가장 효율적이고 효과적이다.

TWI의 목적은 바람직한 감독자를 육성하는데 있으며, 이를 위해서는 직무에 대한 지식(job knowledge)과 직책에 대한 지식(job responsibility)을 갖추어야 한다. 또한 작업지도기법(JI : job instruction), 작업개선기법(JM : job methods), 인간관계관리기법(JR : job relations), 문제해결기법(PST : problem solving technique), 분임조활동기법(SGA : small group activities)을 알고 있어야 한다.

TWI의 이론적 근거는 Taylor의 과학적 관리법과 인간관계론에서부터 출발한다. JM에서는 주로 과학적관리법을 바탕으로 하지만 JI, JR, JS(job safety)에서는 과학적관리법과 인간관계론의 양 이론을 기반으로 하고 있다.

[표10-4] 감독자훈련의 주요 내용

Module	훈련 내용
작업지도기법 (job instruction)	• 작업준비방법 – 1단계 : 배울준비를 하게 한다. – 2단계 : 작업을 제시한다. – 3단계 : 시켜본다. – 4단계 : Fallow-up
작업개선기법 (job methods)	– 1단계 : 작업을 분해한다. – 2단계 : 세목마다 자문한다. – 3단계 : 새로운 방법을 전개한다. – 4단계 : 새로운 방법을 실시한다.
인간관계관리기법 (job relations)	• 바람직한 인간관계를 맺기 위한 기본수칙 – 1단계 : 사실을 파악한다. – 2단계 : 잘 고찰해서 결정한다. – 3단계 : 조치를 취한다. – 4단계 : 뒤를 확인 한다.
안전관리기법 (job safety)	• 안전이란 사전에 대책을 강구해서 조치하는 것이다. – 1단계 : 사고가되는 요인을 생각한다. – 2단계 : 대책을 강구해서 결정한다. – 3단계 : 대책을 실시한다. – 4단계 : 결과를 검토한다.

* 훈련방법 : 회의식(실습에 중점), 각 코스 1 Class 10명
* 소요시간 : 각 모듈 10시간

4) 신입사원 조기전력화

조직들이 신입사원 조기전력화에 주력하는 이유는 조직사회화를 위한 가장 결정적인 기회이기 때문이다. 조직사회화란 신입사원이 조직의 구성원으로 변화되는 과정으로 넓은 의미로서는 조직의 문화를 학습하는 조직문화형(acculturation)의 과정이라고 할 수 있으며, 좁은 의미로서는 새로운 구성원이 성공적인 조직구성원이 되기 위해 필요한 업무관련 및 사회적 지식을 학습하는 것으로 볼 수 있다.

Van Maanec(1978)이 제시한 기준에 따르면 입문교육은 공식적(formal), 집합적(collective), 고정적(fixed)인 형태의 제도화된(institutionalized) 조직사회화 전략으로 보고 있다.

DeSimonc, Werner, Harris(2002)은 신입사원 교육은 신입사원의 조직사회와 뿐만 아니라 조직몰입, 직무만족, 이직률에 영향을 미칠 수 있다고 하였다. 즉, 입문교육은 신입사원이 조직의 구성원으로 조직이 기대하는 인재로 거듭나도록 하는 중요한 조직사회화 프로그램이라 할 수 있다. 입문교육과정에서의 경험은 신입사원의 태도나 행동 그리고 조직에 대한 관점을 형상하는데 영향을 미치게 된다.

신입직원은 조직사회화 과정에서 조직에 대한 기대(expectation) 수준을 조정하게 되는데 이러한 과정이 제대로 이루어지지 못한 경우 조직에 대한 지나친 기대로 인해 이직과 같은 부정적인 행동으로 나타나게 된다. 이러한 관점에서 새로운 조직 환경에 대해 학습하고 이해하는 방식에 초점을 맞추게 된다(Jex & Britt, 2008).

입문교육은 조직사회화를 위한 인지적, 행동적 차원에서 학습을 목적으로 한다. 인지적 학습은 조직의 역사, 문화, 철학, 정책, 프로세스 등 조직에 대한 지식개발 및 정보획득에 중점을 두게 되는데, 내용 이해를 넘어 일과 행동을 어떻게 해야 하는지를 알 수 있게 된다. 행동적학습은 직무나 프로세스를 잘 수행하도록 하는 기술을 개발하는데 중점을 둔다(Lawson, 2002).

● **신입사원 프로그램 설계**

- 조직구성원에게 요구되는 기본적인 태도와 행동을 몸에 익힌다. 보고, 연락, 상담의 중요성의 인식과 습관화를 도모하며, 지시, 명령의 확실한 수행을 철저히 이행하도록 한다.
- 조직의 사업내용을 이행하는 동시에 업무수행상 필요한 지식과 기술을 습득한다. 신입사원은 조직에 익숙화 시키는 동시에 업무의 기초적인 사항의 습득이 필요하다.
- 신입사원교육은 입사시의 입문교육에서 3개월 후 6개월 후에 실시하는 Follow-up 교육까지 연계시켜 신입사원들의 조기전력화를 실현하여야 한다.
- 집합교육이나 Follow-up교육의 내용과 방법은 조직방침이나 개요, 에티켓 & 매너습득, 생산 · 영업현장 체험, Communication이나 Team

Work의 이해 등 실무에 필요한 기초 지식이나 스킬 습득 중심이 된다.

[표10-5] 신입사원 조기전력화 교육

단계		내용
입사전 교육	시기	– 합격통지 받은 날~입사 전
	내용	– 조직을 PR 및 친근감 확보 : 사장명의 입사축전, 사보, 연하장 발송, 창업관련 도서, 경영방침 관련 도서, 경영철학관련 도서 – 조직원이 되기 위한 사전 Report 제출 : 교재와 리포트지 제공 – 기타 : 입사 감상문 등
입문교육	내용	– 입문교육의 단계 : 채용–기초교육–실무훈련 – 입문교육프로그램의 구조 : 경영이념, 창업정신, 경영기본 방침, 조직의 역사 · 현황, 장래 전망, 사회인 · 직업인으로서의 의식 고취, 기본규율 숙지, 팀워크의 중요성 인지 – 입문교육프로그램의 구체적 진행방법 : 프리젠테이션, 조직의 전통 이해, 조직인으로서의 마음 가짐 – 조직내 상사와 선배사원에게 요구되는 배려 : 신세대의 이해, 조직원으로써 기본적 태도 주지, 적극적인 대인관계
Follow-up 교육	시기	– 입문교육 후 3개월~6개월 사이
	의미	– 집합교육이나 현장 OJT와 더불어 행하는 추가 교육 : 종전의 교육으로 미흡했던 부분, 결여되어 있는 지식이나 스킬 보완, 지금까지의 교육 종합 정리, 마무리
	방법	– 집합교육, 통신교육, 외부세미나 파견

● FATC(freshman ability training course : 신입사원능력개발과정)

이류인재는 답을 잘하는 인재이고 일류인재는 질문을 잘하는 인재라는 말이 있다. 수렴적 사고력보다는 발산적 사고력, 창의적 사고력을 발휘할 수 있는 인재육성이 요구된다.

[표10-6] FACT의 구성

과 목	세부내용
바람직한 직장인	인생과 직업, 조직(기업)이라는 것, 학교생활과 직장생활, 지금부터 직장인
업무에 대한 사고방식	업무와 직업, 의식적으로 일을 하자, 일의 완수, 품질의식, 원가의식, 안전의식, 시간의 사용방법
과학적인 업무진행방법	업무의 3가지 측면, 과학적인 업무진행방법, 6 하원칙, 업무에 임하는 자세, 능률적인 업무수행, 업무를 적극적으로
창의성과 업무의 개선	창의력의 발휘, 창의력의 발휘를 저해하는 것, 아이디어 발상 기법, 아이디어를 얻으려면, 문제해결 방법, 제안 활동

과 목	세부내용
커뮤니케이션	커뮤니케이션의 기본, 커뮤니케이션의 장애, 화법의 요령, 청취법의 요령, 지시를 받는 방법, 보고방법, 보고서 작성의 원칙, 보고서 작성 방법
직장의 인간관계	직장에서의 인간관계, 밝은 직장, 사람은 사람 사이에서 생활한다, 인간이란, 인간 형태의 여러 가지, 사람과 접촉하기 위해서는, 타인에 대한 태도, 호감을 줄 수 있는 사람이 되자, 직장의 인간관계를 좋게 하기
팀워크	개인과 집단, 개인은 집단을 집단은 사회를, 팀워크, 게임의 반성과 교훈, 협력과 코어퍼레이션, 다같이 합시다, 화합과 팀워크
자기계발	현대의 직장인, 개인의 관심과 사회, 자기계발, 자기계발 방법, 리더를 향하여, 상사와의 좋은 협력, 장애를 극복하자, 변신하기 위한 도전
우리들의 역할	주어진 일에 최선을, 팀원의 반성
직장인의 인생설계	행동계획의 필요성, 청년의 인생목표, 인생설계, 직장인의 인생설계

2. 리더십 개발

1) 리더십이론

조직의 리더가 다른 구성원들에 비해 어떤 차이가 있는가를 밝혀 내기 위해서 많은 학자들이 연구한 결과를 종합해 보면 3가지 이론으로 분류할 수 있다.

첫째, 특성이론(trait theory)으로 리더와 비리더를 구별할 수 있는 특성이 존재한다는 것이다. 둘째, 행동이론(behavioral theory)으로 리더가 특정 상황에서 실제로 행하는 행위에 초점을 둔다. 셋째, 상황이론으로 리더십 환경을 이루는 상황에 의하여 유효성이 결정된다는 이론이다.

● **전통적 리더십이론**

- 특성이론(trait theory)

리더십 연구에서 1920년대 미국에서 주류를 이루었던 리더의 개별적 자질 특성을 이론적 기초로 대두되었던 것이 특성이론이다. 따라서 연구대상을 효과적인 리더의 공통적인 개별적 특성을 밝혀내는 것이었다. 이 이론은 리더의 역량은 선천적이라는 관점에서 리더의 개별적 특성을 밝혀내는데 초점을 두고 있다.

리더의 특성을 밝힌 연구로 만(R. D. Mann)은 리더의 퍼스낼리티 측면과 리더십과의 관련성을 파악하고, 퍼스낼리티로서 지성, 적응성, 외향성, 우월성, 남성적, 보수성, 감수성을 제시하였다. 티드(O. Tead)는 육체적, 정신적 에너지, 목표와 그의 방향을 아는 지각, 열의, 애정과 배려, 공정, 기술적 숙련, 결단력, 지성, 지도적 기술, 신념을 제시하였다. 지브(C. A. Gibb)는 정신적, 개성적, 지성적, 웅변, 일관된 태도, 인간성에 대한 통찰력을 제시하였다. 이 이론의 한계점으로서는 리더의 특성을 찾아 내기가 용이하지 않으며, 리더의 특성을 찾아 낸다고 하더라도 상황이 미치는 영향을 고려하고 있지 않아 상황에 맞는 공통적인 리더의 특성을 밝혀 내는 것이 어렵다는 것이다.

- 행동이론(behavioral theory)

조직의 성과는 리더의 행위에 의해 영향을 받는다는 관점에서 리더의 행위패턴과 리더십의 유형을 연계시키고 있다. 어떤 행동패턴과 효과적인 리더십을 발휘하게 하는지에 연구의 초점을 맞춘다. 행동이론의 최초 연구는 화이트와 리피트(R. White & R. Lippitt)의 실험연구이다. 이들이 사용한 리더의 행동유형은 전제형, 방임형, 민주형이다. 민주적인 유형은 업무의 질과 양을 결정하는데 가장 유효한 리더십이라는 결과가 나왔다.

블레이크와 뮤우톤(R. R. Blake and J. S. Mouton, 1970)은 리더의 행동을 구체화 시키고, 매니지얼 그리드(managerial grid)를 효과적인 리더십 행동을 위한 기법으로 도입하였다. 리더의 행위지향성을 과업중심적 행위와 인간중심적 행위라는 두 개의 차원으로 구분하여 이것을 횡축과 종축의 좌표축으로 표시하고, 이에 의하여 과업에 대한 실적과 인간에 대한 관심도를 최저 1에서 최고 9까지 나누었다.

오하이오주립대학 연구에서는 리더행위기술설문지(leader behavior description questionnaire, LBDQ)를 개발하여 리더의 행위를 단일 선상이 아닌 2개의 다른 축위에 표시하여 배려(consideration)와 구조주도(initiation structure)차원에서 구분하였다. 배려가 높은 리더십에서는 구성원의 만족도가 높고 이직률과 결근율이 낮게 나타났지만 성과에 대한 관계는 명확하게 나타나지 않았다.

이상의 행동이론은 리더의 행동유형에 따라 집단의 과업과 부하의 만족과 같은 결과변수를 평가하고 과업이 양호한 리더의 행동유형을 밝혀내고 바람직한 행동유형을 제시하였다. 그러나 집단 또는 조직성과와 같은 결과변수는 리더의 행동에 의해서만 규정되는 것이 아니라 조직구성원의 특성, 조직구조, 과업의 특성 등에 따라 달라지는 것으로 단지 리더의 행동을 높은 성과의 유일한 요인으로 파악하고, 이에 의하여 리더십의 유효성을 설명하는 것은 충분하다고 볼 수 없다.

- 상황이론(contingency theory)

1970년대에 들어 오면서 효과적인 리더십은 리더의 특성이나 행동에만 의존하는 것이 아니라는 효과적인 리더십은 리더가 처한 상황에 의해 영향을 받는다는 관점에서 상황이론이 제기되었다. 리더십 상황이론에서는 주어진 상황하에서 리더에게 가장 효과적일 수 있는 특성, 기능, 행동을 결정해 주는 상황의 여러 측면을 확인하는데 관심을 두고 있다.

칼트라이트와 잔델(D. Cartwright & A. Zander)은 상황요인으로서 조직목표의 설정, 조직구조, 구성원의 태도와 욕구, 외부환경으로부터 조직에 대하여 갖는 기대 등을 제시하고 있다. 맥그리거(D. McGregor)는 리더의 특성, 부하의 태도 및 욕구, 개인적 특성, 조직의 목표와 구조, 수행해야 할 과업의 특성, 사회 · 경제 · 정치적 환경을 상황요인으로 들고 있다. 또한 탄넨바움과 스미드(R. Tannenbaum & W. H. Schmidt, 1973)는 상황요인으로 물리적 현상, 지식, 문화(사회규범, 역할의 규제)를 들고 있다.

이상의 상황이론에서도 상황이란 다양하며, 연구자 개인에 따라 중요 요인을 다르게 보기 때문에 통합된 견해가 없다. 그러나 많은 연구결과에 의해서 공통적으로 밝혀진 것은 리더십의 유효성은 상황요인에 의해서 규정된다는 것으로서, 유효성을 높이기 위해서는 리더가 이들 상황의 요구를 올바르게 판단하여 이들의 요구에 적합한 행동을 취해야 한다는 것이다. 리더는 현실적 상황이 무엇인가를 파악하고, 그것에 적합한 리더십 유형을 발휘하여야 한다.

[표10-7] 리더십이론

리더십 관점	주요 리더십이론	
	전통적 이론	새로운 이론
리더중심적 관점	특성이론(1940년대 후반 이전)	리더십 대체이론 셀프 리더십이론 변혁적 리더십이론
	행동이론(1940년대 후반~1960년대 후반)	
	상황이론(1960년대 후반~1980년대 초반)	
부하중심적 관점	내적 리더십이론 정보처리 과정적 리더십이론 로맨스 리더십이론	
교환관계적 관점	상사부하 교환이론(리더십 수직적 쌍대이론) 개별화된 리더십이론	

● 새로운 리더십이론

- 리더십 대체이론

리더십은 부하의 성과와 만족에 영향을 주는 정보나 동기부여를 제공해 주는 상사의 행동에 초점을 맞추고 있다(Kerr & Slocum, 1981).

- 셀프 리더십이론

셀프매니즈먼트의 목적은 조직이 외적으로 정의한 운영기준에서 벗어나지 않도록 하는 것인데 비해 셀프리더십은 셀프매니지먼트를 포괄하지만 자아규제 또는 자아 통제의 프로세스를 내적으로 발생한 보다 높은 기준에 맞춤으로써 셀프매니즈먼트를 대체 할 수도 있다는 것이다.

- 변혁적 리더십이론

상사가 주도권을 쥔 도구적 교환에 기초한 거래적 리더십과는 달리 상사와 부하가 서로를 더 높은 수준의 동기부여와 도덕성으로 끌어 올리는 방식으로 상호작용하는 것(부하들의 자신감을 유도, 부하의 욕구를 Maslow의 욕구계층을 따라 올라가도록 하여 부하의 이해관계를 넘어 집단이나 조직의 이해관계로 발전)이다.

● 부하중심적 관점의 리더십이론

- 내재적 리더십이론

리더의 부하에 대한 영향력보다는 리더의 행동과 그 효과성을 지각하는 부하의 역할에 초점을 맞추고 있다.

- 정보처리과정적 리더십

정보처리과정의 관점에서 리더십 지각을 연구하는 것으로 사람들은 일상 생활에서 접하는 사람들이나 경험을 지각하는데 도움을 주는 다양한 정보처리과정 전략을 사용한다는 점에 기초하고 있다.

- 리더십의 로맨스 이론

부하 중심적 관점을 가지고 있는 것으로 상사 중심적 리더십에 보완적인 관계를 제공하기 위해 사회적 구성을 강조하고 있다. 리더십은 부하의 사고에 관한 것으로 조직구성원간에 사회적으로 구성된 실체라는 것이다. 따라서 리더십의 로맨스는 리더의 특성이나 행동이라기보다는 부하가 구성한 이미지 즉, 리더십 자체를 정의하고 그 중요성을 이해하는 부하 및 그들의 상황을 강조한다.

● 교환관계적 관점의 리더십이론

- 리더십의 수직적 쌍대이론(리더-멤버 교환이론)

리더는 같은 집단내의 모든 부하를 동질적으로 다루기 보다는 부하들과 다른 교환관계를 형성한다. 즉, 리더는 만족할 만한 성과를 얻어 낼 수 있는 부하에게 리더십 행동을 제공 할 것이고 그 대가로 만족할 만한 성과를 얻을 것이다. 반면 만족할 성과를 얻어 낼 수 없는 부하에게는 단순한 감독의 역할만을 수행 할 것이고 기본적으로 정해진 정도의 성과만을 얻게될 것이다.

- 개별화된 리더십이론

수직적 쌍대이론과 마찬 가지로 리더와 부하간 상호의무에 기초한 교환관계에 기초하고 있지만 리더와 부하간 관계를 형성하는 형태에 있어서는 차이가 있다. 부하 개개인을 서로 비교하지 않고 독립적으로 보면서 일대일로 관계를 형성하는 것으로 보고 있다.

2) 리더십 유형

리더십은 부하의 성숙도에 따라 다르게 적용되어야 한다. 부하의 성숙도란 부하의 업무처리 능력, 상황판단력, 의욕, 사명감, 책임감등 부하의 지식, 의욕, 태도 등을 종합한 개념이다.

부하의 성숙도와 이에 적합한 리더의 유형으로는 성숙도가 가장 낮은 경우 지시형(전제형), 성숙도가 약간 향상인 경우는 상호교섭형(통합형), 성숙도가 더욱 향상된 경우는 상담형(온정형), 성숙도가 최고 수준인 경우는 위임형(방임형)을 적용하는 것이 바람직하다.

Leadership은 부하의 성숙도에 따라 선별 사용해야 한다. 따라서 관리자는 부하 개개인에 대해 세밀하게 그 성숙도를 검토 고찰해야 한다. 그리고 예를 들면 초심자일 경우에는 지시형, 그가 충분히 성숙한 단계에는 위임형으로 선별하여 사용하는 것이 좋다.

그리고 여러 사람의 부하 또는 집단에 대해 업무를 할당할 때는 전원이 같은 성숙도의 수준에 있다면 문제는 없지만 수준이 다를 경우 관리자 스스로 개개인의 성숙도를 알아보고 조치를 강구하거나 그 가운데 책임자에게 구체적이며 적절한 지시와 조언을 부여하는 등의 배려가 필요하다.

Leadership의 선별사용은 단순히 부하 개개인에 대해서만 실시해서는 충분하지 않다. 같은 부하라도 담당하는 업무에 따라서는 성숙도가 다른 경우가 있다. 이 경우에는 동일인물에 대해 어떤 업무에 대해서는 상담형, 다른 업무에 대해서는 지시형의 대응을 해야 한다.

부하의 성숙도 가운데 의욕이나 태도와 관련된 측면은 가정사정이나 정신적인 고민, 쇼크 등에 의해 갑자기 저하되거나 슬럼프 상태에 빠지는 경우가 생길 수 있다.이럴 때 부하의 성숙도는 이전의 상태보다 후퇴한 것이므로 관리자도 부하의 한단계 낮은 성숙도까지 후퇴시킨 리더십의 유형을 행사하며, 그 수준에 맞는 지시 또는 지원적인 행동을 강화하는 것이 바람직하다. 이같이 함으로써 부하는 다시 이전의 성숙도 수준으로 되돌아 올 수 있다.

[그림10-1] 리더십 유형

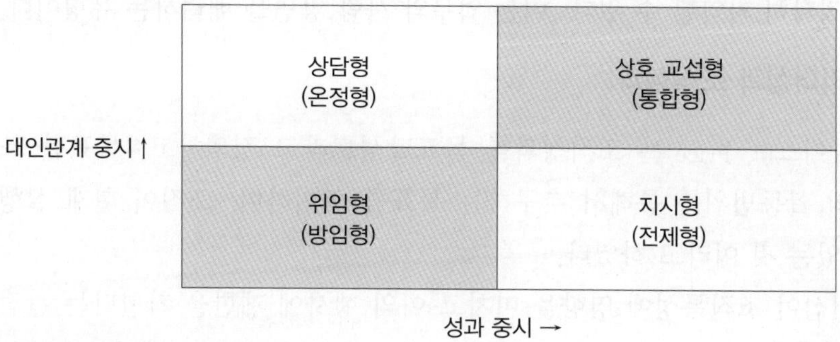

● **위임형(방임형)**

부하나 업무에 대해서 수동적이며, 부하에 대해 구체적인 지시와 작용은 하지 않고 조직의 행동이나 결정에 대해서 부하에게 일임한다. 극단적인 경우에는 방임한다.

● **상담형(온정형)**

자기자신과 부하의 관계를 중시하며 항상 쾌활하고 우호적인 분위기를 유지하려고 노력한다. 지나치면 적당주의형, 야합형이 되지만 부하와의 의사소통을 도모하며 의사결정시에는 부하에게 참여시키는 등 부하의 노력을 촉구하며 통제보다는 협조적인 행동을 취한다.

● **지시형(전제형)**

목표달성에 중점을 두고 자기가 진두에 서서 구체적인 지시를 하며 부하의 행동을 강력히 감독, 통제한다. 집단활동의 목표, 방침도 리더가 독단으로 결정한다.

● **상호교섭형(통합형)**

사람과 업무의 양면을 배려하면서 가장 효과적으로 조직목표를 달성해 나가려 한다. 집단활동의 결정은 구성원의 활발한 집단토의를 통하여 이루어지며, 필요한 설명을 추가하고 부하의 질문이나 제안을 받아들이려 노력한다. 동시에 부하에게 손을 써서 가르치고 조언하는 등 필요한 지원을 하며, 리더는 자기자신의 생각을 덧붙여 나중에 결정한다. 따라서 구성원은 집단의 목표와 진행상황을 정확히 파악할 수 있다. 이는 업무와 사람 양면을 배려하는 유형이다.

3) 리더십과 조직성과

프라이스(J. Price)는 조직성과를 목표달성도라고 정의하고, 목표란 조직이 현재의 활동범위를 통해서 추구하는 목표를 의미하며, 조직이 현재 실행하려 하고 있는 것 이라고 하였다.

리더십이 조직특성에 영향을 미치고 이의 행사에 제한을 가한다는 관점에서 볼 때, 리더십은 조직특성에 영향을 미치는 상황변수로 볼 수 있다. 이와 같이 리더십은 특정업무상황에 있어서 조직성과와 관계가 있기 때문에 매우 중요한 것으로 여겨지고 있다. 이러한 리더십을 측정하는 기준은 목표달성 정도, 응집력, 직무만족도, 직무성과, 이직률, 결근율, 조직몰입 등이 있다.

맥클랜드(D. C. McCelland)는 권력욕구가 강한 리더는 조직 전체의 복리를 위해서 자신의 이익을 희생하려고 하기 때문에 부하들은 조직을 신뢰하고 조직의 목표달성에 적극적으로 참여하게 된다는 것을 제시하고 있다. 스톡딜(B. Stogdill)은 리더십이 생산성, 만족, 응집력과 상관관계가 있다고 하였다. 리커트(R. Likert)는 리더십이 부하들의 만족과 생산성에 상관관계가 있다고 하였다.

이상에서 제시하고 있는 리더십은 그 유형에 따라 만족도의 정도는 다르게 나타날 수도 있으나, 리더십 만족과 성과에 관련성을 가지고 있다는 점에서 측정지표가 있고 상관관계가 있는 것으로 볼 수 있다.

4) 리더십 업그레이드

최근 팔로어십(followership · 부하 직원의 자질)에 대한 관심이 점점 높아지고 있다. 이제까지 조직구성원들의 자질 교육은 주로 리더십(leadership)에 초점이 맞추어져 왔다. 하지만 조직에 속한 모든 사람은 리더인 동시에 팔로어다. 조직 생활에서 성공하려면 리더십 못지않게 제대로 된 팔로어십을 갖추어야 한다.

효율성이 강조되던 시대에는 강력한 리더십을 가진 리더가 통제와 명령을 바탕으로 조직을 앞에서 선도해 나갔다. 하지만 혁신이 강조되는 요즘과 같은 경영 환경에서는 전문적인 지식과 경험을 가진 팔로어들이 마음껏 자신의 역량을 발휘하여 최상의 시너지 효과를 낼 수 있는 환경을 만들어 주는 것이 중요하다

그런 의미에서 허시(Hersey)와 브랜차드(Blanchard)의 '상황적 리더십이론'은 리더들에게 좋은 가이드라인을 제시해 준다. 이 이론에 의하면 모든 상황에 효과가 있는 리더십 스타일은 존재하지 않는다. 대신 팔로어를 역량과 동기 수준이라는 2가지 기준으로 분류해 거기에 맞는 리더십 스타일을 발휘할 때 성공할 수 있다고 조언한다.

● **GE의 리더십 개발**

GE의 각 사업단위들은 매년 사업단위별로 200~800명 정도의 핵심리더들을 선정하여 뉴저지주의 크로톤빌 리더십센터에 보내고 있다. 이곳에서는 GE가 지향하는 공유가치를 전파하기 위해 매년 8천명이 넘는 인적자원을 핵심리더화하고 있다. 리더십센터에서는 팀빌딩 중심의 실천학습(action learning) 방식으로 교육을 진행한다. 즉, GE 리더십센터는 조직내 핵심리더들의 사업수완과 리더십역량, 그리고 조직유효성을 제고시키는 인적자원 혁신의 주도기구로서 궁극적으로는 GE의 글로벌 경쟁력을 향상시키는 중추적인 역할을 하고 있다. GE의 리더십 개발은 팀이나 조직 중심의 변화달성을 목표로 한 리더십교육으로 그 개발대상과 깊이를 더해가고 있다. 즉, 현업에서 겪은 리더십 문제를 강의실이 아닌 외부 관련현장에서 해결토록 하는 팀 중심의 실천학습 방식의 리더십 개발전략을 채택함으로서 팀원 상호간 문제의 중요성을 공유케 하고, 더욱이 자신의 사업장으로 돌아가 학습된 리더십 스킬을 적용, 개인별로 수립한 실천계획을 실행에 옮기도록 하고 있다.

[표10-8] 탁월한 리더의 주요 역할

구 분	역 할	요구되는 역량(competency)		
		Knowledge	Skill	Attitude
Ⅰ. 현상 확인 (분석)	1. 가능한 한 여러 소스를 통해 정보를 수집한다.	- 필요정보의 종류 - Know-Where	- 대인관계 - 정보원 확인	- 논리적 - 분석적
	2. 자신의 일이 조직의 전체 전략을 어떻게 지원하는지 안다.	- 전략의 이해	- 필요역량 확인	- 충성도 - 헌신도
	3. 직무집단이 함께 얼마나 일을 잘 하는지 분석한다.	- 분석도구 - 공동작업분석요소	- 조사 - 분석도구 설계/적용	- 분석적 - 냉철
	4. 직무집단 개개인들의 역량과 의욕을 안다.	- 성숙도 결정요소	- 평가	- 분석적 - 논리적
	5. 리더 자신의 역량과 의욕도 안다.	- 성숙도 결정요소	- 평가	- 객관적 - 논리적/분석적
Ⅱ. 비전 설정	6. 직무집단의 전략개발에 적합한 사람을 개입시킨다.	- 구성원 성숙도	- 격려 - 권유 - 도전의지 부여	- 지원적 - 진취적
	7. 조직에 중요한 것을 지지하고 주장한다.	- 우선순위	- 설득력	- 논리적 - 진취적
	8. 격변상황에 최적화되도록 계획과 실천을 조절한다.	- 변화상황	- 변화예측 - 최적결합(연계)	- 미래지향적 - 진취적
	9. 조직의 전략을 전체적 관점에서 유통 공유화 한다.	- 조직전략(방향)	- Communication - 설득	- 유연성 - 융통성 - Loyalty
	10. 직무집단을 위한 미래에 대해 긍정적인 상을 형성한다.	- 바람직한 미래상	- 미래상의 구체화	- 긍정적 - 진취적 - 미래지향적
Ⅲ. 구성원 동원 (참여)	11. 구성원들에게서 기대하는 바를 명확하게 전달한다.	- 전체(기대)성과	- 개인별 성과 구체화	- 냉정
	12. 구성원들이 새로운 방향으로 나가도록 감정과 이성에 호소한다.	- 새방향과 구성원 간의 관련성	- 설득력	- 논리적 - 지원적
	13. 구성원들에 대한 배려를 나타내 보인다.	- 욕구	- 표현	- 우호 - 지원
	14. 구성원들의 능력에 대해 확신을 보인다.	- 능력	- 능력평가 및 표현	- 신뢰성
	15. 집단의 목적을 통하여 구성원들이 발전하는 바를 알게 한다.	- 구성원 진로	- 진로개발	- 지원적

구 분	역 할	요구되는 역량(competency)		
		Knowledge	Skill	Attitude
Ⅳ. 구성원 동기 부여	16. 사람의 재능을 개발하도록 촉진한다.	- 구성원 재능	- 개발설계 - 실행	- 지원적 - 우호적
	17. 다른 사람들의 기여를 인정한다.	- 기여도	- 평가 - 보상	- 인정
	18. 구성원들이 리더처럼 생각하고 행동하게 한다.	- 구성원 역할	- 위임	- 인정
	19. 다른 사람들의 사고를 자극한다.	- 사고	- 지적 자극	- 냉정 - 예리
	20. 달성과제에 대한 정렬을 불러일으킨다.	- 구성원 특성	- 열정 부여	- 긍정적

Source : Jay A. Cogner, Learning to Lead, 1992. 재구성

문헌과 연구를 통해서 본 리더의 역할은 비전 설정자, 변화 촉진자, 육성의 책임자, 성과관리 책임자이다.

[그림10-2] 리더의 역할과 책임 영역

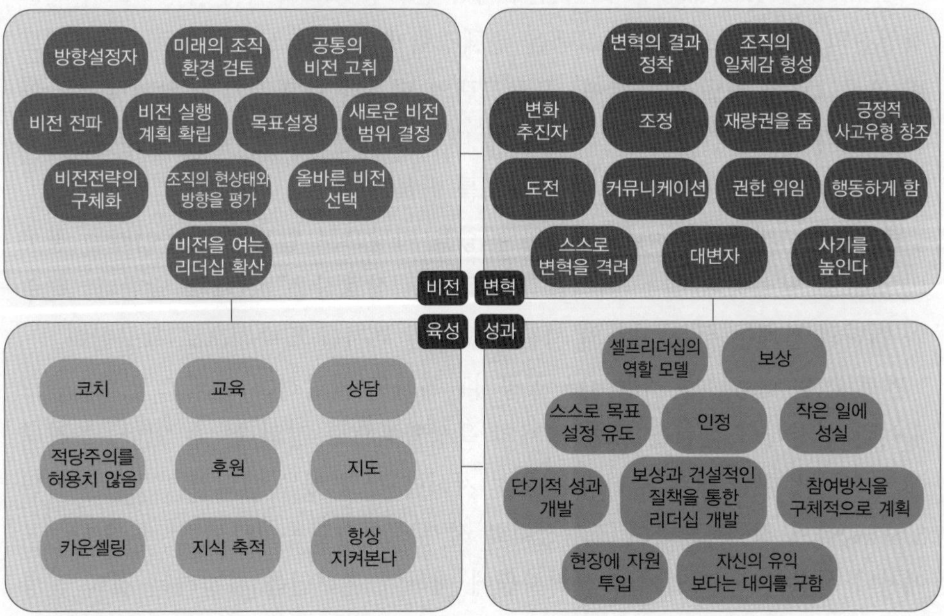

3. 멘토링과 코칭

멘토(mentor)라는 말의 기원은 그리스 신화에서부터 출발한다. 고대 그리스의 이타이카 왕국의 왕인 오디세우스가 트로이 전쟁을 떠나며, 자신의 아들인 텔레마코스를 그의 가장 친한 친구에게 잘 보살펴 달라고 맡겼는데 그가 바로 멘토였다. 오디세우스가 전쟁에서 돌아오기까지 10여년 동안 텔레마코스의 친구, 선생님, 상담자, 때로는 아버지가 되어 그를 잘 육성시켜 주었다. 그 후로 멘토(mentor)라는 그의 이름은 지혜와 신뢰로 한 사람의 인생을 이끌어 주는 스승, 지도자라는 의미로 사용되고 있다.

Grote와 Stine(1980)는 멘토의 특성으로 인간적 자질, 사회적 지위, 관계의 기술을 들고 있다.

* 멘토(mentors)는 지원, 코치, 피드백, 수용 및 우정을 제공하는 조직이나 직업의 고참구성원을 말한다. 또한 멘토는 노출(exposure)의 기회를 만들어 내고 도전적이고 교육적인 임무를 제공하며 역할모델(role model)과 카운셀러(counselor)로서의 역할도 한다.

Phillips-Jones(1983)는 그의 연구에서 멘토링 프로그램의 특징으로서 최고경영진의 지원, 멘토링 프로그램을 전체경력개발 프로그램 속으로 통합, 멘토링 프로그램에 자발적인 참여, 프로그램의 단계와 순환주기를 짧게 유지, 멘토와 멘티의 신중한 선발, 참여자들에 대한 오리엔테이션 제공, 유연성, 도전정신, 체제점검의 안내자 이 아홉 가지를 밝혀 냈다.

멘토링은 "개인들 사이의 신뢰와 존중을 바탕으로 발전과 배움이라는 공통의 목표를 달성하여 상호 이익을 도모하려는 상호작용" 관계를 말한다. 멘토와 멘티의 관계는 두 참여자의 시간과 노력의 투자를 필수적으로 요구한다.

멘토링(mentoring)은 기업이나 공공기관에서도 활발히 사용되고 있다. 멘토링이란 현업에서 훈련을 통한 인재의 육성활동으로 정의 할 수 있다. 조직내에서 직무에 대한 많은 경험과 전문적 지식을 갖고 있는 멘토가 1:1로 구성원(mentee)를 코칭, 지도하여 조기전력화 시키는 학습활동이라고 할 수 있다. 군에서의 신병이나, 기업에서 신입사원에 대하여 후견인을 지정하는 것이 전형적인 멘토링의 사례로 볼 수 있다.

역멘토링(reverse mentoring)이란 부하직원이나 인터넷 세대를 멘터로 하여 상급자나 경영자로 하여금 필요한 지식을 습득하게 하는 것으로 피보호자-멘터 학습(protege-to-mentor learning)이라고도 한다. 역멘토링 역시 실제 조직에서 필요로 하는 직무지식을 1:1로 코칭하는 것으로 신뢰감을 바탕으로 양자간의 조직내 활동에 많은 도움을 줄 수 있다.

멘토링의 기대효과는

첫째, 조직적인 측면에서는 핵심인재의 육성유지, 지식 이전을 통한 조직의 경쟁력 확보, 조직구성원들의 학습활동을 촉진 할 수 있다.

둘째, 개인 측면에서는 멘토의 경우 자기 지식을 정리해 볼 수 있는 기회를 가지게 되고 이를 통하여 새로운 지식과 아이디어를 얻을 가능성이 높고, 코칭을 통한 리더십의 확보가 자연스럽게 이루어진다. 멘티의 입장에서는 담당분야에 대한 전문지식에 대한 노하우를 빠른 시간내에 확보함으로써 경력개발 및 조기전력화가 가능해 진다.

Hewlett Packard사는 중간관리자 육성을 위한 멘토링제도를 활용하고 있다. 입사 5~7년 정도의 구성원을 대상으로 상사의 추천에 의해 멘티를 선발하며, 선발된 멘티들은 7일간의 리더십교육을 수료하게 하며, 그 결과 개선이 필요한 2~3개의 역량에 대해서 정해진 멘터에 의해 집중적인 멘토링을 받게 된다.

Procter & Gamble은 임원에게 부족한 생명공학 기술에 관한 지식을 향상시키기 위해서 이 분야에서 전문지식을 보유한 직원들을 멘터로 지정하여 임원과 1:1로 개별접촉을 통해 지식을 이전 시켰다. 이 제도를 통하여 임원들은 전문적인 지식을 바탕으로 하는 사업 마인드를 제고 할 수 있었으며, 주주와 공급업자들에게 생명공학 혁명에 대한 필요성을 납득 시킬 수가 있었다.

[표10-9] 맨토와 멘티의 책임

Mentor의 책임	Mentee의 책임
- 멘티가 현실성 있는 목표를 설정하고 실행 계획을 세울 수 있도록 협조 - 멘티를 코칭할 시간을 할애하고 대화를 나눌 수 있는 분위기 조성 - 멘티와의 관계를 증진하기 위한 경청 - 도전적인 아이디어 제공과 성장의 기회 부여 - 직업인으로서의 행동을 독려하고 부정적인 의도, 행동에 대해서 질타 - 장애요인들을 발견하고 극복방안을 조언 - 조직에 대한 이해와 중요한 지식과 통찰력을 공유 - 격려와 어려운 순간에 멘티의 편에서 도움	- 자신의 목적을 명시하고 목적달성을 위해 노력 - 도전적 과제, 더 큰 책임, 새로운 경험, 학습기회를 적극적으로 추구 - 문제점과 해결책을 강구함 - 피드백과 코칭을 수용할 것 - 변화에 적응하기 위한 학습 - 자신의 성장에 대한 책임인식 - Mentoring 관계에 대해 이해하고 적응

멘토링에서 조직의 책임과 관리자의 책임에 대해서 살펴보면 멘토링을 관리하는 조직은 조직구성원들에게 프로그램의 목적과 지침을 알리고 멘토 신청자들이 실제 참여하도록 하는 것, 멘토링 프로그램을 위한 선발과정의 설정, 프로그램 참여자들에 대한 오리엔테이션, 프로그램과 개별 멘토링 관계를 적극적으로 지원, 프로그램을 검토하고 평가할 책임이 있다. 관리자는 멘토링이 조직과 프로그램에 참여하는 모든 사람들을 위한 이익임을 이해하는 것, 멘토링 프로그램의 목적과 목표를 이해, 유연하고 개방적인 자세, 관리자 멘티 멘토 사이의 의사소통의 통로를 열어두는 것이 중요한 책임이다.

* 조직시민행위(organization citizenship) : 한 직무의 구체적인 과업을 수행하는 것 이상으로 협조적이고 도움을 주는 행위들을 나타낸다. 즉, 조직시민행위는 다른 사람을 돕는 것, 새로운 아이디어를 공유하고 창조하는 것, 의존할 만하고 신뢰할 만한 사람이 되는 것, 조직목표를 수호하고 촉진시켜 나가는 것이 포함된다.

[표10-10] OJT와 Mentoring의 차이

구 분	OJT	Mentoring
영 역	On The Job Training	On The Life Training
목 표	담당업무의 수행	인생목표의 달성
요 소	직능자격	역할
관 계	상하관계	공동학습과 성장관계
내 용	업무지식의 전수	자립 지원

● 코 칭

코칭은 헝가리에서 기원한 4륜 경마차로서 코치(kocs)라는 마을에서 개발된 4륜 대형마차를 일컫는 코치(coach)에서 파생되었다. 이 특별한 마차는 헝가리 왕 마티아스 코르비누스의 통치기간(1458~1490)동안 왕과 중요 정부인사들의 이동을 위해 만들어지고 설계되었다. 이 마차는 성공적이어서 그 디자인은 곧 다른 나라로 수출되었다. 17세기 프랑스 우화 작가 장드라퐁텐(Jean de la Fontaine)이 쓴 마차와 파리(Le Coche et la Mouch;The Coach and the Fly)라는 제목의 시다. 마차와 파리라는 시에서 파리는 언덕 위로 마차를 끄느라 고통스러워 하는 말들을 성가시게 한다. 그러나 그 후, 성공은 파리의 박차를 가하는 노력과 조언의 덕으로 돌려진다. 아마 이후에 코치라는 용어는 탈 것에서 격려하고 조언을 하는 사람으로 변형되었을 것이다.

1880년까지 코칭이라는 용어는 스포츠팀의 훈련자를 가리키는데 조정 스포츠에서 시작되었으며, 1922년 최초의 협회로는 미국풋볼코칭협회로 미국에서는 코칭이라는 용어는 주로 스포츠에서 사용되었다. 켄 블랜차드(Ken Blanchard)의 1984년 1분경영(Putting the One Minute Manager to Work)이라는 책에서 역량개발을 위한 리더십 스타일로서 코칭을 추천하였다. 이는 상황적 리더십모델을 만들어낸 폴 허시(Paul Hersey)의 연구에 기반이 되었다.

1980년대 미국기업들이 불황을 극복하기 위한 수단으로서 코칭을 도입하기 시작하면서 확산되었고, 일본의 경우 1990년대에 기업의 경영관리 및 인재육성의 기술로 발전시켜 왔다. 우리나라의 경우도 2000년대 들어와서 비즈니스 영역을 중심으로 코칭이 도입되기 시작하였다.

코칭은 행동 그 자체일 뿐 아니라 행동이 이루어지는 방식기도 하다. 코칭은 주로 코치와 코칭 받는 사람 간의 상호관계 및 커뮤니케이션에 의해 결과를 만들어 낸다.

코칭은 성과를 극대화 하기 위해 묶여 있는 개인의 잠재능력을 풀어주는 것이다. 사람들은 코치의 가르침에만 의존하지 않고 스스로 배우도록 도와주는 것이다.

오늘날 코칭의 영역으로는 비즈니스코칭, 임원코칭, 팀코칭, 커리어코칭, 라이프코칭을 포함한다.

[표10-11] 코칭과 상담의 비교

구 분	코 칭	상 담
분 야	긍정심리학(positive psychology)	부정심리학(Negative psychology)
다루는 문제	성취, 성과 향상, 팀 세우기, 비전 설정, 직업적 성장, 목표와 꿈에 도달하는 데 초점을 맞춘다.	문제에 초점을 맞추고, 갈등, 불안감, 영적 싸움, 우울증, 불안, 분노와 같은 감정의 문제를 다룬다.
지향점	목표에 도달하도록 구비시킨다.	잘못된 것을 고친다.
	현재와 미래, 가능성, 목표에 도달하는 것, 자유롭게 하는 것, 꿈을 현실로 바꾸는 것에 초점을 맞춘다.	과거에 일어난 문제의 원인과 치유와 안정을 주는데 초점을 맞춘다.
역할	코치와 고객은 변화를 일으키기 위해 함께 작업하며 서로 평등하다.	상담가는 환자를 다루고 치유와 처방을 제공하는 전문가다.
필요지식	최고의 코칭은 경청, 질문, 격려와 같은 코칭 기술을 훈련 받는 훈련 받는 것으로 가능하다.	심리학, 정신병리학, 치료요법 등 전문지식이 있어야 한다.

- 비즈니스코칭

비즈니스코칭(bizcoaching)은 사업전략과 성과달성을 위해 필요하며, 개발코칭과 성과코칭의 조합으로서 직무와 관련된 행동과 사업결과에 대한 피드백을 중요시 한다. 코치와 피코치가 코칭결과에 대해 공동으로 책임을 진다(Mathis & Nielsen, 2008).

비즈니스코칭의 프로세스는 첫째, 코칭 계획자가 사전준비 미팅을 실시하고, 현상을 진단하며, 코칭 액션플랜을 수립하고, 비즈니스 코치를 선정한다. 둘째, 비즈니스 코치와의 토론 및 문서전달을 통해 업무를 이관한다. 셋째, 비즈니스 코치가 관리자 및 코칭대상자와 미팅을 실시하고, 액션플랜을 확정하여, 코칭을 통해 코칭대상자의 인식을 변화시킨다. 넷째, 코칭실시 후 행동관찰조사(BOS : behavioral observation survey)를 실시하여 변화 정도를 평가하고 Follow up을 실시한다.

4. 평생학습

평생학습은 공간적 개념에서 교육이 가정과 학교가 아닌 사회에서 이루어지며, 교육대상측면에서 교육수혜자가 주로 성인이기 때문에 성인교육이라고도 한다. 시간적 개념에서 학교를 졸업한 후 계속하여 받는 교육이기 때문에 계속교육이라고도 하며, 평생 동안 받는 교육이라 하여 평생교육이라고 한다.

평생교육이란 사람이 태어나서 죽을 때까지 평생동안 받는 시간적 개념의 교육이다.

[표10-12] 평생교육

공간적	가정교육	학교교육	사회교육			
형식적	무형식	형식	비형식적 교육			
제공자	가족	학교	직장교육	민간주도	정부주도	학교주도
수혜자	가족	학생	직장인	시민	시민	시민
목적	가풍, 삶의지혜	인격도야 사회화 직업준비 진리탐구	직장인 개인의 삶의 질 향상과 직장조직의 생산성 향상	시민의 삶의 질 향상과 사회발전	국가경쟁력 제고, 삶의질 향상	삶의 질 향상

개인주도 평생학습은 개인이 자신의 삶의 질 향상과 자기발전을 위해 스스로 평생학습기관을 찾아 학습하는 것이다. 조직주도 평생학습은 기업, 정부, 학교, 단체, 국제기구 등 여러 조직체에 종사할 인재를 양성하는 교육과, 이미 조직체에 종사하고 있는 조직구성원을 대상으로 조직의 목적을 달성하기 위하여 조직체 내외에서 실시하는 교육을 의미한다.

PART 4. 개인개발(ID)

교수법 및 교안작성법 Chapter 11

1. 사내강사의 자격요건
2. 교수기법
3. 교수계획
4. 교안작성법
5. 강의Skill

Strategic Human Resource Development

1. 사내강사의 자격요건

사내강사제도는 직무분야별 교육의 질적 향상 및 교육효과를 제고하기 위해, 사례 중심의 교육과 직무 Know-how를 전파할 수 있도록 현장경험이 풍부한 직원을 강사로 양성하고, 활동을 지원하기 위한 제도이다.

[표11-1] 사내강사제도

구 분	내 용
목 적	- 현장 경험이 풍부한 전문 인력을 강사로 활용함으로써, 이론과 실무의 보다 조화로운 교육 제공 - 강의를 통한 보다 높은 전문성 개발의 기회를 제공하고, 인센티브 제공을 통해 강사활동에 대한 동기 부여 - 강의스킬, 교수설계, 교재제작 등의 강사로서의 역량을 체계적으로 개발시키고, 객관적으로 검증된 사내강사 확보
대상자	- 재직중인 임직원 중 대리 이상에 해당하는 자
운영방법	- 사내강사로서 회사에서 진행하는 직무분야의 교육과정 진행 - 사내강사로서 전문성 측면과 강의 전달 스킬 측면에 대해 객관적 검증 실시 - 사내강사 활동에 대한 동기부여 및 Pride 강화를 위한 인센티브제 도입, 실시
	강사 선발 프로세스
사내강사 추천 공고	- 사내강사 추천 일정 및 자격 공고 - 관련 팀별 2배수 추천 (의무사항)
추천 대상자 심사 및 선발	- 분야별 추천 대상자의 자격 심의 및 선발(인사파트 수행)
사내강사 양성교육 모의강의 평가	- 대상자 선발 후, 사내강사양성교육 실시 - 모의강의 실시
사내강사 자격부여	- 사내강사 자격부여(임명장 수여)

사내강사는 건전한 가치관과 조화된 인격의 소유자여야 한다. 전문분야에 대한 충분한 지식과 경험을 보유하고 있어야 하며, 교수기법에 숙달되어 있어야 한다.

사내강사는 교육심리학, 사람을 다루는 기법, 열정의 소유자여야 하고 평가의 습관화와 창조성, 기민성을 보유하고 있어야 한다.

사내강사는 강사활동을 통하여 자신의 인격을 연마하고 교과내용을 탐구를 통하여 전문성을 확보함은 물론 창조적 탐색과 Image 개선, 커뮤니케이션 스킬(communication skill), 프리젠테이션 스킬(presentation skill)을 향상하여야 한다.

특히 사내강사는 통찰력, 추리력, 기획력, 창조력, 표현력의 역량을 갖추어야 하며, 인간적 매력과 기술적 능력, 개념적 기능에 대한 리더십을 발휘하여야 한다.

[표11-2] 사내강사의 역할과 책임(R&R)

구 분		내 용
역할	조직경영이념 이해	- 연도별 경영방침의 이해와 주지
	개발 방침의 이해	- 조직의 인재개발 방침의 이해
	학습을 돕는 전문가	- 학습자의 자발적 참여 유도
	조직내의 문제해결 협력	- 개인의 성과와 조직의 성과 향상에 기여
	자신의 발전 노력	- 전문지식 함양, 가르치는 기술의 함양 - 경영환경 변화에 적응 역량 - 강사로서의 열정 유지 및 좋은 인간관계 형성 - 학습자의 잠재역량을 개발하기 위한 도구와 평가 기준 수립
책임	학습자에 대한 책임	- 학습목적, 계획의 명확화 - 충분한 학습활동과 체험, 사고의 함양 - 교수 기법을 통한 학습효과 향상 - 효과적인 학습습관, 효율적인 업무습관 고취 - 학습 평가의 타당성과 신뢰성 확보
	경영에 대한 책임	- 조직의 전략과 규정에 대한 이해 - 공식 문제에 대한 발언은 의사소통경로를 지킴 - 학습시간과 교재, 교보재 등을 경제적으로 활용 - 학습계획에 포함된 내용은 모두 다룸 - 학습내용과 관련된 새로운 정보와 자료입수 경로의 활용
	자신에 대한 책임	- 담당분야에 대한 전문지식, 기술의 습득 - 강사로서의 의식과 태도 함양 - 조직 내 · 외부와의 협력관계 유지

2. 교수기법

강의는 하나의 의사전달과정으로 교사의 의사가 언어, 문자, 행동, 표정으로 학습자에게 전달하는 것이다.

강의는 눈과 눈의(eye to eye) 커뮤니케이션과 공감대형성(주의집중, 동기부여),

질문 및 응답을 통한 커뮤니케이션, 고도의 강의기법 전개, 교수보조자료의 활용에 의해서 이루어진다.

● 강단에서의 강의기술

강의기법의 핵심은 교수목적을 달성할 수 있는 적합한 내용으로 체계적으로 잘 전달하는 것과 학습자의 주의력을 집중시키는 기술이라고 할 수 있다.

- 시선(상대방의 눈을 보고 말하라)

강사가 교단에 섰을 때 eye to eye는 가장 중요한 기술 중의 하나이다. 강사의 시선이 학습자들에게 골고루 배분되어 일방적인 강의가 되지 않도록 하여야 한다.

강사가 학습자들의 반응도를 파악하고 강사가 관심을 줌으로써 학습자들과의 커뮤니케이션이 자연스럽게 이루어질 수 있다.

- 표정(look-smile-talk)

강사는 항상 밝은 표정으로 강의를 진행하여야 한다. 자연스럽게 약간 미소 띤 표정으로 학습자들의 마음을 터 놓을 수 있는 계기가 된다. 강사가 긴장하게 되면 분위기가 딱딱하게 되어 좋은 강의가 이루어 질 수 없다.

- 기본자세

교단에서의 강사의 자세가 바르지 못하면 학습자들의 반응은 민감해 진다. 강사의 자세는 강의효과에 직접적인 영향을 미치고 있다. 교단에서의 자세는 자연스럽고 바르게 서야 한다.

- Gesture

적절한 제스츄어는 강의 효과의 증가를 가져온다. 제스츄어는 강사의 표현을 생동감있게 하는 작용을 할 뿐만 아니라 말을 강조해 주며 주의력을 끄는 효과를 가져올 수 있다.

- 말의 속도 및 음량

강의 진행시 보통 1분간 100단어 내외를 표준으로 하고 있다. 적절한 속도로 강의를 진행하여 학습자들이 부담을 느끼지 않도록 하여야 한다. 음량은 강의장의 크기에 따라 조절하여야 하며, 주의력을 집중시킬 수 있도록 하여야 한다.

마이크는 한 사람에게 말을 하는 듯한 느낌으로 사용하며, 마이크를 입에 너무 가까이 대지 않도록 한다.

● **교수방법**

[강의식 교수법]

- 강의의 특성 및 목적

모든 학습방법의 기본이며, 비교적 단시간내 여러가지 구성제시 가능, 추상적 개념학습에 적합하다. 강의의 목적으로는 정보를 체계적으로 정리해서 제공하고자 할때, 문제점을 파악하고 명확히 하고자 할 때, 특정 집단을 격려, 고무하고자 할 때 적합하다.

- 강의전개

우선 무엇을 가르칠 것인가를 진술하고(강의 목표, 목적 제시), 다음으로 그 무엇을 가르치고(친숙한 토픽에서 시작, 도전감 있는 질문제시, 변화있는 전개방식, A/V기자재의 적절한 사용), 마지막으로 가르친 그 무엇을 다시 요약 정리한다(요약 및 결론).

- 강의의 이용조건

학습자가 이미 동기를 가지고 있을 때, 단시간내 많은 정보를 전달할 필요가 있을 때, 강사가 학습자들이 가지고 있지 않은 통찰력, 정보를 가지고 있을 때, 청중이 다른 교수법을 쓰기에는 너무 많을 때, 강사가 강의에 필요한 기술을 익힌 사람일 때 가능하다.

[표11-3] 교육기법별 유효성 순위

구 분	지식습득	태도변화	문제해결	대인관계	교육생수용
강의	9	8	9	8	8
Cyber 강의	5	9	8	9	9
영화	4	6	7	6	5
토의	3	3	4	3	1

구 분	지식습득	태도변화	문제해결	대인관계	교육생수용
Case Study	2	4	1	4	2
Business Game	6	5	2	5	3
Program 학습	1	7	6	7	7
역할연기	7	2	3	2	4
S·T	8	1	5	1	6

* Sensitivity Training(감수성훈련)

[토의식 교수법]

- 토의의 특성

학습자의 학습상황에 적극적이고 자발적으로 참여할 수 있으며, 학습내용의 이해도를 정확히 측정할 수 있다. 학습자 자신들에게 반성적 사고를 촉진 시켜서 학습자의 지식과 경험을 재구성 하게끔 해주며, 의사전달 역량을 배양할 수 있다.

- 토의의 조건

토의의 주제가 전체 학습자들에게 유익해야 한다. 토의에 참여하는 전체 학습자들에게 공평한 발언의 기회를 부여하여야 한다. 자유로운 토의의 분위기에서 발언된 의견에 대해서는 전체 학습자의 건전한 반응이 있어야 한다. 또한 강사가 목표하는 학습성과의 성취를 중심으로 토의가 전개되어야 한다. 학습자 자신들이 토의주제에 대한 어느 정도의 지식과 경험이 갖추어져 있어야 한다.

[문제해결식 교수법]

- 특 성

학습전이가 크며, 학습자를 적극적으로 참여하게 한다. 활용성의 융통성이 많으며, 분석력, 판단력, 사고력 개발에 효과적이다.

- 진행요령

토론을 위하여 학습자를 준비시킬 것, 문제를 전개할 것, 문제를 전개 할 것, 집단의 역할을 수립 할 것, 토론에 참여하도록 학습자를 자극할 것, 사실과 조건을 검토할 것, 문제의 진술에 대한 합의를 볼 것, 부수적인 사실과 조건을 설명할 것, 집단을 토론사항에 적응시킬 것, 집단적 문제토론을 시작 할 것, 집단의 건의를 요약할 것, 학습목적과 학습성과의 요약, 제동기부여를 하고 결론을 지을 것

- 준비절차

학습목적의 설정, 구체적인 학습목표 설정, 사실과 조건의 서술(문제상황을 문장으로 작성할 때 문제에 관련된 사실과 조건 포함, 구체적인 학습목표에 명시된 원칙과 위배된 사항 포함), 문제의 진술(서술형식의 문장으로 기술, 근본원인 문제제기, 위배된 원리나 원칙을 알릴 수 있는 단서 포함), 계획된 토론순서의 준비(특징적인 주질문의 작성과 배열)

[역할연기식 교수법(role play)]

- 개 요

현실에 있었던 또는 일어 날 수 있는 문제를 규정하여 통상 2명 이상의 학습자에게 일정한 역할을 부여하고 실험적인 대조장면을 가정하여 각자의 역할에 따른 행동을 통하여 상대방의 역할과 상대방으로부터 기대되는 자기의 역할을 이해시키는 종합적인 역량개발기법이다.

- 방 법

주제설정, 시나리오 작성, 역할분담(지도자, 연기자, 관찰자 선정), 사전준비 및 지도, 연기, 분석평가(의견 발표, 강평)

- 효과 및 장점

참가자에 대한 태도 변용, 기술의 연마, 문제해결 역량 함양, 다른 기법과 통합하기 쉽다. 감수성 및 통찰력이 길러진다.

[사례연구식 교수법(case study)]

- 개 요

실제로 발생한 사건에 연관된 모든 사실과 조건 그리고 배경과 조직환경 등을 알 수 있도록 종합적으로 정리된 정보를 부여하고 문제의 인식과 서술, 연

관된 사실과 배경의 분석 · 선택, 원인규명, 제한조건의 가설, 해결방안의 탐색, 해결안의 입안, 해결책의 결정, 해답을 적용한 해결과정의 계획수립 등을 토의하여 강구함으로써지식, 정보, 기술의 활용력, 문제 인식력, 정보의 분석력, 추진력, 판단력, 창의력 등을 개발 할 수 있다.

- 사례연구의 유형

예증사례(조사, 실험, 연구 등을 기반으로 토의, 결론에 접근), 소 사례(설문식으로 간단한 사건 경위 제공), 단축사례(잘 정리 요약된 사실과 조건의 제시), Havard방식(길고 복잡하고 간접적인 정보가 다양하게 혼합되어 제공되며, 경영층의 의사결정 역량 향상에 활용), Incident방식(특별히 사건 경위만 간추려 소개되며 배후의 원인규명을 위한 사실, 조건, 배경을 정보의 유형별로 정보센터에서 보관하는 방식), 과제형태(평가형, 진단형, 문제형, 행동형, 기법형)

[분임토의식 교수법]

- 진행개요

분임토의는 각조가 토의과정을 통하여 주어진 주제에 대한 문제점 분석, 해결방안 도출, 행동조치사항을 모색하고 이를 발표, 토의하는 교육기법으로 집단의 조직적인 협동역량과 문제해결 역량을 함양을 도모한다.

- 진행절차

분임조편성(8~12명, 분임장 선출, 서기 선출), 분임토의(주제선정, 부제선택, 부제선택 동기, 문제제기, 문제점 요약, 중점토의 문제 선정, 장애요인 파악, 행동조치, 결론, 분임토의 결과 보고서 작성, 발표), 차트작성 및 발표, 강평(질의 응답)

● 질 문

질문은 강의의 성패를 좌우할 만큼 강의에 영향력을 미치게 된다. 강사는 계획적으로 강의 단계별로 질문을 설계하고 질문을 통하여 학습의 효과성을 높여야 한다.

[표11-4] 강의단계별 질문

강의 단계	기 능
도입	– 사전 학습한 내용을 복습하는 기능 – 학습자의 현재 상태를 진단, 필요사항을 파악하는 기능
전개	– 학습자의 흥미와 관심을 유도하는 기능 – 학습과제의 주요부분을 강조하는 기능 – 어떤 주제 또는 문제에 대해 사고를 자극하는 기능 – 학습분위기를 변화시키는 촉진 기능 – 학습자의 적극적인 참여를 유도하는 기능
종결	– 학습목표에 대한 달성수준을 평가하는 기능 – 학습내용을 정리하는 기능

좋은 질문은 학습목표를 효율적으로 달성하는데 필요한 질문들 이다. 질문은 다음과 같은 요건을 갖추어야 한다. 첫째, 질문의 의미를 학습자가 명확하게 받아들이도록 표현되어야 한다. 둘째, 학습자의 사고를 활발히 자극시킬 수 있는 질문을 던진다. 셋째, 질문 또는 응답 이후에 약간의 시간적 여유를 갖고 기다려 준다. 넷째, 구조적 질문으로 학습자의 불분명한 응답을 개선하도록 한다. 다섯째, 학습자의 응답에 대해 재반응을 분명히 전개한다.

- 전체질문(overhead question)

학습자 전체를 대상으로 한 질문방식으로 전체를 집단사고에 유도하기 위하여 활용하는 방식으로, 강의식 교수법에서 많이 활용되고 있다.

- 직접질문(direct question)

전체 질문에서 반응이 없을 때나 전문지식, 경험을 가진 특정 개인에게 정보를 얻고자 할 때 개인을 직접 지명하여 던지는 방식 이다.

- 촉진질문(hasten question)

학습자의 관심을 높이고 답변을 자극해 내는 질문으로서 자극질문이라고도 한다.

- 반대질문(reverse question)

학습자가 강사의 의견을 요구할 때 그대로 그 질문자에게 되돌려 질문하는 방식이다.

- 유도질문(induce question)

질문 자체에 어느 정도의 해답이 포함되어 있고 어떤 강점을 특히 강조함으로써 학습자의 사고를 촉진 시킨다.

- 중계질문(relay question)

학습자 가운데 강사의 의견을 요구할 때 그것을 다른 학습자에게 릴레이하는 질문방법이다. 이 릴레이 질문은 전체 질문과 결합해서 사용하면 학습자 전체의 사고를 자극하는 효과가 커진다.

강사는 학습자들의 질문을 받았을 때는 질문의 의도를 정확하게 파악하고 명확한 답변을 하여야 한다. 이때 전체 학습자들을 향해 대답하여야 한다. 설명이 끝나면 반드시 이해의 정도를 확인하고 추가적인 답을 하여야 한다. 또한 즉시 대응이 되지 않는 질문은 솔직히 모르겠다고 이야기 하고 확인 후 답변하도록 하여야 한다.

● 강의 후 검토할 내용

- 강의는 정시에 시작되고, 정시에 종료되었는가?
- 강의내용은 체계적이었는가?
- 강의내용은 피교육자의 역량수준에 알맞은 것이었는가?
- 강의의 목적과 강의의 내용은 일치하였는가?
- 시범, 판서, 예화 등은 적절하였는가?
- 피교육자들이 몰입하여 수강하였는가?

[표11-5] 강의평가표

평가 항목		S	A	B	C	D
1. 진행통제기술	1-1. 도입방법					
	1-2. 질문의 제시방법					
	1-3. 발언을 받아들이는 방법					
	1-4. 참가시키는 방법					
	1-5. 사전준비					
	1-6. 단어의 선정					
	1-7. 화제의 전개					
	1-8. 요약하는 방법					
	1-9. 시간의 통제					
2. 내용의 파악	2-1. 실습부분의 내용					
	2-2. 전체와의 관련성					
	2-3. 중점결정방법					
	2-4. 중점의 강조					
	2-5. 인상의 강화					
	2-6. 내용파악 방법					
	2-7. 실례의 인용					
	2-8. 논리의 일관성					
	2-9. 발언의 파악방법					
3. 태도	3-1. 열 의					
	3-2. 시 선					
	3-3. 소리의 고저대소					
	3-4. 몸의 움직임					
	3-5. 리더십					
4. 교재	4-1. 프로젝트 빔의 사용법					
	4-2. 시트의 사용법					
	4-3. 챠트의 사용법					

* S : 매우좋다 A : 좋다 B : 보통 C : 약간 개선 필요 D : 크게 개선 필요

3. 교수계획

교수계획은 특정한 교육의 과목내용을 어떻게 실제로 옮겨 놓는가 하는데 대한 계획을 말하며 학습자의 역량과 흥미에 적합한 행동을 면밀히 선택하여 분담시키고 체계화 해야 한다.

● **교수목적과 방향 설정**

교수계획의 첫 단계는 강사가 교수목적을 명확하게 설정함으로써 해당과목의 구체적인 지침, 방향 등을 제시할 수 있고, 이에 따른 필요자료를 수집하여 교육내용을 체계화 하여야 한다.

- 기본분석

해당 과목을 개설하지 않을 경우 발생 가능한 문제점, 해당과목을 반드시 가르쳐야만 하는 이유를 밝힌다.

- 고객분석

학습자의 특성(인원, 성별, 학력, 연령대, 업무부서, 근속년수, 직급, 관련과목 이수 정도), 학습자의 요구, 교육주관부서의 요구 등을 분석하여 반영한다.

- 환경분석

시장동향, 업계동향, 경쟁기업동향, 우량모델을 분석한다.

- Alignment 분석

조직이 추구하는 과제, 해당과목 전문가의 의견, 고객이 요구하는 사항을 분석하여 반영한다.

● **교수계획 7단계**

- 학습목적 설정

학습활동을 통해 학습자에게 습득시키고자 하는 것을 명확하게 하는 계획, 구성요소(목표, 주제, 학습정도)를 설정한다.

- 학습성과 설정

학습목적을 향한 학습과장(학습진행 단계의 안내), 구성요소(개요, 학습정도)를 설정한다.

- 자료수집

학습내용에 따른 사실적이고 광범위한 자료를 수집, 활용한다.

- 교육방법의 선정

주제연구를 통한 학습성과에 맞는 교육방법을 선정한다.

- 교안작성

의의(자신감, 효과적인 강의 전개, 강의시간 관리, 교수활동의 일관성 유지), 유의점(구체성, 명확성, 실용성, 평이성, 논리성), 교안의 구성(도입_주의집중, 동기부여, 학습개요, 전개_학습개요의 순서에 따라 문제를 구체적으로 설명, 입증 규명, 종결_요약, 제동기 부여, 결어)으로 이루어진다.

교안은 백지교안, 2란식 교안, 3란식 교안, 4란식 교안이 있다.

– 교육보조자료 수집 · 제작

– 강의 연습

4. 교안작성법

교안의 작성은 구체성(강의 시간중에 언급할 모든 내용 기술), 명확성(명확하게 볼 수 있도록 적당하고 깨끗하게), 실용성(강의 활동의 실시 순서대로 실질적으로), 평이성(누구나 알기 쉽도록 쉽게 작성), 논리성(객관적, 보편 타당성, 체계적)이 확보되어야 한다. 교안은 도입단계, 전개(본론), 종결단계로 구성되어 진다.

● **교안의 구성**

- 도입(introduction) : 5~10%

주의집중(학습분위기 형성), 동기부여(학습동기 유발), 학습개요(수업의 전개방향 제시)

- 전개(development) : 80~85%

학습개요의 순서에 따라 문제를 구체적으로 설명, 입증, 규명한다. 유의사항으로는 내용조직은 논리적, 체계적으로, 쉬운것에서 어려운 것, 과거에서 현재, 간단한것에서 복잡한 것, 기정사실에서 미정사실로, 주제의 연결단계가 매끄러울 것, 중간 동기부여를 계획할 것, 질의 응답시간을 계획 할 것, 설명, 시범, 실습, 감독(관찰), 평가(효과)를 반복적으로 행하여야 한다.

- 종결(conclustion) : 5~10%

요약(강조 내용 정리), 제동기 부여(학습내용의 기억 증진, 과목간의 관련성 이해), 결어(감사표시, 참고서적 소개, 개인적인 이야기 등)로 마무리하며, 전개단계에서 언급되지 않은 새로운 사실을 언급해서는 안되며, 긴 시간을 사용하지 말아야 한다.

● 교안작성법

- 구체성

강사는 강의할 내용 모두를 교안 속에 구체적으로 작성하여야만 충실하게 강의를 진행 할 수 있다.

- 명확성

강사가 강의를 진행하는 과정에서 쉽게 그 내용을 볼 수 있도록 가독성이 확보되어야 하며, 명확하게 작성하여야 한다.

- 실용성

교안은 강의를 전제로 작성되어야 하며, 강의 순서대로 교수내용이 전개되어야 한다.

- 평이성

교안작성시 학습자의 수준을 고려하여 가급적 이해하기 쉽게 작성하여야 한다. 강사는 자신이 작성한 교안은 충분히 이해하고 강의에 임하여야 한다.

- 논리성

교안은 논리적으로 작성되어야 하며, 객관적이고 타당성이 확보되어야 한다.

● 교안에 포함되어야 할 사항

학습내용을 수강생의 입장에서 반드시 알아야 할 내용(must know), 알아야 할 내용(should know), 알면 좋은 내용(could know)으로 구분하는 것이 필요하다. 수업은 반드시 알아야 할 내용에 초점을 맞추어야 한다. 이는 교안은 내용 전개의 순서가 올바른지, 내용은 적절한지, 제시된 교수법이 바람직한지를 사전에 점검할 수 있도록 해준다. 또한 강사들이 필요로 하는 제자원들을 점검할 수 있는 체크리스트의 역할을 한다.

[그림11-1] 수강생의 학습 우선순위

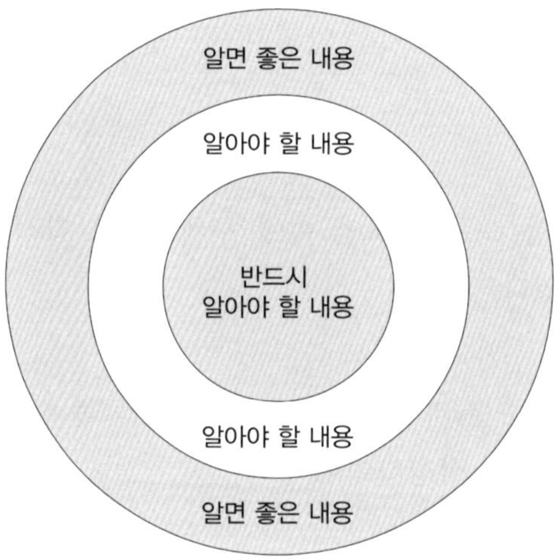

강사가 교안을 개정하거나 최신 내용으로 수정하는 것은 매우 중요하다. 이러한 개정 작업은 강사가 필요성을 인지했을 경우나 특정교과에 영향을 미칠 수 있는 기술의 변화가 일어나자마자 이루어져야 한다.

● 교안 Framework

<u>교 안</u>

과정명 :

과목명 :

시 간 :

강사명 :

1. 학습 목적

2. 학습 범위

3. 교육 보조자료

4. 참고 자료

자료명	내 용	출 처

강의내용	보조자료
1. 대항목 가. 중항목 (1) 소항목 – 내용의 전개	

5. 강의Skill

강의에서 정보의 전달은 시각과 청각이 중요하며, 기억도는 보기 · 듣기 · 말하기가 가장 유효한 방법이므로 이를 감안하여 강의가 진행되어야 한다.

[표11-6] 정보의 전달 및 기억도

정보의 전달	시 각	청 각	후 각	촉 각	미 각
	83%	11%	3.5%	1.5%	1%
기억도	듣 기	보 기	보기 · 듣기	보기 · 듣기 · 말하기	
	10%	20%	65%	85%	

● 강의화술

- 설명화법

설명화법의 목적은 어떤 용어의 의미에 대한 설명, 순서와 경과에 대한 설명, 사실의 중요성이나 그 의의에 대한 설명이다. 설명화법의 방법으로는 비교설명, 통계를 들어 설명, 실례나 사실을 제시, 설명한다.

설명화법은 주의 깊게 순서에 따라서 서술하고 한번에 1가지의 사실을 이해시킨 다음에 다음것에 대한 설명을 해 나간다.

- 설득화법

설득의 조건으로서는 풍부한 인간성, 설득한 일에 대한 이해, 학습자에 적절한 내용, 호의적인 강사의 태도, 강사의 열정이 요구된다. 설득은 중점, 주의, 흥미, 편안함, 동기, 결심, 행동의 7단계를 거치게 된다.

- 예화의 활용법

강의의 내용을 학습자에게 잘 이해시키기 위해서 사용하여야 하며, 학습자를 정적으로 강화시키기 위해서 사용한다. 예화는 보편성, 공감성, 신선도, 단순성, 인상적, 품위성의 조건을 갖추어야 한다.

- 질문화법

질문화법은 주의를 이끈다(이 문제에 대해서 생각해 보신 적이 있습니까?). 흥미를 갖게 한다(이런 일에 부딪쳤을 때 여러분이라면 어떻게 처리하시겠습니까?). 참여를 시킨다(이것을 할 수 있겠습니까?). 변화를 준다. 효과를 확인한다.

강사가 질문시 유의해야 할 점은 학습계획에서 이탈된 질문을 하지 않도록 하여야 하며, 강사가 어떤 방법의 해답을 원하는가를 분명하게 제시하여야 한다(비교하라, 분류하라, 요약하라, 정의하라).

- 강의와 유우머

유우머는 학습자의 수준, 강의의 수준에 따라 내용과 수준을 조절하여야 한다. 학습자의 주의력 집중이 이루어지고 강사의 학습자 장악이 잘 이루어지고 있을 때에는 유우머의 남발을 금지해야 한다.

[표11-7] 프리젠테이션 체크리스트

<table>
<tr><th colspan="3">항 목</th><th>내 용</th><th>평 가</th><th>특기사항</th></tr>
<tr><td rowspan="9">내용
측면</td><td colspan="2" rowspan="2">서 론</td><td>전달하고자 하는 내용을 분명히 제시했는가?</td><td></td><td rowspan="18"></td></tr>
<tr><td>청중의 관심을 유도하기 위한 노력이 있었는가?</td><td></td></tr>
<tr><td rowspan="5">본론</td><td rowspan="3">내용
구성</td><td>준비 상태는 잘 이루어 졌는가?</td><td></td></tr>
<tr><td>내용은 나름의 원칙에 따라 구성되었는가?</td><td></td></tr>
<tr><td>다른 테마로의 연결은 자연스러운가?</td><td></td></tr>
<tr><td rowspan="2">내용
전개</td><td>시청각 자료는 적절히 사용되었는가?</td><td></td></tr>
<tr><td>적절한 주의 집중 기술이 사용되었는가?(예시, 비유, 통계)</td><td></td></tr>
<tr><td colspan="2" rowspan="2">결 론</td><td>중요사항의 요점은 명쾌히 정리되었는가?</td><td></td></tr>
<tr><td>마지막 결언은 효과적으로 되었는가?(행동의 촉구, 강조)</td><td></td></tr>
<tr><td rowspan="8">기법
측면</td><td colspan="2" rowspan="3">태 도</td><td>표정, 시선처리는 적절한가?</td><td></td></tr>
<tr><td>제스츄어는 적절한가?</td><td></td></tr>
<tr><td>자세는 적절한가?(연단, 시각자료, 청중에 대한 자세)</td><td></td></tr>
<tr><td colspan="2" rowspan="3">표 현</td><td>알아 듣기 쉽고 분명히 발음하는가?</td><td></td></tr>
<tr><td>습관적이거나 불필요한 어벽은 없는가?</td><td></td></tr>
<tr><td>단조로운 목소리는 아닌가?</td><td></td></tr>
<tr><td colspan="2" rowspan="2">진지성</td><td>의욕과 박력이 있는가?</td><td></td></tr>
<tr><td>열정적으로 했는가?</td><td></td></tr>
<tr><td colspan="3">장 점</td><td></td><td>개선점</td><td></td></tr>
</table>

* 평가척도 : 5(매우 우수), 4(우수), 3(보통), 2(미흡), 1(매우 미흡)

● 프리젠테이션

한정된 시간에 정확하게 전달, 그 결과로써 판단과 의사결정, 행동의 변화까지 이루게 하는 communication의 한 방법이다.

- 프리젠테이션의 단계

자기분석(나의 장단점, 고객의 기대), 3P분석(people, purpose, place), 내용구성(논리의 전개, visulal화), 전달기술(body language, 질문응답 요령), 준비(노트카드 작성, 리허설), 실행(자신감을 갖고 최선을 다한다).

- 프리젠테이션시 불안감 해소 방법

프리젠테이션 준비시(내용을 머리 속에 완벽하게 정리, 성공의 이미지 상상, 3회 이상 실제와 똑같은 연습), 프리젠테이션 직전(즐거운 기분으로 몇차례 깊게 심호흡, 성공의 이미지 상상_짧게, 나는 느긋하다 반복_자기 암시, 심호흡을 하면서 긴장해소), 프리젠테이션 도중(자연스럽게 움직이다, 청중과 시선을 맞춘다, 시각자료를 많이 쓴다)

● SPOT 기법

STOP은 교육 중 단위과정이 끝나고 다시 시작할 때 분위기를 전환하고 교육생들의 집중력을 높이기 위해서 5~10분 범위 내에서 짧게 실시한다. 또는 강사가 개인 사정으로 교육장에 늦게 도착할 때 교육담당자가 30분~1시간 정도 시간을 활용하여 진행한다. STOP은 주로 퀴즈, 레크레이션, 자기진단 등의 컨텐츠를 가지고 진행한다.

- STOP 개발방법

STOP의 정보수집은 고전, 신간도서, 유머어 관련 도서, 신문, 잡지, 라디오 방송, TV 코미디물 등 다양한 매체를 통해 찾을 수 있다. STOP은 노트북에 교육대상자 그룹별로 정리하여 필요시 바로 활용할 수 있도록 평소에 교육담당자는 스스로 개발하고 준비하여야 한다.

- STOP 진행요령

STOP는 재미와 아울러 교육적인 가치가 있는 내용이 바람직하다. 교육대상자의 인적 속성에 따라 적절한 내용을 선택하여야 한다. 즉, 인적구성, 심리상태, 교육장의 위치 및 분위기, 교육과정의 전후 연결문제, 이미 소개받은 내용 인지의 확인 등을 고려하여 사용하여야 한다.

- STOP의 실행

전체 교육프로그램과 교육대상자를 파악하고 어느 시점에 어느 정도의 시간을 사용할 것인지를 사전에 계획하고 가장 적절한 내용으로 진행하여야 한다.

PART 5. 경력개발(CD)

Strategic Human Resource Development

一沐三捉　啐啄同時
切磋琢磨　靑出於藍

역량있는 인재를 얻기 위해서는 선발에 최선을 다해야 하고(일목삼착), 학습은 안(멘티의 노력)과 밖(멘토의 올바른 지도)에서 함께해야 잘 이루어진다(줄탁동시).
핵심인재를 만들기 위해서는 자르고 · 썰고 · 쪼고 · 갈아야 하며(절차탁마), 이로서 스승보다 더 훌륭한 인재가 만들어진다(청출어람).

PART 5. 경력개발(CD)

경력개발 프로그램(CDP) Chapter 12

1. 경력개발의 가치

경력개발(career development)은 한 개인이 일생에 걸쳐 일과 관련하여 얻게 되는 경험이다. Hall은 개발(development)의 개념을 개인차원과 직무차원으로 구분하여 정의하였다. 개인차원에서는 단기적으로는 직무에 대한 만족감이나 긍정적인 태도를 갖게 하여 직무차원의 단기적인 성과를 높이며, 장기적으로는 개인의 정체감을 높여 직무환경 변화에 대한 적응력을 높이는 것을 의미한다.

경력개발은 다음과 같이 학자들에 따라 다양하게 정의를 내리고 있다.

Hall(1976)은 경력개발(career development)이란 경력계획을 달성하기 위하여 개인 또는 조직이 실제적으로 참여하는 활동으로 경력개발은 일반적으로 개인의 직업에서 발생하는 직무관련 태도와 경험의 결과로 정의를 내렸다.

Winterscheid(1980)는 경력계획(career planning)이란 개인이 자신의 적성을 파악하고 경력기회 및 한계를 파악하고 경력선택 및 결과를 경험하는 과정으로서 구체적인 경력목표를 달성하기 위해 경력에 관련된 목표를 설정, 직무 및 교육설계, 관련된 경력개발을 경험하는 것들을 포함시킬 수 있다. 또 다른 정의로 경력계획(career planning)은 조직에서 요구하는 인적자원과 조직구성원이 희망하는 목적을 통합시켜 조직구성원의 경력경로를 체계적으로 계획, 조정하는 과정이라고 정의하였다.

경력관리(career management)는 개인의 경력관리를 계획하고 실행하고 감시하는 지속적인 과정으로 개인 스스로 수행하거나 또는 조직 내 경력관리제도와 연계해 수행할 수 있다.

다양한 경력개발의 정의를 종합해 보면 한 개인이 전 생애에 걸쳐 직업과 관련하여 적재적소에서 전문지식과 스킬, 태도를 습득하여 성과를 향상시켜 나가는 과정이라고 정의할 수 있으며, 조직적인 측면에서 보면 개인의 목표를 조직의 목표와 일치시키는 과정으로 경력경로(career path)를 통하여 조직목표를 달성해 가는 과정으로 정의할 수 있다.

경력개발(career development program : CDP)은 조직내에서 개인이 경력목표를 수립하고 각 단계별로 경력개발 활동을 전개해 나가는 일련의 지속적인 과정이다. 체계적인 경력개발을 위해서는 경력경로(career progression path)가 정의되어야 하며 경력개발계획을 수립하고 실행하는 프로그램(CDP)이 제공되어야 한다.

경력개발제도 구축은 조직구성원 개인의 니즈(employee needs)와 조직의 니즈(business needs)로 잘 결합되어 운영되어야 한다.

[그림12-1] 경력개발제도의 추진 배경

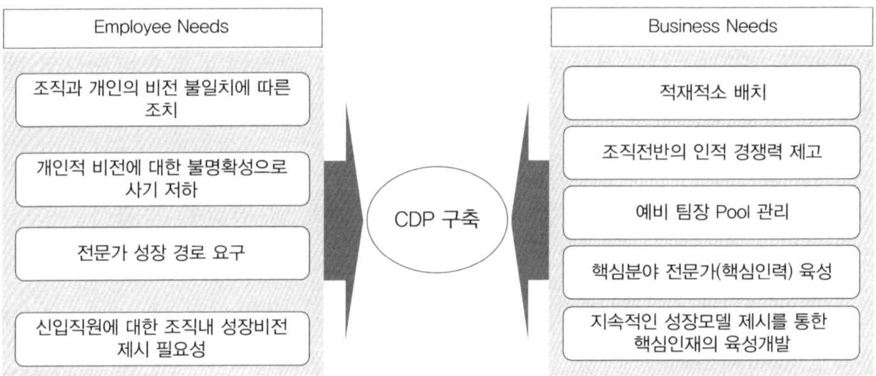

2. 경력개발이론

1) 조직과 개인차원의 경력개발이론

경력개발은 개인의 Need와 조직의 Need가 부합하는 접점을 통해 궁극적으로 조직유효성을 증대시키는 것을 목적으로 실행되는 인적자원관리시스템의 부분적 영역이다.

[표12-1] 조직과 개인의 경력개발 비교

조직의 경력개발	개인의 경력개발
- 조직목표에 초점 - 경력계획 및 개발을 위한 제도 설계 - 경력개발 Coaching - 전문 경력 상담자 육성 - 조직개발과 직무재설계	- 개인목표에 초점 - 생애 설계 - 자기 평가 - 경력목표 수립 - 경력경로 개발

Source : Lughans, F.(1981)

● 조직차원의 경력개발이론

조직은 조직의 목표를 달성하는데 적합한 인적자원을 개발하여야 한다. 그러나 이러한 조직의 목표를 달성하기 위해서는 개인의 경력개발 Need와 조화를 이루어야 달성될 수 있다.

- 알핀과 저스터모델

알핀과 저스터(J. C. Alpin & D. K. Gester)모델은 개인욕구와 조직욕구의 통합을 전제로 한다. 즉, 조직구성원의 경력욕구와 조직에서의 경력기회, 업무를 연계시켜 개인과 조직의 Need를 일치시키는 것이다. 이 모델은 평가, 준비 및 개발, 통합의 3단계로 진행된다.

[그림12-2] Alpin과 Gester의 경력개발모델

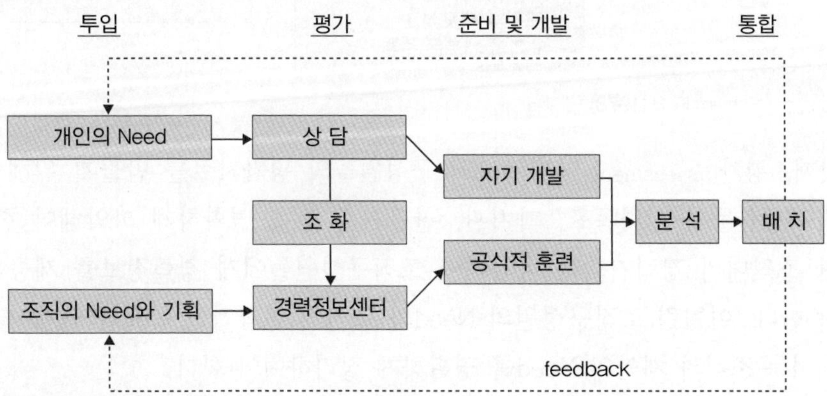

Source : Hall, D. T., Morgan, M. A.(1977)

[그림12-3] 인적자원계획 및 개발을 통한 개인-조직욕구 연계모형

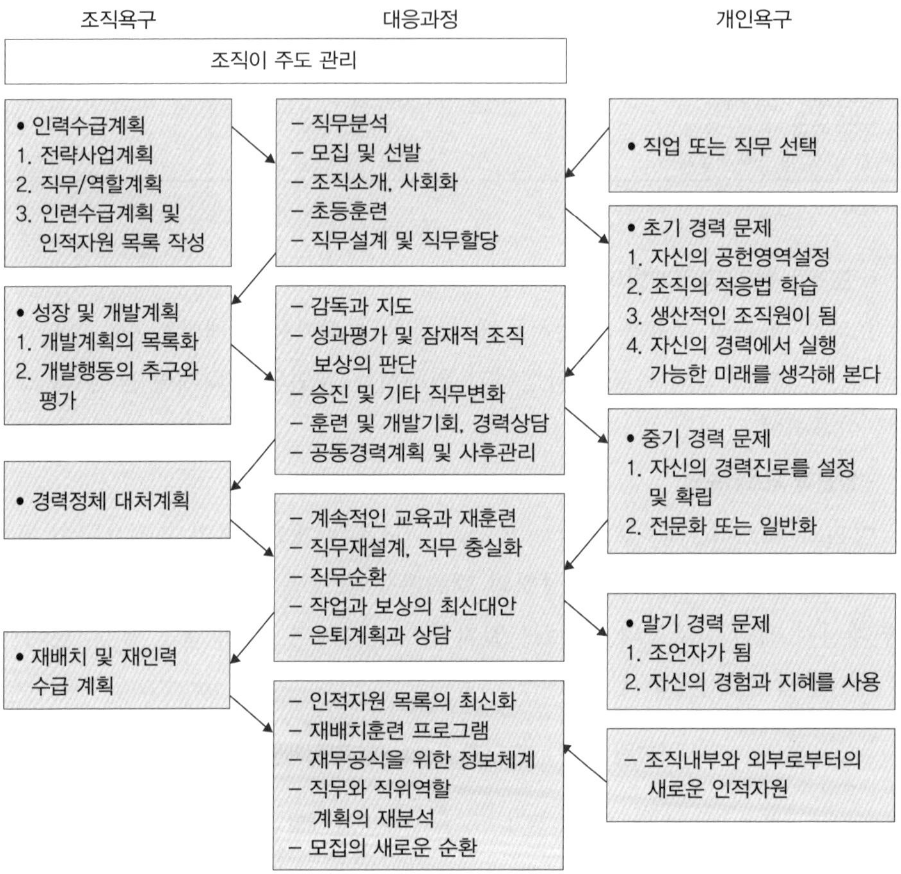

Source : Schein, E. H.(1978)

첫째, 평가(assessment)단계는 조직구성원들의 평가자료를 만들기 위해서는 조직구성원들의 경력목표, 가치관, 판단기준 등을 명확하게 파악해야 한다. 또한 조직내의 경력기회를 파악하여 조직구성원들에게 경력정보를 제공해주어야 한다. 이처럼 조직구성원의 Need와 조직의 전략적인 목표를 연계시키기 위해서는 조직과 개인의 Need를 명확하게 정리하여야 한다.

둘째, 준비 및 개발(preparation and development)단계는 상위 직무의 수행에 필요한 기술과 경험을 개발하는 단계이다. 준비 및 개발활동은 직무수행 목적에 따라 전문기술역량, 대인관계역량, 개념구성역량의 개발로 구분할 수 있다.

셋째, 통합(integration)단계는 경력개발과정에서 조직구성원의 Need와 조직의 Need가 동시에 충족될 수 있도록 하는데 있다. 그러기 위해서는 조직구성원을 적합한 직무에 배치(fit) 시키는 것이 중요하다. 인적자원관리팀에서는 제도적으로 조직구성들이 자신이 어떤 업무에 적합한지를 지속적으로 파악하고 경력개발차원에서의 배치를 과학적으로 실시하여야 한다. 이를 위해서는 경력개발 조사 및 지원시스템을 구축하여야 한다.

● 개인차원의 경력개발이론

개인차원의 경력개발이론은 성인인생발달이론(adult development theory), 경력선택이론(career choice theory), 경력의사결정이론(career decision making theory)을 들 수 있다.

- 성인인생발달이론

성인인생발달이론에 속하는 Levinson의 이론에 대하여 살펴보면, Levinson은 인간의 생애(life course)는 서로 구분되는 발달시기(period)가 교차되는 생애주기(life cycle)가 있다고 한다.

[표12-2] Levinson의 성인발달 시기구분

구 분	연령대	특 징
성인초기 (17~45세)	성인초기 전환기 (17~22세)	미성년기와 성인 초기를 잇는 징검다리 시기
	성인초기 입문기 (22~28세)	성인생활의 시작을 구축하고 유지하는 시기
	30세 전환기 (28~33세)	성인초기 입문기 동안의 구조를 재평가하고 수정하여 다음 생애구조의 기초를 다지는 시기
	성인초기 완성기 (33~40세)	성인 초기를 완성하고 소년기 열망을 실현하는 시기
성인중기 (40~65세)	중년기 전환기 (40~45세)	인생의 또 하나의 중요한 전환기로서 성인 초기를 마감하고 성인 중기로 들어가는 시기
	성인중기 입문기 (45~50세)	성인 중기의 새로운 구조를 구축하는 시기

구 분	연령대	특 징
성인중기 (40~65세)	50세 전환기 (50~55세)	성인 중기 입문기의 생애구조를 재평가하고 개선을 시도하는 시기
	성인중기 완성기 (55~60세)	성인 중기를 완성하는 시기
성인후기 (60세 이상)	성인후기 전환기 (60~65세)	성인 중기를 마감하고 성인 후기 진입을 준비하는 전환기

Source : Levinson, D. J.(1978)

- 경력선택이론

경력선택이론이란 포괄적으로 일정한 교육과 훈련을 마친 후 개인이 자신의 직업활동의 진로를 결정하는 과정을 의미한다. Holland의 직업선택이론(the of vocational choice)이 대표적이다. 홀랜드는 개인은 자신의 욕구와 역량을 경력발전기회 및 수요 등과 일치시키려 한다는 직업선택이론을 주장하였다. 그는 6가지의 성격유형을 상호 조합하여 각 유형간의 관계를 나타내는 육각형 모형을 개발하였다.

[그림12-4] Holland의 육각형 모형

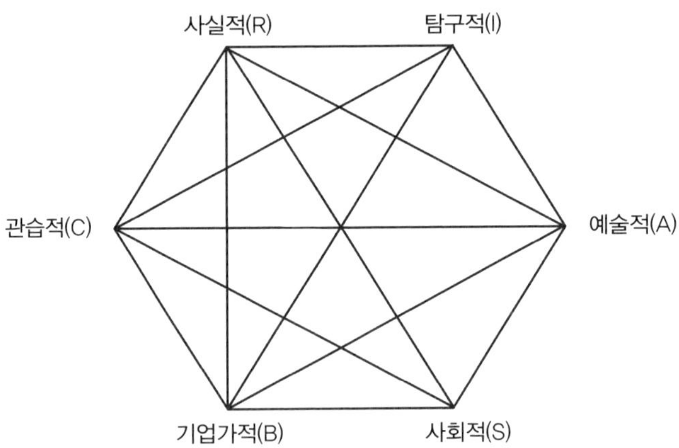

Source : Holland, J. L.(1985)

그림에서 보는 바와 같이 좌우 가까이 위치하는 유형끼리는 유사한 성격을 나타내고 상호 마주보는 유형끼리는 반대의 성격을 나타낸다.

[표12-3] Holland의 경력선택 모형

성격모형(personality type)	직업환경(job environment)
- 사실적(R) : 도구와 기계를 사용하는 활동, 기술 힘조정 등을 필요로 하는 물리적인 활동	산림관계, 농업경영, 건축, 경찰, 목수
- 탐구적(I) : 관찰, 조직화, 자료이해, 사회적이고 설득적인 활동을 싫어함.	생물학, 수학, 해양학, 공학, 지질학, 치과, 의술
- 사회적(S) : 지적이거나 육체적인 활동보다 인간 관계를 선호, 교육적인 훈련, 타인을 계몽하는 것을 좋아함.	임상관리, 교육, 해외근무, 사회사업
- 관습적(C) : 구조화되고 규율적 행동과 조직 또는 개인의 권력과 지위에 개인의 욕구를 종속, 명령 받고 체계적인 일을 좋아함.	회계, 재무, 비서, 군인
- 기업가적(B) : 타인에게 명령을 미치고 권력 및 지위를 획득할 수 있는 언어능력, 관찰보다는 행동을 즐김	관리, 법률, 출판, 노사관계
- 예술적(A) : 예술적 창조, 정서표현, 개인적 행동, 반복적이고 명령 받는 일을 싫어함.	예술, 음악, 드라마, 광고, 내부장식

Source : Holland. J. M.(1973)

- 경력의사결정이론

경력의사결정이론은 개인이 어떻게 경력의사결정을 내리느냐를 연구하는 과정이론이다. 콜브와 플로닉(Kolb and Plovnick)은 성인의 발달단계를 경험적 학습이론을 토대로 설명하였다. 성인은 자신 주위의 변화에 대하여 민감한 반응을 하며, 지속적인 고찰과 통찰을 통하여 어떤 추상적 개념을 형성하고 그 개념을 설명하는 과정에서 학습을 하게 된다는 것이다.

[그림12-5] 경험적 학습모델

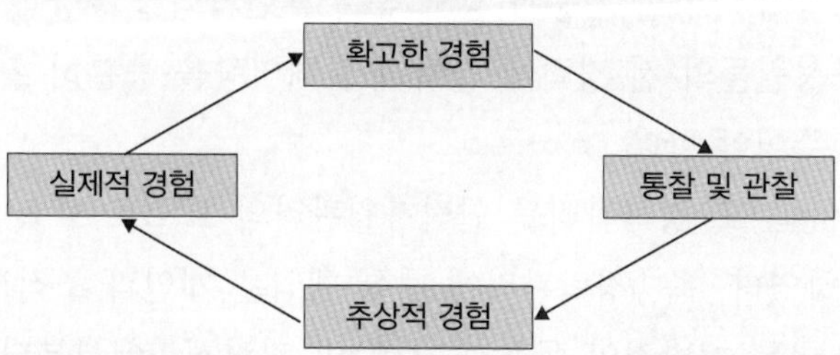

Source : Kolb and Plovnick(1977)

2) 조직과 개인차원의 경력개발의 일치

조직과 개인의 경력개발은 일치되어야 한다. 그러나 개인의 경력목표와 개인을 개발시키려는 조직의 노력간에는 항상 높은 일치 관계를 이루지는 않는다. 양자간의 일치가 어려운 이유는 다음과 같다.

첫째, 조직구성원이 원하는 직책수 보다 조직에서 제공할 수 있는 직책수가 적다는 것이다.

둘째, 조직에서 실시하고 있는 개인에 대한 개발활동들이 개인의 참여에 의하여 결정되지 않고 조직의 관점에서 결정되어, 결과적으로 개인의 경력목표와 일치되지 않는다.

이러한 영향요인들을 고려할 때 조직과 개인간의 경력Need를 일치시킬 수 있는 모델 중 인력계획에 의한 일치에 대하여 살펴보기로 한다.

인력계획(manpower planning)은 조직의 목표를 달성하기 위하여 인적자원의 획득과 활용 및 배치정책을 결정하는 체계적인 과정이다. 경력개발제도의 지향점인 개인의 욕구와 조직의 욕구간의 통합은 인력개발제도의 관점에서 보아야 할 것이다.

린치(J.J. Lynch)에 의하면, 경력개발제도는 다음과 같은 인력개발활동목표들을 충족해 주어야 한다고 주장하였다.

첫째, 경력초기에 탁월하게 부각되는 잠재역량을 식별해 주어야 한다.

둘째, 조직구성원들의 기간별 성과를 지속적으로 측정해 주어야 한다.

셋째, 경력초기에 다양한 기능과 강도 높은 훈련기회를 제공해 주어야 한다.

넷째, 조직구성원들의 전 경력에 걸쳐서 잠재역량을 충분히 활용할 수 있는 직무를 제공해 주어야 한다.

워커(J. W. Walker)도 경력관리를 인적자원관리의 요소로 보고 통합인력관리시스템을 주장하였다. 즉, 경력관리에 대한 책임은 개인과 조직모두에게 있으며, 개인의 Need는 개별적인 목표와 생애 및 경력계획에서부터 출발하여 조직에 적합한 경력계발계획으로 변용시키게 되고, 조직의 Need는 조직의 목표와 중장기계획으로부터 출발하여 인적자원계획을 수립하게 된다.

[그림12-6] 경력관리(개인의 Need와 조직의 Need 일치)

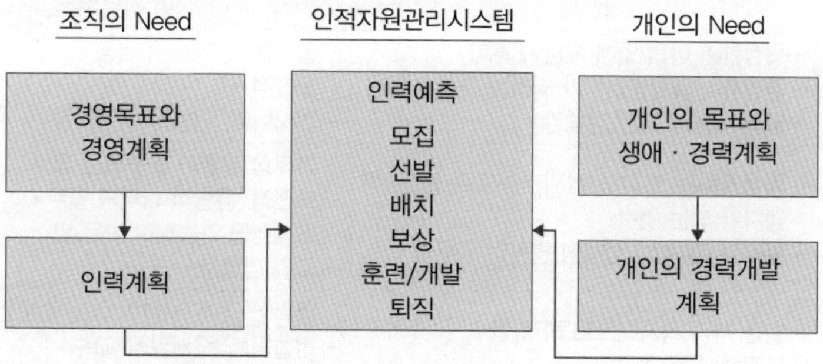

Source : Porter L.W., Lawler 3 E.E., & Hackman J.R.(1975)

3) 경력Need이론

조직구성원들은 서로 다른 열망수준, 배경, 경험을 소유하고 있다. 샤인(Schein)은 경력을 선택하고 준비하는 방법을 설명하는 5가지의 다양한 요소들을 파악하였다. 이를 경력닻(career anchors) 이라고 부른다. 샤인은 한 개인이 경력과 관계된 선택에서 개인이 포기하지 않는 무게 중심을 가지는 개인의 특성을 경력닻이라고 이름 지었다. 샤인에 의하면 경력닻은 첫째, 개인의 지능, 기술 또는 역량, 둘째, 개인의 동기나 욕구 내지는 삶의 목표, 셋째, 가치관을 포괄하는 자아개념(self-concept)으로 파악하였다. 샤인의 경력닻은 1961년부터 1963년까지 MIT의 MBA과정 2학년에 재학중인 44명에 대한 인터뷰를 실시하였다. 그 뒤 졸업 후 6개월과 1년이 지난 다음 다시 인터뷰를 실시하고, 졸업 후 5년차 그리고 10~12년차가된 1973년에 최종인터뷰를 실시하여 얻은 결과가 기술적 기능적역량(technical, functional competency), 일반관리자 역량(general managerial competency), 자율독립(autonomy, independence), 안정안전(security, stability), 기업가적 창의성(entrepreneurial creativity)이다. 그 후 다양한 경력단계에 있는 수 백명의 직업경력에 대한 인터뷰를 통한 추가연구를 통하여 서비스 봉사(service, dedication to a cause), 순수한 도전(pure challenge), 라이프 스타일(life style)의 8가지의 경력닻 유형을 추출하였다.

[표12-4] Schein의 경력닻 유형

유 형	특 성	일, 직업 유형
기술적 기능적역량	- 특정한 분야의 일에 재능과 흥미 - 경영자나 일반관리자가 되려는 관심이 없음 - 일의 내용에 대한 정체감	- 일 자체의 내재적 내용 - 도전적 일 - 엔지니어, 기능분야 부서장
일반관리자 역량	- 핵심가치는 조직의 상위계층으로 승진, 경영자가 되는 것 - 분석적, 관계적, 정서적 역량이 요구됨	- 리더십 발휘가 요구되는 업무 - 도전적, 통합적 성격의 업무 - 조직성공 가능성이 높은 일 - 고위 경영자
자율 독립	- 일을 자기 독자적으로 하려 함 - 독립적 경력 추구	- 명확한 경계, 시한이 있는 전문영역의 일 - 컨설팅, 연구개발직, 교수 - 많은 자유가 있는 직무
안정 안전	- 안정되고 예측가능한 경력추구 - 정년보장제도 선호	- 안정적, 예측가능한 일 - 관공서, 시민 공공서비스관계 직무
기업가적 창의성	- 자신의 사업운영 욕구 강함 - 새로운 조직, 제품, 서비스의 창출 - 성공척도는 수익을 많이 올리는 것	- 새로운 일에 도전 - 자기 사업체의 소유 - 벤처 기업가
서비스 봉사	- 세상을 변화시키려는 강한 욕구 - 인류에 대한 봉사, 조국에 대한 기여	- 자신의 가치 실현을 위해 조직 및 사회정책 입안에 관계된 직무 - 노동문제 전문가, 신약개발 연구자, 간호사, 사회사업가, 교사, 의사, 성직자
순수한 도전	- 사물, 사람에 대한 강한 정복 욕구 - 장애극복, 문제해결, 라이벌에 대한 승리 - 강한 도전감과 승부욕구	- 도전과 시험 기회가 많은 일 - 조종사, 탐험가, 육상선수, 영업직, 일부 경영자
라이프 스타일	- 경력닻을 가지고 있지 않음 - 전체 삶의 스타일과 걸맞는 경력 추구 - 맞벌이 부부 증가추세와 관련	- 출장, 근무지 이동, 업무시간, 연구휴가 등의 작업조건에 융통성이 많은 직무

3. 경력개발제도

1) 경력개발제도의 흐름

경력개발제도의 출발은 2차 세계대전 후 미국 연방정부 조직의 비능률을 개선할 목적으로 1955년에 구성된 제2차 후버위원회에 제출된 보고서인 인사부문 권고안에서 시작되었다. 보고서는 연방정부 인력활용의 효율화 방안의 하나로 1957년 육군문관 경력개발제도를 제시하였는데, 이것을 시작으로 볼 수 있다.

미국의 정부조직에서 시작된 경력개발제도는 1960년대 초 IBM을 중심으로 한 기업조직에 도입되어 오늘날에 이르고 있다. 조사에 따르면 1990년대 초 미국 대기업의 68%, 유럽의 경우 88% 정도가 경력개발제도를 시행하는 것으로 나타났다(Gutteridge, Leibowitz & Shore, 1993).

국내 기업의 경우 1980년대 초부터 경력개발에 대한 필요성이 대두 되었으며, 1980년대 후반부터 1990년대 초에 걸쳐 삼성그룹 및 LG그룹 계열사를 중심으로 경력개발제도의 도입이 이루어지기 시작하였다.

2) 경력개발제도의 목적

경력개발제도(career development program)의 목적은 조직내 인적자원의 합리적인 개발을 통하여 조직의 유효성 증대와 조직구성원의 자기실현 욕구의 충족이라고 할 수 있다. 개인에게 경력기회(career opportunity)를 제공하고 필요한 인적자원을 적시에 적재적소에 배치하여 활용함으로써 조직의 유효성을 확대하는데 있다. 즉, 조직목표와 개인목표의 통합을 통하여 조직의 경쟁력 강화와 조직구성원의 시장가치(employability)를 향상하는 것이 목적이다.

[표12-5] 경력개발제도의 목적

조직 측면	구성원 측면
〈조직유효성 확보〉 - 조직구성원의 잠재된 역량 제고를 통한 조직성과로 연결 - 전략적 인재의 조기발굴 및 육성 (succession plan) - 적재적소 실현	〈개인역량개발〉 - 직무만족, 직무몰입 - 개인의 성장 비전을 통한 개인의 자아실현과 생활의 질 향상 - 개인의 사회적 가치(marketability)증대

3) 경력의 유형과 진단

경력개발의 유형은 첫째, I자형으로 상·하위직급에서의 어느 정도 Rotation을 실시하고 중간 직급에서 전문화 한다. 둘째, T자평으로 하위직급에서 Rotation 없이 전문화하고 상위직급에서 폭 넓은 Rotation을 통해 넓은 시야를 갖게 한다. 셋째, ㅗ자형으로 하위직급에서의 폭넓은 Rotation을 통해 많은 직무를 경험하게 하고 상위직급에서 전문화한다. 넷째, ↑자형으로 입사 때부터 전문분야만 근무하고 Rotation은 없다.

[표12-6] 경력개발 기본 유형

구 분	工자형모델	T자형모델	ㅗ자형모델	↑자형모델
개발목적	전반 경영관리자	일반관리자	스텝 전문가	스페셜리스트
모델정의	- 3개 이상 직무 경험 중 적성 1개 직무전문화 - 유사 직무의 Leader 육성	- 1~2개 직무 전문화 - 유사 직무의 Leader 육성	- 하위직급 2~3개 직무경험 - 적성 1개 직무전문화 - Career Ladder 적용	- 입사 때부터 전문직종에서 근무 - Career Ladder 적용
직무특성	사람관리 중심	사람+일 병행	사람+일 병행	일 중심
해당직군	관리스텝직(인사, 관리 등 비정형적 부서)	전문기술직, 영업전문직	기획전문직	연구전문직
개발 로테이션 형태	본부간, 직종간, 직무간 다양한 배치	직무간 전환배치	직종간 전환배치	부적격자배출, 관련직무 전환배치
로테이션 간격기준	3년 기준	3~5년 기준	3~5년 기준	5년 이상

● 경력진단

- 자기진단

자기진단(self-assessment)이란 다양한 방법을 활용하여 자신이 어떠한 사람인지에 대해 종합적으로 분석하는 것이다. 자신이 어떤 분야에 적성이 있고, 어떤 역량을 소유하고 있는지를 파악하는 것이다.

- 자기진단의 필요성

자기진단의 필요성은 첫째, 자신의 위치 파악과 경력목표 선택을 하기 위한 근원적 판단의 기초를 제공한다. 둘째, 자신의 경력발전에 대한 장기적 시각(long term perspective)을 가지게 한다. 셋째, 자신의 경력관리에 대한 책임을 스스로 지는 자세를 가지도록 해준다. 넷째, 자신에게 다양한 선택기회가 있음을 일깨워 주고, 자신이 진출할 경력발전의 범위를 넓혀보는 경험을 가지게 한다.

- 자기진단의 방법과 프로세스

자기진단의 프로세스는 먼저, 서면인터뷰, 가치관 조사, 성격유형검사, 직업 흥미도 조사, 경력닻(career anchor)의 판정 등 조사기법을 통해 검사한다. 다음은 자료수집, 자료정리, 자료해석을 통하여 자신의 적성 및 경력발전 희망 패턴을 도출한다.

Schein의 경력닻 판정모델

- 경력닻의 개념
  경력과 관련하여 개인이 가진 역량, 욕구와 목표, 가치관을 포괄하는 자아개념을 말한다.
- 경력닻의 탐색방법
  첫째, 경력성향검사(career orientations inventory)는 경력닻별로 5개씩 40개문항으로 구성된 진단지이다. 둘째, 8가지 경력닻으로 기술적 · 기능적 역량, 일반관리자 역량, 서비스 · 봉사 등의 진단을 한다. 셋째, 경력닻 인터뷰는 자신의 과거, 현재, 그리고 미래의 경력과 관계된 질문에 대하여 구체적으로 기술하는 방식으로 자기진단을 실시한다.
- 경력닻 모형 적용
  본서에서는 경력닻 인터뷰 중 미래 경력과 관련된 자기진단을 실시하도록 하는 10개 문항으로 구성하였다

[표12-7] 자기진단서 Sheet

질문항목	응답 내용
1. 전공분야는?(학문 분야별)	
2. 관심있는 분야는?(1개 이상)	
3. 지금까지 거쳐온 직무는?	
4. 지금까지 보람과 흥미가 있었던 직무 경력은?	
5. 지금까지 보람과 흥미가 없었던 직무 경력은?	
6. 장래에 추구하고 싶은 직무 경력은?	
7. 추구하는 경력과 나의 경험과의 연관성은?	
8. 추구하는 경력과 나의 잠재력은?	
9. 나의 강점과 약점은?	
10. 나의 경력의 패턴과 특징 및 가능성은?	

4. CDP 설계 및 운영

경력설계는 자신의 적성, 역량 등 자기진단에 의한 판단에 따라 자신이 희망하는 경력목표를 설정하고 이에 도달할 수 있는 경력경로(career path)를 설계하는 것이다. 조직은 개인의 경력설계를 바탕으로 보직관리 및 역량개발의 기회를 제공하여야 한다.

[그림12-7] 경력 경로

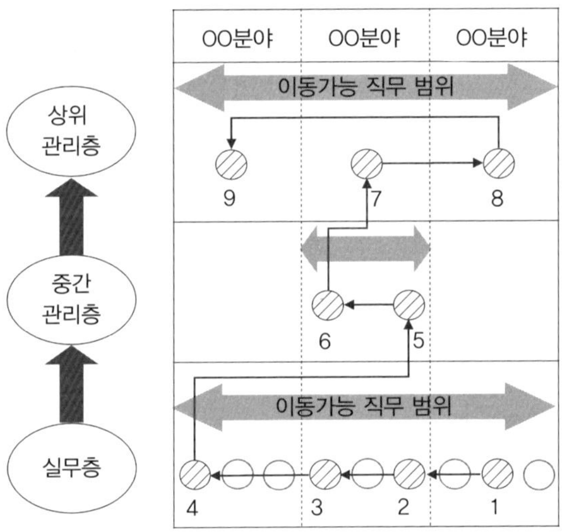

협의의 CDP는 개인이 조직 내에서 거치게 되는 보직경로를 합리적으로 설정·관리해 주는 보직중심의 인적자원관리제도이다. 반면 광의의 CDP는 조직구성원의 자기발전욕구를 충족시켜 주면서 조직에 필요한 인재를 개발하고, 이것이 조직의 목표달성으로 이어지도록 하는 넓은 인적자원관리 활동을 포괄하는 제도이다.

CDP는 인적자원관리에 적용되는데 첫째, 조직구성원의 적성, 희망, 전문분야에 적합한 보직경로를 설정한다. 둘째, 보직의 직무수행에 필요한 역량의 발견 및 그 개발을 지원 한다. 셋째, 직무분석 및 그 직무에 관한 정보를 제공한다. 넷째, 조직구성원의 보직에 따른 직무수행을 원활히 하는지에 대한 성과평가를 할 수 있다.

경력개발은 자기주도, 상사의 직원개발 및 인사부서의 지원, 직무군별 보직관리, 직무와 역량중심, 개방성 및 공정경쟁의 기본적인 원칙에 따라 실시되어야 한다.

[그림12-8] 경력개발의 원칙

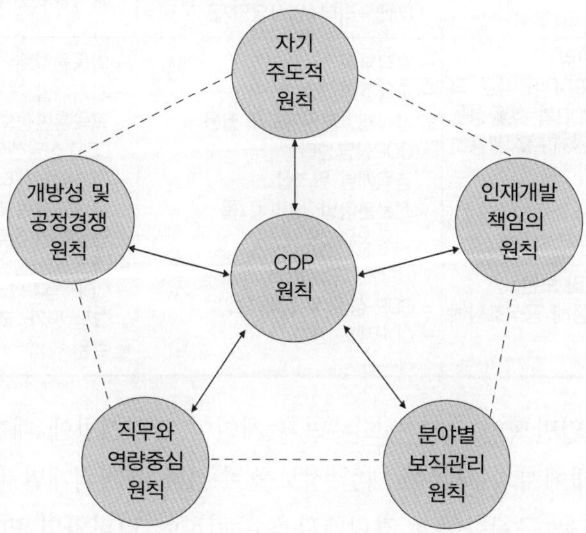

경력개발의 운영은 직무설계, 경력설계, 경력관리, CDP평가 보완의 프로세스를 거친다.

[표12-8] CDP의 단계별 운영프로세스

단 계	세부절차	산출물
〈직무설계〉 기존의 직무분석자료와 신규 직무기술서를 활용, 전문분야를 분류한 후 전문분야에 관한 정보를 제공함	- 직무분석 - 전문분야 분류 - 직무정보의 제공	- 직위 정보 - 전문분야 분류표 - 전문분야별 직위 설명서

단 계	세부절차	산출물
〈경력설계〉 자기진단을 통해 경력목표를 설정하고, 개인별 경력경로를 설계한 후, CDP위원회에 승인을 득함.	- 자기진단 - 경력목표 설정 - 보직경로 설계 보직경로설계 개념과 원칙 보직경로의 구조 표준보직경로 모형 표준보직경로 제시 개인별 경력경로 설정 - 경력설계 협의 및 승인 (개인+리더+인사담당자)	- 자기진단서 sheet - 경력목표설정 sheet - 표준보직경로 설정 sheet - 경력경로 설계서 및 승인서 sheet
〈경력관리〉 보직을 부여하고 CDP에 따른 교육훈련을 실시, CDP의 효율성을 증대하기 위한 지원제도를 활용하고 자기평가를 함.	- 보직부여 - 교육훈련 - 경력개발지원제도의 활용 CDP상담센터 경력개발 워크샵 전문분야별 스터디그룹 전문직위제도	- 이동원칙표 - 자기개발 계획서 - 교육훈련정보 sheet - CDP 상담센터 운영 방법 - CDP상담센터 상담 일지 - 경력개발워크샵 방법 - 전문직위 직무수행 요건표
〈CDP평가 및 보완〉 CDP 평가요소를 통해 공식조직에 의해 평가	- CDP 성공 및 실패 요인 - CDP제도 평가	- CDP 평가요소(경력시스템, 프로그램 평가, 교육프로그램 평가) - 보완 방법

경력개발의 일반적인 프로세스는 먼저 개인이 경력개발에 대한 필요점을 파악하고 조직 내에서의 직무에 대한 정보를 수집하고 경력개발제도의 Guide에 따라 경력목표를 구체화하고 경력계획을 수립하여 리더와의 면담과정을 통해 경력개발계획을 확정한다. 이 과정을 통해 리더와 부하 상호간에 경력개발계획을 확인하고 지원을 약속함으로써 경력개발계획의 실행력을 확보 할 수 있다. 여기서 인적자원관리개발부서의 역할은 제도를 개발하고 연구, 개선 기능을 수행하여야 한다. 즉, CDP 설계, 육성체계 및 환경과 여건을 조성하여야 한다.

CDP에서는 실무적으로는 경력관리의 기본 틀을 잘 설정한 후 경력계획과 교육훈련을 잘 연계하되 성과평가제도를 실질적으로 정착시키는 것이 바람직하다.

[표12-9] 경력경로 & 자기개발계획서

소 속	성 명	직 급	직속상사	작성일
		나의 Career		
학력	전공	생년월일	입사일	현보직발령일
성격 장단점				
주요경력	기간	부서	담당업무	근무지
		경력목표 및 개발계획		
장기경력목표				
경력경로	기간	시기(년)	희망직무	사유
	1년 이내 3년 이내 5년 이내 5년 이후			
교육이력	교육기간	교육과정	교육내용	보유자격
교육/개발계획	시기	방법		
나의 육성 필요점				
상사의견 및 지원사항				
경력승인(CDP)위원회	승인( ) 수정요구( )			

Career Development은 조직내에서 개인이 경력 목표를 수립하고 각 단계별로 경력개발 활동을 전개해 나가는 일련의 지속적인 과정이다. 체계적인 경력개발을 위해서는 경력경로(career progression path)가 정의되어야 하며 경력개발계획을 수립하고 실행하는 프로그램(CDP)이 제공되어야 한다.

[그림12-9] 경력개발 기본 Frame

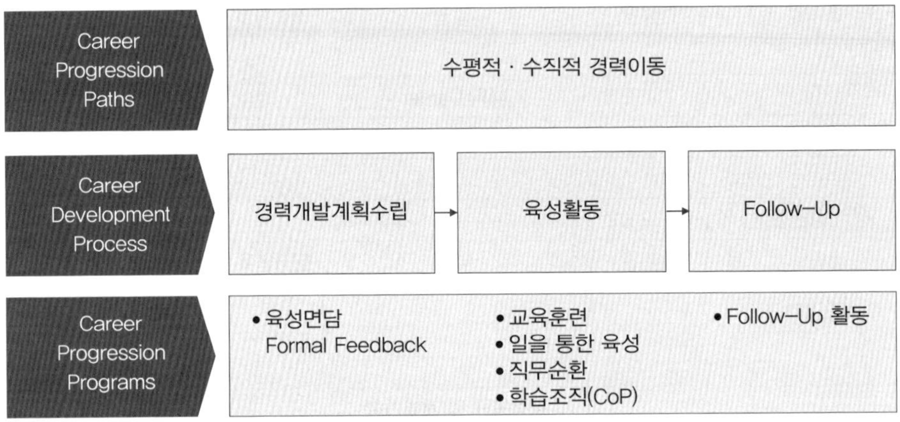

● 경력개발의 지원

경력개발 성과의 제고를 위한 지원방안으로 상사의 부하육성의무를 공식화한다. 즉, 팀장 재임기간동안 부하직원의 직무순환율, 승진율, 교육이수율 등을 팀장의 인사평가 항목 중 '부하육성실적' 으로 반영한다.

- 직무순환제도

개인의 역량 및 희망에 따라 직무순환 범위를 정하고 일정한 기간마다 직군 내 또는 직군간 직무순환을 실시 한다.

- 사내공모제도 사내채용박람회

사내 인트라넷을 이용하여 모든 공석에 대해 우선적으로 사내공모실시, 공석의 직무수행요건과 응모자의 보유자격을 비교하여 적임자 선발(직무순환의 적합성, 수용성 제고), 직무순환을 체계화하기 위하여 정기적 사내채용박람회를 개최 한다.

- 교육이수학점제도

균등한 교육기회의 보장을 위한 수단으로 인식전환, 주어진 교육예산(이수점수) 내에서 개인의 경력계획에 따라 교육프로그램의 자율선택 보장, 직무수행요건을 중심으로 교육프로그램 구성, 교육프로그램의 선택기준(인사평가를 통해 밝혀진 직무수행요건과 보유역량의 차이를 보충하기에 최적의 프로그램)을 정립한다.

- 공정한 승진 승급관리

직책승진 및 자격등급 승급심사의 공정성 확보, 직무조사결과 얻어진 직군, 직종, 직급별 직무수행요건과 이를 토대로 실시하는 절대고과 결과를 기준으로 승진 · 승급관리를 한다.

[그림12-10] 경력개발제도 실행 체계

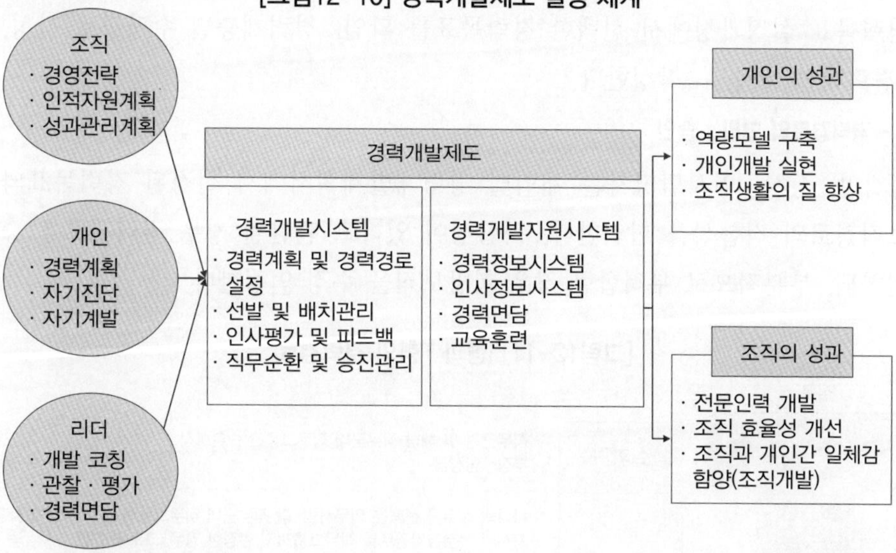

● 경력개발 운영기준(예)

- 운영원칙

조직내 구성원은 담당 직무별로 경력개발유형에 따라 경력개발을 지향한다. '경력개발 계획서' 작성을 통해 경력경로 설계와 개발을 통해 개인의 Needs와 조직의 Needs를 매칭시킴으로써 개인의 전문성 강화와 조직의 성과를 강화시킨다.

- 직무전환의 기준

원칙적으로 직무군 내에서만 이동이 가능하며, 직무군간에는 이동이 불가능하다. 직무군간 전환기준은 개인별 역량평가를 실시하여 일정기준을 충족한 후, 경력개발심의위원회 심의를 거쳐 전환가능 여부를 결정한다.

- 직무군간 전환의 전제조건(이동충족조건)

최소 3년간 개인평가에서 탁월한 결과를 보일 경우, 후보군으로 지정된자, '여성인력' 의 경우 우선 고려한다.

- 개인별 경력경로 설정

직무군 분류표 및 표준경력경로를 확인하여 '개인의 보직경로' 를 설정한다. 경력목표 설정과정에서 선택한 경력목표를 확인, 경력계층별 수평경로 작성, '경력개발 계획서' 작성한다.

- 경력경로의 협의 승인

개인, 상사, 인사담당자는 개인별 경력개발계획서에서 설정된 경력목표와 보직경로의 적합성을 협의한다. 적합성이 있다고 판단될 경우 경력경로를 승인하되, 부분적으로 부적합한 경우 희망보직을 수정 인정한다.

[그림12-11] I형과 T형의 경력경로

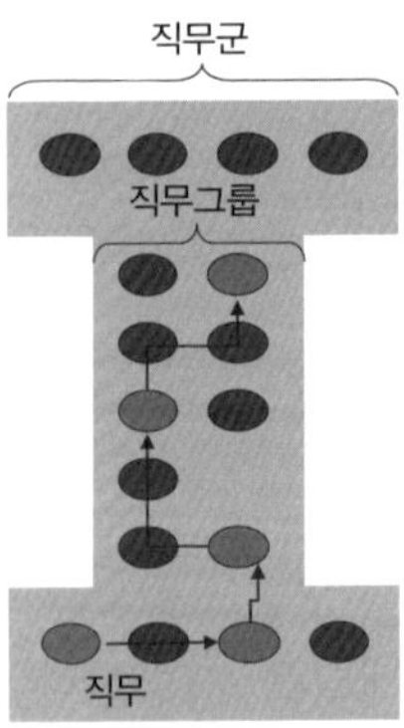

심화기	· 직무군간 및 해당 직무군내 직무그룹간 순환보직 · 부장~팀장급
전문기	· 하나의 직무군 선택은 의무사항, 각 직무군내 직무그룹의 선택은 선택 사항 · 자신의 전문경력경로를 직무그룹까지 한정한 경우, 고도의 전문 지식 등 직무요건을 갖추어야 함(직무수행요건을 갖춘 자를 해당직무 그룹에 우선 보직) · 대리 ~차장 · 해당 직군별 전문성 확보
탐색기	· 직무군간 및 해당직무군내 직무그룹간 순환보직 · 입사 후 3년간 · 순환보직하여 일반관리자로서 소양함양

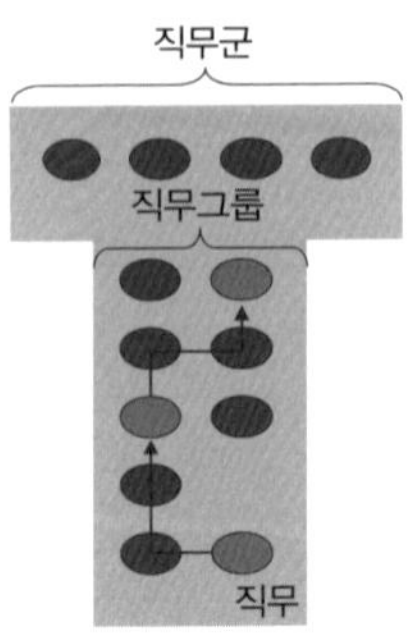

심화기	· 직무군간 이동 불가 · 제한적으로 직무군간 직무그룹간 순환보직 · 과장~팀장급
전문기	· 하나의 직무군 선택은 의무사항, 각 직무군내 직무그룹의 선택은 선택 사항 · 자신의 전문경력경로를 직무그룹까지 한정한 경우, 고도의 전문지식 등 직무요건을 갖추어야 함(직무수행요건을 갖춘 자를 해당직무그룹에 우선 보직) · 입사 후 ~ 대리 이하

[그림12-12] 이동가능직렬 Matrix

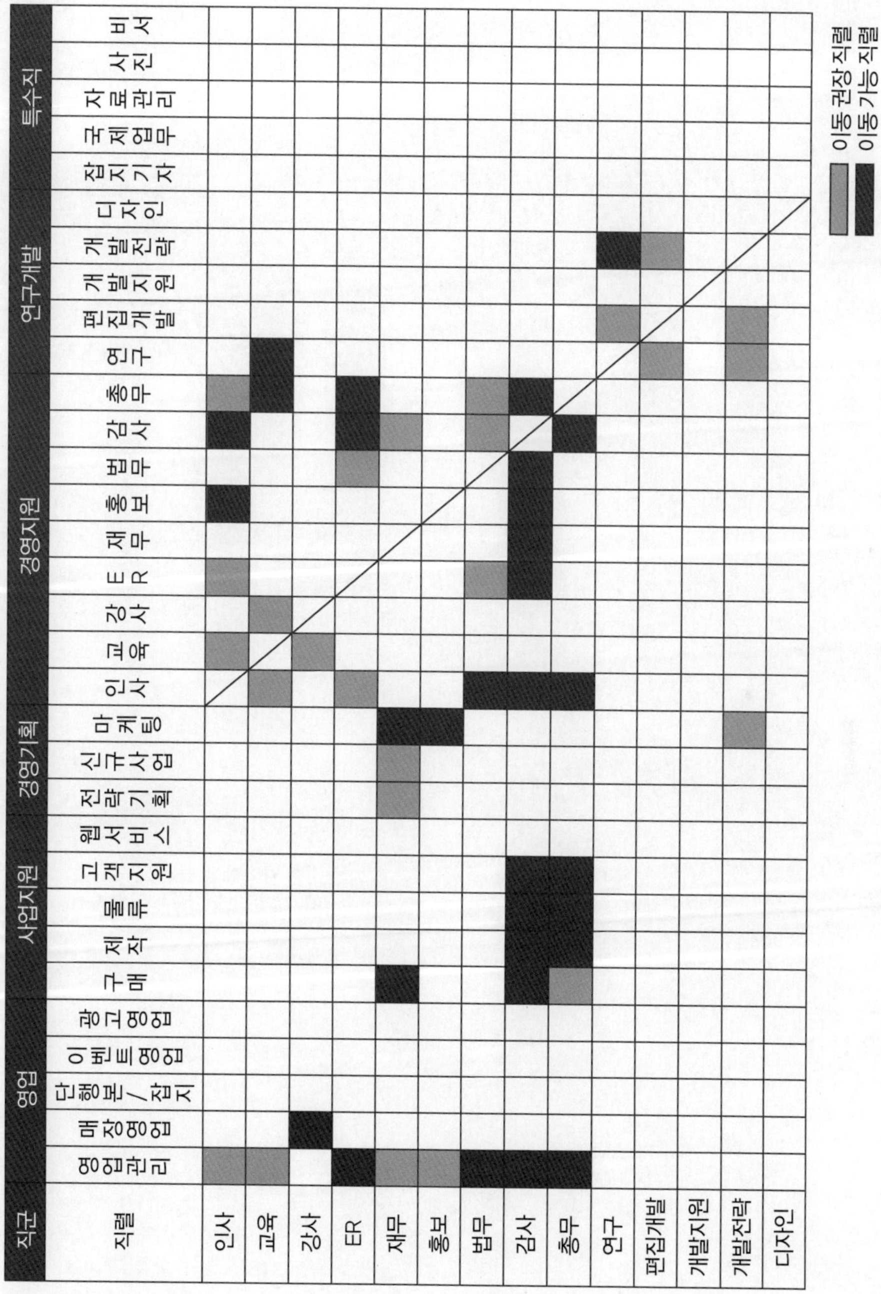

PART 5. 경력개발(CD)

승계계획(SP) Chapter 13

1. 승계계획의 관리
2. 역량의 규명
3. 승계계획 프로그램

Strategic Human Resource Development

1. 승계계획의 관리

승계계획(succession plan)이란 장기적인 관점에서 조직의 주요 포지션의 승계와 핵심리더의 개발에 대한 효과적인 운영계획으로 정의할 수 있다.

조직은 승계계획 프로그램의 운영을 통해 탁월한 인재를 조기발굴하고 적재적소에 배치 활용함으로써 조직성과를 창출한다.

승계계획은 급변하는 경영환경에 대응하기 위해 핵심 포지션이나 신규 포지션을 담당할 탁월한 인재를 사전에 확보하여야 하기 때문에 필요하다.

핵심인재를 어떻게 정의내리고 선발할 것인가 즉, 우수인력 풀(talent pool)을 확보하고 승계자를 지정하고 포지션이 생기면 바로 승계한다.

승계계획은 조직의 장기적인 경쟁력을 결정짓는 HR 프로그램이다. 승계계획이 성공적으로 이루어 지기 위해서는 조직이 장 · 단기적으로 어떤 사업을 어느 시장에서 할 것인가를 파악하고 이에 따라 필요한 인재의 수준을 파악하고 개발 계획을 수립하여야 한다.

CEO 승계문제의 경우 단순한 조직의 고용문제가 아니라 점차 지배구조 리스크의 한 형태로 인식되고 있다. CEO 승계계획의 수립이 한국의 민영화 기업이나 은행지주회사와 같이 지배주주가 없는 회사들은 과학적인 접근이 필요하다.

경영권 승계문제와 관련된 이슈는 잘못된 승계와 리더십의 부재로 기업가치를 파괴하고 경우에 따라서는 회사를 파산시킬 수도 있다.

2. 역량의 규명

승계계획은 특정 프로그램에 의해 조직내 주요 포지션 수행에 요구되는 역량요건을 우선 파악하고, 그 다음 해당 포지션을 수행할 후보자가 현재 어느 정도의 잠재역량을 확보하고 있는지를 평가한다. 이를 위해서는 우선 해당 포지션의 성공적인 수행을 위해서는 요구되는 역량요건들이 무엇인지에 대한 파악이 우선되어야 한다. 이를 위해서는 해당 사업부의 전략과 성과에 대한 파악이 되고 이의 달성을 위한 역량요건을 포지션 프로파일(position profile)로 작성 하고 활용하여야 한다.

포지션 프로파일을 기반으로 대상자를 평가할 수 있도록 평가 툴이 마련되어야 한다.

[표13-1] 포지션 프로파일 Sheet

전 략			
임 무			
이 슈	현안 이슈		
	향후 이슈		
직무수행요건	필수 직무경험	사업경험	
		기능경험	
	지식 및 어학, 기타		
포지션에 요구되는 리더십	포지션에 적합한 리더십 스타일(대인관계 스킬, 변화관리, 개인 효율성, 사업 감각)		
	질적 정보(포지션 특성, 포지션 직무수행시 요구되는 역량)		

● CEO가 갖추어야 할 역량

CEO 후보자는 과거 어떤 위기극복 경력이 있었는지를 철저히 검증하여야 한다. 조직의 상황에 따라서는 국제적인 감각이 필요한 경우도 있으며, 어떤 산업에 종사한 경력이 있는지를 동시에 확인하여야 한다. 조직은 미래 전략과 연동된 적합한 후보를 선정할 수 있는 성과 기준들을 만들어야 한다. 후보자는 CEO로서 갖추어야 할 리더십을 세세하게 규정하여야 하며, 후보군을 선택할 수 있도록 하여야 한다.

CEO는 조직의 미래 비전과 사업목표에 적합할 뿐만 아니라 전체 조직을 이끌 수 있는 성향의 역량이 요구된다.

- 성취(achievement)

주도성(initiative)으로 요청을 받거나 피치 못할 상황이 발생하기 전에 일을 처리하며 새로운 영역, 제품, 또는 서비스로 사업을 확장하기 위해 조치를 취한다.

기회포착과 행동(sees and acts on opportunities)으로 새로운 사업기회 포착과 행동, 자금, 토지, 작업장 또는 지원을 확보할 수 있는 흔치 않은 기회를 포착한다.

품질에 대한 관심(concern for high quality of work)으로 최고품질의 제품이나 서비스를 제공하려는 욕구를 표시하며 자기 혹은 회사의 일을 상대적으로, 우호적으로 평가한다.

계약이행(commitment to work contract)으로 업무를 완수기 위해 개인적인 희생을 하거나 고객을 위한 작업을 완수하는 과정에서 발생하는 문제에 대해 전적으로 책임진다. 또한 업무를 완수하기 위해 작업자와 협력하거나 작업자를 대신하여 일한다. 고객만족에 대한 관심을 표명한다.

효율성 추구(efficiency orientation)로 일을 신속하게 또는 적은 비용으로 처리하기 위한 방법을 찾는다. 효율을 높이기 위해 정보나 도구를 활용한다. 업무개선, 변경, 또는 일련의 조치에 따른 비용-효익 분석에 대한 관심을 표명한다.

- 사고 및 문제 해결(thinking and problem solving)

체계적인 계획(systematic planning)으로 업무를 세분하여 계획을 세우며, 장애를 예상하여 계획을 세운다. 대안을 평가하며, 논리적이고 체계적인 접근 방법을 적용한다.

문제해결(problem solving)로 목표달성을 위해 대안적인 전략을 선택하며, 새로운 아이디어나 혁신적인 해결책을 생각해 낸다.

- 지시 및 통제(directing and controlling)

주장(assertiveness)으로 문제를 직접 지적하며, 다른 사람들이 해야 할 일을 지시한다. 업무성과가 기대에 미치지 못하는 사람들을 질책하거나 징계한다.

점검(monitoring)으로 업무완수, 품질 기준 준수를 위해 절차를 만들거나 이용하며, 프로젝트의 모든 측면을 직접 감독한다.

- 타인지향성(orientation to others)

사업관계의 중요성 인식(recognizing the importance of business relationship)으로 대인관계를 사업의 근본적인 수단으로 생각하며, 사업관계에 있어서 단기적 이익보다 장기적인 우호 관계를 중시한다. 고객을 상대할 때 친절을 베풀고 예의 바르게 처신할 것을 강조한다. 고객과의 우호 관계를 다지기 위해 행동한다.

3. 승계계획 프로그램

선진 기업들은 장기적이고 전략적인 관점에서 Succession Plan 프로그램 활용을 통해 성과와 잠재역량이 탁월하다고 예측되는 인재를 미래의 경영자로 체계적으로 개발하고 있다. GE의 'Session C' 나 Motorola의 'OMDR(organization and management development review)가 대표적이다.

GE의 'Session C' 운영 방식을 살펴보면, 사업전략과 조직의 구조상의 이슈 및 주요 혁신 이니셔티브를 먼저 확인하고, 이를 바탕으로 현재의 인력 수준과의 Gap을 면밀히 파악한다. 그리고 장 · 단기적으로 요구되는 인력을 어떻게 확보하고, 확인된 인력을 어떻게 개발할 것인지에 대한 논의를 심도 있게 진행된다. 'Session C' 의 참석 대상자는 본사의 회장, 부회장 2명, HR부분장, 사업본부의 사업본부장, 사업본부 HR장, 부문별 담당 임원 및 사업부장 전원이 참석한다.

[표13-2] GE 'Session C' 프로세스

프로세스	논의 포인트 및 진행 사항	준비 Sheet
Organization Changes	– 조직 · 전략 이슈 확인(사업전략, 조직구조) 전년도 성과 및 해당 년도 조직 이슈 분석 사업환경, 인력 수준, 이동 현황, 리더십 – 신규 및 폐지 Position 분석 · 검토	– 조직 · 전략 이슈 분석 – 조직도
Review of Direct Reports & Talent Review	– 사업본부 내 Key Position 임원 리더십(성과, 역량) 심층 검토 및 논의 사업본부장 발표(임원별 10분 검토) 핵심인력에 대한 성과 · 승진 · 보상 · 육성 · 이동 · Retention Plan 논의 부적격 임원 퇴출 논의 – 신규 인력 확보 · 인력 재배치 및 이동 검토 – 여성 · 소수 민족 인력 검토	– 9Block(활력곡선 : 성과, 잠재역량 평가) – EMS 양식(개인경력 배경, 강 · 약점, 개발니즈 등) 참고로한 '예비인력 목록' – 핵심인력에 대한 개발 계획수립
Course Assignments	– 핵심인재(Key talent) · 리더에 대한 리더십교육과정 지정 회장 직접 지목	–
Quality/6Sigma Review	– 주요 혁신 이니셔티브 주제별 전략 · 조직 구조 · 사람 및 운영 프로세스에 대한 검토 및 논의 부문별 담당 임원 및 사업부 리더 참석 논의 참가 〈ex〉 – 품질리더 : 6시그마 조직 현황과 활동 상황에 대한 보고, 미래의 MBB/BB 육성 경로 및 품질 훈련 프로그램에 대한 토의 – 조달 및 제조리더 : 지적 자원, 기술, 경매 등 주요 자원 조달 이니셔티브를 촉진하기 위한 조직 · 리더십에 대한 보고 – 판매, 서비스 기술리더 : 성장 가속화할 수 있는 판매와 서비스팀의 조화로운 통합에 필요한 절차와 자원에 대한 보고	– 주제별 보고서
International Review		
Service Review		
Growth Review		
Talent Pipeline	– 'Session C' 전체 논의 사항 종합 · 마무리	–

[조선의 왕세자 교육]

"난잡한 놀이를 즐기지 말고 아침에 일찍 일어날 것. 환관들의 말을 듣지 말고 뜻을 고상하게 원대하게 가질 것" 단일 성씨 왕조로는 세계에서 길었다는 조선왕조. 당파싸움이나 쇄국정책 등 부정적인 상으로 남아있지만 단일 성씨로 500년을 버틴 조선에는 분명 이유가 있었다. 선비정신 등 그 중 하나가 왕세자에 대한 철저한 교육과 훈련 시스템이었다.

'조선의 왕세자교육' 은 조선 왕실의 세자교육시스템은 흥미롭다. 원자가 태어나면 교육과 양육을 보양청이라는 기관에서 담당했다. 원자는 3살 정도가 되면 한문 단자(單字)를 배우는 것으로 공부를 시작했다. '천자문' 이나 '유합' 을 가르치고 한글자씩 배웠다. 더 중요시 한 것은 예절이었다. 어린나이에도 불구하고 늘 정장을 했고 스승 앞에서는 자세도 흩뜨릴 수 없었다. 6세가 되면 성균관 대제학 등 석학에게 특강을 듣기 시작했고 원자가 책을 한권 떼면 왕과 왕비 앞에서 배강(背講)을 했다. 배강은 일종의 발표회다.

재미있는 건 학습에 들어가기 전 원자에게 꼭 조청(물엿) 두 숟갈을 먹였다는 사실이다. 흡수가 빠른 당분을 섭취시켜 수업에 들어가기 전 머리를 맑게 해 주려는 의도였다. 학습이 끝나는 밤이 되면 옻칠을 한 목욕통에 따뜻한 소금물을 받아 목욕을 시켰다.

후계자 교육은 왕세자에 책봉되면 본격적으로 시작됐다. 거처를 동궁(東宮)으로 옮기고 시강원 소속의 개인교사 20명, 13명의 사서를 두고 교육을 받았다. 성균관에도 입학해야 했다.

성균관 안에서는 아무리 세자라고 해도 스승에게 먼저 고개를 숙여야 했고 격이 낮은 계단과 통로를 이용해야 했다. 수업을 받을 때는 서당에서 공부하는 백성들처럼 책상을 사용하지 못하고 바닥에 책을 놓고 수업을 들어야 했다. 왕세자의 하루는 고달팠다.

아침에 일어나 반드시 윗사람들에게 문안인사를 해야 했고 문안에서 돌아오면 조강(朝講)에 들어갔다. 낮에는 주강, 저녁에는 석강이 있었다. 이 외에도 수시로 선생을 불러서 강의를 듣는 소대(召對)와 늦은 밤에 하는 보충수업인 야대(夜對)가 있었다. 왕세자는 또 국왕이 참석하는 모든 제례행사나 능행(陵幸), 사냥 등에 반드시 배석해야 했다.

왕세자는 식사에서도 자유롭지 못했다. '대령숙수' 라고 불리는 요리사들이 음식을 만들었는데 가장 중요시 한 게 균형이었다.

왕세자를 담당하는 내시들의 내훈에 '편식과 비만은 바보를 만든다' 는 말이 있을 정도였다. 간혹 국왕이 근신을 명해서 반찬의 가짓수를 줄이는 경우도 있었고, 가뭄이 들거나 홍수가 나서 농사가 잘 안될 때도 반찬 수를 줄이고 간식을 없앴다.

간혹 이 같은 교육을 못견디는 세자들도 있었다. 그럴 경우 왕에게 호되게 혼이 났고 세자자리를 박탈당하는 경우도 이었다. 교육을 제대로 받지 못한 세자는 선왕이 갑자기 죽어서 운 좋게 국왕자리에 올랐다 하더라도 성군이 되는 경우는 드물었다.

세자가 지켜야 할 덕목은 까다롭기 그지 없었다. 항덕(恒德)이라고 해서 한결 같은 덕을 가지고 주변 사람들을 아껴야 했고 물치(勿侈)라고 해서 사치를 가장 큰 악으로 여겨야 했다.

또 두참(杜讒)이라고 해서 백성들과 신하들에게 원통한 일을 만들지 말아야 했고 사환(使宦)이라고 해서 환관들의 아부에 놀아나지 말아야 했다.

유교를 바탕에 둔 왕도정치를 이상으로 삼았던 조선은 이처럼 군주의 교육에 심혈을 기울였다. 조선이 500년이라는 풍상을 이겨낸 이면에는 이 같은 교육 시스템이 존재했던 것이다.

Source : 매일경제 2003. 8. 23, 23면

PART 6. 조직개발(OD)

Strategic Human Resource Development

一沐三捉　啐啄同時
切磋琢磨　靑出於藍

역량있는 인재를 얻기 위해서는 선발에 최선을 다해야 하고(일목삼착), 학습은 안(멘티의 노력)과 밖(멘토의 올바른 지도)에서 함께해야 잘 이루어진다(줄탁동시).
핵심인재를 만들기 위해서는 자르고 · 썰고 · 쪼고 · 갈아야 하며(절차탁마), 이로서 스승보다 더 훌륭한 인재가 만들어진다(청출어람).

PART 6. 조직개발(OD)

조직개발의 적용 Chapter 14

1. 조직개발의 관리
2. 조직개발 방법론
3. 조직개발의 고려 요소

1. 조직개발의 관리

조직개발(organization development)은 계획적이고 체계적인 과정으로서 응용행동과학의 원리와 실천을 조직에 적용시킴으로써 개인과 조직의 효과성을 높이는데 목적이 있다. 조직개발은 1950년대 말과 1960년대 초에 등장한 독특한 조직개선전략이다. 조직개발은 사람과 조직, 즉, 조직내의 사람과 조직의 운영방식을 그 대상으로 하며, 계획적인 변화를 다루며 개인, 팀, 조직이 보다 나은 기능을 발휘하도록 해준다.

조직개발은 컨설턴트, 촉진자의 역할과 활동연구를 포함한 응용력 과학의 이론과 기법을 활용하여, 조직문화에 대한 지속적이고 협력적인 관리를 통해, 최고경영진의 주도와 지원하에 조직의 비전제시, 역량강화, 학습 및 문제해결 과정을 개선하려는 장기적인 노력을 가리킨다.

● 조직개발과 개인개발의 관계

조직에서의 모든 학습활동들(훈련, 교육, 개발)은 조직의 비전과 전략적 경영성과를 달성하는 것을 목표로 한다. 학습에 참여한 조직구성원들이 현재 또는 미래에 담당하게 될 직무에 대하여 고효율을 달성할 수 있도록 하는데 있다. 조직개발과 개인개발의 공통인 요소는 학습에 참여하는 개인이 된다.

첫째, 미시적인 관점은 조직구성원들의 역량(지식, 기술, 태도)의 업그레이드를 통하여 조직의 효율성을 높이는데 있다.

둘째, 거시적 관점은 개별적인 조직구성원들의 각자의 향상을 통하여 수행이 개선되고 조직은 효율적으로 운영된다. 조직개발은 경력개발을 적용하여 설명하는 것이 용이하다. 경력개발은 조직구성원들과 조직 사이에 실질적인 계획을 수립하도록 하기 위해 구조화된 학습활동의 과정으로 조직적이고 계획적인 활동이다. 개인개발의 일부인 훈련, 교육, 개발은 경력개발 과정에서도 적용될 수 있다.

경력개발 시스템은 조직구성원은 자신의 경력계획을 조직은 경력관리의 책임을 진다. 경력개발 프로그램은 조직의 생산성을 향상시키고 직무와 조직에 대한 조직구성원들의 태도를 바람직한 방향으로 유도하며, 직무만족도를 높일 수 있는 중요한 방법론이다.

결론적으로 조직개발과 개인개발은 연계되어 있고 동일한 목적과 목표를 가지고 있다고 할 수 있다.

● 조직개발의 주요 특징

- 조직개발은 장기적인 관점으로 이루어지며, 최고 경영층에 의해 지원되어야 한다.
- 조직개발은 조직 리더와 조직구성원들이 협력하여 문화와 과정을 관리하도록 유도한다.
- 조직개발은 조직의 인간적 및 사회적 측면(human and social side)에 초점을 맞추고 있으며 그 과정에서 기술적 측면과 구조적 측면에 개입한다.
- 조직의 모든 계층이 문제해결과 의사결정에 참여하고 관여하며, 조직개발을 전체 시스템의 변화에 초점을 맞추고 조직을 복합적인 사회적 시스템으로 파악한다.
- 조직개발 실천가들은 촉진자(facilitator)이자 협력자(collaborator)인 동시에 고객 시스템(client system)의 공동학습자(co-learner)이다.
- 조직개발에서는 조직개선을 계속적으로 변화해 가는 환경 속에서 진행중인 과정(ongoing process)으로 간주하며, 고객 시스템의 구성원들이 폭 넓게 참여하는 활동연구모델에 의존한다.
- 조직개발은 개인과 조직 모두의 향상(betterment)을 추구하는 발전적인 관점을 취하며, Win-Win의 관점에서 해결방안을 찾도록 노력하는 것이 조직개발 프로그램의 표준활동이다.

● 조직개발의 연혁

조직개발은 네 개의 중요한 뿌리를 가지고 있다. 실험실 훈련(laboratory training), 조사연구와 피드백(survey feedback), 행동연구(action research), Tavistock 사회기술적 및 사회임상학적 접근방법(Tavistock scociotechnical and scioclinical approach)으로 서로 상호연관되어 있으며 많은 분야에서 축적된 경험과 개념의 영향을 받고 있다.

- 실험실 훈련(laboratory training)

실험실훈련은 참가자들이 상호작용과 집단 활동을 통해 교육효과를 얻는 것으로 특정한 형식을 갖지 않는 소집단 활동이다. 1946년 코네티컷 주 뉴브리튼의 주립사범대학(Connecticut Interracial Commission)에서 열린 집단간 관계 워크숍은 실험실 훈련 등장에 계기가 되었으며, MIT의 집단역학연구소(Research Center for Group Dynamics, RCGD)의 후원을 받았다.

1946년의 뉴브리튼 워크숍(스태프는 Kurt Lewin, Kenneth Benne, Leland Bradford, Ronald, Ronald Lippitt로 구성)에서 진행된 일련의 활동을 통해, 후일 T-그룹이라 불리는 개념이 등장하였으며, 이와 같은 경험에 따라 미국 집단개발훈련연구실(National Training Laboratory in Group Development)이 설립되었다.

- 조사연구와 피드백(survey feedback)

조사연구와 피드백은 미시간대학 조사연구센터(Survey Research Center)의 연구진이 개발한 접근방법과 기법을 중심으로 발전해 왔다.

조사연구센터는 연방농업국 프로그램 조사부 부장인 Rensis Likert가 미시간대학(University of Michigan)으로 자리를 옮긴 1946년에 설립되었다. Likert는 콜럼비아대학에서 박사학위를 받았고 자신의 학위논문에서 5점식 Lickert 척도(five-point Likert scale)를 개발했다.

- 행동연구(action research)

행동연구는 예비 진단, 고객집단으로부터의 자료수집, 고객집단에 대한 자료 피드백, 고객집단에 의한 자료 검토와 실천계획수립 및 실천을 위해 협력적으로 고객과 컨설턴트가 조사하는 것이다. William F. Whyte와 Edith L. Hamilton은 1945년과 1946년에 시카고 트레몬트 호텔에서 활동연구를 실시했으며, 인디언 관리위원회 위원이었던 John Collier는 1945년에 간행된 한 출판물에서 활동연구에 대해 설명하고 있다. Kurt Lewin과 그의 학생들은 1940년대 중반과 1950년대 초에 많은 행동연구 프로젝트를 실시하였다.

- 사회기술적 및 사회임상학적 연구(The scociotechnical and scioclinical stem)

집단역학연구소(Research Center for Group Dynamics, RCGD)의 활동과 미시간 대학 조사연구센터(Survey Research Center) 및 NTL은 영국 Tavistock 임상실의 실적에 속한다. Tavistock 임상실은 심리분석 이론과 1차세계대전기간의 전쟁 노이로제 치료에서 얻은 통찰에 바탕하여, 심리치료를 위한 외래환자 진료시설로서 설립되었다. 사회기술적 접근방법은 조직의 비관리직, 그리고 특히 직무재설계에 초점을 두었다. 현대적인 직장생활의 질(QWL) 프로그램과 전사적 품질관리(TQM) 프로그램의 일부는 조직개발의 접근방법, 사회 기술적 접근방법 그리고 기타 접근방법의 복합체이다.

- 제2세대 조직개발

조직변혁, 조직문화, 학습조직, 전사적 품질관리, 비전설정, 다양한 형태의 팀 구성이 포함된다.

2. 조직개발 방법론

조직개발에서 개입(intervention)이란 개인, 집단 또는 그 이외의 특정 변화대상에 대하여 변화가 효과적으로 이루어지도록 변화과정에 간섭하는 행동을 의미한다(Argyris, 1970). 조직개발을 개인수준, 집단수준, 조직수준으로 나누어 접근이 가능하며, 하나의 개입 방법론이 하나의 영역에만 국한되는 것이 아니며, 문제에 따라 적절한 방법론을 선택하는 것이 바람직하다.

● 개입(intervention) 방법론

- 인간관계과정 개입(human process interventions)

조직의 목표를 달성하기 위한 과정과 조직내 구성원에 초점을 둔 개입으로 커뮤니케이션, 문제해결, 집단의사결정과 리더십 등을 변화시키는 방법이 있다.

- 기술-구조 개입(technostructural interventions)

조직의 기술(업무수행방법과 직무설계 등)과 조직구조(조직편제, 계층구조 등)에 초점을 둔 개입으로 조직몰입도, 조직설계, 집단과 직무설계를 통해 변화시키는 방법들을 활용한다.

- 인적자원관리 개입(human resource management interventions)

조직구성원을 통합시키는 인사활동에 초점을 두며, 임금과 보상, 선발과 배치, 수행성과, 인사평가, 경력개발 등의 방식을 변화시키는 방법을 활용한다.

- 전략적 개입(strategic interventions)

경영환경 변화에 따라 조직을 변화시키고, 내부환경을 적응시키는데 초점을 두며, 사업전략과 구조, 조직문화 등을 일치시키는 전략을 활용한다.

[표14-1] 조직개발 방법론

개입(intervention) 방법론		영향을 미치는 정도		
		개인수준	집단수준	조직수준
Human Process	T-Groups	●	●	
	Process consultation		●	
	Third-party intervention	●	●	
	Team building		●	
	Search confrernce			●
	Organization confrontation meting		●	●
	Intergroup relations		●	●
	Normative approaches		●	●
Technostructural	Formal structures			●
	Differentiation and integration			●
	Parallel learning structures			●
	Cooperative union-management projects	●	●	●
	Quality circles	●	●	
	High-involvement plants	●	●	●
	Total quality management		●	●
	Work design	●	●	
Human Resource Management	Goal setting	●	●	
	Performance appraisal	●	●	
	Reward systems	●	●	●
	Career planning and development	●		

개입(intervention) 방법론		영향을 미치는 정도		
		개인수준	집단수준	조직수준
Human Resource Management	Managing workforce diversity	●		
	Employee wellness	●		
Strategic	Integrated strategic management			●
	Open-system planning		●	●
	Trans organizational development			●
	Culture change			●
	Strategic change			●
	Self-designing organizations		●	●

Source : Cummings, Thomas G. and Worley, Christopher G(1993).

팀개발 진단프로그램(DDP : department or division development diagnosis program)은 구성원의 행동역량, 제도적 · 구조적(구조, 시스템), 문화적 · 풍토적 요인(분위기), 조직의 과제, 구성원의 욕구에 대해 진단한다. DDP의 현재수준과 중요도 또는 측정 정보를 확보할 수 있다면 타사 수준과의 Gap이 큰 영역에 대한 조직개발 프로그램을 개발하여야 한다.

[표14-2] 팀개발 진단워크시트

영 역	항 목	현재수준	중요도
1. 조직에 대한 만족감	1.1 업무상에 관련한 안전감		
	1.2 자기업무와 생활에 대한 안정감		
	1.3 부서의 인간관계에 대한 만족감		
	1.4 현재 처우에 대한 만족감		
	1.5 업무를 통한 자기성장에 대한 만족감		
2. 원활한 인간관계	2.1 역량발휘의 촉구 분위기		
	2.2 상사와 부하간의 신뢰도		
	2.3 구성원 상호간의 신뢰도		
	2.4 팀의 일체감		
	2.5 상사와 부하간의 상호지원		
	2.6 구성원 상호간의 지원		

영 역	항 목	현재수준	중요도
3. 팀운영의 납득	3.1 각자의 역할 이해도		
	3.2 상사로부터 부하에게로 정보전달		
	3.3 부하로부터 상사에게로 정보전달		
	3.4 구성원간의 정보전달		
	3.5 의사결정 방식에 대한 납득 정도		
	3.6 업무진도 관리방식에 대한 납득 정도		
	3.7 부서의 규칙이나 관례에 대한 납득 정도		
	3.8 업무결과에 대한 평가 기준의 명확		
4. 용이한 업무추진	4.1 지식, 명령의 효과		
	4.2 구성원의 역량과 업무의 균형		
	4.3 구성원간의 조정방식의 명확		
	4.4 각 구성원의 목표, 계획수립의 명확		
	4.5 업무에 필요한 정보의 정리와 관리		
	4.6 업무도중 체크의 효과		
	4.7 업무결과에 관한 평가 기준의 명확		
5. 조직의 구조적 적응력	5.1 조직 전체의 방침, 목표의 전달방식		
	5.2 팀에 대해 목표, 계획을 하달하는 방식		
	5.3 타 팀과의 불만처리 방식의 명확		
	5.4 팀 전체 업무에 대한 통제 데이터의 명확		
	5.5 팀 전체 업무결과에 대한 평가방식의 명확		
	5.6 다른 팀과의 명확한 정보경로		
6. 조직에의 소속감	6.1 구성원과 조직과의 일체감		
	6.2 구성원의 조직에의 공헌의식		
	6.3 자기업무와 조직목표와의 관련 이해도		
	6.4 일상업무에의 개선에 대한 관심도		
	6.5 다른 팀으로부터의 요청에 대한 관심		

* 척도 : 7~1

[그림14-1] 조직개발프로세스

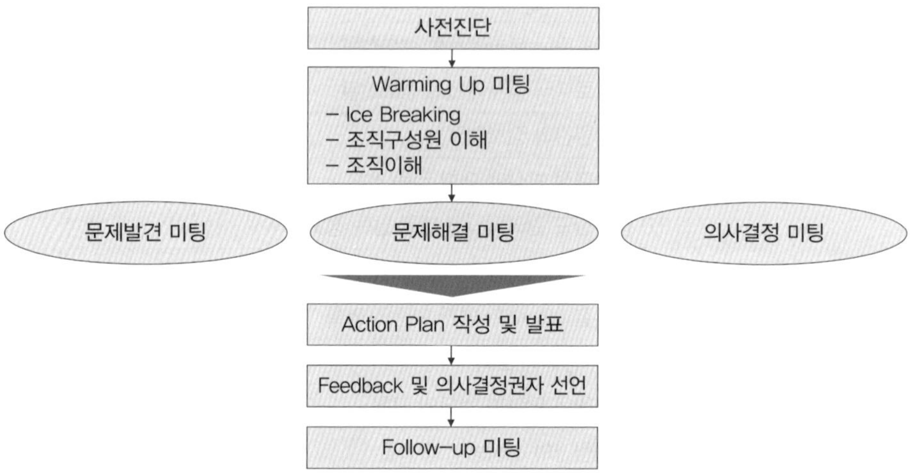

● 조직개발 컨설팅방법

조직개발이 갖는 전통적인 방법은 기본적으로 3가지로 나눌 수 있다(Schein, 1988)

- 전문지식구매모델(purchase of expertise model)

리더나 팀은 조직이 제공할 수 없는 정보나 전문기술이 자체적으로 필요하다는 사실을 파악하고, 컨설턴트를 통해 필요한 정보를 사들인다.

- 의사-환자모델(doctor-patient model)

리더나 팀이 특정단위 또는 보다 범위를 넓혀서 전체 조직의 상태 악화를 나타내는 징후들을 파악하고 컨설턴트를 통해 무엇이 문제를 야기하고 있는가를 진단한다. 그런 다음 컨설턴트는 의사와 마찬가지로 악화된 상태를 치유하기 위한 조치를 처방해 준다.

- 과정자문모델(process consultation model)

컨설턴트가 리더 및 팀과 협력하여 조직의 강점과 약점을 진단하고 실천계획을 수립하는 과정에 참여한다. 또한, 이 컨설턴트는 고객이 문제진단 및 해결의 효과성을 높이도록 도와준다.

3. 조직개발의 고려 요소

조직개발의 영역은 광범위하고 조직 전계층의 인력이 부분적으로 참여하게 된다. 그러므로 다양한 각도의 고려사항들을 검토하여야 한다.

- 변화에 대한 저항

조직개발 전문가는 불필요한 저항을 최소화 시켜 줄 참여과정을 관리하여야 하며, 상급관리자들이 공정성이나 충분한 의사소통과 같은 측면에 관심을 갖도록 유도하여야 한다.

- 리더십과 리더십 스타일

조직개발이 최선의 성공을 거두려면, John Kotter가 말했듯이 매니지먼트 이외에도 리더십이 요구된다. 리더십은 비전과 전략의 개발을 포함한 방향 설정, 바라는 방향으로 의사소통을 하고 협력을 확보하는 일을 포함한 인력들의 조화, 동기부여와 영감고취를 그 내용으로 한다. 이사회와 최고경영자는 조직개발의 진행과정을 이해하고 지원해야 한다.

- 보 상

Edward Lawler가 말했듯이 조직이 효과적으로 변화를 하려면 보상 시스템에 관심을 가져야 한다. 협조, 팀워크, 창조력, 조직구성원의 노력 향상을 위해서는 보상배분에 신경을 써야 한다. 개인과 팀의 노력에 대해 자주 인정해 주고 조직의 목표의 달성에 상응하는 금전적 비금전적 보상이 이루어져야 한다.

- 피드백

감정이나 태도의 정당한 표현을 포함하는 광범위한 자료수집으로서 피드백은 조직개발의 필수적인 부분이다.

- 인력관리(staffing) 및 경력개발

인력관리 및 경력개발과정의 여러 측면과 조직개발은 상호 영향을 미친다. 여기에는 선발, 오리엔테이션 및 융화(assimiliation), 전환배치 및 승진, 훈련 및 개발, 그리고 이직 등이 포함된다.

- 조직의 공정성

팀과 조직문화가 점점 개방되고 상호 관심을 가지는 방향으로 변화되면서, 조직 내에서 공정치 못한 일에 대한 불만이 발생하게 된다. 조직문화에서 나타나는 예기치 못한 사태발생으로부터 개인을 보호하려면 공식적인 이의제기 시스템이 필요하다.

PART 6. 조직개발(OD)

조직심리학의 적용 Chapter 15

1. 조직심리학
2. 조직변화
3. 직무만족과 직무몰입

Strategic Human Resource Development

1. 조직심리학

심리학(psychology)은 행동과 정신과정을 과학적으로 연구하는 학문이다. 심리학의 전문분야들 중의 하나가 산업 및 조직심리학(industrial/organizational psychology, I/O psychology)이다.

Blum과 Naylor(1968)는 산업 및 조직심리학을 "심리학적 사실과 원리들을 기업이나 산업체에서 일하는 사람들에 관한 문제에 단순히 적용하거나 확장하는 것이라고 정의하였다. 산업 및 조직심리학은 과학(science)과 실천(practice)이라는 두 측면을 지닌다. 따라서 산업 및 조직심리학자를 양성하기 위한 교육은 과학적 탐구와 실제 적용 둘 다를 가르치는 과학자-실천가모델(scientist-practitioner model)에 기초하고 있다.

● 조직심리학의 분야

- 선 발

조직심리학자들은 조직구성원들의 선발, 배치, 승진을 위한 측정방법론을 개발하는데 관심을 가지고 있다.

- 직무수행평가

조직심리학자들은 조직구성원들이 직무를 얼마나 잘 수행하고 있는지를 알아 내기 위한 준거를 찾아내는 과정으로 직무수행이 조직에 기여하는 효용성이나 가치를 측정하는데 관심을 가지며, 작업팀, 부서, 조직 자체에 수행측정에도 관심을 갖는다.

- 개 발

조직구성원들의 직무수행을 개선하기 위해 조직심리학자들은 교육 및 개발 프로그램이 성공적이었는지를 측정할 수 있는 평가방법을 설계한다.

- 조직개발

조직개발은 개인, 집단, 조직의 효과성을 극대화하기 위하여 조직의 성장과정을 촉진시키기 위해 조직의 구조를 분석하는 과정이다.

- 일과 삶의 질

조직구성원들에게 직무만족을 향상시키기 위한 직무재설계를 통하여 생산성을 더욱 향상시키고 개인의 정서적 안정감에도 기여한다.

- 인간공학(ergonomics)

인간공학은 인간의 역량과 잘 조화되는 도구, 장비, 기계를 설계하는데 관심을 갖는다. 인간이 효과적으로 조작할 수 있는 작업체계를 설계하기 위하여 생리학, 산업의학, 인간의 지각으로부터 얻어진 지식을 활용한다.

2. 조직변화

조직(organization)은 목적과 목표들을 성취하기 위한 수단으로 존재한다. 조직은 각 부문들이 상호작용에 의해 목적을 효과적으로 달성할 수 있다.

조직이론은 고전이론, 신고전이론, 현대조직이론으로 분류할 수 있다(Waldo, 1978).

[표15-1] 조직이론

조직이론 분류	이론 학파	특 징
고전적 조직이론	- Taylor의 과학적 관리법 - Weber의 관료제 - Gulick등의 행정관리론	- 폐쇄적 : 정태적 · 기계적 조직관 - 인간관 : 경제적 · 합리적 인간 (X이론적 관점) - 경제적 · 기계적 능률성
신고전적 조직이론	- 인간관계론 - Parsons & Barnard의 환경유관론 - Gaus의 생태론	- 환경유관론적 입장 - 인간관 : 사회적 · 심리적 요인 강조 (Y이론적 관점) - 사회적 능률성 - 소집단과 사기 등의 중시
현대 조직이론	- 체계이론 - 의사결정론 - 상황적응이론 - 사회체계모형	- 가치기준과 접근방법의 분화 - 종합적 관점 및 학제성의 제고 - 환경과의 상호작용 - 인간행동의 통합

조직은 외부환경변화에 대응하기 위하여 조직을 개발하거나 변화시켜나가야 한다. 변화하는 외부환경이 조직에 미치는 영향력의 범위가 확대되고 있다.

Colarelli(1998)는 외부환경에 잘 적응하는 조직만이 살아남는다고 언급하였다. 환경변화에 따라 신속하게 조직이 변해야 하나 조직은 빠르게 변하지 않는다. 변화는 예측하기 힘들고 조직구성원의 행동방식을 바꾸어야 하기 때문에 저항을 수반한다. 조직의 변화는 불연속적 균형(punctuated equilibrium)의 과정을 거친다. 즉, 격변과 변형의 시기를 거쳐 안정을 찾는 과정이 주기적으로 반복되는 방식으로 조직의 변화가 일어 난다.

Armenakis와 Bedeian(1999)은 조직을 변화시키려는 시도가 단기적으로는 생산성과 서비스의 질과 같은 준거에서 바람직한 결과를 낳지만, 장기적으로 조직구성원들의 사기가 급격하게 떨어지고 변화가 성공할 가능성이 낮아진다고 지적하였다. 조직이 자주 변화를 시도할 경우에는 조직구성원들 사이에 조직에 대한 불신이 가중될 가능성이 높다.

조직변화를 위한 개입의 구성요인은 조직 편성과 관련된 것으로 조직구조, 전략, 보상체계, 사회적 요인과 관련된 조직문화 경영방식, 물리적 측면의 공간적 배치, 물리적 환경, 테크놀러지로서 장비, 기계, 업무 프로세스 설계가 있을 수 있다. 이는 개인의 발전과 조직의 유효성에 영향을 미친다. 이 2가지는 상호의존성을 가진다.

조직체계에 개입하고 조직구성원들이 행동변화가 일어나도록 조직 개입의 구성요인들을 변화시키는 과정이 조직변화의 중요한 활동이다(Porras & Robertson, 1992).

3. 직무만족과 직무몰입

직무만족은 조직구성원의 심리적 · 생리적 · 환경적 상황의 결합 상태라고 정의하였다(Hoppock, 1935).

Locke(1976)는 직무만족을 자기의 직무지각에서 발생하는 즐거운 정서적 상태라고 정의하였고, 직무만족에서 중요한 요인은 지각이며, 직무만족을 발생시키는 요인을 자신에 대한 지각이라고 하였다.

이와 같이 직무만족이란 조직구성원이 직무를 수행하는데 있어 조직 내 · 외적인 환경요인에 대하여 갖는 긍정적 감정의 충족상태이다. 즉, 조직구성원들이 직무를 수행해 가는 과정에서 얻게 되는 직무에 대한 심리적 만족의 정도이다.

● 직무만족의 영향 요인

Milton(1981)은 직무만족의 요인으로 첫째, 업무요인으로 내재적인 흥미, 다양성, 학습기회, 난이도, 업무량, 성공기회, 과업과정과 방법에 대한 통제이다. 둘째, 임금요인으로 임금수준, 공정성, 지급방법이다. 셋째, 승진요인으로 승진기회, 공정성, 승진조건이다. 넷째, 인정요인으로 성취에 대한 칭찬, 과업수행에 대한 신뢰, 비판의 허용이다. 다섯째, 복리후생요인으로 연금, 의료보험, 유급휴가이다. 여섯째, 과업수행요인으로 과업시간, 휴식시간, 설비, 물리적인 조건, 지역 및 위치이다. 일곱째, 감독요인으로 감독스타일, 영향력, 기술적 감독, 인간관계, 관리기술이다. 동료요인으로 경쟁, 도움, 친근감이다. 여덟째, 관리정책요인으로 구성원에 대한 관심, 임금, 정책을 제시하였다.

Herzberg(1966)는 직무만족과 동기의 2요인이론(two-factor theory)을 통해 인간은 이원적 욕구구조를 가지고 있으며, 욕구는 불만과 만족에 대하여 별개의 차원에서 적용함으로써 조직구성원에게 만족을 주는 요인과 불만족을 주는 요인은 상호 독립되어 있다고 주장하였다.

조직몰입(organization commitment)은 1960년대 이후 사회학, 심리학, 행동과학 분야에서 연구되어 왔으며, 조직몰입이 조직유효성과 밀접히 관련되어 있는 이직, 결근, 업무성과, 조직시민행동에 상당한 영향을 미친다는 사실에 유래한다(Mathieu & Zajac, 1990). 특히 조직몰입이 직무만족보다 조직행태 및 조직유효성을 예측하는데 더 강력한 변수임이 밝혀짐으로써 더욱 더 관심이 증가되었다(Koch & Steers).

● **직무몰입의 영향요인**

Steers(1977)는 조직몰입의 요인으로 개인적 특성, 직무특성, 임무경험을 들면서 특히 임무경험 변수가 조직몰입에 가장 큰 영향을 미친다고 하였다.

DeCottis & Summers(1987)는 조직몰입의 요인을 개인적 특성과 상황적 특성으로 나누었다. 첫째, 개인적 특성으로 현직위 근속기간, 총근속기간, 근무시간, 직위로 보았다.

둘째, 상황적 특성을 세분화하여 조직구조 특성으로 공식화, 집권화, 역할갈등, 역할모호성을, 조직절차 특성으로 의사결정, 리더의 배려, 리더십, 리더와의 거리, 의사소통, 급여, 승진, 환류를, 조직분위기 특성으로 자율성, 신뢰, 응집성, 지지, 인정, 압력, 공정성, 혁신 등을 제시하였다.

Fink(1992)는 조직몰입의 요인을 개인, 개인간, 집단, 조직수준에 따라 다르다고 보았다. 첫째, 개인수준에 미치는 요인으로는 관여, 선택, 긍정적 기대의 충족, 지원과 가치의 감정, 욕구만족, 내적만족, 성장의 도전과 기회, 공평한 대우이다. 둘째, 개인간 수준에 영향을 미치는 요인으로는 상호간의 지시, 자아수용과 강화, 개방성, 양립가능성, 차이의 수용 및 인정, 문제의 공통적인 해결기회, 갈등관리의 의지이다. 셋째, 집단수준에 영향을 미치는 요인으로는 조직목표를 지지하는 규범, 규범의 응집력, 집단수준의 보상, 조직에 의한 집단의 가치인정, 선호, 가치의 수용, 직원과 과업의 연계역량이다. 넷째, 조직수준에 영향을 미치는 요인으로는 전체를 인식하는 부분, 상호간의 정당성과 중요성을 인정하는 집단들, 경계를 초월한 구성원간의 상호작용의지, 교호성의 인정, 다양성의 수용을 제시하였다.

● **직무몰입의 유형**

Meyer & Allen(1990)은 조직몰입을 정서적 몰입, 근속적 몰입, 규범적 몰입으로 구분하였다.

정서적 몰입은 스스로 원하여 하는 행동이기 때문에 몰입이 조직의 유효성에 긍정적인 영향을 미치지만, 근속적 몰입은 필요에 의해 구성원들이 조직에 잔류하기 때문에 최소한의 노력으로 직무수행에 임하기 때문에 조직유효성에 부정적인 영향을 미칠 수도 있다. 규범적 몰입은 조직구성원이 의무감 때문에 조직에 남는다는 것이다.

- 정서적 몰입(affective commitment)

정서적 몰입은 구성원의 조직에 대한 감정적 애착으로 정의 할 수 있으며, 그 결과 조직의 목표와 강하게 일체감을 가지고, 조직의 일부분으로 남기를 바란다. 즉, 충성심, 매력, 소속감 등과 같은 감정을 통해 소속된 조직에 대해 애착을 가지고 조직과 일체감을 가지는 것을 말한다(O' Reilly & Chatman, 1985). 이러한 정서적 몰입은 개인특성과 조직 및 직무관련 특성, 직무경험으로부터 나타나며 조직 내에서 자신들의 욕구나 기대에 부합하는 경험을 많이 쌓아온 조직구성원들이 그렇지 않은 조직구성원들 보다 조직에 더 강한 애착을 가지게 된다는 것이다.

- 근속적 몰입(continuance commitment)

벡커(Becker, 1960)의 사이드-베트(side-bets) 이론에서 유래한 것으로 경제적인 기준에 입각하여 이직에 따른 비용과 조직구성원으로 남아 있을 때의 이익에 대비하여 조직을 떠날 때보다도 남아 있을 경우가 더 이익이 될 때에 조직에 보다 몰입하게 되는 것을 말한다.

- 규범적 몰입(normative commitment)

Wiener & Vardi(1980)가 조직몰입은 조직의 목표와 이해관계를 충족시키는 식으로 행동하려는 내면화된 규범적 압력의 총체라고 한 것처럼 의무감에 기초한 몰입이다. 규범적 몰입은 조직에서의 의무에 대한 구성원의 믿음으로 구성원이 조직의 목표, 가치 및 사명의 내면화를 통해 조직에 대해 개인적으로 느끼는 심리적 애착의 정도를 말한다(Meyer & Allen, 1991). 조직의 목적이나 이익을 위하는 방향으로 행동하도록 압력을 가하는 내적인 규범체계이며 사회의 규범에 의해서 몰입하는 형태라고 할 수 있다.

● 직무만족 측정 진단지

No	문항	현재상태	중요도
1	당신의 직무는 다양한 기능과 역량을 요구합니까?		
2	당신의 직무는 단순하고 반복적 입니까?		
3	당신의 직무는 다른 구성원의 직무와 복잡하게 연계되어 있습니까?		
4	당신의 직무는 업무시작에서 종료까지 당신 스스로 완결할 수 있는 직무입니까?		
5	당신은 당신이 수행하는 직무가 다른 직무와 비교하여 상대적으로 중요하다고 생각합니까?		
6	당신의 직무수행결과는 타인(동료 또는 고객)들에게 중요한 영향을 미치는 편입니까?		
7	당신의 직무는 당신 스스로가 업무계획을 세워 추진할 수 있는 직무입니까?		
8	당신은 당신의 직무를 어느 정도 독립적이고 자율적으로 수행하고 계십니까?		
9	당신은 직무를 수행하는 과정이나 수행완료 후 동료나 상사에게 직무수행결과에 대한 평가나 개선을 위한 충고를 받고 있습니까?		
10	당신은 직무를 수행하면서 업무가 순조롭게 진행되고 있다는 것을 확인할 수 있습니까?		
11	당신의 직무는 언젠가는 한번 해볼만한 가치 있는 일입니까?		
12	당신은 현 직무를 통해 새로운 것들을 배울 수 있는 기회가 많습니까?		
13	당신은 현 직무를 통해 얻게되는 성취감의 정도는 얼마나 됩니까?		
14	당신은 현 직무에 대하여 흥미를 느낍니까?		
15	당신의 현 직무는 당신의 적성에 맞습니까?		
16	당신의 현 직무는 당신의 지식과 기술을 충분히 발휘할 수 있는 일 입니까?		

● 직무몰입 측정 진단지

No	문 항	현재상태	중요도
1	당신은 외부사람이 조직을 비난하면 개인적 모욕을 받는 것처럼 느낀다.		
2	조직이 잘되는 것이 당신이 잘되는 것이라고 생각합니까?		
3	조직의 성장과 발전이 곧 당신의 성장과 발전이라고 생각합니까?		
4	당신은 조직의 미래에 대해 진심으로 걱정합니까?		
5	당신이 추구하는 가치와 조직이 추구하는 가치가 유사하다고 생각합니까?		

No	문 항	현재상태	중요도
6	조직구성원 개개인들은 조직의 경영목표달성을 위해 주인의식을 갖고 행동한다고 생각합니까?		
7	다른 외부 조직으로부터 더 좋은 대우를 받는다면 조직을 옮기는 것이 당연하다고 생각하십니까?		
8	당신은 다른 조직보다 당신 조직을 선택한 것을 매우 잘 한 것이라고 생각합니까?		
9	당신은 지인들에게 조직이 일하기 좋은 곳이라고 말하곤 합니까?		
10	당신은 조직을 위해 일하는데 있어 어떠한 직무라도 맡으려고 합니까?		
11	당신은 조직을 보다 잘되게 하기 위하여 보통이상의 상당한 노력을 기울이는 편입니까?		

〈현재상태 척도〉

1. 전혀 그렇지 않다(매우 적다), 2. 대체로 그렇지 않다(다소적다), 3. 어느 쪽도 아니다(보통이다), 4. 대체로 그렇다(다소 많다), 5. 매우 그렇다(매우 많다)

〈중요도 척도〉

1. 매우 낮음, 2. 낮음, 3. 보통, 4. 높음, 5. 매우 높음

PART 6. 조직개발(OD)

성과 향상을 위한 팀빌딩 Chapter 16

1. 팀빌딩의 중요성
2. 갈등관리
3. 팀빌딩 프로그램 설계

Strategic Human Resource Development

1. 팀빌딩의 중요성

각 개인의 역량은 우수한데 집단이 역량을 발휘하지 못하는 까닭은 무엇인가? 집단의 병을 찾아 치료하는 팀빌딩(team building) 기법은 1947년 미국의 행동과학연구소가 집단역학(group dynamics)에 대한 연구를 본격화 하면서 단위 조직내에 있는 문제해결을 위한 프로그램으로 개발된 이 기법은 레빈(MIT 심리학교수)에 의해 학문적으로 정립된 이후 각 조직에 본격적으로 응용되고 있다. 조직개발과 조직활성화를 위한 이 TB는 팀워크훈련 프로그램으로 조직전체의 성과를 높이는데 목표를 두고 있다.

팀빌딩(team building)은 단위집단의 구성원이 과업을 수행하는 방식과 이들의 대인관계 및 문제해결 기술을 개선시키고자 계획된 다양한 활동이다. 구성원들이 집단 효율성에 방해가 되는 문제점을 찾아내고, 구성원의 합의에 의해 도출된 문제에 대해 해결안을 찾아서 일상업무 중에 그 해결안을 실행하고, 일정기간이 지난후에 실행결과를 평가하는 일련의 집단개발과정이다.

[그림16-1] 팀빌딩의 종류

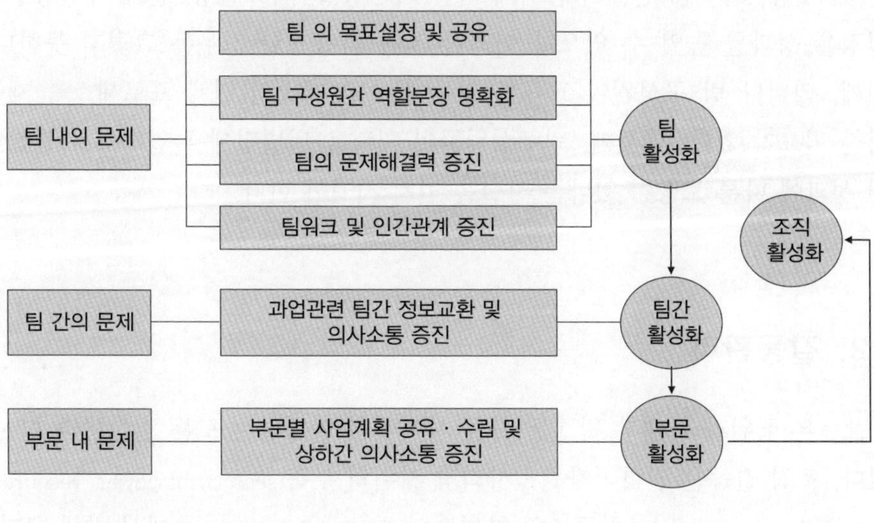

팀빌딩은 팀구성원의 자발적 참여로 문제를 해결하며, 또한 팀 문제를 집단 공개토론으로 해결, 타인의 발언이나 개인 의견을 존중, 평등, 체험학습의 장, Rule을 존중하는 기본 철학이 필요하다.

개인의 행동이란 그 주변의 집단에 의해 매우 유효한 영향을 받는다는 동조성의 원리, 그리고 한 개인의 변화를 효과적으로 초래할 수 있는 것도 개인에 대한 집중적인 개발보다는 그가 속한 집단 전체를 변화시키는 것이라는 집단 경제성의 원리도 바로 업무 수행의 단위가 되는 집단의 구성원 모두가 함께 참여하는 집단중심의 변화 내지는 개선활동의 중요함을 일깨워 준다. 이러한 집단전체의 효율성을 높이려는 프로그램이 바로 팀빌딩 프로그램(team building program)으로 현재 미국에서 가장 널리 사용되며 연구되고 있는 조직개발 프로그램이다(W. L. French & C. H. Bell, 1990).

Team Building시는 소요시간, 경영자의지원, 구성원의 참여, 팀 개발의 수정보완, 팀 개발에 따른 보상 등에 유의하여야 한다. 첫째, 조직구성원들의 행동은 단시간내에 바뀌지 않는다. 행동단계, 변화의 수정, 보상 등의 과정들을 거쳐야 한다. 둘째, 경영층이 팀개발에 필요한 지원을 적극적으로 해주어야 한다. 셋째, 팀 구성원들의 참여에 의한 의사결정, 목표설정, 문제 해결방안의 결정은 성과를 높일 수 있으나 이러한 것들을 강제할 경우는 그렇지 못하다. 넷째, 리더나 팀 구성원이 교체될 경우에는 팀 개발의 전체 프로세스를 재설정할 필요가 있다. 다섯째, 팀구성원들이 역량을 팀빌딩에 투입하고자 원한다면 성과에 따른 보상이 있다는 사실을 인지 시켜야 한다.

2. 갈등관리

갈등은 행위자의 내부 및 행위자들 사이에서 발생하는 모든 긴장이라 할 수 있다. 조직 갈등은 권력 · 자원 · 사회적 지위의 부족(scarcity of power, resources and social position)과 가치구조의 차이(differing value structures)에서 발생 한다.

[그림16-2] 갈등의 원인과 갈등을 야기하는 상황

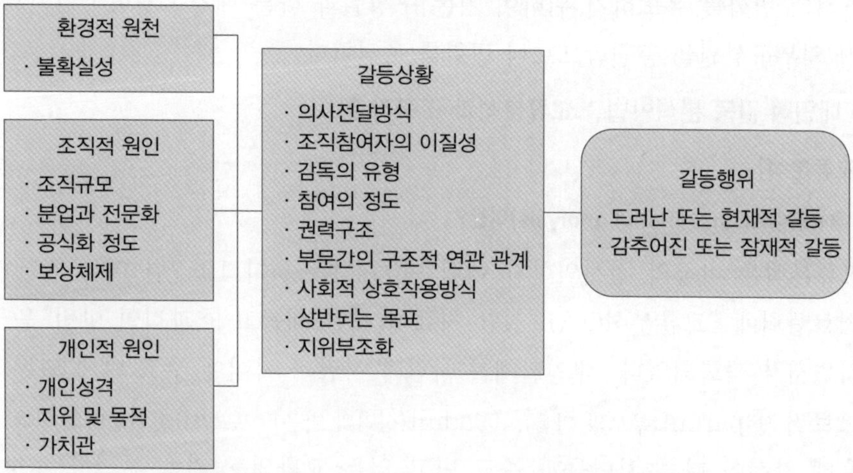

다음은 집단간 갈등관리에 관한 내용이다. 갈등이란 구조적인 원인에 의해 필연적으로 발생하는 것이므로 변화의 성격에 따라 통합되는 방식을 택한다. 갈등을 긍정적인 측면에서 보면 혁신과 변화를 낳고 사람을 활성화시킨다.

● **갈등의 촉진방법**

- 의사소통

경영자는 의사소통을 통하여 조직구성원의 무력감을 제거하고 현재의 상황을 재평가하도록 하며 새로운 아이디어를 자극한다. 또한 의사소통의 내용이나 의사소통 경로를 적절하게 활용함으로써 갈등을 촉진시킬 수 있다.

- 경쟁조장

팀 단위의 성과에 따라 인센티브 등의 도입을 통하여 팀간 경쟁상황을 조성함으로써 갈등을 촉진 할 수 있다. 인센티브를 적절히 사용함으로써 건전한 경쟁풍토가 조성되어 조직에 유익을 주지만 부작용도 일으킬 수 있으므로 설계에 세심한 고려가 필요하다.

- 구성원의 외부영입

조직의 변화를 유도하기 위하여 기존 구성원과 다른 배경 · 경험 · 가치관을 가진 외부구성원을 충원함으로써 변화를 촉진한다.

● 대인적 갈등 분석방법 : 교류분석과 조하리 창

[교류분석]

- 교류분석(transactional analysis)이란?

교류분석은 미국의 정신의학자 에릭 번(Eric Berne)이 1957년 미국 집단 정신치료협회에 "교류분석(TA)-집단 치료에 대한 새롭고 효과적인 방법"을 발표하면서 본격화되었다. 대인관계를 사람과 사람의 사이에 주고 받게 되는 교환으로써 Ⓟparent(부모의 마음), Ⓐadult(성인의 마음), Ⓒchild(어린이의 마음)를 사용해 자신이 다른 사람들과 주고 받고 있는 교환의 성격을 분석하는 것이 교류분석이다.

TA는 3가지 자아상태의 구조와 기능을 중심개념으로 하는 성격이론과 이를 근간으로 하는 네 가지 분석과정에 기초를 둔 상담 및 심리치료 이론이다.

TA의 이론체계는 구조분석(structural analysis), 교류패턴분석(transactional analysis), 게임분석(game analysis), 각본분석(script analysis)의 네 가지로 나누어진다. 첫째, 구조분석은 자아상태인 성격과 관련된 부분을 다룬다. 둘째, 교류패턴분석은 자아상태를 활용하여 사람과 사람간의 언어적 · 비언어적인 교류나 대화가 어떤 형태의 패턴인가를 분석한다. 셋째, 게임분석은 인간의 언동이 숨은 동기를 내재하고 이중적 의사소통인 심리적인 게임을 통해서 청산에 이르는 과정을 분석하는 것이다. 넷째, 각본분석은 타인과의 관계와 경험에 의하여 내리게 되는 인생초기의 결단인 인생계획을 분석하는 이론이다.

TA는 인간행동에 관한 진단체계이며 이에 의거한 개선기법이다. TA에 의해 자기이해가 이루어지면 거기에 따라서 자기의 성격상의 불균형에 대한 필요한 수정이 가능하게 될 것이며, 다른 사람에 대한 이해가 촉진되어 그 기초 위에 상호간의 관계가 개선될 것이다. 그리고 바람직한 인간관계가 형성되면 조직

생활이 보다 즐겁고 효율적으로 영위될 가능성이 높아진다.

- 이고그램(egogram)

이고그램은 TA의 한 장르로 두제이(John Dusay, 1977)가 창안한 것으로, 자아상태의 에너지를 그래프화하여 시각적으로 파악한 것이다.

이고그램은 개인이 자기 자신이나 타인을 어떤 의미가 있는 형태로 보고, 그것을 근거로 하여 창조적인 행위를 발전시킬 수 있는 간단한 기법을 묘사하기 위하여 만들어낸 용어로서 자기진단 또는 성격의 프로필 · 초상화라고 할 수 있으며 성격을 한눈에 알 수 있게 한 것이다.

자아상태에 무엇이 있는지를 보여주는 것으로서 P, A, C로 자아상태를 나타내고 사용하는 방법을 보여 주기 위해서 P는 CP(critical parent : 비판적 어버이)와 NP(nuturing parent : 양육적 어버이)로 C는 AC(adapted child : 순응한 어린이)와 FC(free child : 자유스런 어린이)로 나누었다. 그리고 각자의 퍼스낼리티의 각 부분끼리의 관계와 외부에 방출하고 있는 심적 에너지의 양을 관찰자 측의 감정과 사고간의 협력에 의하여 막대 그래프로 나타낸다. 가장 바람직한 이고그램은 없으며, 좋고 나쁜 이고그램을 정하는 것이 아니라 5가지 기능적 자아 상태로 방출되는 에너지의 양에 따라 행동특성을 비교하려는 것이다.

첫째, 비판적 어버이(CP)는 자신의 가치관이나 사고방식을 올바른 것으로 생각하고 그것을 양보하려 하지 않으며, Ⓟ가 너무 강하면 존경 받으려고 하고, 지배적인 태도, 명령적인 어조, 추궁하는 경향이 주로 나타난다.

둘째, 양육적 어버이(NP)는 친절, 동정심, 관용적인 태도를 보이며, 책망하기보다는 칭찬을 벌하기 보다는 용서하는 삶의 방식을 취한다.

셋째, 어른(A)은 사물을 냉정히 판단하여 그것에 기초하여 행동하며, 감정을 배제하고 지성, 이성과 관련해 있으며, 능률, 생산성, 현장분석, 원인추구 등에 강한 관심을 가지고 있다.

넷째, 자유스런 어린이(FC)는 자유로우며, 구속되지 않는 자발적인 부분으로서 창조성의 근간이며, 밝고 유머가 풍부하다.

다섯째, 순응한 어린이(AC)로 자신의 기분을 억제하고 부모의 기대에 따르려고 노력하며, 싫은 일을 싫다고 말하지 않고 간단히 타협하려는 자세를 보인다. 평소 조용하고 얌전하다가 사정에 따라 갑자기 화를 내기도하고, 반항하기도 하는 것이 특징이다.

[표11-6] 이고그램 점검표

질문 문항(□)에 대하여 5점 척도로 체크하세요
〈척도〉 5(매우 긍정), 4(약간 긍정), 3(보통), 2(약간 부정), 1(매우 부정)

No	질 문	CP	NP	A	FC	AC
1	다른 사람을 비판하기보다는 칭찬한다.		□			
2	상황의 흑백을 명확히 가리지 않으면 마음이 편하지 않다.	□				
3	어떤 일을 할 때 좀처럼 결심을 할 수 없다.					□
4	나는 명랑하게 행동하고 장난을 잘 친다.				□	
5	말이나 행동을 냉정하고 침착하게 한다.			□		
6	성격이 급하고 화를 잘 낸다.	□				
7	인정(人情)을 중요시한다.		□			
8	호기심이 강하고 창의적인 생각을 잘한다.				□	
9	정리정돈을 잘한다.			□		
10	유머를 잘한다.				□	
11	의존심이 강하다.					□
12	상대방의 이야기를 경청하고 공감하기를 잘한다.		□			
13	상대방의 부정이나 실패에 대해 엄격하다.	□				
14	어려움에 처해 있는 사람을 보면 도와주고 싶어한다.		□			
15	Data를 사용해서 이야기를 한다.			□		
16	제멋대로 말하거나 행동한다.				□	
17	후회의 생각에 사로잡힌다.					□
18	좌절감을 맛보는 경우가 많다.					□
19	6하 원칙에 따라 설명한다.			□		
20	일을 능률적으로 수행한다.			□		
21	요령이 부족하고 머뭇거린다.					□
22	무슨 일이나 사실에 입각해서 객관적으로 판단한다.			□		
23	다른 사람으로부터 부탁을 받으면 거절하지 못한다.		□			

No	질 문	CP	NP	A	FC	AC
24	주변 사람에게 긴장감을 준다.					
25	봉사활동에 즐겨 참여한다.					
26	배려나 동정심이 강하다.					
27	동기부여가 되면 도가 지나쳐서 실수를 한다.					
28	타인의 장점보다 결점이 눈에 뛴다.					
29	타인의 반대에 부딪치면 자신의 생각을 바꾼다.					
30	다른 사람에 대해 온화하고 관대하다.					
31	상대방의 말을 가로막고 자신의 생각을 말한다.					
32	오락이나 술, 음식물을 만족할 때까지 취한다.					
33	계획을 세우고 나서 실행한다.					
34	완고하고 융통성이 전혀 없다.					
35	타인의 안색을 살핀다.					
36	스포츠나 노래를 즐길 수 있다.					
37	현상을 관찰 · 분석하고 합리적으로 의사를 결정한다.					
38	욕심나는 것을 가지지 않고는 못베긴다.					
39	열등감이 심하고 자신의 감정을 참고 억제한다.					
40	상냥하고 부드러우며 애정이 깃들어 있는 대화나 태도를 취한다.					
41	일을 빨리 처리하는 것이 장점이다.					
42	하고 싶은 말을 할 수가 없다.					
43	상대를 바보 취급하거나 멸시한다.					
44	노는 분위기에 저항 없이 어울린다.					
45	눈물에 약하다.					
46	대화에서 감정적으로 되지 않고 이성적으로 풀어간다.					
47	부모나 상사가 시키는 대로 한다.					
48	당연히 ~ 해야 한다. ~하지 않으면 안된다는 식의 말투를 잘 쓴다.					
49	와~ 멋있다! 굉장하군! 아하! 등의 감탄사를 잘 쓴다.					
50	매사에 비판적이다.					
	점수 합계					

이고그램의 해석은 먼저 가장 높게 나타나는 부분이 어디인가, 또 가장 낮은 부분이 어디인가에 대해 파악하는 것이 중요하며, 결과에 따라 개인의 성격 내에 잠재해 있는 힘과 성격의 여러 가지 상태에서 이동하는 에너지의 2가지 면에서 성격을 유추해 행동을 수정해 나가는 것이 중요하다.

[조하리 창]

조하리 창(Johari window)은 조셉 루프트(Joseph Luft)와 해리 잉검(Harry Ingham)에 의해 개발된 대인관계 분석기법으로 그들의 이름(Jo-Har-I)에서 따온 것이다. 이것은 인간관계 개선방법 또는 대인적 갈등의 원인을 밝혀내는데 사용된다.

조하리 창은 다른 사람(others)에게 비춰지는 자신(self)의 모습을 통하여 자신이 다른 사람에게 어떻게 비춰지고 또 그들로부터 어떻게 피드백되는가를 보여줌으로써 개인 사이의 갈등원인을 분석하고 그 해결 방안을 제시하고 대인관계의 개발방향을 제시해 준다.

[그림16-3] 조하리 창

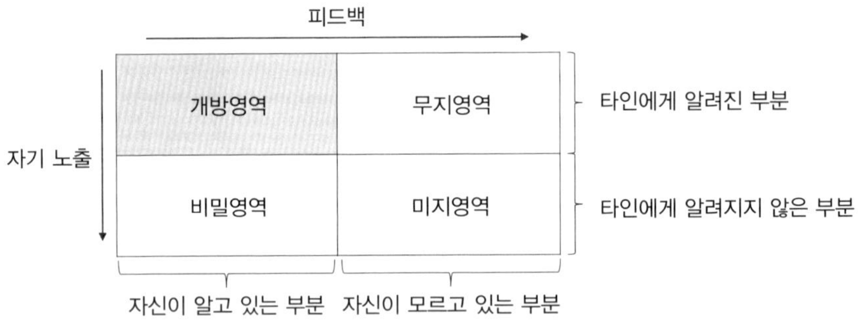

* 바람직한 조하리 창 : 넓은 개방영역(갈등을 일으킬 가능성이 가장 적음)
* 바람직하지 않은 조하리 창 : 넓은 비밀영역(갈등을 일으킬 가능성이 가장 높음), 넓은 무지영역, 넓은 미지영역

- 개방영역(open 또는 public area)

자기에 대해서 자신도 잘 알고 다른 사람도 잘 알고 있는 부분이다.

- 무지영역(blind area)

자기에 대해서 타인은 잘 알고 있지만 자신은 모르고 있는 부분이다(의사소통이 원화하지 못함).

- 비밀영역(hidden aeea)

자기에 대해서 다른 사람은 모르고 자신만 아는 은밀한 부분이다(자신의 감정과 태도를 숨기는 경우가 많음).

- 미지영역(unknown area)

자기에 대해서 자신도 모르고 다른 사람도 모르는 부분이다(오해발생, 감정이 격해짐).

비밀영역이나 무지영역으로부터 개방영역으로 옮아갈수록 서로 신뢰감이 깊어지고 원만한 관계를 유지할 수 있으며, 갈등발생 가능성이 낮아진다.

● 집단간 갈등

- 집단간 갈등원인

집단간 갈등의 원인으로는 목표의 차이, 지각의 차이, 과업상의 의존성, 고도의 수평적 분화, 시안차이(시간관의 차이, 시간지향의 차이), 낮은 공식화, 제한된 자원, 평가기준과 보상체계의 차이, 구성원들의 이질화, 지위신분상의 불일치, 역할불만, 의사소통의 왜곡, 라인과 스태프의 갈등이 있다.

- 집단간 갈등의 종류

계층적 갈등(hierarchical conflict), 기능적 갈등(functional conflict), 라인-스태프 갈등(line-staff conflict), 공식-비공식조직 사이의 갈등이 있다.

- 집단간 갈등의 결과

집단간 갈등결과는 긍정적인 순기능 형태(functional form)와 부정적인 역기능 형태(dysfunctional form)로 나타난다. 첫째, 순기능적 측면은 학습효과, 집단의 상호 적응역량 강화, 개방적 상호관계의 조성이다. 둘째, 갈등의 역기능측면은 집단내에서의 변화(충성심 강조, 과업지향성 강화, 집단응집력의 증가), 집단간 관계변화(왜곡된 지각, 부정적 상동적 태도, 의사소통의 감소, 상대집단에 대한 엄격한 감시)이다.

셋째, 갈등의 양면적 특성으로 조화 · 안정 · 획일성을 중시할 경우 갈등은 이것을 파괴하므로 막아야 할 것에 속한다. Simon(1958)은 갈등을 조직의 균형을 파괴하는 것으로 보는 것은 이에 속한다. 반면 조직의 창의성 · 적응성 · 융통성을 높이 평가하는 경우 갈등은 이러한 가치를 실현시키는데 도움을 준다. Simon이 갈등의 적극적 가치를 인정하여 갈등이 새로운 정보나 대안의 탐색활동을 유발시키고 융통적 · 적응적 · 창의적 활동을 할 수 있게 만든다고 보는 것이 이에 속한다.

갈등해소방법

학자들에 따라 제시된 갈등해소방법은 다음과 같다.

[표16-1] 갈등해소방법

방법/학자	S. Deep	R. Walton	R. Blake	K. Thomas	March & Simon	Pondy	J. Litterer
회피	●			●			
무마	●		●		●		
강압	●				●		
협상	●	●				●	
대면	●						
문제해결			●				
타협			●	●			
판단							
영감							
경쟁				●			
적응				●			
협력				●			
관심전환					●		
중립지대						●	●
철수			●				
관료규칙						●	

3. 팀빌딩 프로그램 설계

W.G. Dyer는 팀빌딩 프로그램이 필요한 상황인지의 판단과 조직이 팀빌딩 프로그램을 시작할 수 있는 상황인지를 확인할 수 있는 체크리스트를 개발하였다.

[표16-2] 팀빌딩 필요성 판단 Check List

문제확인 : 당신의 집단에 다음과 같은 문제점들이 존재하는 정도를 표시하시오.

No	내 용	적음		중간		많음
		1	2	3	4	5
1	생산과 산출의 부족					
2	불평과 불만					
3	구성원간의 갈등과 적대감					
4	과업에 대한 혼란과 구성원간 관계의 불 명확성					
5	명확한 목표의 부재와 목표에 대한 몰입 저하					
6	구성원들의 무관심					
7	혁신, 위험 감수, 창의, 주도성의 부족					
8	비효과적인 스태프 회의					
9	상사와의 업무적인 문제					
10	구성원들이 발언을 주저하거나 듣지 않는 등의 의사소통의 문제					
11	상사와 구성원, 또는 구성원간의 신뢰 부족					
12	구성원들이 합의하지 않는 의사결정					
13	적절한 보상의 결여					
14	협력에 대한 지원 결여					

* 14항목에 대한 총점이 14~28점 이면 팀빌딩이 필요하지 않음, 29~42점 이면 바로 팀빌딩이 필요하지 않으나 두세 항목에 대한 점수가 매우 높은 경우에는 팀빌딩이 필요함, 43~56점 이면 팀빌딩 프로그램을 심각하게 고려해야 함, 56점 이상이면 팀빌딩이 최선의 과제임.

[표16-3] 팀빌딩 프로그램 실시 판단 Check List

당신은 팀빌딩을 시작하기 위한 충분한 준비가 되었습니까? 다음 질문들이 당신과 당신의 부서에 적용되는 정도를 표시하시오.

No	내 용	낮음		중간		높음
		1	2	3	4	5
1	조직의 리더십을 공유하고 부하들과 함께 의사결정하는 것을 편안하게 느끼며 참여적인 분위기에서 일하는 것을 선호한다.					
2	목표를 달성하기 위해 팀간과 구성원간에 높은 상호의존성이 요구된다.					
3	외부 환경이 극도로 불안정하고 변화하기 쉬우며, 이러한 상황에 대처하기 위해 모든 스태프들의 가장 좋은 아이디어가 필요하다.					
4	중요한 변화나 새로운 정책과 프로세스를 개발하는데 스태프들의 참여가 필요하다.					
5	구성원들간의 목표, 의사결정, 문제들에 대한 지속적인 자문이 필요하다고 생각한다.					
6	경영진은 경쟁적이기보다는 협력적인 환경을 만들 수 있다.					
7	구성원들은 서로 가까이 위치해 있다.					
8	조직의 이익을 위해 중요한 문제들을 해결하는 데 부하들의 능력과 의지를 필요로 한다.					
9	중요한 정보, 관점, 의사결정을 교환하는데 있어 공식적인 의사소통 경로가 충분치 않다.					
10	조직은 종래의 구조를 강화하면서 적응하기 위해 프로젝트 관리, 태스크포스, 임시적인 문제해결 집단을 활용해야 한다.					
11	팀에 존재하는 중요한 문제들을 해결하는 것이 필수적이다.					
12	당신의 역할과 팀의 성과를 고찰할 준비가 되어있다.					
13	오랫동안 해결되지 않은 업무나 대인관계의 문제가 있으며, 이를 해결하기 위해 집단구성원들의 노력이 필요하다.					
14	목표를 설정하고 몰입을 증가시키기 위해 사람들을 만날 기회가 필요하다.					

* 총점수가 50~70점 이면 팀빌딩 프로그램을 수행할 준비가 되어 있음, 35~49점 이면 팀빌딩을 준비하기 위해 무엇이 선행되어야 하는지에 대한 논의가 필요함, 14~34점 이면 팀빌딩을 시작하기 위한 준비가 되어 있지 않음.

Source : W. G. Dyer(1977)

팀빌딩 프로세스는 사전 활동, 본 활동, 사후 활동으로 이루어진다.

[표16-4] 팀빌딩 프로세스

단 계		활동 내용
사전 활동	준비	- 시기, 장소결정 - 진단도구 작성 - 전 팀원 회합(TBP 주제선정, 역할 분담)
본 활동	과정안내	- 일정 안내 - TBP 기대감 공유 - TBP 개념, 기본철학 설명
	문제점 도출	- 문제제안카드를 통한 문제 기록 - 문제점 명확화, 통폐합 - 문제 우선순위 선정
	해결안 선정	- 소그룹별 Brainstorming - 해결방안 명확화, 통폐합 - 최적의 해결안 선정
	실행담당자 선정	- 담당자 선정 및 추후일정 확정 - 참가자 성찰
사후 활동	실행	- 실행보고서 작성, 보고 및 제출 - 실행
	중간평가	- 실행정도 평가 - 미비점 논의
	Follow-up미팅	- 팀원들의 의견 발표 - 실행 담당자 발표 - 실행평가 카드를 통한 결과 피드백

조직개발은 사전진단, 워밍업, 문제도출 및 해결방안 도출, Action Plan, 피드백, Fallow-up의 프로세스로 이루어진다.

● 팀빌딩에서 사용되는 기법

- 비전제시(visioning)

조직의 미래 청사진, 현실성 있고 믿을만하며 매력적인 조직의 미래상, 가치 있고 매력적이고 성취 가능한 미래모습(조직이 되고자 하는 것 변화하여 나가야 할 방향을 제시함)으로 경영층을 비롯한 전 구성원의 상상력과 창조력 환기를 통한 전사 에너지를 한 방향으로 결집 시키는 개입으로서 소요기간은 5년에서 10년 정도로 설정한다.

- 역할분석기법(role analysis technique)

역할분석기법(RAT)는 팀원들의 역할 기대와 의무를 명확히 정립하여 팀의 효과성을 개선하기 위한 것이다. 역할분석의 프로세스는 첫째, 중심역할을 담당한 개개인의 주도로 중심역할을 분석한다. 둘째, 중심역할 담당자가 타인에게 기대하는 바를 검토한다. 셋째, 중심역할에 대해 사람들이 갖는 기대와 그들이 중심역할에 대해 바라는 행동들을 검토 한다. 3단계를 마친 다음 중심역할을 담당한 사람은 정의된 역할을 요약하여 역할 프로필을 만든다.

- 힘의 장 분석(force-field analysis)

이 기법은 1947년 Kurt Lewin이 가장 먼저 제시했다. 이것은 문제 상황을 이해하고 개선방안을 계획하기 위한 도구로 변화상황을 진단하기에 적합한 기법이다.

현재상태는 서로 대립되는 힘들의 장의 결과를 나타내는 유사 정체 상태의 균형이다. 원하는 미래의 상태는 현재의 힘의 균형을 깨뜨려 원하는 상태로 이동시킨 다음, 그 지점에서 균형을 안정화시킴으로써만 달성할 수 있다. 균형의 수준을 현 상황에서 원하는 상황으로 이동시키려면 추진 요소를 추가하거나 제약 요소들을 제거하여 힘의 장을 변화시켜야 한다.

힘의 장 분석단계는 다음과 같다.

첫째, 개선이 필요하다고 보는 문제 상황을 파악한다.

둘째, 원하는 상황을 신중하고 완벽하게 설명한다.

셋째, 현재의 힘의 장에서 작용하는 세력들과 요소들을 파악한다.

넷째, 어떤 힘이 강하며, 어떤 힘이 약한지 힘들을 파악한다.

다섯째, 현 상태에서 원하는 상태로 균형을 이동시키기 위한 전략들을 도출한다.

여섯째, 실천계획을 실행한다. 일곱째, 원하는 상황에서 균형을 안정시키고 행동을 실행하기 위해 어떤 행동을 취해야 하는지 설명한다.

[그림16-4] 힘의 장 분석

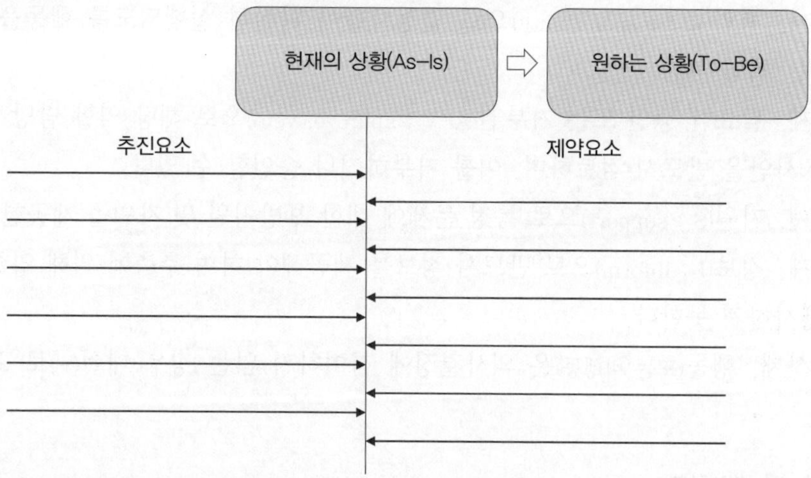

- 역할협상기법(role negotiation technique)

Roger Harrison은 행동변화가 권력이나 영향력의 상실을 야기할 수 있다고 보고 사람들이 변하지 않음으로 인해 팀이 비효과적인 경우가 있다. 이런 경우 역할 협상 기법이 유용하다. 내가 나의 업무를 효과적으로 수행하기 위해 상대방에게 어떤 행동을 바꾸도록 요구하고, 상대방은 자신의 업무를 효과적으로 수행하기 위해 내게 어떤 행동을 바꾸도록 요구하는 것이다.

역할협상기법의 프로세스는 첫째, 계약을 체결한다. 둘째, 문제를 진단 한다. 셋째, 영향력 거래(influence trade) 또는 협상의 시간이다. 넷째, 협상 당사자들이 협상제안서를 상대방에게 전달한다. 그리고 모든 합의 사항은 서면으로 작성 후 각각 1부씩 갖는다.

- 책임챠트(responsibility charting)

책임챠트는 여러가지 결정과 행동에 누가 무슨 일을 하고, 무엇을 책임지는가를 명확하게 한다. 이는 작업팀의 과업수행을 개선하기 위해 사용되는 개입법이다.

각각의 사안과 관련하여 각 행위자에게 한가지의 행동을 배정하며, 행동의

4가지는

첫째, 책임(R : responsibility)으로 결정사항이 확실히 실행되도록 행동을 추진하는 책임이다.

둘째, 필요한 승인 또는 거부권(A-V : approve, veto)으로 해당 역할 담당자가 해당 사안을 반드시 검토하며, 이를 거부하거나 승인할 수 있다.

셋째, 지원(S : support)으로 특정 문제에 대한 후방지원 및 자원을 제공한다.

넷째, 정보(I : inform)으로 반드시 정보를 제공해야 하며 추측에 의해 영향력을 행사하지 못한다.

다섯째, 행동(또는 비행동)은 의사결정에 참여하지 않는 경우 대쉬(-)로 표시한다.

[표16-5] 책임차트

R : 책임(주도)
A-V : 승인(거부권)
S : 지원(자원 제공)
I : 정보(정보를 제공 받음)

행위자 ➡ 결정사안 ⬇				

PART 6. 조직개발(OD)

변화관리 Chapter 17

1. 변화관리의 가치
2. 변화관리의 프로세스
3. 효과적인 변화관리의 방법
   1) 위기전개와 변화유도방법
   2) 성공적인 변화관리 접근 및 변화관리 프로그램

Strategic Human Resource Development

1. 변화관리의 가치

변화(change)는 조직체가 피할 수 없는 위협인 동시에 조직체가 계속 발전할 수 있는 기회이다. 조직체는 내외환경에 적절히 적응하지 못하면 점점 침체되고 결국 퇴출 되어 버리지만 환경변화에 잘 적응하면 무한한 성장과 발전을 달성 할 수 있다. 따라서 조직환경에 잘 적응하기 위해서는 변화관리가 필요하다. 조직체는 근본적으로 구성원들로 형성된 사회집단으로서 항상 내외환경변화에 적응하면서 자체의 목적을 추구해 나간다. 최근의 조직환경은 변화가 급격히 그리고 예측할 수 없이 단속적, 불규칙적으로 일어나는 경우에는 점진적 진화과정에 의한 변화만으로는 이와 같은 변화에 대응할 수 없고 보다 전략적이고 계획적이며 획기적인 조직변화를 위한 조직체의 적응능력개발이 요구된다. 따라서 환경변화가 심해짐에 따라 변화관리의 필요성과 중요성이 더욱 커진다.

변화관리(change management)는 조직이 Vision을 설정하고 이를 달성하기 위해서 체계적인 실천계획을 수립하고 관리하는 방법론이다. 변화관리의 대상은 변화시키고자 하는 대상 및 목표를 명확히 하여야 하는데 핵심대상은 그 조직에 몸담고 있는 사람을 변화시키는 것이다.

레빈(Lewin)은 장이론과 변화과정 3단계 모델을 제시하였다.

[표17-1] Lewin의 변화관리 3단계 모델

단 계	내 용
1단계 해빙	- 동기를 유발시키고 개인 또는 집단이 변화를 위한 준비를 갖출 수 있게 함. - 개인의 몸에 배어 있는 관습, 전통 등 일을 처리하는 과거 방식을 무너뜨리고 새로운 행동방식을 받아들이기 위한 준비과정
2단계 변화	- 새로운 행동의 패턴을 받아들여 변화를 실행하는 단계
3단계 재동결	- 새로이 획득된 행동이 개인의 퍼스낼리티 및 지속성이 있는 중요한 정서관계 속에 정형화된 행동으로 굳어지는 과정

* 장이론(force field theory) : 조직에는 항상 변화를 강요하는 변화세력이 있는가 하면 이에 저항하는 저항세력이 존재한다. 이 두 세력의 크기가 균형을 이루고 있을 때에는 조직은 관성(inertia)의 상태를 이루어 어떤 변화도 일어나지 않는다는 것이다. 조직이 변화하기 위해서는 변화세력을 증가시키든지 저항세력을 감소시키든지 혹은 둘이 동시에 일어나도록 하든지 해야 한다는 것이다.

변화과정의 3단계 모델은 해빙(unfreezing), 변화(changing), 재동결(refreezing)의 3단계를 거친다고 주장하였다.

또 다른 변화관리의 모델로서 Cummings와 Worley는 효과적인 변화관리에 필요한 변화의 동기부여, 비전제시, 정치적 지원, 이행관리(managing the transition), 변화의 추진력 유지의 5가지 활동을 제시하고 있다.

[그림17-1] 효과적인 변화관리에 도움이 되는 활동

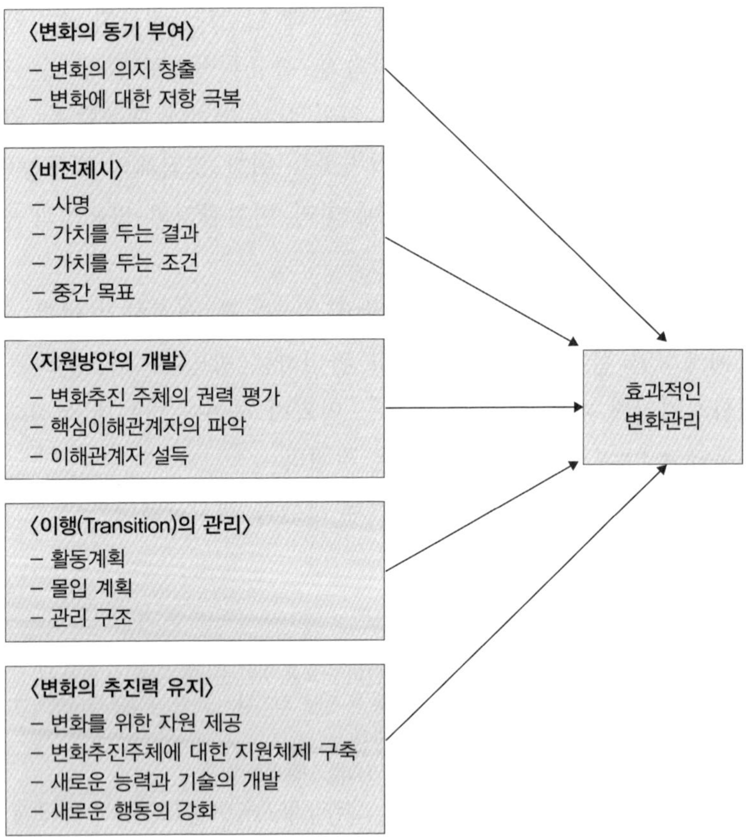

Source : T. G. Cummings and C. G. Worley(1993).

조직의 생존과 지속적인 성장을 위해서는 변화와 혁신이 중요한데, 변화를 성공적으로 실행하는 대는 많은 어려움이 존재한다. 조직이 변화를 시도해 성공할 확률은 낮지만 그렇다고 해서 환경변화에 소극적으로 대응하고 변화를 회피한다면 일류 조직도 성공 함정(success trap)에 빠지게 되고 결국 쇠퇴한다.

2. 변화관리의 프로세스

최근에 조직변화와 관련하여 주목을 받는 코터(Kotter)의 조직변화 8단계 모형이다. 첫째, 위기감을 고조시킨다. 사람들이 다음과 같이 말하기 시작한다. “자! 가자! 변화해야 한다.”

둘째, 변화추진팀을 구성한다. 변화를 리더하기에 충분한 힘을 가진 사람들로 팀을 구성하여 함께 작업을 시작한다.

셋째, 비전을 새로이 정립한다. 변화추진팀은 공감할만한 비전과 전략을 개발한다.

넷째, 비전을 전파한다. 사람들이 변화에 동참하기 시작하며, 변화된 행동이 나타난다.

다섯째, 권한을 부여한다. 많은 사람들이 비전을 달성하기 위해 움직일 수 있는 권한과 능력을 갖춘다.

여섯째, 단기간에 성공을 이끌어 낸다. 사람들이 비전 달성을 위해 노력하고 변화에 저항하는 사람들이 점차 줄어듦에 따라 추진력이 형성된다.

일곱째, 지속적인 변화를 위해 속도를 늦추지 않는다. 비전이 충족될 때까지 지속적인 변화의 물결을 만든다.

여덟째, 기존 관행의 방해나 혁신관리 리더의 교체와 같은 사안이 발생하더라도 새로 형성된 행동이 지속된다.

[그림17-2] 존 코터의 변화의 기술

조직이 필요로 하는 변화의 기술 (존 코터)

❶ 위기감을 고조시켜라!
❷ 변화선도 팀을 구성하라!
❸ 비전을 새로이 정립하라!
❹ 비전을 전파하라!
❺ 권한을 부여하라!
❻ 단시간에 성공을 이끌어내라!
❼ 속도를 늦추지 마라!
❽ 변화를 정착시켜라!

변화관리의 프로세스는 변화준비 및 변화점화, 변화설계 및 실행, 변화내재화, 저항관리의 단계를 거친다.

첫째, 변화준비 및 변화점화단계이다. 해당 조직의 변화상태에 대한 객관적 진단(변화상태 진단, 이해관계자 진단)과 현 상황에 대한 냉철한 상황인식과 CEO 주도에 의한 변화 점화, 변화를 추진할 강력한 변화 추진팀을 구성한다.

둘째, 변화설계 및 실행단계이다. 변화설계는 해당 조직이 지향해야 할 비전을 창조하고 이를 전 구성원에게 전파하며, 비전달성을 위한 변화실행과제를 도출하고 과제실행을 위하여 종합적인 계획수립과 변화실행을 위해 최적의 해결팀을 구성하여 과제를 실행하고 과제를 관리한다.

셋째, 변화내재화 단계이다. 우수 혁신(변화)사례를 조직구성원 간에 공유하고, 변화상태가 과거로 회귀하지 않도록 변화결과를 제도화(평가제도 정비를 포함한 조직운영제도 개선, 구성원의 역량개발 등)하고 지속적으로 변화가 일어날 수 있도록 한다.

조직변화를 성공적으로 수행하기 위해서는 Ulrich(1996)의 변화관리의 4단계 조직변화모델을 벤치마킹 하는 것이 도움이 될 것이다. 제1단계 변화를 위한 핵심성공요인(key success factor)을 파악하는 것이다. 제2단계 핵심성공요인들이 조직 내에서 어느 정도 관리되고 있는지에 대한 평가이다. 제3단계 핵심성공요인들의 조직변화의 개선 활동을 발굴하는 것이다. 제4단계 핵심성공요인에 대해서 개선 활동의 반복 추진될 수 있도록 한다. 성공적인 조직변화관리를 위해서는 년1회 7가지 조직변화 체크리스트에 의한 진단이 필요하다.

[표17-2] 조직변화 체크리스트

변화 핵심성공요인	변화관리의 핵심성공요인 평가 질문
1) 조직변화 선도자 : 누가 조직변화를 이끄는 선도자인가?	• 우리 조직은 다음과 같은 리더를 확보하고 있는가? – 누가 조직변화를 주도적으로 이끄는 변화선도자인가? – 누가 공식적으로 변화선도에 몰입하고 참여할 것인가? – 누가 조직변화에 필요한 자원에 대한 권한을 가지고 있는가? – 누가 조직변화에 개인적 시간과 관심을 투입할 것인가?
2) 비전의 수립 : 조직변화의 결과는 어떻게 나타나는가?	• 조직구성원들은 다음 내용들을 이해하는가? – 조직변화가 본격적으로 진행될 때 구성원들은 이전과 다르게 어떻게 행동해야 하는지를 알고 있는가? – 조직변화가 가져올 결과에 대하여 흥분을 가지고 있는가? – 조직변화가 고객과 이해관계자들에게 어떤 이익이 돌아가는지 알고 있는가?
3) 조직변화에 대한 인식의 확산 : 조직변화를 왜 실행하는가?	• 우리 조직구성원들은 – 조직변화의 필요성을 알고 있는가? – 조직변화가 왜 중요한지 알고 있는가? – 단기 및 중장기적으로 조직변화가 자신과 과업을 위해 어떻게 도움이 되는지를 알고 있는가?
4 구성원들의 조직변화 참여 유도 : 누가 참여할 필요가 있는가?	• 변화 주도자들은 – 조직변화를 위한 협조체제를 구축하는 방법을 아는가? – 조직변화의 성공을 위한 누구의 도움이 필요한지를 아는가? – 조직변화의 성공을 위해서 누구에게 책임을 맡겨야 하는지 알고 있는가?
5) 조직구조와 시스템 재설계 : 어떤 방법론으로 조직구조와 시스템을 구축할 것인가?	• 변화 주도자들은 – 인사관리시스템과 조직구조를 조직변화관리에 적합하게 연계시키는 방법론을 알고 있는가?(예 : 조직구조, 선발, 평가, 보상, 육성, 전환배치의사소통) – 조직변화가 인사조직시스템에 어떤 시사점을 주는지 알고 있는가?
6) 조직변화의 과정 모니터링 : 변화의 정도를 어떻게 측정 할 것인가?	• 변화 주도자들은 – 조직변화의 성공 정도를 측정할 Tool를 가지고 있는가? – 조직변화의 과정과 변화 결과에 대해 벤치마킹할 계획을 가지고 있는가?
7) 조직변화의 지속화 : 어떻게 변화를 시작하고 지속시킬 것인가?	• 변화 주도자들은 – 조직구성원들이 지속적으로 조직변화에 관심을 갖도록 만드는 방안이 있는가? – 조직변화의 내용을 지속적으로 상황변화에 맞추어 추진할 계획을 가지고 있는가?

Source : Ulrich(1996)

3. 효과적인 변화관리의 방법

1) 위기 전개와 변화 유도 방법

Martin(1999)은 조직은 크게 4단계의 증상을 거쳐 위기의 상황으로 진행한다고 하였다.

첫째, 조직창업자의 비전에 집착하는 것이다. 대규모 조직들은 과거 성공한 비전을 보유하고 있었다. 그러나 급격한 환경변화로 인하여 시장의 흐름에 변화하지 못하고 과거의 성공 방식으로 대응한다면 살아남지 못한다. 즉, 조직은 효과적인 방법으로 선도적으로 변화하는 환경에 대응하여야 만 살아남을 수 있다.

둘째, 조직은 그 비전을 운용 가능하게 하고 조직을 변화하도록 유도하는 합법장치(프로세스, 가정, 규정, 행태)를 갖추게 된다. 즉, 채용 및 개발, 행동규범, 전략기획, 상품개발, 역할과 책임 및 권한 위임에 관한 규정 등 업무분야에서 조직의 각 계층간의 효율적인 의사결정과정의 모습으로 나타난다. 지속가능한 조직이 되기 위해서는 창업자의 비전은 변화하는 환경에 선도적으로 대응하는 시스템을 갖추어야 한다.

셋째, 피드백 기능이 약화된다. 조직의 최고경영자는 과거의 성공 경험이 있는 항법장치를 당연시 한다. 그러나 과거의 항법장치는 조직의 전략이 적중하던 시기에 제대로 된 피드백을 제공하였다는 이유로 맹신하게 된다. 이로 인해 시장 상황에 맞는 피드백을 방해하는 역할을 하게 된다. 성공적인 항법장치는 새로운 시장 환경에 선도적으로 대응할 수 있도록 수정되어야 한다.

넷째, 중요한 정보가 경직된 조직에 의해 차단되어, 경영에 활용되지 못하는 현상이 나타난다. 이런 현상을 극복하고 경영의 변화를 이루는 방법은 위기에 처한 직접적인 원인을 찾아내는 것이다. 이러한 위기의 원인을 찾기 위한 조직의 비전과 변화 유도 장치를 고객과 경쟁자를 대하는 조직의 실제 전략적 형태와 비교해야 한다. 비교를 통하여 전략의 상충 문제를 변화관리를 통하여 해결할 수 있다.

Martin(1999)에 따르면 변화를 유도하기 위해서는 첫째, 위기의 패턴을 인식시키는 것이다. 이를 위해 변화관리자(change agent)는 전략의 분석 및 수립 작업 뿐만 아니라 조직의 심리적인 역학관계에 대해서도 관심을 기울여야 한다. 어려운 상황에 처해 있는 조직구성원들의 심리적인 상황을 인식하여야 하며, 최고경영자는 조직의 위기에 처한 원인이 조직구성원들의 역량 부족이 아니라 지금까지 사용하였던 성공적인 업무가치 및 관행이 수명이 다했다는 것을 인식하고 서로 비난하지 말아야 한다.

둘째, 기존 전략의 역공학적 분석이다. 시행되는 전략을 역공학(reverse engineering)적으로 분석하여 위기의 원인을 찾아 내야 한다. 위기의 원인을 분석하기 위해서는 조직의 전략을 파악하여야 한다. 즉, 고객과 공급자, 구성원들과의 상호작용에서 경영자들이 보이는 사고와 행태를 유발하는 잠재된 전략을 의미한다.

셋째, 전략적 대화 이다. 전략적인 커뮤니케이션을 통하여 상충되는 전략 중 경쟁우위를 가진 전략을 선정해야 한다. 소모적인 비판을 소통의 장으로 끌어내어 공개적으로 조직의 미래에 대해 토론하는 전략적 커뮤니케이션을 촉진시켜야 한다. 이의 방법으로는 Workout-Town Meeting 등이 있다.

넷째, 새로운 전략 용어의 확산이 필요하다. 이를 위해서 목표달성 정도에 대한 평가지표를 개발하고, 새로운 전략 용어를 확산하여 설정한 전략에 대한 공감대를 형성해 나가야 한다. 모든 조직구성원들이 동참하여야 하며, 새로운 전략 용어가 조직의 구석구석에 내재화되기 전까지는 변화가 시작되었다고 볼 수 없기 때문이다.

다섯째, 변화를 위한 용기가 필요하다. 조직구성원들에게 자신감을 불어넣어 변화에 대한 두려움을 극복할 수 있도록 하여야 한다. 경영자는 자신이 추진하는 내용을 조직구성원들이 궁금해 하지 않도록 공유하고 조직구성원들이 위험을 감수 할 수 있는 용기를 발휘 할 수 있도록 목적과 방법을 명확하게 제시하여야 한다.

[표17-3] 조직의 변화 계기 · 변화 정도 · 변화 속도에 따른 변화의 유형

변화 유형		내 용
변화 계기 (trigger)	위기변화 (crisis change)	이미 도래한 위기를 타개해 나가기 위해 전개하는 사후반응적(reactive) 변화로, 외적 요인과 실패에 대한 두려움이 직접적 동기
	선택변화 (chosen change)	위기가 가시화되지 않은 상태이거나 중장기적으로만 예상되는 상황에서 선제적(proactive) 변화로 조직의 성공을 목적으로 함
변화의 정도 (degree)	발전적 변화 (development change)	기존에 존재하는 것을 더 증가 시키고 더 잘해 내는 것
	이행적 변화 (transitional change)	기존의 방식을 해체하고 더 나은 새로운 방식을 시행
	변혁적 변화 (transformational change)	조직 전략과 비전의 대대적인 수정이 요구되며, 이에 입각해 새로운 방향으로 진화
변화의 속도 (speed)	점진적 변화 (incremental change)	임직원의 동의와 참여하에 조직의 성장에 적응해 나가는 과정이자 전략
	변혁적 변화 (transformational change)	성장요인보다는 외부환경의 요인으로 인한 급격한 변화로, 대개 즉각적인 구조조정을 수반

2) 성공적인 변화관리 접근 및 변화관리 프로그램

조직환경은 변화가 급격히 그리고 예측할 수 없이 단속적, 불규칙적으로 일어나는 경우에 점진적 진화과정에 의한 변화만으로는 이와 같은 변화에 대응할 수 없고 보다 전략적이고 계획적이며 획기적인 조직변화를 위한 조직체의 적응역량개발이 요구된다. 조직 · 인사제도 등의 새로운 변화를 시도하는 경우 이에 대한 직원들의 심리적 불안과 저항이 수반되며 이를 효율적으로 수행하기 위한 변화관리가 요구된다.

조직의 현재 당면한 상황 및 이슈 분석을 통하여 도입하고자 하는 조직 및 인력관리에 대한 단계적 이행계획을 수립하여야 하고, 새로운 시스템에 대한 직원 홍보 및 교육이 수반되어야 한다.

변화과정 중에는 지속적인 커뮤니케이션이 필요하며, 변화관리 TFT의 팀원들은 조직내 이해관계자들과의 비전에 대해 전파하고, 의견을 경청하여야 한다. 최고경영자는 메시지를 끊임 없이 명확하고 일관성있게 반복하여야 한다. 조직내 구성원들이 변화 추진을 단순히 지나가는 유행이 아니라고 믿을 때까

지 반복해서 전달하여야 한다. 리더를 위한 간단한 의사소통 규칙은 ‘자신이 견딜 수 없을 정도로 반복해서 이야기할 때에 비로소 자신의 메시지가 전달된다’는 것이다(Druck, 1999).

조직의 내부이해관계 극복을 위한 변화관리 전략은 변화관리 7단계로 변화주도, 필요성 공유, 비전의 구체화, 참여의 행동화, 변화의 지속, 모니터링, 기존 시스템 및 조직설계로 추진된다.

변화관리의 대상은 변화시키고자 하는 대상 및 목표를 명확히 하여야 하는데 핵심대상은 그 조직에 몸담고 있는 사람을 변화 시키는 것이다.

[그림17-3] 변화관리 전략 및 프로세스

	변화혁신 도입기	변화혁신의 활성화	변화혁신의 정착기
기본 전략	• 문제의 인식과 비전 수립 • 단기성공체험을 통한 개혁기반 마련	• 개혁의 전사적 확산 및 공유 • 학습조직을 통한 변화개혁체계 마련	• 개혁문화의 정착 • 새로운 도약을 위한 전략과제 시도
변화관리 단계/적용 Tool	Work-Out Town Meeting	Action Learing	Issue별 전략적 접근방법
변화주도	• Sponsor/Change Agent (개혁 추진자) 선정 및 교육	• Champion교육	• 개혁을 위한 Champion 육성
필요성 공유	• 전문가 개혁진단 • 개혁 프로그램	• 전사 개혁활동 전파 및 공유 프로그램	
비전의 구체화	• 임원/개혁 선도팀 비전수립 W/S • 비전의 구체화 • 직원교육(비전 전파 및 교육)		
참여의 행동화	• 단기실천과제 도출 W/S	• 하위 프로세스 개선활동(직무중심) • 1인 1혁신과제 수행	전 구성원의 자율적 개혁
변화의 지속	• 실천공유과제 이벤트 • 성공사례발굴 및 전파	• 학습조직구축 • 참여학습 프로그램(Action learning)	
모니터링	• Feedback	• Feedback	
기존시스템 및 조직재설계	인사제도/성과평가/커뮤니케이션/조직설계		

* Work-Out : 반드시 고쳐야 할 사항을 주제를 선정하고, 주제와 관련된 임직원들이 모여 토의 한 후 구체적인 개선대책을 합의, 결정하고 이를 의사결정자에게 제시하면 의사결정권자는 실행 여부를 그 자리에서 즉시 결정하고 이를 실행하는 집단문제 해결방식의 즉결식 회의체임

* Town Meeting : Work-Out의 문제해결을 위한 구체적 토론방법으로서, 개선대상 업무를 관련자들이 모여 해결방안을 스스로 찾는 회의 방식의 형태

조직구성원들이 변화의 메시지를 듣고 이해하며, 믿을 때까지는 많은 시간이 걸린다. 수개월 동안 변화 프로그램을 진행해 온 리더들의 관점에서 보면 그 메시지가 진부한 것이지만, 중요한 것은 조직구성원들의 관점이다. 따라서 중요한 것은 “사람들이 그 메시지를 들었는가? 메시지를 믿는가? 그 의미를

아는가? 그 메시지를 자기 나름대로 해석하는가? 내면화하는가?" 이다. 이런 질문에 대한 대답이 모두 '예' 라고 나올 정도로 경영자들이 충분히 보고 듣고 이야기하지 않는다면 경영자들은 의사소통을 하는 것이라고 말할 수 없다(Goss, 1998).

일반적으로 변화관리 프로그램은 활동중심적(activity-created) 프로그램과 결과중심적(result-driven) 프로그램으로 나뉜다(Schaffer, 1999). 활동중심적 프로그램은 스탭이나 외부 컨설턴트들이 주도하기 때문에 실행성이 떨어지며, 실증적인 것보다는 프로세스적인 면에 치중되어 있다. 또한 준비 작업에 시간이 많이 걸리며, 다양한 전략을 동시에 채택한다. 반면, 결과중심적 프로그램은 성과향상을 위해 몇 개월 내에 영업성과가 가시화되며, 점진적 접근방식으로, 효과가 있는 것은 채택하고 효과가 없는 것은 폐기하는 방식을 사용한다는 것이 특징이다.

결과 중심적 프로그램을 효과적으로 실행하는 방법은 각 부서가 단기간에 쉽게 달성할 수 있는 성과목표를 수립하는 것이다. 이를 통해 정기적으로 진행 상태를 점검하고, 전략을 재구성한 후, 변화시킬 수 있는 부분은 조직화하고, 그렇지 못한 부분은 무시한다. 마지막으로 성공적 분위기를 조성하고 주요 장애요인을 파악한다(Thomson, 1998).

[표17-4] 변화 드라이버의 의미와 역할

변화 드라이버	의 미	역 할
비 전	변화 비전을 조직구성원, 이해관계자, 조직 전체에 긍정적인 것으로 인식하고 기꺼이 수용	조직 내 다양한 집단과 개인의 과업과 관련해 지금 추진 중인 변화가 어떤 의미를 갖는지 밝히고 구체화
리더 행동	리더 공동체가 조직 전체에 걸쳐 변화 비전의 중요성을 알리고 그 실행을 지지하는 행동을 수행	지금의 변화가 조직의 미래에 얼마나 중요한지를 구성원들에게 알려 이들이 변화 이니셔티브를 채택하고 실행하도록 유인
커뮤니케이션	변화 이니셔티브, 실행, 성과, 장애물 및 그 해결에 관한 정기적인 양방향 커뮤니케이션	현재 추진중인 변화의 필요성과 우선순위를 구성원들에게 이해시키고 관심을 촉구하며, 효과적인 양방향 커뮤니케이션은 변화 장애물을 확인하고 제거할 뿐만 아니라, 변화 모멘텀을 유지

변화 드라이버	의 미	역 할
교육훈련	변화 이니셔티브가 요구하는 스킬, 핵심가치 또는 변화 틀에 관한 교육	집단과 개인이 자신의 과업 맥락 안에서 변화를 이해할 수 있도록 돕고, 변화 방향과 궁극적 결과물에 알맞은 지식, 스킬, 업무프로세스를 제공
직원 참여	직원들이 파일럿 그룹 등의 형태로 변화 이니셔티브에 직접 관련된 과업을 수행	변화 추진에 대해 이해를 돕고, 체험을 통해 변화가 전제 조직이나 변화 추진 주체뿐 아니라 각 부문이나 지역에서 일어날 수 있도록 자극
인사제도 및 관행	성과평가나 보상, 채용, 신규인력 교육 등과 같은 인사제도나 관행을 변화 이니셔티브에 정렬	경영진의 약속과 의지의 표명 및 변화 이니셔티브에 맞는 행동을 보상함으로써 조직과 개인의 행동을 강화하고 확산
조직구조	조직구조, 조직성과측정, 기획, 예산, 보고시스템을 변화 이니셔티브에 정렬	변화에 필요한 조직구조상의 지원을 제공하여 변화를 용이하게 하며, 과거의 모습으로 회귀하지 않도록 제어

Source : Whelan-Berry, K. S. & Somerville, K. A. (2010).

조직의 경영혁신방법은 결과보다 활동에 초점을 맞추고 있기 때문에 영업 및 재무성과에 커다란 영향을 미치지 못한다(Kotter, 1999). 경영자들은 하루아침에 성과가 달성될 것이라는 막연한 기대를 가지고 7단계 문제해결방법, 통계적 프로세스관리, 전사적 품질관리(TQM) 교육과 같은 활동중심적 프로그램을 시행하고 있다. 그러나 활동과 결과의 직접적 연결고리가 없기 때문에 좀처럼 뚜렷한 성과향상은 나타나지 않는다.

활동중심적 프로그램은 무수한 사전준비작업이 소요되기 때문에 만족할 만한 결과를 기대하기 어렵다. 반면 결과 중심적 프로그램은 특정목표를 정하고, 자원을 배분시켜서 그에 맞는 실천계획을 수립하므로 경영자들이 무엇을 어떻게 언제까지 성취해야 하는지를 알 수 있으며 이를 평가할 수 있다.

[표17-5] 변화관리 활동 규칙

규 칙	내 용
1. 미래 위험의 신속한 파악	외부환경의 변화 가능성을 예측하고 그에 따른 대응책 준비
2. 길이 없을 때라도 안내도를 가짐.	올바른 선택을 통한 안내도를 만듬.
3. 민첩하게 움직임.	전략이 정해지면 신속하게 행동
4. 큰 변화를 일으킴.	달성하기 어려운 목표를 정하고, 그 목표를 이루도록 동기부여하며, 또한 일할 수 있는 자원을 제공

규 칙	내 용
5. 고정관념 탈피 및 새로운 사고를 받아 들임.	짓눌린 상태에서는 창조력을 발휘하기 어렵다. 고정관념을 탈피하기 위하여 조직의 외부 사람에게 귀를 귀울임.
6. 이익 창출을 위한 벤치마킹	사업의 성과를 재무적 결과나 프로세스 척도와 같은 주요 지표를 설정하고 기록하며, 고객이 중요하게 생각하는 측정치를 조직이 어떻게 충족시키고 있는지 고객에게 물어 봄.
7. 일상적인 사업을 간과하지 않음.	어떠한 새로운 일이 진행되든지 매일 해야 하는 일상적인 일을 소홀히 해서는 안됨.
8. 고객에게 초점을 맞춤	항상 고객과의 약속보다 더 많은 것을 제공해야 하며, 또한 모든 동료 직원들을 고객으로 생각하고 대해야 함.
9. 단호함	모든 사람들을 만족시킬 수 있는 결정은 없지만 경영자들은 어렵더라도 결정을 내려야만 함.
10. 통합된 하나의 문화 창조	새로운 문화는 변화를 촉진하는 중요한 요소
11. 진정한 자산은 사람	경영자는 구성원의 역량을 개발하고 그들에게 시간과 비용을 투자함으로써 전체 기업의 토대를 강화할 수 있음.
12. 끊임 없이 대화	언론과 주주, 고객, 구성원들에게 경영자는 솔직해야 함.

Source : Augustine(1998).

변화관리(change management)는 새롭게 수립된 보상 체계의 성공적 운영 및 안정화를 위하여 조직구성원의 의식제고 및 혁신 마인드 함양 극대화를 목적으로 하는 체계적인 변화관리 교육을 실시합니다.

[표17-6] 변화관리 교육내용

모 듈	세부 내용
제도 개선에 대한 이해	– 제도 변화의 방향 – 제도 변화와 특징 – 제도 추진계획 및 운영방안
변화관리	– 변화와 변화관리 – 변화공식과 변화에 대한 저항 – 변화의 단계 – 변화 담당자와 Change Agent
변화준비	– Commitment 계획수립 – Communication 계획수립 – 추진체계 구축
변화 프로그램 설계 및 개발	– Intervention 개요 – 변화의 수준(Level)별 Intervention – 변화의 영역(Lever)별 Intervention

모 듈	세부 내용
변화실행	- 변화의 실행과 극복 - Knowing-Doing Gap 극복 - 실행력의 성공포인트
변화측정	- 평가 프로세스, 평가모형 및 도구 - 변화유형, 사례 실습 및 토의

● 변화관리의 장애요인 확인 및 해결

변화관리과정에서 발생하는 장애요인을 확인하고 적절한 해결책으로 대응하여야 하며, 최고경영자로부터 직원에 이르기까지 모든 조직구성원이 한 방향으로 몰입하여야 한다.

[표17-7] 변화관리의 장애요인 해결방안

단계	조직구성원들의 생각	조직구성원들의 반응	변화관리 해결책
부정	- 추구하는 변화는 무엇을 의미하는가? - 변화는 나에게 어떤 영향을 미칠 것인가? - 왜 조직은 나에게 변화를 요구하는가?	- 조직구성원들은 혼란스러워하며, 감정적이 되며, 더 많은 정보를 얻기를 원함. - 아무런 일이 일어나지 않으며, 변화를 무시함. - 변화가 실제로 나타나면, 조직구성원들은 반발함.	- 공식적인 문서로 조직구성원들에게 적극적으로 정보를 제공함. - 실제로 변화가 일어나고 있다는것을 구체적인 행동으로 제시함.
저항	- 변화는 잘못 되거나, 나쁜 거라고 인식한다. - 조직은 직원들의 입장을 고려하지 않는다. - 내가 저항한다면, 변화를 막거나 지연 시킬 수 있다.	- 직무수행의 실수, 기간연장 등의 다양한 형태의 저항이 나타남. - 생산성 및 직원사기 저하가 초래됨.	- 조직구성원들의 저항을 회피하거나 두려워하지 말고, 저항이 오히려 조직구성원들에게 부정적인 영향을 준다는 것을 홍보함.
고민	- 나는 무엇을 해야 하는가? - 이러한 변화가 나의 업무에 어떤 영향을 미칠 것인가? - 나는 이러한 일을 수행할 역량을 갖추고 있는가?	- 해결책을 논의하기 시작함 - 해답을 구하기 위해 정보를 찾아다님. - 새로운 일들을 시도함. - 적응력을 높이기 위해 노력함.	- 조직구성원들이 새로운 변화에 적응할 수 있도록 교육훈련제도를 확충함. - 직원 문의사항에 적극적으로 대처하기 위해 다양한 의사소통 경로를 확보함.
순응	- 조직과 팀을 위해 내가 무엇을 할 수 있는가? - 내 업무를 효과적으로 수행할 수 있도록 무엇을 할 수 있을까?	- 업무와 사업결과에 초점을 둠 - 생산성 향상에 주력함. - 조직구성원 사기가 증대됨.	- 구체적인 성과지표 및 평가방법 제시 - 변화에 성공적으로 동참한 조직구성원들에 대한 보상 실시

PART 7. 전략적 HRD와 성과관리

Strategic Human Resource Development

一沐三捉 啐啄同時
切磋琢磨 青出於藍

역량있는 인재를 얻기 위해서는 선발에 최선을 다해야 하고(일목삼착), 학습은 안(멘티의 노력)과 밖(멘토의 올바른 지도)에서 함께해야 잘 이루어진다(줄탁동시).
핵심인재를 만들기 위해서는 자르고 · 썰고 · 쪼고 · 갈아야 하며(절차탁마), 이로서 스승보다 더 훌륭한 인재가 만들어진다(청출어람).

PART 7. 전략적 HRD와 성과관리

조직문화와 조직의 효과성 Chapter 18

1. 조직문화의 가치
2. 조직문화의 유형
3. 조직의 효과성
4. 조직문화와 조직성과

1. 조직문화의 가치

조직의 성과를 달성하기 위해서는 조직이 갖는 문화적 특성을 이해하여야 한다. 조직문화가 조직경쟁력의 한 원천이 된다(Collins & Porras, 1944)는 주장처럼 조직문화가 조직성과에 중요한 요인이며, 조직문화의 변화가 수반되지 않는 조직변화의 노력은 한계가 있다는 것이며, 그것은 모든 조직구성원들에게 조직문화의 중요성이 인식되어야 한다.

[표18-1] 조직문화의 정의

학 자	정 의
Pettigrew(1979)	상징, 언어, 이념, 의식, 전통 등 조직체 개념의 총체적 원천
Peters & Waterman(1982)	스토리, 신화, 전설, 슬로건, 우화와 같은 상징수단에 의해 전달되는 지배적이고 일관된 공유 가치의 집합
Ouchi(1980)	조직구성원에게 조직의 가치와 신념을 전달하는 상징, 의식 등의 집합
Siehi & Martin(1981)	조직을 하나로 엮어 사회적 또는 규범적 접착제
O' Reilly(1981)	강하게 공유된 핵심가치
Schien(1985)	인공적인 창조물, 가치관, 기본 믿음의 3가지 계층으로 구성되어 있으며, 이 계층들 간의 상호작용을 통해 변화, 발전해 감
Sathe(1985)	조직구성원들이 보편적으로 공유되고 있는 중요한 믿음

조직문화는 조직을 이끄는 동인(drive)이며, 조직의 기저에 흐르고 있는 정신적 배경으로 조직구성원들의 사고와 행동에 방향을 주는 핵심가치(core value)와 결합되어 조직의 성과에 긍정적 또는 부정적 영향을 미치게 된다.

조직문화를 조직의 구성원으로서 공유하고 있는 중요한 가치의 집합이라는 관점에서 볼 때 조직문화의 기능은 중요한 역할을 한다.

[표18-2] 조직문화의 기능

학 자	내 용
Smircich(1983)	- 조직구성원에게 정체의식 고취 - 몰입 촉진 - 사회적 체계의 안정성 증진 - 행동에 대한 가이드의 역할

학 자	내 용
Martin(1978)	- 조직구성원들이 장래에 어떻게 행동하도록 기대되는 특정집단의 역사이해를 제공 - 조직의 가치나 조직철학에 대한 애착심을 부여하여 조직구성원들이 믿고 일할 수 있도록 하는 역할 - 조직의 통제기구로서 어떤 행위를 비공식적으로 승인하거나 금지시킴

2. 조직문화의 유형

조직문화 유형의 차원은 크게 조직과 개인으로 분류되며 이에 대해 살펴보면, Harrison(1972)은 조직의 문화적 특성이 조직의 이념적 지향에 따라 다르게 형성된다고 보고, 조직문화를 권력지향형, 역할지향형, 과업지향형, 인간지향형으로 분류하였다.

Ouchi(1980)는 거래비용의 관점에서 거래비용을 처리하는 방법을 기준으로 시장문화, 관료제문화, 동류문화의 3가지 유형을 제시하였다.

Deal & Kennedy(1982)는 수 백개의 기업과 이들의 환경을 검토한 후, 위험정도와 피드백을 기초로 강인하고 억센문화(남성문화), 열심히 일하고 잘 노는 문화(과업 · 여가 병존문화), 기업의 운명을 거는 문화(투기문화), 과정을 중시하는 문화를 도출하였다.

Jones(1983)는 사회집단의 구성원들 사이의 교환 혹은 거래를 통제하기 위해서 발전된 제도적 장치에서 조직문화가 생성되며 그 특성에 따라 조직문화의 유형을 생산문화, 관료적문화, 전문적문화로 구분하였다.

Earnest(1985)는 조직문화는 시장지향성, 종업원지향성, 문제해결지향성, 기술혁신지향성, 서비스 · 품질지향성 등의 요소가 어떻게 나타나느냐에 따라 결정된다고 보았다. 그는 5가지 요소가 어떻게 혼재되어 나타나는지를 설명하기 위해 행동차원(적극적-소극적 차원)과 인간차원(참여적 인간-비참여적 인간)을 양축으로 하여 상호작용적 문화, 통합적문화, 체계적문화, 기업가적문화로 구분하였다.

Quinn & McGrath(1985)는 정보처리의 관점에서 환경에 대한 인식패턴과 반응패턴이라는 2가지 기준에 의해 조직문화를 합의적문화, 이념적문화, 계층적문화, 합리적문화로 구분하였다.

Denison(1990)은 준거의 초점과 변화추구 정도에 따라 조직문화를 적응성문화, 사명문화, 몰입문화, 일관성문화로 분류하고 그 조직문화 유형과 조직효과성의 관계를 설명하였다.

[표18-3] 조직문화 유형

<table>
<tr><th>차원</th><th>구분기준</th><th>유형구분</th><th>연구자</th></tr>
<tr><td>조직</td><td>환경의 인식유형
조직의 반응유형</td><td>합의문화, 개발문화, 위계문화, 합리문화</td><td>Quinn(1985)</td></tr>
<tr><td rowspan="7">개인</td><td>기업행위결과에 대한 위험도 및 피드백 속도</td><td>남성문화, 과업 · 여가 병존문화, 투기문화, 과정문화</td><td>Deal & Kennedy(1982)</td></tr>
<tr><td>개인의 동기유발요인</td><td>혁신적문화, 지원적문화, 관료적문화</td><td>Wallach(1983)</td></tr>
<tr><td>현실인식차원</td><td>정태적 단일문화, 변화적 단일문화, 정태적 이질문화, 변화적 이질문화</td><td>Lundberg(1984)</td></tr>
<tr><td>인간차원, 활동차원</td><td>상호작용문화, 통합적문화, 체계적문화, 기업가적문화</td><td>Ernest(1985)</td></tr>
<tr><td>최고경영자가 오랫동안 지녀온 심리적 성향</td><td>편집병적문화, 회피문화, 카리스마적문화, 관료적문화, 정치적문화</td><td>Kets de Vries & Miller(1986)</td></tr>
<tr><td>준거의 초점 및 변화추구정도</td><td>일관성중심의문화, 몰입중심의문화, 적응성중심의문화, 사명중심의문화</td><td>Denison(1990)</td></tr>
<tr><td>일방적 가치추구 및 시너지적 가치 추구</td><td>갈등 악순환형 조직문화, 조화 활성화형 조직문화</td><td>Hampden & Turner(1992)</td></tr>
<tr><td rowspan="5">기타</td><td rowspan="2">이념적인 지향</td><td>권력지향문화, 역할문화, 과업문화, 인간문화</td><td>Harrison(1972)</td></tr>
<tr><td>클럽문화, 역할문화, 과업문화, 실존문화</td><td>Handy(1978)</td></tr>
<tr><td rowspan="2">거래비용 중심</td><td>시장문화, 관료제문화, 동류문화</td><td>Ouchi(1980)</td></tr>
<tr><td>생산문화, 관료적문화, 전문적문화</td><td>Jones(1983)</td></tr>
<tr><td>사교 및 연대성</td><td>연계망문화, 용병문화, 분절문화, 공유문화</td><td>Goff & Jones(1996)</td></tr>
</table>

조직문화연구들을 종합해 보면 조직이나 개인수준에 초점을 맞추고 있어 조직문화를 파악하기 힘든 구분척도를 사용하고 있음을 알 수 있다. 그러나 Quinn의 경쟁가치 접근은 변화 대 안정(조직자체), 조직내부지향 대 조직외부지향(조직환경)이라는 두 축으로 조직자체와 조직의 상황을 동시에 고려함으로

써 기존연구들의 한계를 극복하였다고 볼 수 있다. 이를 증명하듯 Quinn의 조직문화유형은 많은 학자들이 인정하고 있으며, 다양한 분야에서 폭넓게 사용되어 지고 있다. 그 이유는 조직유형(Quinn & Hall, 1983), 조직의 수명주기(Quinn & Carmeron, 1983), 리더십 유형(Quinn, 1988) 등을 모형화 하는데 확장 적용되어 왔기 때문이다. 또한 조직문화를 연구하기 위한 분석의 틀(Framework)로서 이용되고 있다(Quinn & Kimberly, 1984; Quinn & McGrath, 1985; Denison & Spreitzer, 1991).

[그림18-1] Quinn의 조직문화 유형

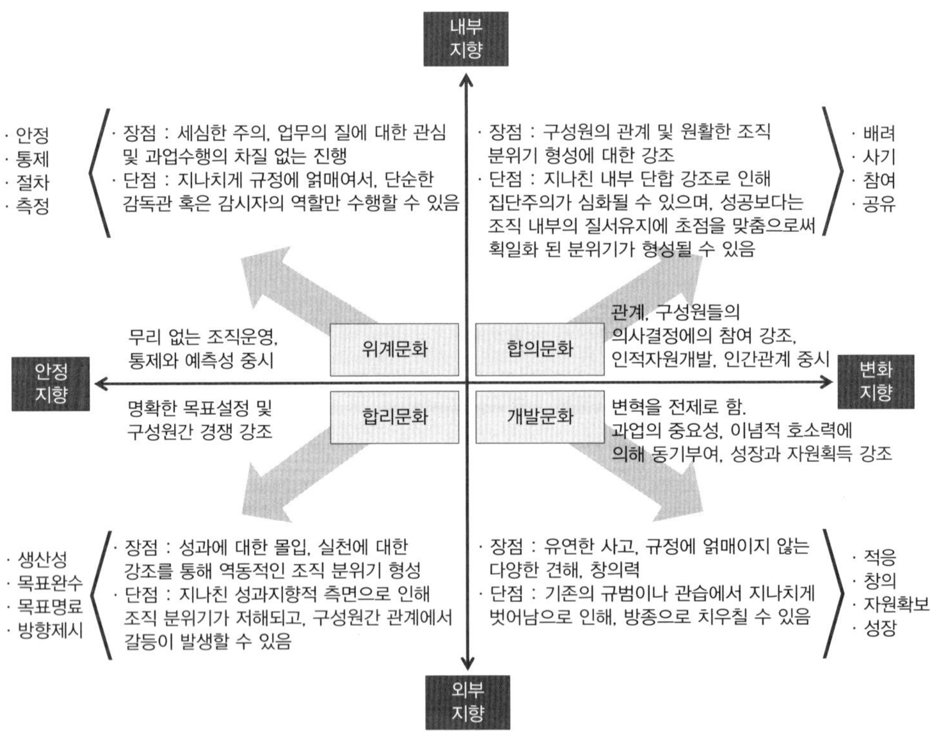

Quinn은 합의문화, 개발문화, 위계문화, 합리문화의 네 가지로 조직문화 유형을 분류하고 있다.

● **합의문화(관계)**

합의문화는 조직내부의 통합과 유연성을 중시하는 문화로 현실이 동태적, 융통성이 있는 것으로 지각하여 유지 지향적인 행동에서 보여지는 문화유형이다.

이 문화는 인간관계에 초점을 두며, 집단적 행동을 통하여 조직의 적응력을 높이는 것이다. 문화적 특징으로서는 우호적, 공정성, 상호협조적, 개방적, 상호관계지향적, 합의에 의한 의사결정, 개인의 인정이 중요시되고 조직내의 리더가 큰 역할을 갖지 못한다는 점과 구성원에 대한 배려와 관심의 정도가 높으며, 인간적이고 가족적인 분위기를 창출한다.

● **개발문화(혁신)**

개발문화는 외부환경에의 적응과 변화 · 신축성을 특징으로 하는 문화로 현실이 동태적, 융통적, 불안정적으로 지각되고 활동지향적인 행동패턴에서 보여지는 문화유형이다.

문화적 특징으로서는 문제해결을 요구하고 신속한 반응을 요하며 도전과 위험의 환경에서 보여지는 문화유형이다.

● **위계문화(통제)**

위계문화는 내부통합과 안정성 · 현상유지를 지향하는 문화로 공식적 형태를 통해 질서의 유지를 목적으로 하고 체계가 잘 잡혀있고 즉각적인 행동보다는 장기적으로 조직의 존속을 목적으로 한다.

모험적이고 야심적인 인간형은 선호되지 못하며, 안정된 시장에서 시장점유율이 높고 잘 훈련된 조직구성원을 가진 조직에서 볼 수 있는 문화유형이다.

● **합리문화(목표)**

합리문화는 외부지향과 안정성을 특징으로 하는 문화로서 확실하고 안정된 현실지각과 적극적, 활동지향적이고 단기 목표지향적인 행동패턴에서 나타날 수 있는 문화유형이다.

이 문화의 특징은 확실성을 추구하고 목적 지향적이며, 결과 중시, 실적위주, 생산성, 효율성, 합리성을 지향하며 경험에 입각한 수단-목표의 연계관계에서 목표달성을 위한 기능적, 도구적 관련성을 중요시한다.

Quinn의 조직문화의 축으로 변화와 안정축은 변화(지향)의 신축성과 유연성을 강조하는 반면, 안정(지향) 및 질서, 효율성을 강조하는 초점을 두는 것이다. 내부 및 외부축은 내부(지향) 조직의 유지를 위하여 조직내부의 통합과 조정에 초점을 두는 것인데 반해, 외부(지향)는 외부환경과의 상호작용 및 환경적응에 초점을 두는 것이다.

Quinn의 경쟁가치접근이 가지는 중요한 특징은 모순적이고 상충적인 가치들의 양립가능성을 강조하고 있다는 점이다. 즉, 조직 효과성을 높이기 위해서는 한 문화유형만을 강조하기보다는 모순적이고 상충적인 문화유형들을 동시에 추구해야 한다는 점을 강조하고 있다.

[표18-4] 조직문화 진단

문화유형	내 용	척 도				
		1	2	3	4	5
합 의(관계)	1. 조직구성원 상호간 대단히 우호적인 관계이다.					
	2. 동료간 협조적인 분위기를 중요시 한다.					
	3. 동료간 결속력과 사기앙양을 중요시 한다.					
	4. 문제가 발생했을 때 서로 감싸주려고 노력한다.					
	5. 개인적인 사정을 잘 봐준다.					
	6. 상사는 친근한 직장 선배와 같다.					
	7. 성과위주의 경쟁보다 팀워크가 중요시된다.					
	8. 직원들 상호간 쉽사리 접근할 수 있다.					
개 발(혁신)	9. 새로운 아이디어를 강조하는 창의적 분위기이다.					
	10. 남보다 앞서가는 것을 중요시한다.					
	11. 신기술, 제품, 고객확보를 중요시한다.					
	12. 불확실하더라도 신규사업에 뛰어 든다.					
	13. 관행과 관례를 위반해도 질책하지 않는다.					
	14. 안전성 있는 업무처리보다 융통성 있고 신속한 업무처리를 중요시 한다.					
	15. 정력적이고 저돌적인 인간형이 요구된다.					
	16. 늘 새로운 것에 대한 도전을 강조한다.					

문화유형	내 용	척도 1	2	3	4	5
위 계 (통제)	17. 상사와 부하직원간에 서열의식이 강하다.					
	18. 조직의 통제는 엄격한 결재과정을 통해 이루어진다.					
	19. 전임자의 업무추진요령을 중요시 한다.					
	20. 업무절차나 규칙의 변경은 어렵다.					
	21. 제도가 체계적이고 일관성이 있다.					
	22. 급속한 성장을 위한 변화보다는 오히려 안정성을 더 강조한다.					
	23. 직권과 통제로서 조직을 이끌어 간다.					
	24. 새로운 방법보다 규정을 철저히 따르면서 실수 없이 일하는 것을 강조한다.					
합 리 (목표)	25. 조직의 가장 큰 목적은 이윤추구이다.					
	26. 관리조직과 관리행동은 목표달성 위주로 한다.					
	27. 평가는 주로 실적에 의존한다.					
	28. 개인의 욕구보다 과업이 우선된다.					
	29. 생산성과 능률을 최고로 중요시한다.					
	30. 문제발생시 심리적으로 처리한다.					
	31. 늘 강조되는 것은 주어진 여건에 최대한 성과를 올리는 것이다.					
	32. 일의 처리는 목표와 관련지어 생각한다.					

척도 : 1. 전혀 그렇지 않다. 2. 별로 그렇지 않다. 3. 보통이다. 4. 대체로 그렇다. 5. 매우 그렇다.

3. 조직의 효과성

아지리스(C. Agyris)는 동일하거나 작은 투입으로 같은 산출을 얻을 때 그 조직은 유효성이 있다고 주장하였으며, 시쇼어와 요트만(S. Seashore & E. Yuchtman)은 희소하고 귀중한 자원을 획득하기 위해 환경을 개척하는 조직의 역량이라고 정의하고 있다.

프라이스(J. Price)는 조직성과를 목표달성도라고 정의하고, 목표란 조직이 현재의 활동범위를 통해서 추구하는 목표를 의미하며, 조직이 현재 실행하려 하고 있는 것이라고 정의하였다.

페로우와 페닝즈(G. Perrow & J. Pennings)는 조직과 환경과의 적합성으로 조직성과를 강조하였다.

샤인(E. H. Schein)은 조직성과란 그 조직이 실행하고 있는 특정기능과는 관계없이 그 조직이 지니고 있는 존속, 순응, 자기유지, 성장의 역량이라고 주장하였다.

이들 학자들은 조직의 생산성, 조직의 내적인 변화나 외부환경 변화에 적응하는 적응성, 조직구성원과 집단간의 긴장, 갈등을 최소화하는 것으로 조직성과 기준을 제시하고 있으며, 이는 조직구성원들의 직무에 대한 만족, 직무성과, 동기유발, 리더십이 매우 중요한 요인으로 보고 있다.

[표18-5] 조직유효성 진단

구 분	내 용	척 도				
		1	2	3	4	5
직무 만족	1. 현재의 담당업무에 애착을 가지고 있다.					
	2. 현재의 맡은 일에 최선을 다한다.					
	3. 현재의 일에서 보람을 느낀다.					
	4. 현재의 일에 의욕을 느낀다.					
	5. 현재의 일에 자부심을 느낀다.					
조직 몰입	6. 현재의 조직에 소속한 것을 자랑스럽게 생각한다.					
	7. 현 조직에 나는 헌신하고 있다.					
	8. 우리 조직이 계속 발전할 것을 확신한다.					
	9. 현재의 조직에서 정년까지 일하고 싶다.					
	10. 우리 조직의 발전이 나의 발전이라 믿는다.					

척도 : 1. 전혀 아니다. 2. 별로 아니다. 3. 보통이다. 4. 대체로 그렇다. 5. 매우 그렇다.

4. 조직문화와 조직성과

조직문화는 조직의 구성원들이 공유하고 있는 가치관과 신념, 이념과 관습 그리고 지식과 기술을 포함하는 거시적이고 종합적인 개념으로, 그 구성원의 행동에 영향을 주는 요소로 조직이 성과에 직접적인 영향을 미치는 것으로 밝혀졌다(Deal & Kennedy, 1982; Peters & Waterman, 1982).

조직문화에 대한 관심은 조직문화가 조직경쟁력의 기반이 되며, 조직성과에 영향을 미치는 중요한 요인이 된다.

조직문화와 조직성과간의 상관관계에 대한 분류는 강한 문화(strong culture)가 조직성과를 결정하는 요인으로 보는 시각과 다른 하나는 조직문화 특성과 상황적 요인들 간의 적합성이 조직성과를 결정하는 요인이라는 주장이다.

데니슨(D. R. Denison)은 1990년도 미국의 34개 대기업을 대상으로 연구한 결과 조직구성원의 참여를 강조하는 강한 문화가 그렇지 않은 기업보다 투자수익률을 거의 2배나 증가시켰다고 밝히고 있다. 즉, 문화의 강도(cultural strength)가 조직성과를 결정하는 한 요인이라는 것이다.

데니슨(D. R. Denison)은 강한 문화가 단기적 성과와 유의적인 관계가 있는 것으로 나타났으나, 장기적 성과(3~5년의 투자수익률)에는 부정적인 효과를 미치는 것으로 밝혀냈다.

장기적인 측면에서는 강한 문화가 변화하는 환경에 대응하는데 필요한 다양성을 제한함으로써 조직성과의 하락을 가져오는 것으로 나타났다.

조직이 성공하기 위해서는 조직문화가 조직구조, 경영전략, 산업의 특성, 환경특성 등 조직이 처해 있는 상황에 적합해야 하며, 그렇지 않은 경우에는 조직성과가 낮게 나타난다.

슈와르츠와 데이비스(H. Schwartz & S. M. Davis)는 조직문화가 경쟁력의 기반이 되기도 하지만, 성공의 커다란 장애요인이 될 수 있다는 인식하에 전략의 성공적인 수행을 위해서는 경영전략과 조직문화 간의 적합성이 유지되어야 한다는 점을 강조하였다. 또한 조직문화와 경영전략의 적합성을 일치시키기 위하여 조직문화의 관리 또는 변화관리가 수반되어야 한다고 하였다.

고든(G. G. Gordon)은 기술, 제품이 동태적인 산업에 속한 조직들은 적응성(adaptability)을 높이려는 문화가치를 특징으로 하며, 안정적 산업에 속한 조직들은 안정성(stability)을 중시하는 문화가치를 지니고 있는 것으로 밝혀졌다.

이는 특정 문화 특성 그 자체가 조직성과에 영향을 미치는 것이 아니라, 산업 특성과 조직문화 특성간의 적합성 여부가 성과에 영향을 미친다는 것이다.

[표18-6] 성공적인 기업의 8가지 특징

탁월한 기업의 조건	내 용
행동지향적	분석과 보고서의 반복보다는 무엇을 실행할 것인가를 중시하며, 실험정신이 왕성함
고객에 밀착	고객이 선호하는 것을 파악하여 고객으로부터 아이디어를 얻으며 고객에게 최고 품질, 서비스, 신뢰를 제공함
자율성과 기업가 정신	창의성을 살리기 위해 기업을 여러 개의 작은 회사로 나누어 독립심과 경쟁심을 고취시킴
사람을 통한 생산성 향상	개인을 존중하며 사원의 열성에 대해 합당한 보상을 하여 모든 조직구성원을 동기부여 시킴
현장위주의 가치관	현장을 중시하는 가치관이 확립되어 있어 간부들은 회사의 핵심적 비즈니스에 밀착해 있음
본업에 충실	가장 자신있는 주력 업종에서 떠나지 않으며, 본업에 충실하며 자신없는 업종에는 참여하지 않음
간소한 조직	기구와 체제가 극히 단순하며, 관리직은 소수임
통제와 방임의 공존	기업정신의 핵심적인 가치관에는 통제가 엄격하나, 조직구조는 방임에 가까운 유연함을 유지함

Source : T. J. Peters & R. H. Waterman(1982)

● 조직문화 개선프로그램 도출 및 실행 방안

조직문화의 기초건전성 확보를 위한 '지속적인 체질개선'과 외부환경변화, 중·장기 비전 및 전략변화에 대응할 수 있는 '전략적인 문화혁신'을 병행해야 하며, 이는 각자가 독립성을 갖는 동시에 서로 상호작용함으로써 총체적인 조직문화를 병행하는데 있다.

조직환경, 의사소통 환경, 처우 및 복지의 개선을 기반으로 지속적 체질개선을 위한 조직문화 진단 및 변화관리 프로그램을 실행하며, 내·외부 환경에 대응할 수 있는 조직문화 비전을 확립하고 구체화–내부화–제도화하여 조직에 적합한 조직문화를 만들어나가는 것이 주요 목적이다.

[표18-7] 조직문화 개선프로그램 도출 착안 사항(예)

지속적인 체질 개선	
진단	- 조직문화 개선과제의 효과성 파악을 위해 연 1회, 정기적으로 진단 실시 - 연간 주요 경영활동의 하나로 진행 - 본부별/직급별/직종별 등 상세 분석을 할 때, 부서 단위로 피드백을 할 경우 전수조사가 효과적
과제도출	- 진단 결과의 연도별 개선 추이를 분석하여 당해 년도의 개선방향을 수립해야 함 - 장기적인 조직문화 개선 방향을 위한 Road-map 필요 - 체질개선 과제의 운영과정에서 발생하는 미묘한 차이에도 효과성의 차이가 크므로 운영과정 재검토 필요
지속적 실행	- 진단에 대한 신뢰가 쌓이지 않은 진단 초기에 경영진에게 부정적인 피드백이 이루어지면 진단 자체에 대한 거부감이 발생(진단 초기에는 조직의 건강도에 관심을 갖도록 하기 위해 긍정적이거나 장점을 충분히 언급) - 진단 결과를 여러 채널로 공유하여 소외되는 구성원이 없도록 배려 - 진단 결과를 관리자들의 평가에 반영할 경우 부작용 발생 가능성이 있음 (솔직한 응답보다는 무조건 긍정적인 응답을 할 가능성이 존재) - 조직문화 개선활동이 업무와 별개로 이루어지면 구성원들은 부가 업무라고 인식하여 참여를 회피(조직문화 개선활동과 업무와의 명시적인 연계를 통해 업무피로도를 감소시켜야 함)
전략적 문화 혁신	
비전 수립	- 조직문화 혁신의 시급성을 환기시키면서도 기존 조직이 가진 강점을 배제하지 않도록 함 - 조직은 스스로 위기 징후를 자각하지 못하며, 위기 징후를 감지하더라도 위기 가능성을 부정하는 것이 보편적
추진조직, 변화기획	- 조직구성원들이 단시간에 변화를 감지할 수 있는 드라이버는 물리적인 변화, 예를 들어,근무시간 변동, 사무실 환경 개선 등이 이에 해당함 - 작은 성과라도 가시적인 성과를 찾아내어 경영진 및 구성원들이 성과를 확인할 수 있어야 함
실 행	- 변화에 대한 저항은 자연스러우며, 변화의 목적을 달성하기 위해서는 변화 내용뿐 아니라 변화 메시지를 전달하는 방법에 대해서도 고민할 필요가 있음(재미와 유머를 가미하여 즐거움과 변화 메시지를 동시에 전달) - 기획이 끝나고 실행단계에서 찾아올 수 있는 CEO의 관심을 유지하기 위해서는 실행 현황을 정기적으로 보고하는 회의체 필요(변화관리팀의 각 사업부장이 추진 결과를 발표하고 토의하여 중요 의사결정을 개진함)
성과창출	- 조직의 비전 뿐만 아니라 이와 연계된 조직구성원 개인의 비전도 함께 제시하여 비전 수용도를 제고

[그림18-2] 조직문화 개선 프로그램 실행체계(예)

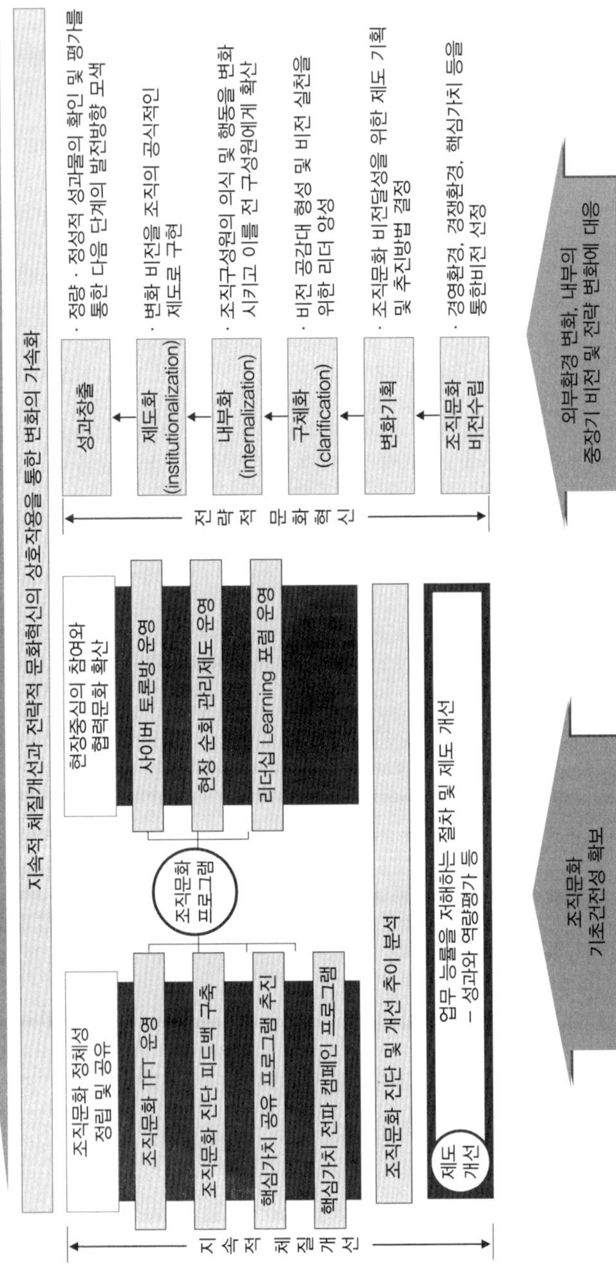

PART 7. 전략적 HRD와 성과관리

성과개선과 HRD 효과 측정 Chapter 19

1. 성과개선
2. HRD 평가모델
3. 교육효과 측정과 평가

Strategic Human Resource Development

1. 성과개선

CBL(competency-based learning)커리큘럼은 조직의 경영성과를 달성하기 위한 주요 직무역량들을 개발하는 지원시스템이라고 할 수 있다.

제시된 모델은 데이빗 듀보이스(David D. Dubois)의 저서 역량기반성과 향상(competency-based performance improvement)에서 사용된 것으로 성과향상의 Framework를 시각적으로 설명해 주고 있다.

[그림19-1] 데이빗 듀보이스의 역량기반 성과향상모델

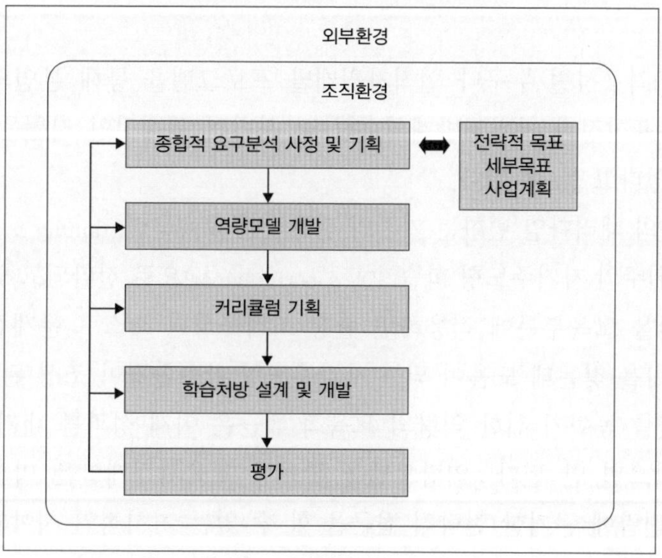

다음은 자기계발을 위한 C사의 사례로 C사의 시스템은 성과주의 인사제도와 연계되어 있으며, 역량을 기초로 하고 있다. 즉, 조직구성원은 누구나 본인의 직무에서 요구되는 역량수준을 본인 또는 360도 Feedback을 통해 객관적으로 진단해 볼 수 있다. 이러한 진단결과에 따라 본인의 역량개발을 위한 다양한 Solution(사내 · 외 교육과정, 도서, Internet, 전문가)을 제공받는다.

Solution의 내용을 세부적으로 살펴보면 다음과 같다.

첫째, 교육과정이다. 역량향상(Gap 극복)을 위한 사내 · 외 교육의 과정명, 목적, 주관처, 일정, 주요내용, 교육비의 안내 및 교육 신청 System이 필요하다.

둘째, 도서이다. 국내 · 외 도서명, 저자, 출판사, 목차, 내용 요약의 제공이 필요하다.

셋째, 전문가이다. 분야별 전문가의 성명, 소속, 연락처, 저서, 전문분야를 안내하고, 사내 전문가인 경우에는 Community를 이용하여 커뮤니케이션을 하고 외부 전문가는 E-mail을 활용한다.

넷째, 비디오이다. 역량향상을 위한 비디오의 제목, 제작사, 시간 내용을 가이드 한다.

C사는 조직구성원 누구나 인적자원개발 프로그램을 통해 본인의 역량개발을 위한 목표설정과 자기계발계획수립 및 리더의 체계적인 지원을 위한 여건이 조성되었다고 볼 수 있다.

기업교육의 패러다임 변화는 기존의 전통적인 교육훈련(training & development)에서 성과위주의 자기주도형 학습(SDL & performance)으로 전환되고 있다.

역량모델을 교육부문에 적용하면 현장 조직구성원 스스로 문제점을 파악하고 해결방안을 찾는데 도움이 되는 자기주도형 학습환경이 조성 된다.

현장성과를 높이기 위한 역량의 교육적 접근은 이제 성과를 내기 위한 학습이 되지 않으면 안 된다. 역량모델을 활용한 교육과정개발은 미시적 접근보다는 경영전략에 근거한 전략적 접근을 할 수 있는 거시적인 시야와 성과개선 문제에 초점이 맞추어 져야 할 것이다.

일반적으로 경력경로나 직군에 따라 역량체계(competency framework)를 구축하고 성과관리체계 개선을 통해 개인역량개발계획 프로세스를 설정하며, 사내의 교육훈련프로그램 및 경력개발계획(CDP)에 의한 역량개발을 위해 지원되어야 한다. 이를 위해서는 자기진단 및 코칭 다면평가(360도 평가)제도, 교육훈련 Guide를 활용 할 수 있는 환경이 조성되어야 한다.

● 성과관리 전문가로서의 HRD 담당자

HRD 담당자는 성과 컨설턴트의 역할을 수행하여야 하며, 조직에 Fit화된 성과관리 시스템을 어떻게 구축해야 할 것인지에 대한 대안을 마련하여야 한다. 또한 수행상의 격차에 대한 체계적인 분석을 통하여 투자대비 효율적이고 효과적인 해결방안을 도출하여야 한다.

[표19-1] 성과중심 관점의 HRD

⬅ 훈련 중심(traditional focus)	성과중심(performance focus) ➡
– 학습(learn)요구에 초점 : 지식 및 지식의 습득이 목적 – 사건 중심(event oriented) – 수동적 접근방식(교육 Needs에 대응) – 단일 해결책(훈련프로그램) 선호 편향 – 고객(client) 파트너십과 독립적으로 작업 – 해결책 및 이벤트의 질을 통한 효과 측정	– 수행(Do)요구에 초점 : 지식 및 스킬의 습득은 목적을 위한 수단 – 과정 중심(process oriented) – 능동적 접근(수행문제에 대한 주도적 탐색) – 결책에 대한 균형적 입장 : 교육적, 교육 외적 해결책에 대한 탐색 – 고객과 파트너십에 기반한 주도성 – 성과 변화 및 조직에 기여도로 효과성 측정

● 성과개선의 요구분석

성과개선은 전략 및 사업목표의 달성과 과제해결을 통해 비전을 성취하는 과정이다. 성과개선은 위계적 요구에 따라 접근방식이 달리 적용되어야 한다. 즉, 전략적수준(strategic), 전술적수준(tactical), 개인적수준(transactional)에 따른 요구의 성격별로 접근방법을 달리하여야 한다. 성과개선의 궁극적인 목적은 전략수준의 결과를 달성하기 위한 실행되는 과정이다.

[표19-2] 요구수준과 접근방법

수 준		특 징	요 구 예시
전략수준	사업요구, 성과요구	– 사업요구에 직결되는 경영성과 향상 – 문제진단 중심 및 해결책 제시 – 장기적 시행기간(5년) – 학습 및 개발과 전략적 문제해결방안 요구(장기적인 문제)	– 시장 경쟁력과 관련된 새로운 상품의 개발을 위한 조직구성원 모두의 역량 결집 요구

수 준		특 징	요 구 예시
전술수준	직무환경 요구, 역량요구	- 해결방안의 설계와 전달 중심 - 실행에 상당한 시간, 인력, 예산이 요구됨 - 조직의 전략적 실행으로 통합 또는 독립적으로 실행	- 직원들의 고객대응 기술 향상을 위한 프로그램 개발 - 팀원들의 역량진단 및 Gap에 따른 훈련 프로그램 개발
개인수준	개별 직무요구	- 정보제공 또는 코칭을 통한 지원 - 단시간내 효과를 기대함	- 팀원들에 대한 개인 리더십 개발 프로그램 - 개인의 커뮤니케이션 향상 프로그램 개발

Source : Robinson(2008)

2. HRD 평가모델

HRD 평가모델은 교육의 전과정을 평가하는 미국의 CIPP(context-input-process-product)모델과 영국의 CIRO(context-input-reaction-outcome)모델이 있고, 교육의 결과를 평가하는 미국의 커크패트릭(Kirkpatrick)모델, 필립스(Phillips)모델, 새러토가(Saratoga)모델, IBM모델, 벨(Bell)모델, 제록스(Xerox)모델이 있다. 여기서는 필립스모델, 커크패트릭모델, CRO모델에 대해서 살펴본다.

● 필립스(Phillips)의 ROI모델

교육의 목표는 조직의 성과에 얼마나 기여하느냐로 평가되어야 한다. 교육이 조직에 대한 기여도를 알아보기 위한 방법으로 교육 투자비와 이에 대한 교육에 의한 결과에 따른 이익이 어느 정도인지를 나타내는 투자수익율(ROI : return on investment)이 사용된다. 그러나 조직의 성과에 대한 기여도는 교육 이외에 다양한 변인들의 영향을 받기 때문에 수량적으로 교육에 의한 기여도를 평가하는 데는 많은 어려움이 있다. 그러나 조직을 성공적으로 이끄는 조직구성원의 역량 등의 요인들은 재무적으로 나타내기는 어렵다. 교육관련 투자를 장기적인 관점에서 점차 증대하고 있다. 교육부서는 교육이 조직구성원과 조직의 업무수행에 어떻게 영향을 미쳤는지를 분석하여야 한다.

ROI의 가장 일반적인 접근법은 수익증대와 운영비 절감을 객관적으로 증명하는 것이다.

인적자원개발 분야에서 ROI가 대두되는 요인들은 HRD 부서의 중요성이 증대되고, HRD와 관련된 투자의 증가로 투자경비에 대한 회계적 성과책임의 요구가 증가했기 때문이다. 또한 조직의 업무프로세스 개선이 중요하게 대두되면서 성과의 측정이 중요 이슈로 등장했기 때문이다.

HRD 분야에서 ROI 도입의 긍정적인 측면은 투자성과에 대해 계량적인 산출을 통하여 과학적인 인적자원관리가 가능하기 때문이다. 또한 HRD 성과를 경제적인 계량적 잣대로 표현함으로써 조직의 경영전략과 연계한 관리가 가능하기 때문이다.

[그림19-2] ROI 과정

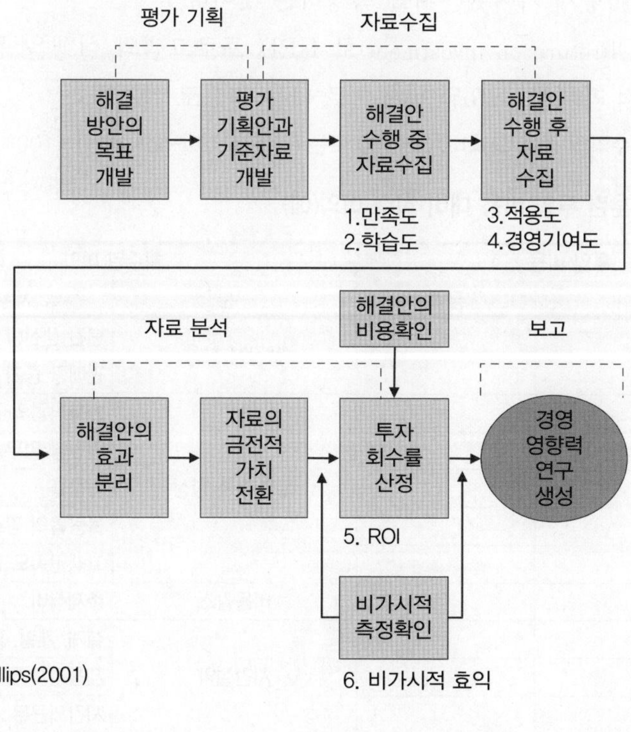

Source : Phillips(2001)

ROI 평가를 통하여 교육담당자들은 경영진을 설득할 수 있고, 조직의 성공에 결정적인 역할을 하는 자본을 창출하는 전략적 파트너로서의 역할을 확보할 수 있게 될 것이다.

필립스(Phillips, 1997)는 ROI에 대한 평가를 어디에 포커스를 맞추어 평가할 것인가를 5가지 차원의 계량적인 평가로 설명하고 있다.

첫째, 반응수준(reaction)으로 HRD프로그램의 만족도 측정을 말하며 반응수준 측정은 대부분의 조직에서 측정하고 있다.

둘째, 학습수준(learning)으로 조직구성원들에게 특정 HRD프로그램을 통한 학습이 일어나는지를 측정한다.

셋째, 실행수준(implementation)으로 HRD프로그램을 통해 학습한 것을 실무에 어떻게 적용하는지를 측정한다.

넷째, 사업전체에 영향(business impact)으로 HRD프로그램이 조직의 성과달성에 실제로 어떻게 기여했는지를 측정하는 것이다.

다섯째, ROI(return on investment)로 HRD 프로그램의 실행을 통해 효익을 얻게된 경제적 가치를 소요된 비용으로 나눈 것으로 측정한다.

■ ROI(%) = (수익의 증대/교육비용)×100 또는 (운영 절감비–교육비용)×100

[표19-3] 교육훈련 투입 비용 대비 회수 이익(예)

투입 비용		회수된 이익	
구분	금액	구분	세부 내용
[직접비]		생산성 향상	년간 생산량 증가
〈과정개발비〉			판매량 증가
자료구입비		질적 수준 향상	반복작업의 감소
시청각자료 제작비			일인당 업무량
번역비			반품률
회의비			불량률의 감소
기타			고객만족도 향상율
〈과정운영비〉		비용감소	총제작비
교재제작비		시간절약	설계, 개발, 판매시간
강의장 사용료			제품검사 및 수리시간
숙박비			시간외근무 시간율

<table>
<tr><th colspan="2">투입 비용</th><th colspan="2">회수된 이익</th></tr>
<tr><th>구분</th><th>금액</th><th>구분</th><th>세부 내용</th></tr>
<tr><td>식대</td><td></td><td rowspan="4">근무조건의 개선 및
업무 프로세스의 간소화</td><td>결근율</td></tr>
<tr><td>연수복</td><td></td><td>사고율</td></tr>
<tr><td>강사료</td><td></td><td>노동분쟁</td></tr>
<tr><td>진행 출장비</td><td></td><td>이직률</td></tr>
<tr><td>기타</td><td></td><td></td><td></td></tr>
<tr><td>[간접비]</td><td></td><td></td><td></td></tr>
<tr><td>〈인건비〉</td><td></td><td></td><td></td></tr>
<tr><td>과정개발 인건비</td><td></td><td></td><td></td></tr>
<tr><td>교육담당자 인건비</td><td></td><td></td><td></td></tr>
<tr><td>교육생 인건비</td><td></td><td></td><td></td></tr>
<tr><td>〈기회비용〉</td><td></td><td></td><td></td></tr>
<tr><td>총계</td><td></td><td></td><td></td></tr>
</table>

● 커크패트릭의 평가모델

교육의 결과를 평가하는 커크패트릭(Kirkpatrick)모델에 대해서 살펴본다. 교육프로그램 평가의 기초가 되는 자료의 수집은 설문으로부터 핵심성과지표(kpi)까지 다양한 자료를 활용하며, 평가수준에 맞는 평가자료를 매칭시켜야 한다.

교육결과를 평가하는 모형의 단계는

첫째, 교육훈련프로그램의 만족도를 평가하는 것으로 참석자들이 프로그램을 얼마나 좋아했는가를 평가하는 것이다.

둘째, 어떤 원칙, 사실, 기법들이 얼마나 학습되었는가의 평가이다.

셋째, 프로그램의 결과가 직무행동과 태도에 어떤 변화를 야기시켰는가를 평가하는 것이며, 이들 모두는 개인차원의 평가이다.

넷째, 교육의 결과로 원가절감, 품질개선, 생산량 개선 등이 조직활동 속에 구체적으로 어느 정도 개선되었는가, 즉, 교육투자효과를 조직적 차원에서 평가하는 것이다(Kirkpatirck, 1987).

[표19-4] 평가자료 수집방법

방 법	평가수준			
	반 응	학 습	행 동	결 과
설문지	●	●	●	●
인터뷰	●	●	●	●
포커스 그룹	●	●	●	●
지식검사		●		
업무 검토		●	●	
구조화된 관찰		●	●	
액션 플래닝		●	●	●
HR/사업보고서				●
성과지표(kpi)				●

Source : Kirkpatrick(2006)

Kirkpatrick은 1975년에 교육프로그램 평가모델을 제시하면서 평가를 반응(reaction), 학습(learning), 행동(behavior), 결과(results)의 4단계 수준으로 구분하였다. 반응, 학습, 행동은 개인차원의 평가이고, 결과는 조직차원의 평가이다.

- 반응(reaction)

교육(또는 경력개발 프로그램)에 대한 교육생의 반응 평가로 프로그램에 대한 선호, 강사의 강의 역량에 대하여 평가할 것을 제안하고 있다. 여기에서는 교육훈련프로그램 진행 및 학습분위기에 관련된 비교적 피상적인 효과와 영향을 평가한다. 평가방법은 설문지 또는 인터뷰를 활용한다. 이러한 반응평가는 교육훈련 경험에 관한 학습자의 느낌을 사정한 것으로 매개 변인들에 대한 자료를 수집하는데 유용하지만 중요한 사항을 의사결정하기 위한 기술로는 사용되지 않는다(Edward, 1995).

교육생의 긍정적인 반응이 있었다 하더라도 그것이 교육프로그램을 통한 학습효과를 반드시 보장하는 것은 아니다(Sandra, 1981).

- 학습(learning)

교육생들이 교육프로그램으로부터 개념, 지식, 기술을 얻었는가를 평가할 것을 제안하고 있다. 교육훈련프로그램의 목적에 따라 학습평가의 내용이 달라지며 학습의 정도를 평가하기 위해서 학습목표가 결정되어야 한다. 따라서 학습평가는 태도, 지식, 기능의 향상의 변화를 학습의 목표로 설정하고 이를 평가하는 것이다. 학습 정도의 평가방법으로는 프로그램 실시 이전과 이후의 설문조사 결과를 비교하거나 인터뷰, 필기시험, 학습성취도 평가법, 표준화된 문제 사용법 등의 방법을 활용한다.

- 행동(behavior)

교육생들이 교육 후 현업에서 직무수행상의 행동에서 교육프로그램에 기인한 어떤 행동의 변화가 있는가를 평가할 것을 제안하고 있다.

Kirkpatrick(1987)은 평가하기 위한 지침을 제시하였다.

첫째, 체계적인 평가를 통해 실제 직무성과를 사전-사후를 기준으로 측정한다.

둘째, 교육이수자와 더불어 동료, 상사, 부하에 의해 성과측정이 이루어져야 한다.

셋째, 사전-사후 성과비교를 하고 이를 입증하기 위해 통계적인 분석을 실시해야한다.

넷째, 교육생들이 학습내용을 실천에 옮길 시간을 가질 수 있도록 교육 후 3개월이후에 평가를 실시하여 이러한 추후평가는 교육훈련프로그램의 효과성에 대한 타당성을 높여준다. 다섯째, 통제집단이 활용되어야 한다. 행동 변화의 평가는 교육생과 리더에 대해 설문조사를 통해 비교하거나 인터뷰 방법을 활용할 수 있다.

- 결과(results)

결과는 참가자가 프로그램에 참가하였기 때문에 발생한 최종적 결과로 교육을 통하여 감소된 비용과 개선된 작업의 질, 생산성, 원가절감, 이직률 감소,

도덕성의 개선 비용-이익분석 등 교육의 조직적 효과는 무엇인지를 평가해야 한다고 제안하고 있다.

[표19-5] Kirkpatrick의 4수준 평가모형

단 계	반 응	학 습	행 동	결 과
평가목적	- 반응도 평가 - 질 확보 - 프로그램 개선	- 목표달성도 - 효과성 판단	- 현업 적용도 - 교육과정 개편 - 학습전이도 및 근무조건 판단	- 경영성과 기여도 - 교육과정 개편 - 교육투자가치 확보
평가시기	- 교육(중)후	- 교육전 · 중 · 직후 · 수개월후	- 교육전 3~6개월후	- 교육전 6~12개월후
평가기능	- 형성적	- 총괄적(형성적)	- 총괄적	- 총괄적
평가대상	- 교육생 - 강사 - 연수진행자 - 교육과정	- 교육생의 지식, 기술, 태도습득 정도	- 근무조건 - 적용된 지식, 기술, 태도	- 경영성과중에서 교육기여도
평가방법	- 설문지 - 면접 - 관찰	- 설문지 - 필기시험 - 사례연구 - 역할연기	- 설문지 - 관찰 - 인터뷰 - 실험설계	- ROI - 설문지 - 인터뷰 - 실험설계

● CIRO모델

CIRO(context-input-reaction-outcome)모델은 영국에서 Warr, Bird, Rackham(1970)이 제안한 모델이다. CRIO모델은 1단계 상황평가, 2단계 투입평가, 3단계 반응평가, 4단계 산출평가로 구성되어 있다.

- 상황평가

상황평가 단계는 프로그램의 목표설정, 프로그램의 필요성을 확인한다.

상황평가의 목표로는 첫째, 최종 목표는 교육프로그램에 의해 조직내의 특별한 결함을 제기하거나 극복하기 위한 것이다. 둘째, 중간 목표는 최종 목표의 달성을 위해 조직구성원의 업무형태의 변화를 유도하기 위한 것이다. 셋째, 즉석 목표는 중간 목표에 도달하기 위한 조직구성원들의 행동변화를 유도하는데 필요한 지식, 기술, 태도의 습득을 위한 것이다.

- 투입평가

투입평가는 여러 대안적인 투입변인들 중에 목표에 적합한 변인들을 선택하고 구체화하는 단계이며, 프로그램에서 사용되는 방법에 대한 장점, 효과 등을 분석하고 해결방법을 모색한다.

- 반응평가

반응평가는 프로그램 참여자들이 실시과정에서 가지고 있었던 반응들을 수집하고 분석하는 단계이며, 분석한 결과로 교육효과나 차후 프로그램의 수정과 보완에 활용함을 목적으로 한다.

- 산출평가

산출평가는 성과평가의 단계로서 교육훈련 직후에 수강생의 지식, 기술, 태도의 변화를 평가하는 직접적 성과평가, 연수참가자가 직무행위를 어떻게 변화시켰는지 파악하는 중간평가 단계, 그리고 최종적으로 한 팀 또는 조직 전체가 어떻게 변화되고 있는지를 측정하는 단계로 나누어 진다.

3. 교육효과 측정과 평가

교육평가는 실행되고 있는 교육이 계획대로 잘 진행되었는가를 확인하고 계속 그러한 유형의 교육을 실시할 것인가를 결정하며 정책적 기초자료로 활용하고 또한 문제점을 발견하고 개선 방향과 효과적인 교육방법을 모색하고 교육투자의 정당성을 입증하는데 있다.

교육평가에 대한 개념은 교육평가관에 따라 구분된다. 첫째, 목표지향적인 교육평가관에서는 교육과정이나 프로그램이 실시됨으로써 기대했던 교육목표가 실현되었는가를 판단하는 작용을 교육평가라고 보았다. 둘째, 가치판단적인 교육평가관에서는 Scriven(1967)은 어떤 경험, 개념, 과정의 가치를 판단하는데 제반 사항, 현상 등에 관하여 전문적인 판단을 내리는 것을 교육평가라고 하고 있다. 셋째, 평가는 가치판단의 수준을 넘는 것이어야 한다는 견해로 평가는 선택과 의사결정의 의미를 본질로 삼아야 한다는 견해이다. 즉, 평가는 수준(standard) 내지 기준(criteria)의 설정, 기준에 대한 증거수집, 이것을 비교함으로써 나타나는 것에 대한 판단을 포함하는 의사결정의 과정이라고 할 수 있다.

평가는 학습이 잘 이루어 졌는지를 판단하는 측정도구이다.

평가의 목적은 수강생의 지식, 이해정도 또는 행동에 대한 자료를 제공해 주는데 있다. 진단평가는 수강생들이 교육훈련에 참가하기 전 초기수준을 파악할 수 있도록 해준다. 이는 수강생들이 이미 알고 있는 내용에 대해서는 교육훈련을 하지 않게 되므로 매우 유용하다.

평가의 가장 중요한 목적은 수강생과 강사를 위한 피드백이다. 물론 과정이 끝날 때도 평가를 실시해야 한다. 수강생들이 모든 과정을 마치게 되면 목표달성 여부를 파악하기 위해 종합평가를 실시한다.

[표19-6] 교육효과 측정방법

단 계		내 용	측정방법
사전단계 (학습전 평가)		수강자의 지식 · 경험 유무 (진단평가)	– 테스트 : 필기 · 실기 – 인터뷰 : 수강자 · 상사 – 설문조사 : 수강자
실시단계 (학습중 평가)		수강자 반응 (형성평가)	– 관찰 : 강사 – 인터뷰 : 수강자 · 강사 – 테스트 : 필기 · 실기
종료단계 (학습후 평가)	직 후	학습태도 (학습결과 · 교육만족도)	– 설문조사 : 수강자 · 강사 – 테스트 : 필기 · 실기
	현 장	현장에서의 실천도 (현장적용도 평가)	– 관찰 : 수강자의 상사 – 논문 · 리포트 : 수강자 – 사내발표회, 보고회 – 과제실천, 실적평가
	보 완	보완 부분의 파악	– 상사의 보고 – 행동평가 달성도

● 평가의 요소

평가의 종류에는 서술형 평가, 구술평가, 사지선다형평가, 진위형 평가, 수행평가, 단답형 평가, 관찰법 등 다양한 방법으로 실시된다. 평가방법을 설계할 때 학습목표에 따라 다양한 방법을 사용하도록 하여야 한다. 평가문항은 수강생이 쉽게 이해할 수 있고, 의도하고자 하는 바가 정확히 기술되어야 하며, 제시된 목표달성 여부를 평가할 수 있어야 한다.

- 평가시기에 따른 평가

평가시기는 학습 전, 학습 중, 학습 후로 나누어 평가한다.

- 평가수준에 따른 평가

평가를 실제로 수행할 때는 어느 수준까지 평가 할 것인지와 함께 언제 실시할 것인지를 고려해 평가계획을 수립해야 한다.

- 평가영역에 따른 평가

평가영역은 역량(지식, 기술, 태도)으로 구분하고 평가방법은 형태별로 시험평가, 행동평가, 보고서평가로 이루어진다.

[표19-7] 평가영역별 평가방법

평가방법/평가영역		Knowledge	Skill	Attitude
시험평가	선택형	●		
	논술형	●	○	
행동평가	토 론	○	○	
	발 표		●	●
	실 기		●	
	면 접	○	○	●
	관 찰		●	●
보고서평가	자기평가보고서			●
	연구보고서	●	●	○
	포트폴리오		○	

● : 매우 밀접, ○ : 다소 밀접

교육효과 측정을 교육과정평가 프로세스 측면에서 보면 학습자 반응, 학습 성취도, 현업 적용도, 조직성과 기여도의 4단계 평가로 이루어지며, 조직의 상황에 따라서 몇 단계까지 평가할 것인지를 평가결과 활용도에 따라 고려하고 중장기적으로는 4단계까지 평가가 이루어지는 것이 바람직하다.

[표19-8] 교육과정평가 단계별 내용 및 방법

평가 단계	1단계 평가 (학습자반응평가)	2단계 평가 (학습성취도평가)	3단계 평가 (현업적용도평가)	4단계 평가 (조직성과기여도평가)
내 용	모든 교육과정에 반영	기본/직무교육에서 실시, 교육 전/후 평가 결과를 비교 하기 위해 교육시작 또는 중간에 실시	기본/전문교육서 실시, 정기적으로 교육과정의 유지/개선/강화/축소의 의사결정시 활용	평가 자체의 타당성, 정확성, 실행가능성 측면의 문제점을 고려하여 제한적으로 실시
평가 방법	설문평가 실시	- 지필검사(이론) - 실습 등의 활동평가	e-뉴스레터를 이용한 설문평가 실시	상관관계 분석 등의 통계적 기법 활용

첫째, 1단계 평가(학습자반응평가)는 교육프로그램에 대한 교육생 반응평가로서, 학습자들이 교육프로그램에 얼마나 만족하는지를 평가하는 것으로 학습자의 참여도 와 몰입도는 확인 가능한 반면, 학습내용 인지도에 대한 측정은 충분하지 않다.

1단계평가 결과의 활용은 교육프로그램의 개편 및 보완이 목적이며, 프로그램 개발자(교수설계자), 내용전문가, 교육 운영자 등에게 피드백하고 향후의 교육프로그램의 성과기준을 마련하는데 중요한 정보를 제공한다.

평가방법은 질문지법, 인터뷰, 관찰 등의 방법으로 실시한다.

둘째, 2단계 평가(학습성취도평가)는 교육입소 전 교육생의 교육내용과 관련한 지식 정도를 확인하고, 교육 직후 학습목표(지식, 스킬 및 태도상의 변화)의 달성 정도를 평가 한다.

2단계 평가 결과는 교육목표 달성 정도를 측정하여 교육 효과성을 판단하고, 학습 목표별 달성 정도를 분석하여 과정 난이도 및 교육 내용의 문제점을 분석하며, 교육 시작 전과 교육 종료 후의 학습 목표 달성 정도의 차이를 비교하여, 교육을 통한 학습 성취정도를 파악 한다.

2단계 평가는 교육목표 대비 내용에 대한 습득여부를 측정하는 것으로 과정별 특성에 따라 필기시험 또는 실습(프로젝트)을 통해 실시한다.

셋째, 3단계 평가(현업적용도평가)는 교육과정을 통해 습득한 지식, 스킬, 태도가 현업에 어느 정도 유효하게 적용되는지를 측정함과 아울러 업무환경이 교육을 통해 습득한 지식, 스킬, 태도를 실제 적용 가능한지의 여부를 평가한다.

3단계평가는 교육생이 교육 수료후 행동변화가 발생 할 일정한 기간(3~6개월)이 경과 한 후 측정활동이 현업에서 이루어 지며, 실제로 교육 받은 내용이 현업 실무에서 어느 정도 유효하게 적용되는지를 평가 한다.

넷째, 4단계 평가(조직성과기여도평가)는 학습결과가 조직의 생산성을 향상하는데 얼마나 기여했는가를 재무적 성과측면에서 측정하는 것으로 장기과정 또는 중요한 교육과정에 한정적으로 평가하는 것이 필요하다.

ROI(투자회수율)은 프로그램의 순 이익과 프로그램 비용의 비율을 산출한 값으로서 Phillips(1997)는 ROI 산출에 필요한 절차를 단계별로 접근하여, 교육훈련 프로그램의 효과를 측정하는 ROI 과정 모델을 제시한바 있다.

HRD 전략 개인개발 · 경력개발 · 조직개발

핵심 용어 정의

별 첨

Strategic Human Resource Development

■ 감수성훈련(sensitivity training)

실험실적 체험학습으로 자기이해, 타인이해, 집단의 성장과정, 체험 등을 통해서 행동적이고 수용적인 태도를 육성하며 태도변화를 위해 1980년대에 미국에서 개발된 교육훈련 기법이다. 즉, 인간행동과 동기, 대인관계, 의사소통 및 집단역학에 대한 이해를 통해서 개인 · 집단간의 갈등해소와 의사소통을 원활하게 하고, 조직구성원의 상호이해를 통한 조직의 활성화를 추구 한다. 또한, 개인목표나 집단목표의 통합을 통한 조직효율을 극대화 시키는 것이다.

■ 교육체계

개개의 교육훈련프로그램을 모두 모아 체계적으로 편성하고 상호 관련지어서 계획적 · 조직적으로 추진함으로써 조직적 효과를 얻을 것을 목적으로 하나의 편성체계로 여기에는 조직의 인재개발 기본방침이 직접적으로 반영되어 입사에서 퇴직에 이르기까지 career development program이 되는 것이지만, 쓰는 방법이 틀리게 되면 훈련이 매너리즘화 되어 급속한 사회의 변화에 맞지 않게 될 우려가 있다. 주로 직급별, 신분별로 종축으로 구분한 다음 계층교육 · 전문교육 · 어학교육 · 사외교육 등으로 횡분류 한다.

■ 그룹 · 다이나믹스(group dynamics)

집단역학으로 번역된다. 집단의 기능과 그 멤버의 행동에 영향을 주는 제조건을 그 집단에 작용하는 힘이라는 면에서 파악하여 집단행동을 설명하고 그것을 응용해서 집단행동을 높이는 방법을 강구해 보려고 하는 것으로 사회심리학의 한 분야인데 교육면에서도 행동과학에서 두드러지게 활용되고 있고 집단규범, 집단목표, 집단의 응집력, 집단의 결정 등의 모습이 해명의 주제가 된다.

■ 그리드훈련(grid training)

블레이크(R. Blacke)와 무튼(J. Mouton)의 관리그리드(managerial grid)에 입각하여 과업과 인간 모두에 높은 관심을 보이는 (9.9)형의 지도자가 되도록 훈련하는 조직개발기법이다. 그리드훈련 방법은 관리그리드 세미나훈련, 팀개발, 집단간 관계개발, 조직개선 목표설정, 개선목표달성, 안정화의 6단계를 거치게 된다. 그리드훈련은 관리자의 리더십으로부터 시작하여 조직 전체의 적응능력을 순차적으로 개발해나가는 것이므로 3~5년 증 오랜기간이 필요하다. 1단계는 개인행동에, 2단계는 팀에, 3단계는 집단간, 4 · 5 · 6단계는 조직전체에 각각 해당되는 훈련이다.

■ 델파이법(Delphi method)

미국의 랜드 코포레이션이 개발한 예측기법의 하나로서 앙케이트 수렴법이라고도 한다. 특정 문제에 대해 여러 전문가들의 독립적인 의견을 e-mail로 수집한 다음, 이 의견을 요약 및 정리하여 다시 전문가들에게 배부하여 일반적인 합의가 이루어질 때까지 서로의 아이디어에 대해 논평하게 하는 방법이다. 여러 전문가들을 대면회합을 위해 한 장소에 모이게 할 필요 없이 그들의 평가를 이끌어 낼 수 있고, 의사결정과정에서 타인의 영향력을 배제할 수 있다는 장점이 있다. 그러나 모든 사람들이 응답을 한 것을 요약 정리하여 다시 송부하는 과정이 합의에 도달하게 될 때까지 계속되므로 소요되는 시간이 길고 응답자에 대한 통제가 힘들다는 단점이 있다.

■ 동기부여(motivation)

인간의 행동을 환기시키고, 방향을 부여하고, 통합하는 내적인 동기(motive)라고 하고, 동기의 상태가 되는(또는 상태를 만들어 내는)것을 동기부여라고 한다. 동기는 통상 2개의 중요성분으로 분해된다. 하나는 동인(drive)이다. 동기는 목표에 도달한다거나 보수를 얻어 만족하는 것에 의해서 종결되지만 그러한 목표 또는 보수가 될 수 있는 외적환경내의 대상물이나 상황을 유인이라고 하는 것이다. 선진국형 욕구측면에서 볼 때 급여 · 승진 등을 위생요인에 속하고 인정감 · 성취감 등은 미국, 일본, 한국에서 공히 동기요인에 속하는 것으로 되어있다.

■ 라보라토리 트레이닝(laboratory training)

실험실훈련의 뜻으로 태도변용을 목적으로 해서 일상의 생활장면과 격리된 상황을 인위적으로 설정하여 행하는 훈련방식을 말한다. 그 대표적인 것이 sensitivity training(감수성훈련)이다. 이것은 '문화적고도'라고 불리는 관습이나 관행의 속박이 없는 특수한 상황을 설정하고 그 속에서 자기나 타인이나 집단에 대해서 체험적인 학습을 하고, 그것을 통해서 그 태도변용을 꾀하려고 하는 훈련이다. 일반적으로 sensitivity training이 인간관계의 관점에서 이것을 진행시킴에 대하여, 라보라토리 트레이닝이라고 일컬어지는 경우에는 관점을 그룹 다이나믹스에 두는 것이다.

■ 멀티플 초이스방식(multiple choice method)

어떤 질문에 대해서 먼저 몇 개의 해답을 준비해 두고 그 속에서 연수자의 생각에 맞는 것(정해라고 생각하는 것)을 골라내게 하는 질문방식이다. 답을 1개만 고르게 하는 경우와 모순되지 않는 몇 개의 답을 골라내도 좋은 경우(multiple answer 방식이라고 한다)가 있는데 앙케이트나 테스트에 많이 쓰여지고 있다.

■ 방어기제(defensense mechanism)

심리적인 파국에서 도망치려는 움직임을 '방어'라고 하고 이 방어의 근저에 있는 심리적 메커니즘을 방어기제라고 한다. 가장 기본적인 것이, 그런 위험이 있는 위험한 욕구나 생각 · 기억 등을 무의식 세계에 빠트리는 '억압'으로서 그 외에 환경의 도전에 대응하지 않고 자기를 안전한 장소에 놓는 '도피'나 무턱대고 덤비는 '공격' 자기의 불안을 타인에게 들어 내보이는 '투사', 그럴듯한 이유를 붙여서 기분을 가라앉히려는 '합리화' 등이 있다.

■ 성취동기개발훈련(AMDP : achievement motivation development program)

맥클리랜드(David C. McClelland)에 의해 개발된 것으로 성취동기의 중요성을 교육대상자에게 이해시키고 조직의 일원으로 일치단결하여 조직의 목표를 성취하게 하는 과정을 생생한 체험을 통해 실감케 한다. 또 현재까지의 자아관 및 성취적 자아관을 확립시켜 성취적인 개인 및 조직인으로서의 목표설정과 계획수립과 행동으로서의 연결을 유도시키는 과정으로 조직, 직장진단 및 풍토개선을 위한 훈련이다.

■ 역할연기(role playing)

모레노(J.L.Moreno) 교수가 정신치료요법으로 창안한 방법으로서 사례연구훈련방법보다 더 실제적인 방법이며 심리극(psycho drama) 이라고도 한다. 어떤 역할을 부여하고, 그것을 실제로 해보게 함으로써 이해도를 높이는 교육기법의 하나이다. 수강자를 2명씩 짝지어 그 2명에게 상황과 역할을 주어 실험적인 대화장면을 만들게 한다. 필요에 따라 도중에 역할교대, 멤버교대를 시키고, 종료 후 관찰자를 포함 전원이 집단토의를 한다. 자기이해, 지식, 기능습득, 커뮤니케이션 능력의 향상에 도움이 된다.

■ 이해촉진테스트(concept clarification test)

학습테스트의 일종이나 보통의 테스트에서처럼 지식인 이해의 지식적인 이해의 정도를 채점결과에 따라 확인하는 것만으로는 끝나지 않도록 연구된 것. 우선 보통의 테스트 때와 같이 개인별로 테스트에 답한 것을 몇 사람으로 된 그룹에서 해답을 보여주고 해답에 서로 차이가 있는 경우는 그룹끼리 토의연구하고 그 과정에서 이해를 시정 · 촉진해 나가려고 하는 것이다.

■ 인바스켓법(in-basket method)

미결함 속에 있는 각종 서류들을 주어진 시간내에 처리하도록 하는 사례연구나 게임 트레이닝의 한 방법이다. 때로는 서류들을 중요도, 우선도에 따라 처리해 가는 동안에 전화, 통신 등으로 각종 긴급한 상황을 새롭게 부과하여 의사결정능력, 문제분석능력을 기르고 태도변화 등을 꾀한다.

■ 오리엔티어링(OL : orienteering laufen)

1850년경 북유럽 지역에서 행해지던 군사훈련(척후병교련)이 그 원전이 되었고 그것이 다시 스웨덴 보이스카웃의 지도자인 안스트 티란텔에 의해 체계적으로 스포츠화 되었으며, 한국의 경우 1970년 후반부터 도입되었다. 세계오리엔티어링연맹 규정에 의하면 "항상 자연을 배경으로 해서 실시하는 것으로 지도상에 표시된 몇 개의 지점을 지도와 나침반을 사용해서 되도록 빨리 통과 · 골인해서 판단력, 기억력, 행동력, 문제해결력, 리더십, 팀워크를 몸에 익히게하는 동시에 체력을 단련하는 스포츠이다"라고 정의하고 있으며 line, score, point OL등 여러 종류가 있다.

■ 집중법과 분산법

학습의 진행방법에 관한 사고방식으로서, 단번에 몰아서 하는 것이 집중법이고 일회의 연습을 적게 하고 횟수를 많게 해서 전체를 시간을 들여서 끝내는 것이 분산법이다.

■ 체제이론

조직을 둘러싼 체제(환경)로부터 자원을 획득하고(투입), 그 자원을 가공하여(과정), 외부 환경에 있는 소비자를 위해 산출물로 변형시키는(산출) 일련의 활동이다.

■ 피쉬볼방식 훈련(fish bowl)

금붕어 어항 방식훈련은 연수자를 2개 그룹으로 나누어 한쪽을 실험자로 해서 가운데에 동그랗게 앉히고 다른 한 그룹을 관찰자로 해서 그 바깥쪽으로 삥둘러 앉힌다. 관찰자는 사전에 주어진 테마나 체크포인트에 따라서 안쪽의 실험자들이 행하는 그룹활동(사전에 테마를 주어 얘기하게 하는 것)을 관찰해서 그 결과를 실험자에게 피드백(해당항 참조)한다. 이것을 20분 정도씩 교대해서 반복시켜 행동의 변용과 그룹의 상황 등을 파악하는 '안목'을 터득하게 한다.

■ 훼밀리 트레이닝(family training)

조직개발훈련중에서 소집단을 활성화하기 위해서 가장 많이 사용되는 기법으로 특수한 교육훈련의 형태를 갖추지 않고 단위 부서끼리 모여서 자유롭게 대화하고 문제를 논의하는 식의 교육훈련이다.

■ RFID(radio frequency identification)

RFID란 무선통신 시스템으로 자동화 데이터 수집 장치(automatic data collection)이다. 이 무선통신 시스템은 RF 태그와 RF 리더로 구성되어 있는데, 사람, 자동차, 가구, 동물 등에 개체를 식별하는 정보를 부가하게 되고, 이 정보를 무선통신 매체를 이용하여 비접촉으로 해독하며, 이를 통해 관련 어플리케이션을 자동으로 실행하게 하는 기능을 가진다.

■ T-그룹

구조화되지 않고, 정해진 안건도 없는 집단적 모임으로서, 10~12명의 구성원과 그 집단의 촉진자로서 행동하는 전문적 훈련자로 구성된다. 토론 자료는 자신들에게 맞는 사회를 창조하려는 집단구성원들의 상호작용으로부터 나온다. 작용, 반작용, 상호작용 및 이 모두에게 수반된 감정이 집단의 토론자료가 된다. T-그룹은 통상 3~14일 동안 모임을 가지며 프로그램에는 개인 상호간의 관계, 개인의 성격에 관한 이론 및 집단역할에 관련된 개념적 자료들이 포함되지만 주요학습은 집단경험을 통해 이루어진다. T-그룹을 통해 얻는 학습내용은 개인마다 다르지만, 대개 개인간 상호관계에 대한 보다 적절한 학습, 개인적 자아에 대한 보다 심층적인 학습, 타인들이 자신의 행동에 반응하는 방식에 대한 학습, 그리고 집단형성의 역학 및 집단의 규범과 성장에 대한 학습이 그것이다.

■ WLP(Workplace Learning Performance)

1999년부터 ASTD는 "훈련과 개발(T&D)"이라는 용어대신 "업무현장의 학습과 성과(WLP : Workplace Learning Performance)"라는 용어를 사용하고 있다

업무현장(workplace)이란 학습과 성과가 발생하는 맥락을 구체화한 단어이다. 학습 솔루션을 선택하고 성공시키는데 있어 목적, 시스템, 자원, 인센티브와 같은 업무현장에서 발생하는 변인의 역할이 중요하다. 이러한 변인은 우리가 의사결정하고 행동을 취하는데 영향을 미친다.

학습(learning)에 대한 정의는 개인학습 차원을 넘어 조직학습으로 확대된다. 조직학습은 개인학습의 결과로 조직이 습득하는 집단적인 지혜와 인적 자본(human capital)을 말하며, 과정과 상품의 개선에서 명확하게 그 모습이 드러난다. WLP에서 학습은 개인과 조직의 전문적 지식을 개발하여 조직의 성과를 추구하는 혁신적 역할을 수행하게 된다.

성과(performance)는 학습의 결과이고 조직, 그룹, 개인의 3가지 수준으로 볼 수 있다. 개인, 그룹, 조직의 성과에 영향을 미치는 많은 상호작용적 변인중의 하나가 학습이고, 지능, 인격, 동기와 같은 개인적 특징 외에 과정, 자원, 인센티브와 같은 비학습적인 변인도 성과에 영향을 미친다. 성과지향적 마인드는 성과의 갭을 분석하고 학습 이외의 솔루션을 처방한다.

참고문헌

1. Argyris (1993). On Organizational learning, Blackwell publishers.
2. Armenakis, A. A., & Bedeian, A. G. (1999). Organizational change : A review of theory and research in the 1990s. Journal of Management, 25.
3. Aronson, D. T., & Briggs, L. J(1983). Contribution of Gagne and Briggs to a prescriptive model of instruction. In Reigeluth, C. M. (ed.), Instructional design theories and models. Hillsdale, NJ. : LEA.
4. Bell-Gredler, D. E. (1986). Learning and instruction, New York : Macmillan Publishing Company.
5. Blanchard, P. N., & Thacker, J. W(2007). Effective Training : Systems, Strategies, and Practices.(3rd ed). Upper Saddle River, NJ : Pearson.
6. Boyatzis, R.(1982). The Competent manager : A model for effective performance, John Wiley & Son Publishing.
7. Bruner, J. S.(1966). Toward a theory of instruction. New York : Norton.
8. Burton, J., & Merrill, P. F. (1991). The Competent manager : A model for effective performance, New York : Weley-Interscience.
9. Burack. E. H. Hockwarter, W & Mathys. N. J. (1997). New Management Development Paradigm, Human Resource Planning.
10. Colarelli, S. M. (1998). Psychological interventions in organizations : An evolutionary Perspective. American Psychologist, 53.
11. Cummings, Thomas G., and Worley, Christopher G. (1993). Organization Development and Change(Minneapolis, MN : West Publishing Company, 1993), see Chapter 8.
12. Cummings, T. G., and C. G. (1993). Worley Organization Development and Change(1993). 5th ed., p.145
13. Deal, T. E and A. A. Kennedy (1982), Corporate Cultures, Reading, Reading, Mass : Addison-Wesley.

14. Denison, D. R. (1990). Corporate Culture and Organizational Effectiveness, New York : John Wiley and Sons.
15. Desimone, R. L., Werner, J. M., & Harris. D. M. (2002). human resource development(3rd ed), OH : South-Western.
16. Dick, W., & Carey, L. (1987). Needs assessment and industrial design, Instructional Technology, 17(11).
17. Dubois, D. D. (1993). Competency-baseed performance improvement : A strategy for organizational change, HRD Press. Inc.
18. Dyer, W. (1977). Team Building : Issue and Alternatives, Reading, Mass : Addition Wealey, pp.42-46.
19. Edward, W. J(1995). You development it; Can your training programs survive the reality test, New York : HRD Press.
20. Ennis, S. (1998). Assessing employee competencies, in S. M. Brown and C. J. Seidner(Eds.). Evaluating corporate training : Models and issues, Kluwer Academic Publishers, pp.183-208.
21. Gagne, R. M. (1987). Instructional technology : Foundations. Hillsdale, NJ : LEA, 1987.
22. Gordon, G. G., and N. DiTomaso (1992). Predicting Corporate Performance from Organizational Culture, Journal of Management Studies, Vol. 29.
23. Griffin (1983). Curriculum theory in adult long education, New York : Nichols Publishing Company.
24. Hall, D. T., Morgan, M. A.(1977). Career Development and Planning , in Marinne Jelinek(ed), Career management, Illinois : St Clair Press, p.206.
25. Harrison, R. (1972). Understanding Your Organizacter, Harvard Business Review, May.
26. Holland, J. L. (1985). Making Vocational Choices(2nd ed.) Englewood cliffs, NJ, Prentice-Hall, p.29.
27. Holland, J. M. (1973). Making Vocational choice : A Theory of Careers,

Englewood Cliff., N.J., Prentice-Hall, pp.112-117.

28. Joseph, Luft. (1961). The Johari Window, Human Relations Training New, Vol. 5, No. 1.
29. Kaufman, R. (1992). Educational restructuring : Right here in City. Educational Technology, Oct.
30. Keller, J. M. Motivation and instructional design : A theoretical perspectives. Journal of Instructional Development, 1979. 2(4).
31. Kirkpatrick, D. L. (1987). Evaluation, training and development handbook, New York : McGraw-Hill, INC.
32. Kolb and Plovnick (1977). the Experiential learning theory of Career Development In J. Van Mannen(Ed)., Organizational Careers : Some New Perspectives, p.68.
33. Ktter, J. P., & Heskett, J. L. (1992). Corporate culture and performance, New York : Free Press.
34. Landa, L. (1974). Algorithmization in learning and instruction. Englewood Cliffs, NJ. : Educational Technology Publications.
35. Levinson, D. J. (1978). Darrow, C.N., klein, E.B., Levinson, M.H., & McKee, B. The season's of a man's life. New York : Alfred A. Knopf, p.57.
36. Lewin, K. (1951). Field Theoty in Social Science, New York : Harper & Row.
37. Lewin, K. Frontiers in Group Dynamics : Concept, Method, and Reality in Social. Science : Social Equilibrium and Social Change, Human Relation, Vol. I, No, 1(June 1974).
38. Lucia, A. D. and Lepsinger, R. (1999). The art and science of competency model : pinpointing critical success factors in organization, 1ed., Jossey-Bass/Pfeiffer.
39. Lughans, F. (1981), Organization Behavior, 3rd., New-York : McGraw-Hill, p651.

40. March, J. G and Simon, H. A. (1958). Organization(New York : John Wiley).
41. Marquardt (1999). Action Learning in Action. Transforming Problems and People for World-Class Organizational learning. Davies-Balck Publishing, Palo Alto, California.
42. Merrill, M. D. (1971). Necessary psychological conditions for defining instructional outcomes. Englewood Cliffs, NJ. Prentice-Hall.
43. McLagan, P. A. (1997). The next generation, Training & Development, May, 51(5).
44. McClelland, D. C. (1976). A guide job competence assessment, Boston : Mcner.
45. Phillps, J. (1997). Training evaluation and measurement methods. Texas, Gulf Publishing Company.
46. Percival, F. and Ellington, H. (1984). A Handbook of educational technology, Kogan Page, Lodon.
47. Peter, T. J., and R. H. Waterman Jr. (1982). In Search of Excellence, New York : Harper and Row Pub.
48. Peters, T. J., & R. H. Waterman(1982). In Search of Excellence : lessons from America's Best-Run Companies, N. Y : Warner Books, Inc., pp.20-21.
49. Porras, J. I., & Robertson, P. J. (1992). Organizational development : Theory, practice, and research. In M. D. Dunnette & L. M. Hough(Eds.), Handbook of industrial and organizational psychology(Vol. 3). Palo Alto, CA : Consulting Psychologists Press.
50. Porter L.W., Lawler 3 E.E., & Hackman J.R. (1975). Behavior in Organizations, New York : McGraw Hill co., p. 253.
51. Price, J. L. (1986). Organizational Effectiveness : An Inventory of Propositions.
52. Quinn, R. E. (1988). Beyond Rational Management, San Francisco : Jossey-

Bass Inc.

53. Quinn, R. E. and M. R. McGrath(1985). The Transformation of Organizational Cultures : A Competing Values Perspective, Organizational Culture, Beverly Hills, Cal. : Sage Pub. Co.
54. Reigeluth, C. M. (1983). Instructional design theories and models : An overview of their current status. Hillsdale, NJ : Lawrence Erlbaum Associates.
55. Revans, Reg (1998). ABC of action learning : Empowerning managers to act and to learn from action London : Lemos & Crane.
56. Robinson, D. G. (2008). Performanse consulting 2.0 : What's the same and what's different?. M202, ASTD 2008 International Conference and Exposition. San Diego, CA : ASTD.
57. Rothwell, W. J. (1999). The action learning guidebook : A real-time strategy for problem solving, training design, and employee development. San Francisco, CA : Jossey-Bass Preiffer.
58. Rothwell, W. J. and Lindtholm, J. E. (1999). Competency identification, modeling and assessment in USA International Journal of Training and Development, 3(2). pp.90~105.
59. Sandra, M. (1981). Effective evaluation strategies strategies and techniques : A key to successful training, New York : University Associates, Inc.
60. Schein, E. H. (1978). Career dynamics : matching individual and organizational needs, Addison-Wesley, p.201.
61. Schwartz, H. and S. M. Davis (1981). Matching Corporate Culture and Business Strategy, Organizational Dynamics.
62. Scriven, M. (1967). The methology of evaluation, Chicago : Rand Mcnally 4 co, INC.
63. Senge, P. M, The Fifth Discipline : The Art & Practice of the Learning Organization (New York : Currency Doubleday, 1990)

64. Seels, B. B., & Richey, R. C. (1994). Instructional technology : The definition and domains of the field. Washington, DC : Association for Educational Communications and Technology.
65. Specer, L. M & Specer. S. M. (1993). Competence at Work : Models for Superior Performance, Wiley & Sons, Inc.
66. Van Maanen, J. (1978). people processing : strategies of organizational socializational, organizational dynamics, 7(1). 18~36
67. Whelan-Berry, K. S. & Somerville, K. A. (2010). Linking Change Drivers and the Organizational Change Process : A Review and Synthesis. Journal of Change management, 10(2), 175-193.

저자소개

이 홍 민(李弘珉)

[약 력]

- ㈜휴먼이퀘이션 대표컨설턴트(현)
- kmac 인사조직본부 파트너컨설턴트
- 한국능률협회 인사조직컨설팅본부 수석컨설턴트
- 대우조선 인력운용팀/대웅제약 인력개발팀장
- 기상청 자체평가위원
- 서울특별시 여성가족재단 운영위원
- 행정안전부 고위공무원단 역량평가위원
- 국무조정실 정부업무평가전문위원
- 한국산업인력공단 경영평가위원
- 한국환경공단 경영평가위원
- 여수광양항만공사 경영평가위원
- 국방대학교 리더십 개발 자문위원
- 건국대학교 경영학박사(인사조직전공)

[저 서]

- 조직역량 핵심인재/리드리드출판(2016년)
- 인사인문학/리드리드출판(2016년)
- 평가센터/중앙경제(2015년)
- 핵심인재 역량개발/중앙경제(2013년)
- HR 인사이트/중앙경제(2009년)
- 역량평가/리드리드출판(2009년)
- 조직 및 시장가치임금 만들기/중앙경제(2008년)
- 평가보상시스템/중앙경제(2007년)
- 강한 조직 만들기/중앙경제(2004년)
- 핵심역량 핵심인재/한국능률협회출판(2003년)

[연락처]

- ㈜휴먼이퀘이션 (02)701-8864
- homepage : www.hecg.co.kr
- mobile : 010-2732-1433
- e-mail : leehm7749@hanmail.net